千華數位文化
Chien Hua Learning Resources Network

考前充分準備 臨場沉穩作答

千華公職資訊網
http://www.chienhua.com.tw
每日即時考情資訊 網路書店購書不出門

千華公職證照粉絲團 f
https://www.facebook.com/chienhuafan
優惠活動搶先曝光

千華 Line@ 專人諮詢服務

☑ 有疑問想要諮詢嗎？
  歡迎加入千華 LINE＠！

☑ 無論是考試日期、教材推薦、
  勘誤問題等，都能得到滿意的服務。

☑ 我們提供專人諮詢互動，
  更能時時掌握考訊及優惠活動！

投資型保險商品業務員資格測驗

完整考試資訊
立即了解更多

■ **辦理依據**

依據「保險業務員管理規則」第4條、第11條規定及金融監督管理委員會金管法字第0950054861號函辦理。

■ **報名資格**

(一) 第一類組

1.考生須於報名截止日前（含當日），通過人身保險業務員資格測驗，始具報考資格。

2.曾報考第二類組測驗合格者，亦得報考第一類組參加測驗。

(二) 第二類組

1.符合第一類組報名資格，且具有證券商業務人員、證券商高級業務人員、證券投資分析人員及投信投顧業務員等四者之一資格者，具報考第二類組資格。但投信投顧業務員中通過信託業業務人員信託業務專業測驗加投信投顧相關法規（含自律規範）乙科測驗合格者除外，不具第二類組之報考資格。

2.本類組測驗只考第一節次，第二節次科目得予抵免。

■ **報名限制**

符合下列條件者，均不得報考本測驗：1.曾參加本資格測驗已測驗合格者（但曾報考第二類組合格者，得報考第一類組）。2.違反試場規則受處分而未屆滿者。3.違反「保險業務員管理規則」第11條之1、第13條或第19條第3項撤銷登錄處分而未重新參加人身保險業務員資格測驗合格者。

■ **報名方式**

(一) 團體報名

1.各報名單位應提供測驗報名申請書，由考生簽署同意授權報名單位辦

理報名，並同意提供報名資料供財團法人保險事業發展中心、中華民國人壽保險商業同業公會依「個人資料保護法」相關規定，為蒐集、電腦處理及利用之用。

2. 經由所屬壽險公司（處）總公司初審（考生應檢附相關證明文件供公司查核）符合本報名資格後，彙總依統一報名格式（測驗報名資料製作說明詳附件），將考生資料轉成電子檔連同報考第二類組之證明文件影本及團體報名表於報名截止日前送交財團法人保險事業發展中心。所屬壽險公司（處）應確實審核考生資格，如有錯誤遺漏，應依本應試簡章相關規定辦理。

3. 凡各壽險公司（處）之業務人員，其報名單位即為各該壽險公司（處）；壽險代理人或經紀人公司之業務人員，其報名單位為與該所屬公司簽約之壽險公司（處）或所屬公司之商業同業公會。

(二) 個人報名

1. 第一類組：採網路線上報名。

2. 第二類組：採網路線上報名，考生應將報考第二類組之證明文件影本於報名後第1個工作天內送交財團法人保險事業發展中心。

考生應確實確認報名資料正確，同時於規定期限內檢附相關證明文件，如有錯誤遺漏，應依本應試簡章相關規定辦理。並同意報名資料供財團法人保險事業發展中心、中華民國人壽保險商業同業公會依「個人資料保護法」相關規定，為蒐集、電腦處理及利用之用。

■ 報名及測驗日期

日期	測驗地點	團體報名日期	個人報名日期
2月12日	台北、台中、高雄	112.1.9~1.12	112.1.5~1.11
3月12日	台北、台中、高雄	112.2.13~2.16	112.2.9~2.15
4月23日	台北、台中、高雄	112.3.13~3.16	112.3.9~3.15
5月21日	台北、台中、高雄、花蓮	112.4.24~4.27	112.4.20~4.26
6月11日	台北、台中、高雄	112.5.22~5.25	112.5.18~5.24

日期	測驗地點	團體報名日期	個人報名日期
7月16日	台北、台中、高雄	112.6.12~6.15	112.6.8~6.14
8月13日	台北、台中、高雄	112.7.17~7.20	112.7.13~7.19
9月17日	台北、台中、高雄	112.8.14~8.17	112.8.10~8.16
10月22日	台北、台中、高雄	112.9.18~9.21	112.9.14~9.20
11月12日	台北、台中、高雄、花蓮	112.10.23~10.26	112.10.19~10.25
12月10日	台北、台中、高雄	112.11.13~11.16	112.11.9~11.15

■ **測驗科目、時間及內容：採紙筆測驗。**

(一) 分兩節次測驗：第一節「投資型保險商品概要、金融體系概述」，測驗內容包括：「投資型保險概論及相關法令」、「金融體系概述」及「證券投資信託及顧問之規範與制度」；第二節「投資學概要、債券與證券之評價分析、投資組合管理」，測驗內容包括「貨幣時間價值」、「債券評價及證券評價」、「風險、報酬與投資組合」、「資本資產訂價模式、績效評估及調整」及「投資工具」。

(二) 試題題型：第一節共50題選擇題，第二節共100題選擇題，包括計算題型在內，按難易度比例分配，均為四選一單選題。

(三) 及格標準：

　　1.第一類組：以兩節次總分達140分為合格，惟其中任何一節次分數低於60分者即屬不合格。

　　2.第二類組：70分為合格。

～以上資訊僅供參考，詳細內容請參閱招考簡章～

編寫特色與準備要領

本書的編寫方式是以「**內容**」、「**試題**」和「**考試準備**」三個部分來規劃，針對相關考試的要求進行系統性的整理，讓讀者能夠有效率地應對考試。

首先，在內容方面，本書將相關主題進行了歸納和整理，涵蓋了六大部分，包括終值與現值、債券評價、證券評價、投資風險與報酬、資本資產訂價和效率市場假說等。書中將這些主題分為多個小節進行詳細解說，從而讓讀者對各個主題有更加全面深入的了解。

其次，在試題方面，本書收錄了大量的**考試重點**和**精選試題**，這些試題既有基礎題型，也有複雜題型，讀者在學習相關主題的同時，能夠更好地理解**考試內容**和考試形式，提高應對考試的能力。

最後，在考試準備方面，本書提供了**模擬考試的大範圍試題**，讓讀者可以更有效地**熟悉考試的手感**，將學習的知識應用到實際的考試當中，更好地檢測學習成果，提高應對考試的自信心和能力。

綜上所述，本書的編寫方式是以「內容」、「試題」和「考試準備」三個部分來規劃，並且針對相關考試的要求進行系統性的整理，讓讀者能夠有效率地應對考試。

【**參考資料**】────────────────────────

財團法人保險事業發展中心—投資型保險商品專區。

目 次

Part 4　投資風險與投資報酬

Part 5　資本資產訂價及效率市場假說

Part 1 終值與現值

Day 01 貨幣時間價值

貨幣時間價值是投資學的最重要基礎之一，凡舉日常生活中的存款、房屋貸款、保險費、保險金、教育費及退休金等，皆有貨幣時間價值的問題。假設目前有本金10,000元存入銀行定存，銀行會依「本金」加上「利息」，每期以「本金＋利息（即本利和）」計算存款**利息**，原本的10,000元會因存入銀行的時間越長，其產生的利息就越多。在不考慮通貨膨脹的情況下，目前手邊的10,000元比未來的10,000元更具有價值的，因為目前的10,000元透過投資工具於未來的本利和會大於10,000元，此即為「貨幣時間價值（Time Value of Money）」。⇒貨幣的時間價值為**利息**。

重點 1 單利與複利

一、利息計算的方法分為單利（Simple Interest）與複利（Compound Interest）

單利（Simple Interest）
公式 第一期的利息＝原始本金×約定的利率 第二期的利息＝原始本金×約定的利率 第三期的利息＝原始本金×約定的利率
說明 由於利息不併入本金，故每一期的期初本金皆等於原始本金。若利率不變之情況，每期的利息皆相同。

複利（Compound Interest）

公式　第一期的利息=原始本金×約定的利率
　　　　第二期的利息=(原始本金+第一期的利息)×約定的利率
　　　　第三期的利息=(原始本金+第二期的利息)×約定的利率

說明　當期的利息會轉入為下期的本金，即每期的本金會因為加入上期的利息
　　　　而增加，此為「複利滾存」之概念。
　　　　大部分的金融產品之計息方式均以複利計算。

二、利息計算之範例

單利（Simple Interest）

公式　利息=本金×利率
　　　　本利和=本金×(1+利率×期數×年數)

題目　A君於今年初存入10,000元，年利率固定為5%。以單利計算1年後及3年
　　　　後，A君會有多少錢？試以一年計息與半年計息分述之。

計算　(1)一年計息一次
　　　　　存1年：10,000元×(1+0.05×1年)=10,500元
　　　　　存3年：10,000元×(1+0.05×3年)=11,500元

　　　　(2)半年計息一次 ⇒ 每期利率 $= \dfrac{0.05}{2}$

　　　　　存1年：$10,000元 \times (1+\dfrac{0.05}{2} \times 2期 \times 1年)=10,500元$

　　　　　存3年：$10,000元 \times (1+\dfrac{0.05}{2} \times 2期 \times 3年)=11,500元$

結語　存款期間相同，無論是半年或一年計息一次，其本利和皆相同。

複利（Compound Interest）

公式　當期利息＝(本金＋上期利息)×利率^{期數}

　　　　當期本利和＝本金×$(1＋利率)^{期數×年數}$

題目　A君於今年初存入10,000元，年利率固定為5%。以複利計算1年後及3年後，A君會有多少錢？試以一年計息與半年計息分述之。

計算　(1)一年計息一次

　　　　　存1年：$10,000元×(1+0.05)^{1×1}=10,500元$

　　　　　存3年：$10,000元×(1+0.05)^{1×3}=11,576元$

　　　　(2)半年計息一次 $\Rightarrow$ 每期利率$=\dfrac{0.05}{2}$

　　　　　存1年：$10,000元×(1+\dfrac{0.05}{2})^{1×1}=10,506元>10,500元$

　　　　　存3年：$10,000元×(1+\dfrac{0.05}{2})^{1×3}=11,597元>11,576元$

結語　存款期間相同，半年比一年計息一次的本利和還高（10,506元>10,500元；11,597元>11,576元）。亦一年中的計息次數越多，則本利和越多。

由上述範例得知：

單利和複利的差異在於**單利的本金是固定的**，**複利的第二期本金是第一期的本金加上第一期的利息**，故相同的本金和利率，但計算方法不同，則最後的本利和就不同。

A君於今年初存入10,000元，年利率固定為5%，每年計息一次，存款期間為2年，則單利與複利的本利和之差異說明如下：

單利：(1)利息＝10,000元×0.05×2年＝1,000元

　　　(2)本利和＝10,000元×(1＋0.05×2年)＝11,000元

複利：(1)利息＝10,000元×0.05＋(**10,000元＋10,000元×0.05**)×0.05＝1,025元

　　　(2)本利和＝10,000元×(1＋0.05)×(1＋0.05)＝11,025元

複利比單利多了11,025元－11,000元＝25元，

也就是(10,000元×0.05)×0.05＝25元。

知識補給站 🖊

投資型保險的保單借款參考條之如下：

半年計息一次⇒每期利率$=\dfrac{年利率}{2}$　　　每季計息一次⇒每期利率$=\dfrac{年利率}{4}$

每月計息一次⇒每期利率$=\dfrac{年利率}{12}$

精選試題

(　　) **1** 貨幣之時間價值為：　(A)通貨膨脹　(B)風險　(C)利息　(D)本金。

(　　) **2** 在計算投資者投資報酬率時，若採用複利計算，則其報酬會比單利
計算的報酬？　(A)為小　(B)為大　(C)沒有差別　(D)以上皆非。

(　　) **3** 投資將1,000元存入銀行，若年利率為3%，則過5年會變為多少（按
複利，一年計息一次）？
(A)1,159元　(B)1,104元　(C)1,217元　(D)1,126元。

(　　) **4** 假設投資者將每一期所得再投資於下一期，其計算每期損益的觀念
為何？　(A)單利　(B)複利　(C)本利和　(D)以上皆非。

解答與解析

1 (C)。貨幣的時間價值為**利息**。故此題答案為(C)。

2 (B)。

單利（Simple Interest）
公式　第一期的利息＝原始本金×約定的利率 第二期的利息＝原始本金×約定的利率 第三期的利息＝原始本金×約定的利率
說明　由於利息不併入本金，故每一期的期初本金皆等於原始本金。若 利率不變之情況，每期的利息皆相同。

複利（Compound Interest）
公式 第一期的利息＝原始本金×約定的利率 第二期的利息＝(原始本金＋第一期的利息)×約定的利率 第三期的利息＝(原始本金＋第二期的利息)×約定的利率
說明 當期的利息會轉入為下期的本金，即每期的本金會因為加入上期的利息而增加，此為「複利滾存」之概念。 大部分的金融產品之計息方式均以複利計算。

故此題答案為(B)。

3 (A)。 當期本利和＝本金×(1＋利率)$^{期數×年數}$＝1,000元×(1＋3%)$^{5×1}$≒1,159元，
故此題答案為(A)。

4 (B)。

單利（Simple Interest）
公式 第一期的利息＝原始本金×約定的利率 第二期的利息＝原始本金×約定的利率 第三期的利息＝原始本金×約定的利率
說明 由於利息不併入本金，故每一期的期初本金皆等於原始本金。若利率不變之情況，每期的利息皆相同。

複利（Compound Interest）
公式 第一期的利息＝原始本金×約定的利率 第二期的利息＝(原始本金＋第一期的利息)×約定的利率 第三期的利息＝(原始本金＋第二期的利息)×約定的利率
說明 當期的利息會轉入為下期的本金，即每期的本金會因為加入上期的利息而增加，此為「複利滾存」之概念。 大部分的金融產品之計息方式均以複利計算。

故此題答案為(B)。

重點 2　單筆金額的終值與現值

終值又稱未來值（Future Value, FV）係指貨幣或現金流量在未來特定時點的價值；現值（Present Value, PV）是指未來貨幣在今日的價值。

終值又稱未來值（Future Value, FV）

公式 FV為**本利和**（即**終值**）、PV為**本金**（即**現值**）、r為**年利率**（假設每年計息一次）、n為**期數**、$FVIF_{(r,n)}=(1+r)^n$為**複利終值利率因子**（**Future Value Interest Factor**）。

⇒複利終值利率因子可查詢附錄的表二終值利率因子

$$FV=PV \times (1+r)^n=PV \times FVIF_{(r,n)}$$

若為連續複利，則公式修正為：$FV=PV \times e^{r \times n}$
其中e為指數$=2.718281828...$

題目 A君於今年初存入10,000元，年利率為5%，則3年後之本利和，試以下列條件計算：
(1)每年計息一次、每月計息一次及連續複利之計算。
(2)若年利率為10%，每年計息一次之計算。

計算 (1)年利率為5%

    A.每年計息一次

      $FV=PV \times (1+0.05)^3=PV \times FVIF_{(0.05,3)}$

          $=10,000$元$\times$查表結果為$1.1576=11,576$元

    B.每月計息一次

      $FV=PV \times (1+\dfrac{0.05}{12})^3 \times 12=10,000$元$\times 1.1615=11,615$元

    C.連續複利

      $FV=PV \times e^{r \times n}$

          $=10,000 \times 2.718281828^{0.05 \times 3}=10,000 \times 1.1618=11,618$元

  (2)年利率為10%

    $FV=PV \times (1+0.10)3=PV \times FVIF(0.10,3)$

      $=10,000$元$\times$查表結果為$1.3310=13,310$元

結語 (1)存款期間相同，本利和的多至少順序為**連續複利**（11,618元）>**每月計息一次**（11,615元）>**每年計息一次**（11,576元）。亦一年中的計息次數越多，則本利和（終值）越多，其中以連續複利的本利和最多。

(2)除了利率不同，在其他條件皆相同的情況下，利率越高，則終值越多。

現值（Present Value, PV）

公式 FV為**本利和**（即**終值**）、PV為**本金**（即**現值**）、r為**年利率**（假設每年計息一次）、n為**期數**、$PVIF_{(r,n)}$=為**複利現值利率因子**（**Present Value Interest Factor**）。

⇒複利現值利率因子可查詢附錄的表一現值利率因子

$$PV = FV \times \frac{1}{(1+r)^n} = FV \times PVIF_{(r,n)}$$

若為連續複利，則公式修正為：$PV = FV \times e^{-r \times n}$
其中e為指數=2.718281828...

題目 A君希望6年後有100,000元的存款，目前的年利率為5%，需要存入多少錢才能達成，試以下列條件計算：

(1)每年計息一次、每月計息一次及連續複利之計算。

(2)若年利率為10%，每年計息一次之計算。

計算 (1)年利率為5%

　　A.每年計息一次

$$PV = FV \times \frac{1}{(1+0.05)^6} = FV \times PVIF(0.05,6)$$

$$= 100,000元 \times 查表結果為0.7462 = 74,620元$$

　　B.每月計息一次

$$PV = FV \times \frac{1}{(1+\frac{0.05}{12})^6} = 100,000元 \times 0.7413 = 74,130元$$

　　C.連續複利

$$PV = FV \times e^{-r \times n}$$

$$= 100,000 \times 2.718281828^{-0.05 \times 6} = 100,000 \times 0.7408 = 74,080元$$

(2)年利率為10%

$$FV = PV \times (1+0.10)^6 = FV \times PVIF_{(0.10,6)}$$
$$= 100,000元 \times 查表結果為0.5645 = 56,450元$$

結語 (1)存款期間相同，現值的少至多順序為**連續複利**（74,080元）<**每月計息一次**（74,130元）<**每年計息一次**（74,620元）。亦一年中的計息次數越多，則現值越少，其中以連續複利的現值最少。

(2)除了利率不同，在其他條件皆相同的情況下，利率越高，則現值越少。

利率（r）

題目 A君存入74,000元在銀行，以每半年計息一次，6年後會有100,000元，則銀行的年利率為何？

計算 $FV = PV(1+\dfrac{r}{2})^{6\times2}$，$100,000 = 74,000 \times (1+\dfrac{r}{2})^{6\times2}$

$(1+\dfrac{r}{2})^{12} = \dfrac{100,000}{74,000} = 1.3514$，$(1+\dfrac{r}{2}) = \sqrt[12]{1.3514} = 1.0254$

$r = (1.0254 - 1) \times 2 = 0.05$

期數（n）

題目 A君存入10,000元的存款，目前的年利率為10%，需要存入幾年才能存到13,310元？

計算 $FV = PV \times (1+0.10)^n = PV \times FVIF_{(0.10,n)}$

$13,310 = 10,000 \times (1+0.10)^n$，$(1+0.10)^n = \dfrac{13,310}{10,000} = 1.3310$

兩邊取對數後 $\Rightarrow n \times \log(1+0.10) = \log(1.3310)$

$n = \dfrac{\log(1.3310)}{\log(1.10)} = \dfrac{0.1242}{0.0414} \fallingdotseq 3年$

考點速攻

1. 題目問「本利和」，就查**終值表**；題目問「本金」，就查**現值表**。
2. **本金**和**利率**相同時，計息次數越多，則**本利和**越多。

精選試題

( ) **1** 保險公司售出500,000元之年金，承諾在10年內還清並附加8%年利率，問消費10年後共獲得多少錢？（按複利，一年計息一次）
(A)1,296,850　(B)1,183,700　(C)1,085,950　(D)1,079,450　元。

( ) **2** A君於02月1日存5,000元，年利率固定為6%，原一年計息乙次，請問若改為半年計息乙次，則相較之下，二年後存款本利和：
(A)減少　(B)增加　(C)不變　(D)無法得知。

( ) **3** B君希望10年後有存款500,000元，年利率固定為7%，請問若年利率改為4%，則相較之下，目前應存入的本金：　(A)減少　(B)增加
(C)不變　(D)無法得知。

( ) **4** C君領了一筆20萬元的年終獎金，打算存入銀行，每月計息乙次。請問若年利率改為 3%，則相較之下，2年後存款本利和：
(A)減少　(B)增加　(C)不變　(D)無法得知。

( ) **5** D君希望3年後有存款500,000元的教育費，年利率固定為6%，原一年計息乙次。請問若改為半年計息乙次，則相較之下，目前應存入的本金：　(A)減少　(B)增加　(C)不變　(D)無法得知。

解答與解析

1 (D)。　公式　**FV**為**本利和**（即**終值**）、**PV**為**本金**（即**現值**）、**r**為**年利率**（假設每年計息一次）、**n**為**期數**、$FVIF_{(r,n)} = (1+r)^n$為**複利終值利率因子**（**Future Value Interest Factor**）。
⇒複利終值利率因子可查詢附錄的表二終值利率因子

$$FV = PV \times (1+r)^n = PV \times FVIF_{(r,n)}$$
$$= PV \times (1+0.08)^{10} = 500,000元 \times FVIF_{(0.08,10)}$$
$$= 500,000元 \times 查附錄表二 複利終值（FVIF）表得2.1589$$
$$= 1,079,450元$$

故此題答案為(D)。

2 (B)。　要訣　題目問「本利和」，就查**終值表**；題目問「本金」，就查**現值表**。
　　公式　FV為**本利和**（即**終值**）、PV為**本金**（即**現值**）、r為**年利率**（假設每年計息一次）、n為**年數**、m為**每年複利次數**、$FVIF_{(r,n)}=(1+r)^n$為**複利終值利率因子**（Future Value Interest Factor）。
　　　　⇒ 複利終值利率因子可查詢附錄的表二終值利率因子

$$FV=PV\times(1+r)^{n\times m}=PV\times FVIF_{(r,n\times m)}$$

[1] 一年計息乙次
　　$FV=5,000元\times(1+0.06)^{2\times1}=5,000元\times FVIF_{(0.06,2)}$
　　$=5,000元\times$查詢附錄的表二終值利率因子得知$1.1236=5,618元$

[2] 半年計息乙次，半年的利率為3%
　　$FV=5,000元\times(1+0.03)^{2\times2}=5,000元\times FVIF_{(0.03,4)}$
　　$=5,000元\times$查詢附錄的表二終值利率因子得知$1.1255=5,627.5元$

由以上計算結果得知半年計息乙次的本利和 ＞ 一年計息乙次。即**本金**和**利率**相同時，計息次數越多，則**本利和**越多，故此題答案為(B)。

3 (B)。　要訣　題目問「本利和」，就查**終值表**；題目問「本金」，就查**現值表**。
　　公式　FV為**本利和**（即**終值**）、PV為**本金**（即**現值**）、r為**年利率**（假設每年計息一次）、n為**期數**、$PVIF_{(r,n)}=\dfrac{1}{(1+r)^n}$為**複利現值利率因子**（Present Value Interest Factor）。
　　　　⇒ 複利現值利率因子可查詢附錄的表一現值利率因子

$$PV=FV\times\frac{1}{(1+r)^n}=FV\times PVIF_{(r,n)}$$

[1] 年利率為7%
　　$PV=FV\times\dfrac{1}{(1+r)^n}=500,000元\times\dfrac{1}{(1+0.07)^{10}}$
　　$=500,000元\times PVIF_{(0.07,10)}$
　　$=500,000元\times$查詢附錄的表一現值利率因子得知0.5083
　　$=254,150元$

[2] 年利率為4%
　　$PV=FV\times\dfrac{1}{(1+r)^n}=1,000,000元\times\dfrac{1}{(1+0.04)^{10}}$
　　$=1,000,000元\times PVIF_{(0.04,10)}$
　　$=1,000,000元\times$查詢附錄的表一現值利率因子得知0.6756
　　$=337,800元$

由以上計算結果得知利率4%需準備的本金比利率7%還多。
故此題答案為(B)。

4 (D)。 要訣 **本金**和**利率**相同時，計息次數越多，則**本利和**越多。

但題目沒告知「每月計息乙次的利率」，即使改為年利率3%仍無法判斷原利率為何。

故此題答案為(D)。

5 (A)。 要訣 題目問「本利和」，就查**終值表**；題目問「本金」，就查**現值表**。

公式 **FV**為**本利和**（即**終值**）、**PV**為**本金**（即**現值**）、**r**為**年利率**（假設每年計息一次）、**n**為**期數**、$PVIF_{(r,n)} = \dfrac{1}{(1+r)^n}$為**複利現值利率因子**（**Present Value Interest Factor**）。

⇒複利現值利率因子可查詢附錄的表一現值利率因子

$$PV = FV \times \frac{1}{(1+r)^n} = FV \times PVIF_{(r,n)}$$

[1] 年利率為6%，一年計息一次

$$PV = FV \times \frac{1}{(1+r)^n} = 500{,}000元 \times \frac{1}{(1+0.06)^3}$$

$$= 500{,}000元 \times PVIF_{(0.06,3)}$$

$$= 500{,}000元 \times 查詢附錄的表一現值利率因子得知0.8396$$

$$= 419{,}800元$$

[2] 年利率為6%，半年計息一次，半年的利率為3%

$$PV = FV \times \frac{1}{(1+r)^n} = 500{,}000元 \times \frac{1}{(1+0.03)^{3 \times 2}}$$

$$= 500{,}000元 \times PVIF_{(0.03,6)}$$

$$= 500{,}000元 \times 查詢附錄的表一現值利率因子得知0.8375$$

$$= 418{,}750元$$

由以上計算結果得知利率6%，半年計息需準備的本金比一年計息還少。

故此題答案為(A)。

重點3 **年金的終值與現值**

多筆的**現金流量**或**金額**可分為**等額**與**非等額**的現金流量或金額，其現值（PV）或終值（FV）可視為一系列單筆現金流量現值或終值的加總。**等額現金流量**的現值（PV）與終值（FV）可簡化為簡潔的公式，也就是**年金**

公式。年金（Annuity）是指特定時間內，定期支出或收入的**等額現金流量**（**Payment, PMT**），例如零存整付、整存零付、房屋貸款的還本付息、限期繳費的壽險保險費、儲蓄險的還本給付（滿期金或祝壽金）及年金給付等。年金的概念如下圖所示：

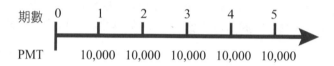

一、普通（期末）年金與期初年金的終值

年金是隨支出或收入時間點的不同，而有不同的名稱。若發生支出或收入的時間點是在期末，則稱為**普通年金**（**Ordinary Annuity**）或稱**期末年金**（**Annuity Immediate**），例如：每月償還的汽車貸款、房屋貸款等；若發生支出或收入的時間點是在期初，則稱為**期初年金**（**Annutiy Due**），例如：限期繳費的壽險保險費等。二者之間的差異如下圖所示：

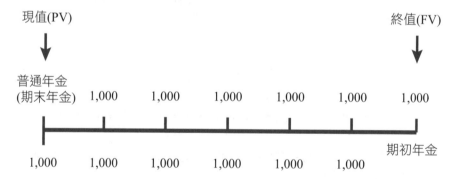

普通年金（Ordinary Annuity）或稱期末年金（Annuity Immediate）

題目　　**普通年金終值（Future Value for Ordinary Annuity, FVOA）**

A君在每年**年底**存入10,000元，連續存6年，則第6年底A君的本利和為多少錢？（假設年利率為5%，每年計息一次）

計算　年

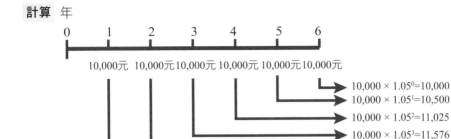

$$FVOA_6 = 10,000元 \times (1.05^5 + 1.05^4 + 1.05^3 + 1.05^2 + 1.05^1 + 1.05^0)$$
$$= 10,000元 \times (1.2763 + 1.2155 + 1.1576 + 1.1025 + 1.0500 + 1)$$
$$= 10,000元 \times 6.8019 = 68,019元$$

說明　**普通年金終值**的最後一期沒有複利。公式的演化如下：

$$FVOA_n = PMT \times [(1+r)^{n-1} + (1+r)^{n-2} + (1+r)^{n-3} + \cdots + 1)]$$

$$= PMT \times \sum_{t=1}^{n} (1+r)^{n-t} = PMT \times \frac{(1+r)^n - 1}{r} = PMT \times FVIFA_{(r,n)}$$

上列範例以公式計算如下：

$$FVOA_6 = 10,000元 \times FVIFA_{(0.05,6)} = 10,000元 \times 查表結果為6.8019 = 68,019元$$

其中**FVIFA（Future Value Interest Factor for One Dollar Annuity）**為
年金終值利率因子，即**終值利率因子**的總和，可參附錄表四。

若n為年數，m為每年複利次數，則公式修正如下：

$$FVOA_n = PMT \times \frac{\left(1 + \dfrac{r}{m}\right)^{n \times m} - 1}{\dfrac{r}{m}} = PMT \times FVIFA_{(\frac{r}{m}, n \times m)}$$

期初年金（Annutiy Due）

題目　　　　**期初年金終值（Future Value for Annuity Due, FVAD）**

A君在每年年初存入10,000元，連續存6年，則第6年底A君的本利和為多
少錢？（假設年利率為5%，每年計息一次）

計算　年

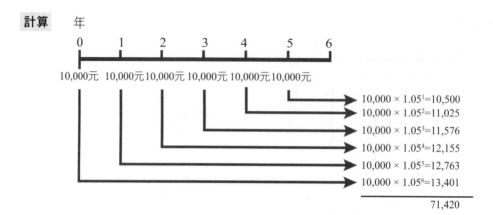

$$FVAD_6 = 10,000元 \times (1.05^6 + 1.05^5 + 1.05^4 + 1.05^3 + 1.05^2 + 1.05^1)$$
$$= 10,000元 \times (1.3401 + 1.2763 + 1.2155 + 1.1576 + 1.1025 + 1.0500)$$
$$= 10,000元 \times 7.142 = 71,420元$$

說明　期初年金終值的最後一年有複利一次。公式的演化如下：

$$FVAD_n = PMT \times [(1+r)^n + (1+r)^{n-1} + (1+r)^{n-2} + (1+r)^{n-3} + \cdots + (1+r)]$$
$$= PMT \times [(1+r)^{n-1} + (1+r)^{n-2} + (1+r)^{n-3} + \cdots + 1] \times (1+r)$$
$$= PMT \times FVIFA_{(r,n)} \times (1+r)$$
$$= FVOA_n \times (1+r)$$

上列範例以公式計算如下：

$$FVOA_6 = 10,000元 \times FVIFA_{(0.05,6)} \times (1+0.05)$$
$$= 10,000元 \times 查表結果為6.8019 \times 1.05 = 68,019元 \times 1.05 = 71,420元$$

若n為年數，m為每年複利次數，則公式修正如下：

$$FVOA_n = PMT \times (1+\frac{r}{m})$$

以「限期繳費的壽險保險費」為例，計算期初年金終值之範例：

[範例1]

A君現年35歲，購買人壽保險10年定期壽險保額200萬，每年保費為3,000元，每年計息一次，試問10年後契約終止時，A君合計繳了多少保費？
假設年利率為(1)5%，(2)6%。

說明 因為保費是期初（投資時）就繳交，而且計算至契約終止（保單到期日）為止，故以**期初年金終值**計算。

計算 (1)年利率5%

$$FVAD_{10}=3,000元 \times (1.05^{10}+1.05^9+1.05^8+\cdots+1.05^1)$$
$$=3,000元 \times (1.05^{10}+1.05^9+1.05^8+\cdots+1.05^0) \times 1.05$$
$$=3,000元 \times (1.05^{10}+1.05^9+1.05^8+\cdots+1) \times 1.05$$
$$=3,000元 \times FVIFA_{(0.05,10)} \times 1.05$$
$$=3,000元 \times 查附錄表四得12.578 \times 1.05=39,621元$$

(2)年利率6%

$$FVAD^{10}=3,000元 \times (1.06^{10}+1.06^9+1.06^8+\cdots+1.06^1)$$
$$=3,000元 \times (1.06^{10}+1.06^9+1.06^8+\cdots+1.06^0) \times 1.06$$
$$=3,000元 \times (1.06^{10}+1.06^9+1.06^8+\cdots+1) \times 1.06$$
$$=3,000元 \times FVIFA_{(0.06,10)} \times 1.06$$
$$=3,000元 \times 查附錄表四得13.181 \times 1.06=41,916元$$

結語 年利率越高，則年金終值越多。

[範例2]

A君現年35歲，購買人壽保險10年定期壽險保額300萬，每年保費為5,000元，年利率6%，每年計息一次，試問10年後契約終止時，A君合計繳了多少保費？

計算

$$FVAD_{10}=5,000元 \times (1.06^{10}+1.06^9+1.06^8+\cdots+1.06^1)$$
$$=5,000元 \times (1.06^{10}+1.06^9+1.06^8+\cdots+1.06^0) \times 1.06$$
$$=5,000元 \times (1.06^{10}+1.06^9+1.06^8+\cdots+1) \times 1.06$$
$$=5,000元 \times FVIFA_{(0.06,10)} \times 1.06$$
$$=5,000元 \times 查附錄表四得13.181 \times 1.06=69,859元$$

結語 由範例1和範例2得知，**每年現金流量（PMT）越多，則年金終值（不論是期初或期末）越高**。假設其他條件相同，只變動某一變數，可得出各變數與年金終值之關係：

變數	與年金終值的關係
利率（r）	正向
每期現金流量（PMT）	正向
年金期數（n）	正向

二、普通（期末）年金現值與期初年金現值

年金現值為年金終值的反面，亦指未來一系列等額現金流量之個別現值的總和。

 [範例1]

普通年金現值（Present Value for Ordinary Annuity, PVOA）

A君在每年**年底**存10,000元，連續存6年，假設利率為5%，試求今年年初的現值為多少錢呢？

計算

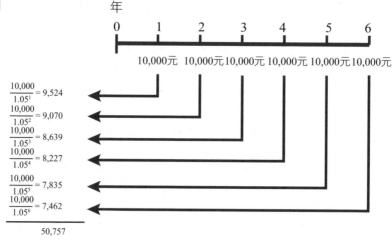

$$PVOA_6 = 10,000元 \times \left(\frac{1}{1.05^1} + \frac{1}{1.05^2} + \frac{1}{1.05^3} + \frac{1}{1.05^4} + \frac{1}{1.05^5} + \frac{1}{1.05^6}\right)$$

$$= 10,000元 \times 5.0757 = 50,757元$$

說明　**普通年金現值**的第一期要折現一次。公式的演化如下：

$$PVOA_n = \frac{PMT}{(1+r)^1} + \frac{PMT}{(1+r)^2} + \frac{PMT}{(1+r)^3} + \cdots + \frac{PMT}{(1+r)^n}$$

$$= PMT \times \left[\frac{1}{(1+r)^1} + \frac{1}{(1+r)^2} + \frac{1}{(1+r)^3} + \cdots + \frac{1}{(1+r)^n}\right]$$

$$= PMT \times \sum_{t=1}^{n} \frac{1}{(1+r)^t} = PMT \times \frac{1-(1+r)^{-n}}{r} = PMT \times \frac{1}{r} - \frac{1}{r(1+r)^n}$$

$$= PMT \times PVIFA_{(r,n)}$$

上列範例以公式計算如下：

$PVOA_6 = 10,000元 \times PVIFA_{(0.05,6)} = 10,000元 \times 查表結果為5.0757 = 50,757元$

其中**PVIFA**（**Present Value Interest Factor for One Dollar Annuity**）為**年金現值利率因子**，即**現值利率因子的總和**，可參附錄表三。

若n為年數，m為每年複利次數，則公式修正如下：

$$PVOA_n = PMT \times \frac{1-(1+\frac{r}{m})^{-n \times m}}{\frac{r}{m}} = PMT \times FVIFA_{(\frac{r}{m}, n \times m)}$$

[範例2]

期初年金現值（Present Value for Annuity Due, PVAD）

A君在每年**年初**底存10,000元，連續存6年，假設利率為5%，試求今年年初的現值為多少錢呢？

計算

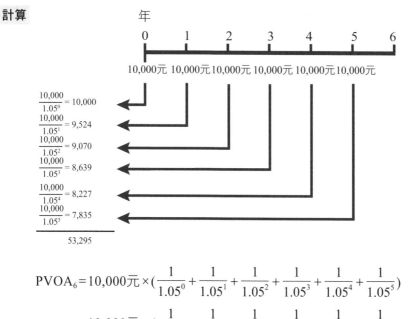

$$PVOA_6 = 10,000元 \times (\frac{1}{1.05^0} + \frac{1}{1.05^1} + \frac{1}{1.05^2} + \frac{1}{1.05^3} + \frac{1}{1.05^4} + \frac{1}{1.05^5})$$

$$= 10,000元 \times (\frac{1}{1.05^1} + \frac{1}{1.05^2} + \frac{1}{1.05^3} + \frac{1}{1.05^4} + \frac{1}{1.05^5} + \frac{1}{1.05^6}) \times 1.05$$

$$= PVOA_6 \times 1.05 = 50,757元 \times 1.05 = 53,295元$$

說明　**期初年金現值**的第一期不需折現。公式的演化如下：

$$PVAD_n = PMT + \frac{PMT}{(1+r)^1} + \frac{PMT}{(1+r)^2} + \frac{PMT}{(1+r)^3} + \cdots + \frac{PMT}{(1+r)^{n-1}}$$

$$= PMT \times [1 + \frac{1}{(1+r)^1} + \frac{1}{(1+r)^2} + \frac{1}{(1+r)^3} + \cdots + \frac{1}{(1+r)^{n-1}}]$$

$$= PMT \times [\frac{1}{(1+r)^1} + \frac{1}{(1+r)^2} + \frac{1}{(1+r)^3} + \cdots + \frac{1}{(1+r)^n}] = \times (1+r)$$

$$= PVOA_n \times (1+r)$$

上列範例以公式計算如下：

$$PVAD_6 = PVOA_6 \times (1+0.05) = 10,000元 \times PVIFA_{(0.05,6)} \times 1.05$$
$$= 10,000元 \times 查表結果為5.0757 \times 1.05 = 53,295元$$

若n為年數，m為每年複利次數，則公式修正如下：

$$PVAD_n = PVOA_n \times (1 + \frac{r}{m})$$

結語　在支付或收入的次數相同時，無論是終值（FV）或現值（PV），**期初年金**較**普通年金（或稱期末年金）**早一期，亦**普通年金**會多複利或折現一次。

其他範例說明：

[範例3]

普通年金現值（Present Value for Ordinary Annuity, PVOA），求PMT

B君向銀行申請消費性貸款100萬元，年期為6年，每月計息一次，試求：

(1)年利率為5%，則每月須償還多少錢呢？

(2)若貸款利率提高為6%，則每月須償還多少錢呢？

說明　貸款是貸款金額撥款後，於撥款日的下個月開始償還本金和利息，故第一筆償還金額須折現。

計算　(1)年利率為5%

$$PVOA_n = PMT \times \frac{1 - (1 + \frac{r}{m})^{-n \times m}}{\frac{r}{m}} \Rightarrow 1,000,000元 = PMT \times \frac{1 - (1 + \frac{0.05}{12})^{-6 \times 12}}{\frac{0.05}{12}}$$

$$\Rightarrow 1,000,000元 = PMT \times 62.09277748 \Rightarrow PMT = \frac{1,000,000元}{62.09277748} = 16,105元$$

(2)年利率為6%

$$PVOA_n = PMT \times \frac{1-(1+\frac{r}{m})^{-n \times m}}{\frac{r}{m}} \Rightarrow 1,000,000元 = PMT \times \frac{1-(1+\frac{0.06}{12})^{-6 \times 12}}{\frac{0.06}{12}}$$

$$\Rightarrow 1,000,000元 = PMT \times 60.33951394 \Rightarrow PMT = \frac{1,000,000元}{60.33951394} = 16,573元$$

結語 在其他條件固定的情況下，當年利率越高，則每月還款金額越多。

[範例4]

期初年金現值（Present Value for Annuity Due, PVAD）

A君現年35歲，購買人壽保險10年定期壽險保額200萬，每年保費為3,000元，每年計息一次，試問10年後契約終止時，A君合計繳交保費的現值為何？假設年利率為(1) 5%，(2) 6%。

計算 (1)年利率為5%

$$PVAD_n = PVOA_n \times (1+\frac{r}{m}) = PMT \times \frac{1-(1+\frac{r}{m})^{-n \times m}}{\frac{r}{m}} \times (1+\frac{r}{m})$$

$$= 3,000元 \times \frac{1-(1+\frac{0.05}{12})^{-10 \times 12}}{\frac{0.05}{12}} \times (1+\frac{0.05}{12})$$

$$= 3,000元 \times 94.28135033 \times 1.004166667 = 284,023元$$

(2)年利率為6%

$$PVAD_n = PVOA_n \times (1+\frac{r}{m}) = PMT \times \frac{1-(1+\frac{r}{m})^{-n \times m}}{\frac{r}{m}} \times (1+\frac{r}{m})$$

$$= 3,000元 \times \frac{1-1+(\frac{0.06}{12})^{-10 \times 12}}{\frac{0.06}{12}} \times (1+\frac{0.06}{12})$$

$$= 3,000元 \times 90.07345333 \times 1.005 = 271,571元$$

結語 當利率越高，則年金現值越少。假設其他條件相同，只變動某一變數，可得出各變數與年金現值之關係：

變數	與年金現值的關係
利率（r）	反向
每期現金流量（PMT）	正向
年金期數（n）	正向

[範例5]
普通年金現值（Present Value for Ordinary Annuity, PVOA），分期付款的利息與本金

C君向銀行申請6年期的消費性貸款100萬元，年利率為5%，每年計息一次，試求：
(1)分6年償還，則每年須償還多少錢呢？
(2)提前在第4年底償還所有貸款，則結清金額為多少錢呢？

計算

年
```
  0      1      2      3      4      5      6
  |_____|_____|_____|_____|_____|_____|
10,000,000元 PMT   PMT    PMT    PMT    PMT    PMT
```

(1) $1,000,000元 = PMT \times \dfrac{1-(1+0.05)^{-6}}{0.05}$

$\Rightarrow 1,000,000元 = PMT \times PVIFA_{(0.05,6)}$

$\Rightarrow 1,000,000元 = PMT \times 查附錄表三得5.0757$

$\Rightarrow PMT = \dfrac{1,000,000元}{5.0757} = 197,017元$

(2) 各期本金與利息列表如下：

利率 5%	年初餘額 (1)	每年應還金額(2)	利息 (3)=(1)×0.05	償還本金 (4)=(2)-(3)	年末餘額 (5)=(1)-(4)
第1年	1,000,000	197,019[註1]	50,000	147,019	852,981
第2年	852,981[註2]	197,017	42,649	154,368	698,613

利率 5%	年初餘額 (1)	每年應還 金額(2)	利息 (3)=(1)×0.05	償還本金 (4)=(2)-(3)	年末餘額 (5)=(1)-(4)
第3年	698,613[註2]	197,017	34,931	162,086	536,527
第4年	536,527[註2]	197,017	26,826	170,191	366,336
第5年	366,336[註2]	197,017	18,317	178,700	187,636
第6年	187,636[註2]	197,017	9,381	187,636	0
小計		1,182,104	182,104	1,000,000	

註1 為了讓年末餘額為0，第一期的應還金額通常為餘數。

註2 第2年年初餘額＝第1年年末餘額，第3年年初餘額＝第2年年末餘額，其他年份以些類推。

第4年底的結清金額為366,336元＋197,017＝563,353元

三、公式記法捷徑

現值（PV）與終值（FV）之間的換算公式如下：

$$FV = PV \times (1+r)^n$$

$$PV = FV \times \frac{1}{(1+r)^n}$$

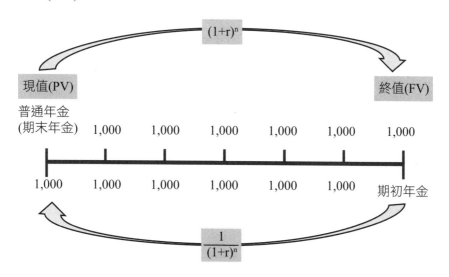

終值與 　　現值 期末 與期初	終值（FV）	現值（PV）
普通年金 （期末年金）	[速記步驟1] 記住此公式 **普通年金終值** **＝普通年金現值×(1+r)^n** $FVOA_n = PVOA_n \times (1+r)^n$ $= \dfrac{1-(1+r)^{-n}}{r} \times (1+r)^n$ $= \dfrac{(1+r)^n - 1}{r}$	[速記步驟2] 用步驟1推算即可 **普通年金現值** **＝普通年金終值×$\dfrac{1}{(1+r)^n}$** $PVOA_n = FVOA_n \times \dfrac{1}{(1+r)^n}$ $= \dfrac{(1+r)^n - 1}{r} \times \dfrac{1}{(1+r)^n}$ $= \dfrac{1-(1+r)^{-n}}{r}$
期初年金	[速記步驟3] 用步驟1×(1+r) **期初年金終值（FVAD$_n$）** **＝普通年金終值（FVOA$_n$）×(1+r)**	[速記步驟3] 用步驟2×(1+r) **期初年金現值（PVAD$_n$）** **＝普通年金現值（PVOA$_n$）×(1+r)**

公式速記說明：

終值即是未來價值，現值是現今的價值。

建議記憶步驟：

　　步驟**1**　記「**普通年金終值＝普通年金現值×(1+r)^n**」。

　　步驟**2**　「普通年金現值」即可用 步驟**1** 的公式推算，得出**普通年金現值**

　　　　　　＝普通年金終值×$\dfrac{1}{(1+r)^n}$。

　　步驟**3**　「普通（期末）」會比「期初」少算一期，則「普通（期末）」

　　　　　　需用「期初」再×(1+r)。

　　故**期初年金終值（FVAD$_n$）＝普通年金終值（FVOA$_n$）×(1+r)**

　　　期初年金現值（PVAD$_n$）＝普通年金現值（PVOA$_n$）×(1+r)

四、永續年金

大部份的年金都有一定支付或收入期間，但有一種年金的支付或收入沒有期限，這種沒有到期日的年金稱為「永續年金（Perpetuity）」，現值計算公式如下：

(一) 期末永續年金 $= \dfrac{PMT}{(1+r)^1} + \dfrac{PMT}{(1+r)^2} + \cdots + \dfrac{PMT}{(1+r)^n} + \cdots = \dfrac{首項}{1-公比} = \dfrac{\dfrac{PMT}{1+r}}{1-\dfrac{1}{1+r}} = \dfrac{PMT}{r}$

(二) 期初永續年金 $= PMT + \dfrac{PMT}{(1+r)^1} + \dfrac{PMT}{(1+r)^2} + \cdots + \dfrac{PMT}{(1+r)^n} + \cdots = \dfrac{首項}{1-公比}$

$\qquad\qquad = \dfrac{PMT}{1-\dfrac{1}{1+r}} = \dfrac{PMT}{r} \times (1+r) = 期末永續年金 \times (1+r)$

註 永續年金沒有到期日，故無法求得永續年金的終值。

[範例]

ABC公司想發行特別股，預定每股支付股利$3.5，若市場認為必要報酬率為5%，則此特別股的理論股價（P）應為多少？（假設一年複利一次）

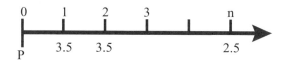

計算 特別股股價應為未來所有股利現值之和。

$\qquad$ 股價（P） $= 3.5 \times (\dfrac{1}{1.05^1} + \dfrac{1}{1.05^2} + \cdots + \dfrac{1}{1.05^n} + \cdots) = \dfrac{3.5}{0.05} = 70元$

五、使用年金公式的時機

當每期現金流量的頻率（分子部份）與計息次數的頻率（分母部份）一致時，才能使用年金公式。例如：每年產生1次現金流量，同時每年計息也是1次，即可使用年金公式；每年產生1次現金流量，但每年計息超過1次，則不適用年金公式，必須透過有效年利率（Effective Annual Rate, EAR）的轉換後才適用年金公式。使用年金公式的時機如下表所示：

PMT	複利方式	適用年金公式情形
每月現金流量1次	每月複利計息1次	適用年金公式
每季現金流量1次	每季複利計息1次	適用年金公式
每年現金流量1次	每年複利計息1次	適用年金公式
每年現金流量1次	每月、或每季、或每半年複利計息1次	不適用年金公式，必須透過**有效年利率**（**Effective Annual Rate, EAR**）的轉換後才適用年金公式。

精選試題

( )　**1** 若其他條件固定，利率水準上升，則年金的現值？
(A)下降　(B)上升　(C)不變　(D)以上皆有可能。

( )　**2** 若其他條件相同，普通年金的現值？　(A)小於期初年金的現值　(B)大於期初年金的現值　(C)等於期初年金的現值　(D)以上皆有可能。

( )　**3** A君向銀行借錢100萬元，年利率6%，每年計息一次，分6年償還，試問A君每年應還多少錢？　(A)209,798元　(B)230,974元　(C)237,394元　(D)203,364元。

( )　**4** 在每期利率為7%下，某一普通年金的現值為10,000元。則相同條件的期初年金現值為？　(A)10,000元　(B)10,200元　(C)10,700元　(D)11,900元。

解答與解析

1 (A)。當利率越高,則年金現值越少。假設其他條件相同,只變動某一變數,可得出各變數與年金現值之關係:

變數	與年金現值的關係
利率(r)	反向
每期現金流量(PMT)	正向
年金期數(n)	正向

2 (A)。

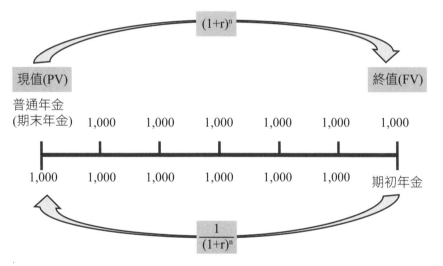

公式速記說明:

終值即是未來價值,現值是現今的價值。

建議記憶步驟:

步驟1 記「**普通年金終值＝普通年金現值×$(1+r)^n$**」。

步驟2 「普通年金現值」即可用 步驟1 的公式推算,得出**普通年金現值＝普通年金終值×$\dfrac{1}{(1+r)^n}$**。

步驟3 「普通(期末)」會比「期初」少算一期,則「普通(期末)」需用「期初」再×$(1+r)$。

因此，**期初年金終值（FVAD$_n$）＝普通年金終值（FVOA$_n$）×(1+r)；**
　　　　期初年金現值（PVAD$_n$）＝普通年金現值（PVOA$_n$）×(1+r)。
即普通年金的現值會小於期初年金的現值。
[速記] 普通（期末）年金的終值或現值，都比期初年金的終值或現值少
　　　 一期。
故此題答案為(A)。

3 (D)。

年

```
0        1        2        3        4        5        6
├────────┼────────┼────────┼────────┼────────┼────────┤
```
10,000,000元 PMT　　PMT　　PMT　　PMT　　PMT　　PMT

普通年金現值（Present Value for Ordinary Annuity, PVOA）
$$PVOA_n = PMT \times PVIFA_{(r,n)} \Rightarrow 1{,}000{,}000元 = PMT \times PVIFA_{(0.06,6)}$$
$$\Rightarrow 1{,}000{,}000元 = PMT \times 查附錄表三得4.9173$$
$$\Rightarrow PMT = \frac{1{,}000{,}000元}{4.9173} \fallingdotseq 203{,}364元$$

故此題答案為(D)。

4 (C)。期初年金現值（PVAD$_n$）＝普通年金現值（PVOA$_n$）×(1+r)
　　　　　　　　　　　　　　＝10,000元×(1+0.07)＝10,700元
故此題答案為(C)。

重點4　非等額現金流量的終值與現值

在現實生活中，許多支出或收入是定期的，但每期的收支金額並不相等，此種
情形為非等額現金流量。其終值與現值的計算方式如下：

終值（FV）和現值（PV）	公式
終值（FV）	(1) 普通（或稱期末） 　　$FV_n = CF_0(1+r)^n + CF_1(1+r)^{n-1} + \cdots + CF_n$ (2) 期初 　　$FV_n = CF_0(1+r)^{n+1} + CF_1(1+r)^n + \cdots + CF_n(1+r)$

終值（FV）和現值（PV）	公式
現值（PV）	(1) 普通（或稱期末） $$PV_n = CF_0 + \frac{CF_1}{(1+r)^1} + \frac{CF_1}{(1+r)^2} + \cdots + \frac{CF_n}{(1+r)^n}$$ (2) 期初 $$PV_n = \frac{CF_0}{(1+r)^1} + \frac{CF_1}{(1+r)^1} + \cdots + \frac{CF_n}{(1+r)^{n+1}}$$

註 CF_0 為當期現金流量，CF_1 為第1期現金流量，依此類推。

[範例]

ABC公司估計5年內的現金流量如下所示，假設年利率為5%，一年複利一次，求其終值與現值各為多少？

計算 (1)終值

$$FV_n = CF_0(1+r)^n + CF_1(1+r)^{n-1} + \cdots + CF_n$$

（其中 $(1+r)^n$ 可查附錄表二的終值利率因子）

$$= 0 + 100萬元 \times (1+0.05)^{5-1} + 300萬元 \times (1+0.05)^{5-2}$$
$$+ 200萬元 \times (1+0.05)^{5-3} + 100萬元 \times (1+0.05)^{5-4}$$
$$+ 250萬元 \times (1+0.05)^{5-5}$$
$$= 100萬元 \times 1.2155 + 300萬元 \times 1.1576 + 200萬元 \times 1.1025$$
$$+ 100萬元 \times 1.05 + 250萬元 = 1{,}044.33萬元$$

(2)現值

$$PV_n = CF_0 + \frac{CF_1}{(1+r)^1} + \frac{CF_2}{(1+r)^2} + \cdots + \frac{CF_n}{(1+r)^n}$$

（其中 $\frac{1}{(1+r)^n}$ 可查附錄表一的現值利率因子）

$$= 0 + \frac{100萬元}{(1+0.05)^1} + \frac{300萬元}{(1+0.05)^2} + \frac{200萬元}{(1+0.05)^3} + \frac{100萬元}{(1+0.05)^4} + \frac{250萬元}{(1+0.05)^5}$$
$$= 100萬元 \times 0.9524 + 300萬元 \times 0.9070 + 200萬元 \times 0.8638$$
$$+ 100萬元 \times 0.8227 + 250萬元 \times 0.7835 = 818.245萬元$$

精選試題

(　　)　A公司估計5年內的現金流量如下所示,假設利率為6%,一年複利一次,求其終值與現值各為多少?

$$
\begin{array}{cccccc}
0 & 1 & 2 & 3 & 4 & 5 \\
\end{array}
$$

　　　　　　200萬　100萬　500萬　150萬　300萬

(A)終值=1,040.5萬元;現值=1,392.4萬元　(B)終值=1,392.4萬元;現值=1,040.5萬元　(C)終值=1,400.5萬元;現值=1,932.4萬元　(D)終值=1,932.4萬元;現值=1,400.5萬元。

解答與解析

(B)。 (1) 終值

$$FV_n = CF_0(1+r)^n + CF_1(1+r)^{n-1} + \cdots + CF_n$$

（其中$(1+r)^n$可查附錄表二的終值利率因子）

$$= 0 + 200萬元 \times (1+0.06)^{5-1} + 100萬元 \times (1+0.06)^{5-2}$$
$$+ 500萬元 \times (1+0.06)^{5-3} + 150萬元 \times (1+0.06)^{5-4}$$
$$+ 300萬元 \times (1+0.06)^{5-5}$$
$$= 200萬元 \times 1.2625 + 100萬元 \times 1.1910 + 500萬元 \times 1.1236$$
$$+ 150萬元 \times 1.06 + 300萬元 = 1,392.4萬元$$

(2) 現值

$$PV_n = CF_0 + \frac{CF_1}{(1+r)^1} + \frac{CF_2}{(1+r)^2} + \cdots + \frac{CF_n}{(1+r)^n}$$

（其中$\frac{1}{(1+r)^n}$可查附錄表一的現值利率因子）

$$= 0 + \frac{200萬元}{(1+0.06)^1} + \frac{100萬元}{(1+0.06)^2} + \frac{500萬元}{(1+0.06)^3} + \frac{150萬元}{(1+0.06)^4} + \frac{300萬元}{(1+0.06)^5}$$
$$= 200萬元 \times 0.9434 + 100萬元 \times 0.8900 + 500萬元 \times 0.8396$$
$$+ 150萬元 \times 0.7921 + 300萬元 \times 0.7473 = 1,040.485萬元$$

故此題答案為(B)。

重點 **5**	**有效年利率的使用值**

金融機構（例如：銀行、郵局等）是以「名目年利率（Nominal Annual Rate）」（一般稱為年利率）掛牌。但在現實生活中，可能會以每月計息一次，例如定存利率、房屋貸款利率等。**名目利率**是借貸契約中所設定的年利率，而**有效年利率**（**Effectvie Annual Rate, EAR**）是指考慮複利效果後，一年之中實際賺得的利率。

$$EAR = (1 + \frac{r}{m})^m - 1$$

註 r為名目年利率，m為每年複利的次數。若連續複利，則公式為：$EAR = e^r - 1$。

［範例1］

A君詢問了四家銀行的定存利率，並列出的下列資訊：

(1)銀行1：年利率5%，以單利計算；

(2)銀行2：年利率4.8%，每季計息一次；

(3)銀行3：年利率4.9%，每月計息一次；

(4)銀行4：年利率4.5%，以連續複利計息。

以上四家銀行，哪家的**有效年利率**最高呢？

計算 (1)銀行1：年利率5%，以單利計算。

以單利計算，則**名目利率**等於**有效利率**。

(2)銀行2：年利率4.8%，每季計息一次；

$$EAR = (1 + \frac{0.048}{4})^4 - 1 = 4.89\%$$

(3)銀行3：年利率4.8%，每月計息一次；

$$EAR = (1 + \frac{0.049}{12})^{12} - 1 = 5.01\%$$

(4)銀行4：年利率4.5%，以連續複利計息。

$$EAR = e^r - 1 = e^{0.045} - 1 = 2.718281828^{0.045} - 1 = 4.60\%$$

其中e為指數 = 2.718281828...

結語 由以上計算結果得知，銀行3的**有效利率**最高。

[範例2]

A君現年35歲，購買人壽保險10年定期壽險保額300萬，每年保費為5,000元，年利率6%，每月計息一次，試問10年後契約終止時，A君合計繳了多少保費？

說明　每年繳交保費一次，但每月計息一次，不能直接帶入年金公式，須先轉換成有效年利率，再帶入年金公式。

$$EAR = (1 + \frac{0.05}{12})^{12} - 1 = 0.051161898$$

$$\begin{aligned}
終值 &= 5,000元 \times (1+EAR)^{10} + 5,000元 \times (1+EAR)^9 + \cdots + 5,000元 \times (1+EAR)^1 \\
&= 5,000元 \times (1+0.051161898)^{10} + 5,000元 \times (1+0.051161898)^9 + \cdots \\
&\quad + 5,000元 \times (1+0.051161898)^1 \\
&= 5,000元 \times (1.051161898^9 + 1.051161898^8 + \cdots + 1) \times 1.051161898 \\
&= 5,000元 \times \frac{1.051161898^{10} - 1}{0.051161898} \times 1.051161898 \\
&= 5,000元 \times FVIFA_{(0.051161898,10)} \times 1.051161898 \\
&= 5,000元 \times 12.64631542 \times 1.051161898 \\
&= 5,000元 \times 13.29332492 = 66,467元
\end{aligned}$$

精選試題

(　　) **1** B君想存一年期定存，發現第一間銀行以單利計算之年利率為3%，第二間銀行以每季利息之年利率2.7%，第三間銀行以每月計息之年利率2.5%，試問哪一家的利率最高？　(A)第一間銀行　(B)第二間銀行　(C)第三間銀行　(D)三者皆同。

(　　) **2** 名目年利率為8%。若半年複利一次，則有效年利率為？(A)8.30%　(B)8.16%　(C)8.24%　(D)8%。

(　　) **3** 年利率為6%，試問在下列四種計算利率方式中，何者的有效年利率最高？　(A)每年複利　(B)每半年複利　(C)每季複利　(D)每月複利。

解答與解析

1 (D)。名目利率是借貸契約中所設定的年利率，而有效年利率（Effectvie Annual Rate, EAR）是指考慮複利效果後，一年之中實際賺得的利率。

$$EAR = (1 + \frac{r}{m})^m - 1$$

註 r為名目年利率，m為每年複利的次數。若連續複利，則公式為：
$$EAR = e^r - 1$$

[1] 甲銀行以單利計算之年利率為3%
以單利計算，則名目利率＝有效利率（EAR）＝3%
[2] 乙銀行以每季利息之年利率2.7%
$$EAR = (1 + \frac{0.027}{4})^4 - 1 \fallingdotseq 2.73\%$$
[3] 丙銀行以每月計息之年利率2.5%
$$EAR = (1 + \frac{0.025}{4})^{12} - 1 \fallingdotseq 2.53\%$$

由以上計算結果得知，第一間銀行的有效利率最高。
故此題答案為(A)。

2 (B)。**名目利率**是借貸契約中所設定的年利率，而**有效年利率**（**Effectvie Annual Rate, EAR**）是指考慮複利效果後，一年之中實際賺得的利率。

$$EAR = (1 + \frac{r}{m})^m - 1$$

註 r為名目年利率，m為每年複利的次數。若連續複利，則公式為：
$$EAR = e^r - 1$$

$$EAR = (1 + \frac{0.08}{2})^2 - 1 = 8.16\%$$
故此題答案為(B)。

3 (D)。**名目利率**是借貸契約中所設定的年利率，而**有效年利率**（**Effectvie Annual Rate, EAR**）是指考慮複利效果後，一年之中實際賺得的利率。

$$EAR = (1 + \frac{r}{m})^m - 1$$

註 r為名目年利率，m為每年複利的次數。若連續複利，則公式為：
$$EAR = e^r - 1$$

[1] 每年複利

　　以單利計算，則名目利率＝有效利率（EAR）＝6%

[2] 每半年複利

$$EAR = (1 + \frac{0.06}{2})^2 - 1 \fallingdotseq 6.09\%$$

[3] 每季複利

$$EAR = (1 + \frac{0.06}{4})^4 - 1 \fallingdotseq 6.14\%$$

[4] 每月複利

$$EAR = (1 + \frac{0.06}{12})^{12} - 1 \fallingdotseq 6.17\%$$

由以上計算結果得知，每月複利的有效利率最高。

故此題答案為(D)。

NOTE

Day 02　債券評價

資產的評價可用$P_0 = \sum_{t=1}^{\infty} \dfrac{CF_1}{(1+r)^t}$表示之，亦未來各期現金流量折現值的總和就是該資產的價值，稱為**現金流量折現模式**。在評估資產價值時，第一個步驟就是估計未來所有的現金流量（CFt），再決定合理的折現率（r），才能進行評價。若將評價方式運用於債券，則稱「債券評價模式」；運用於股票，則稱「股利評價模式」。

重點 1　債券評價模式

一、債券的基本特徵

(一) 債券是**發行人（政府或公司）**向**投資人（債權人）**募集資金的憑證，在約定的期間內依約定的**票面利率（Coupon Rate）**定期（六個月或一年）償付**固定利息（票面利息，Coupon）**給予**投資人（債權人）**，至**到期日（Maturity Date）**時，**發行人（政府或公司）**除了償付利息外，並依**債券面額（Face Value or Par Value）**償還**本金（Principal）**給**投資人（債權人）**。

(二) 公司發行公司債募集資金的對象為一般社會大眾或專業投資機構，而非金融機構，亦指發行債券屬於直接金融的範圍，由發行公司（發行人）與投資人（債權人）認定的債權契約來規範彼此的權利與義務，契約內容包含付款金額、到期日及保護條款（Protective Covenant）等。

(三) 債券的基本特徵如下：

項目	說明
面額	無論是公司發行的公司債，或政府發行的公債，每張債券到期時皆會支付本金，而面額即是屆時到期支付的本金。面額亦是計算每期發行公司應該支付多少利息的基礎。
票面利息	又稱息票利息，是債券發行人必須按期支付給投資人的金額。**面額**和**票面利率**是決定每期應支付多少利息的另一個重要數字。例如：面額100萬，票面利率為5%的公司債，若每年付息一次，則每期（每年）應支付⇒1,000,000元×5%＝50,000元；若每半年付息一次，則每期（每半年）應支付⇒1,000,000元×(5%÷2)＝25,000元。
到期日	債券都會有一個明確的到期日，這表示債權與債務關係的時效。亦在債券到期日當天，債務發行人會將**最後一期的利息**和**本金**一起償還給債權投資人。到期期間（Time to Maturity）是指現今至到期日為止的這段期間。

　　債券是一種按期支付明確的現金流量（固定的支付利息），有固定壽命的金融資產或證券，通常稱此類證券為**固定收益證券（Fixed Income Security）**。現金流量的圖解說明如下：

二、債券評價模式

　　債券的利息是n期的**年金**；最後一期以面額償還的金本則是**單筆現金流量**或**單筆金額**；各期的利息和最後一期的面額折現後加總，就是**債券價格**。

　　債券價格的計算方式：**利息使用普通年金現值公式**，再加上**面額的現值**即可。

債券評價模式有下列四種：

每年付息的債券評價模式

公式 P_B為債券價格，**F**為面額，**C**為票面利息，故**C=F**（即**面額**）×**r**（即**票面利率**）；**y**為折現率，即在債券評價上通稱折現率為殖利率；**n**為距到期日的期數；**PVIFA**為年金現值利率因子（可查附錄表三）；**PVIF**為現值利率因子（可查附錄表一）。

$$P_B = \frac{CF_1}{(1+y)^1} + \frac{CF_1}{(1+y)^2} + \cdots + \frac{CF_n}{(1+y)^n}$$

$$= \frac{C}{(1+y)^1} + \frac{C}{(1+y)^2} + \cdots + \frac{C}{(1+y)^{n-1}} + \frac{C+F}{(1+y)^n}$$

$$= \frac{C}{(1+y)^1} + \frac{C}{(1+y)^2} + \cdots + \frac{C}{(1+y)^n} + \frac{F}{(1+y)^n}$$

$$= \sum_{t=1}^{n} \frac{C}{(1+y)^t} + \frac{F}{(1+y)^n} = \frac{1-(1+y)^{-n}}{(1+y)^t} + \frac{F}{(1+y)^n}$$

$$= C \times PVIFA_{(y,n)} + F \times PVIF_{(y,n)}$$

每半年付息的債券評價模式

公式 每半年付息則**殖利率**（**y**）和**票面利息**（**C**）須除以2，而**期數**（**n**）須乘以2，即可計算**債券價格**。

$$P_B = \frac{\frac{C}{2}}{(1+\frac{y}{2})^1} + \frac{\frac{C}{2}}{(1+\frac{y}{2})^2} + \cdots + \frac{\frac{C}{2}}{(1+\frac{y}{2})^{2n}} + \frac{F}{(1+\frac{y}{2})^{2n}}$$

$$= \sum_{t=1}^{2n} \frac{\frac{C}{2}}{(1+\frac{y}{2})^t} + \frac{F}{(1+\frac{y}{2})^{2n}} = \frac{C}{2} \times \frac{1-(\frac{y}{2})^{-2n}}{(1+\frac{y}{2})^t} + \frac{F}{(1+\frac{y}{2})^{2n}}$$

$$= \frac{C}{2} \times PVIFA_{(\frac{y}{2},2n)} + F \times PVIF_{(\frac{y}{2},2n)}$$

一般化的債券評價模式

公式 假設每年付息m次，則公式修正如下：

$$P_B = \frac{\dfrac{C}{m}}{(1+\dfrac{y}{m})^1} + \frac{\dfrac{C}{m}}{(1+\dfrac{y}{m})^2} + \cdots + \frac{\dfrac{C}{m}}{(1+\dfrac{y}{m})^{n\times m}} + \frac{F}{(1+\dfrac{y}{m})^{n\times m}}$$

$$= \frac{C}{m} \times \frac{1-(1+\dfrac{y}{m})^{-n\times m}}{\dfrac{y}{m}} + \frac{F}{(1+\dfrac{y}{m})^{n\times m}} = \frac{C}{m} \times PVIFA_{(\frac{y}{m},n\times m)} + F \times PVIF_{(\frac{y}{m},n\times m)}$$

範例 甲公司於今年初發行為期6年，面額10萬元，票面利率10%，殖利率8%之公司債，試以(1)每年付息一次及(2)每半年付息一次，計算債券發行價格。

計算 (1)每年付息一次，共支付利息6次，每期折現率（殖利率）為0.08。

　　　 步驟1 票面利息（C）＝面額（F）×票面利率（r）

　　　　　　　　　　　　　 ＝100,000元×0.10＝10,000元

　　　 步驟2 $P_B = \dfrac{10,000元}{(1+0.08)^1} + \dfrac{10,000元}{(1+0.08)^2} + \cdots + \dfrac{10,000元}{(1+0.08)^6} + \dfrac{100,000元}{(1+0.08)^6}$

　　　　　　　 $= 100,000元 \times \dfrac{1-(1+0.08)^{-6}}{0.08} + \dfrac{100,000元}{(1+0.08)^6}$

　　　　　　　 $= 10,000元 \times PVIFA_{(0.08,6)} + 100,000元 \times PVIF_{(0.08,6)}$

　　　　　　　 $= 10,000元 \times 4.6229 + 100,000元 \times 0.6302 = 109,249元$

　　 (2)每半年付息一次，共支付利息12次，每期折現率（殖利率）為0.04
　　　 （＝0.08÷2）。

　　　 步驟1 票面利息（C）＝面額（F）×票面利率（r）

　　　　　　　　　　　　　 ＝100,000元×(0.10÷2)＝5,000元

　　　 步驟2 $P_B = \dfrac{5,000元}{(1+0.04)^1} + \dfrac{5,000元}{(1+0.04)^2} + \cdots + \dfrac{5,000元}{(1+0.04)^{12}} + \dfrac{100,000元}{(1+0.04)^{12}}$

　　　　　　　 $= 5,000元 \times \dfrac{1-(1+0.04)^{-12}}{0.04} + \dfrac{100,000元}{(1+0.04)^{12}}$

　　　　　　　 $= 5,000元 \times PVIFA_{(0.04,12)} + 100,000元 \times PVIF_{(0.04,12)}$

　　　　　　　 $= 5,000元 \times 9.3851 + 100,000元 \times 0.6246 = 109,386元$

零息的債券評價模式

公式 若不付息債券,則稱為**零息債券**(**Zero Coupon Bond**)。亦發行人不支付利息,但以低於面額的價格折價出售給投資人的債券。

⇒到期時,按面額贖回

零息債券提供給投資人的報酬屬於**資本利得**(亦**面額**減掉**售價**的價差),

債券價格的計算公式如右:$P_B = \dfrac{F}{(1+y)^n}$

範例 政府發行面額10萬元之零息公債,期限為6年,殖利率為8%,假設每年複利一次,則債券價格為何?

計算 $P_B = \dfrac{100,000}{(1+0.08)^6} = 100,000 \times PVIF_{(0.08,6)}$

$= 100,000$元$\times$查附錄表一得出$0.6302 = 63,020$元

三、債券價格與殖利率的關係

由債券評價模式的公式得知:債券價格與殖利率之間呈反向變動。在其他條件不變之情況,當殖利率上升時,現值利率因子下降,現金流量的現值會減少,故債券價格會下降;相反地,當殖利率下降時,現值利率因子上升,現金流量的現值會增加,故債券價格會上升。債券價格與殖利率的關係如下圖如示:

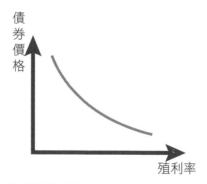

債券價格與殖利率之間呈反向變動

債券價格與**殖利率**的關係是**凸向**(**Convex**)**原點的弧線**,而非線性關係。隨著殖利率逐漸提高,債券價格下降的速度將會越來越慢。

[範例]

債券價格與殖利率的關係

政府發行面額50萬的公債，期限為10年，票面利率為8%，假設每年付息一次，試以(1) 殖利率7%、(2) 殖利率8%、(3) 殖利率9%，計算債券價格。

計算 票面利息（C）＝面額（F）×票面利率（r）

$\qquad$ ＝500,000元＋0.08＝40,000元

$$P_B = \frac{C}{(1+y)^1} + \frac{C}{(1+y)^2} + \cdots + \frac{C}{(1+y)^n} + \frac{F}{(1+y)^n}$$

$\quad$ ＝$C \times PVIFA_{(y,n)} + F \times PVIF_{(y,n)}$＝40,000元＋$PVIFA_{(y,n)}$＋500,000元＋$PVIF_{(y,n)}$

(1)殖利率7%

$\quad P_B$＝40,000元＋$PVIFA_{(0.07,10)}$＋500,000元＋$PVIF_{(0.07,10)}$

$\qquad$ ＝40,000元＋7.0236＋500,000元＋0.5083＝535,094元

(2)殖利率8%

$\quad P_B$＝40,000元＋$PVIFA_{(0.08,10)}$＋500,000元＋$PVIF_{(0.08,10)}$

$\qquad$ ＝40,000元＋6.7101＋500,000元＋0.4632≒500,000元

(3)殖利率9%

$\quad P_B$＝40,000元＋$PVIFA_{(0.09,10)}$＋500,000元＋$PVIF_{(0.09,10)}$

$\qquad$ ＝40,000元＋6.4177＋500,000元＋0.4224＝467,908元

由以上範例得知：殖利率越高，則債券價格越低。

四、票面利率、殖利率與債券價格之間的關係

由第三節的範例說明票面利率、殖利率與債券價格之間的關係，如下表所示：

情況	範例說明
情況一 折價債券 殖利率>票面利率，則 債券價格<面額	殖利率（9%）>票面利率（8%） ⇒P_B＝467,908元<面額500,000元 ⇒此為**折價發行**，稱為**折價債券**。
情況二 平價債券 殖利率=票面利率，則 債券價格=面額	殖利率（8%）=票面利率（8%） ⇒P_B＝500,000元=面額500,000元 ⇒此為**平價發行**，稱為**平價債券**。

情況	範例說明
情況三 **溢價債券** 殖利率<票面利率，則 債券價格>面額	殖利率（7%）<票面利率（8%） $\Rightarrow P_B = 535,094$元>面額500,000元 $\Rightarrow$此為**溢價發行**，稱為**溢價債券**。

五、殖利率不變條件下，債券價格與到期日之關係

從買進債券至到期間之間，假設殖利率不變之下，債券價格會有下列之影響：

情況	範例說明
情況一 **折價債券** 殖利率>票面利率，則 債券價格<面額	隨著債券到期日逐漸逼近，債券價格漸漸上升，直到債券到期時，債券價格會等於面額。
情況二 **平價債券** 殖利率=票面利率，則 債券價格=面額	只要殖利率不變，債券價格也不會變動，一直維持在面額水準。
情況三 **溢價債券** 殖利率<票面利率，則 債券價格>面額	隨著債券到期日逐漸逼近，債券價格漸漸下降，直到債券到期時，債券價格會等於面額。

[範例]

政府發行面額50萬的公債，期限為5年，票面利率為8%，假設每半年付息一次，試以(1) 殖利率6%、(2) 殖利率8%、(3) 殖利率10%，計算債券價格。

計算　票面利息$\left(\dfrac{C}{2}\right)$=面額（F）×票面利率$\left(\dfrac{r}{2}\right)$

$$= 500,000元 + (0.08 \div 2) = 20,000元$$

$$P_B = \frac{C}{2} + PVIFA_{(\frac{y}{2}, n \times m)} + F \times PVIF_{(\frac{y}{2}, n \times m)}$$

$$= 20,000元 + PVIFA_{(\frac{y}{2}, 5 \times 2)} + 500,000元 + PVIF_{(\frac{y}{2}, 5 \times 2)}$$

(1) 殖利率6%，每半年計息一次，則y＝3%

　　P_B＝20,000元＋PVIFA$_{(0.03,10)}$＋500,000元＋PVIF$_{(0.03,10)}$

　　　＝20,000元＋8.532＋500,000元＋0.7441＝542,690元

(2) 殖利率8%，每半年計息一次，則y＝4%

　　P_B＝20,000元＋PVIFA$_{(0.04,10)}$＋500,000元＋PVIF$_{(0.04,10)}$

　　　＝20,000元＋8.1109＋500,000元＋0.6756≒500,000元

(3) 殖利率10%，每半年計息一次，則y＝5%

　　P_B＝20,000元＋PVIFA$_{(0.05,10)}$＋500,000元＋PVIF$_{(0.05,10)}$

　　　＝20,000元＋7.7217＋500,000元＋0.6139＝461,384元

年限 （n）	期數 （n×m）	y＝6%＜票面利息 ⇒溢價發行	y＝8%＝票面利息 ⇒平價發行	y＝10%＞票面利息 ⇒折價發行
5.0	10	542,690元	500,000元	461,384元
4.5	9	538,922元	500,000元	464,456元
4.0	8	535,094元	500,000元	467,664元
3.5	7	531,156元	500,000元	471,078元
3.0	6	527,094元	500,000元	474,614元
2.5	5	522,894元	500,000元	478,340元
2.0	4	518,592元	500,000元	482,270元
1.5	3	514,122元	500,000元	486,364元
1.0	2	509,570元	500,000元	490,688元
0.5	1	504,868元	500,000元	495,248元
0.0	0	500,000元	500,000元	500,000元

由上列表格，可繪製出下列圖形：

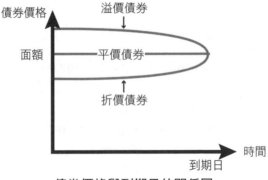

債券價格與到期日的關係圖

結語 影響債券價格的因素有二個：

(1)殖利率不變時，到期日的變化會影響折價債券和溢價債券的價格。

(2)在其他條件不變時，殖利率的變動會對債券價格造成反向影響。

精選試題

(　　) **1** 面額1萬元的十年期公債，每年票面利率為4%，每年付息一次，當市場利率為下列何者時，其債券價格會高於面額？

(A)3%　(B)4%　(C)4.5%　(D)5%。

(　　) **2** 面額10萬元的十年期公債，每年票面利息為3,000元，每年付息一次，當市場利率為下列何者時，其債券價格會低於面額？

(A)3.5%　(B)2%　(C)3%　(D)2.5%。

(　　) **3** 下列何種因素與債券價格有關：

A.面額（face value）；B.息票利息（coupon rate）；

C.到期日（maturity date）

(A)僅A因素　(B)僅A與B因素　(C)僅B與C因素　(D)A，B，C三因素。

(　　) **4** 關於債券價格與到期日的關係（假設殖利率不變下），下列何者錯誤？

(A)當債券依面額發行時，隨著債券到期日逐漸逼近，債券價格不會變動，一直維持在面額水準

(B)當債券溢價發行時，隨著債券到期日逐漸逼近，債券價格漸漸上升，直到債券到期時，債券價格會等於面額

(C)當債券溢價發行時，隨著債券到期日逐漸逼近，債券價格漸漸下降，直到債券到期時，債券價格會等於面額

(D)當債券折價發行時，隨著債券到期日逐漸逼近，債券價格漸漸上升，直到債券到期時，債券價格會等於面額。

(　　) **5** 關於影響債券價格的因素，下列何者正確？　(A)在其他條件不變

下，殖利率的變動會對債券價格造成正向的影響　(B)在其他條件不變下，殖利率的變動會對債券價格造成反向的影響　(C)當債券溢價發行時，在殖利率不變下，隨著債券到期日逐漸逼近，債券價格漸漸上升，直到債券到期時，債券價格會等於面額　(D)殖利率不變下，到期日的變化會影響平價債券。

(　　) **6** 關於影響債券價格的因素，下列敘述何者錯誤？　(A)在其他條件不變下，當票面利息提高時，債券價格會上升　(B)在其他條件不變下，當殖利率下降時，債券價格會上升　(C)在其他條件不變下，當面額增加時，債券價格會上升　(D)在其他條件不變下，當票面利率下降時，債券價格會上升。

(　　) **7** 在其他條件不變下，當債券殖利率上升時，債券價格會：
(A)下跌　(B)上漲　(C)不變　(D)不一定。

(　　) **8** 投資債券時，決定每期發行人應支付多少利息的重要數字為：
(A)債券價格與殖利率　(B)債券價格與票面利率　(C)面額與票面利率　(D)面額與殖利率。

(　　) **9** 六年期，面額為100,000元，票面利率為6%的公債，每半年付息乙次，目前殖利率為5%，試問債券價格為102,650 元，試問每期的票面利息是多少？　(A)2,000元　(D)5,000元。　(B)3,000元　(C)4,000元

(　　) **10** 十年期債券，面額5,000元，票面利率7%，每年付息一次，則每次付息多少元？　(A)175元　(B)300元　(C)350元　(D)400元。

(　　) **11** 某公司於今年初發行為期五年，面額20,000元，票面利率為8%，殖利率6%的公司債，試以每年付息一次其發行價格為：
(A)19,990元　(B)19,831元　(C)21,582元　(D)21,686元。

(　　) **12** 根據債券評價公式，在其他條件不變下，何種情況下，債券的價格會較高？　(A)票面利率越低　(B)殖利率越低　(C)每年付息的次數越少　(D)以上皆是。

( ) **13** 市場利率7%，面額5萬元，票面利率9%之3年期中央政府公債溢價約為？（假設每年付息一次） (A)52,624元 (B)52,735元 (C)52,346元 (D)52,521元。

( ) **14** 發行公司債產生折價現象的原因是： (A)債券的利息低於股票報酬 (B)票面利率等於市場利率 (C)票面利率低於市場利率 (D)債券的持續時間過長。

( ) **15** 公債若有折價，其折價必會在到期日時： (A)變成溢價 (B)擴大 (C)消失 (D)視市場情況而可能擴大或縮小。

( ) **16** 政府發行的公債價值，會隨市場利率上升而： (A)減少 (B)增加 (C)不變 (D)以上皆非。

( ) **17** 有一零息公債的到期殖利率為5%，面額為5,000元，如果此債券3年到期，目前的價格應為？ (A)3,129元 (B)4,219元 (C)3,419元 (D)4,319元。

( ) **18** A君以5%的殖利率買進一張三年期，面額10,000元的零息債券，請問該投資的金額為何？ (A)8,638元 (B)8,538元 (C)8,843元 (D)8,751元。

( ) **19** 下列對零息債券（zero coupon bond）的敘述何者正確？ (A)零息債券不可訂有贖回條款（call provisions），故發行機構不可提前贖回 (B)零息債券提供給投資人的報酬屬於資本利得（面額減掉售價） (C)零息債券持有到期滿的報酬率是隨市場利率而變動 (D)投資人需要擔心再投資風險。

( ) **20** 零息債券（Zero Coupon Bond）沒有下列何種風險？ (A)利率風險 (B)通貨膨脹風險 (C)再投資風險 (D)財務風險。

( ) **21** 何種證券沒有再投資風險 (A)零息債券 (B)抵押債券 (C)信用債券 (D)分期還本債券。

( ) **22** 某壽險公司以6.73%買了面額一億元的十年期公債，該期公債之票面利率為5.62%，請問該公司買了何種債券？ (A)平價債券 (B)溢價債券 (C)折價債券 (D)零息債券。

(　　) **23** 十年到期的公債，票面利率為7.2%，目前之到期殖利率為6.5%，若利率維持不變，則一年後此債券之價格將：　(A)不變　(B)下跌　(C)上漲　(D)無從得知。

解答與解析

1 (A)。**票面利率**、**殖利率**與**債券價格**之間的關係，如下：

   情況一 **折價債券**

      市場利率（殖利率）＞票面利率，則債券價格＜面額

   情況二 **平價債券**

      市場利率（殖利率）＝票面利率，則債券價格＝面額

   情況三 **溢價債券**

      市場利率（殖利率）＜票面利率，則債券價格＞面額

因此，債券價格會高於面額屬於溢價發行，則市場利率（殖利率）＜票面利率。選項中只有(A) 3%小於題幹所敘述之票面利率。

故此題答案為(A)。

2 (B)。票面利息（C）＝面額（F）×票面利率（r）

   ⇒3,000元＝100,000元＋r⇒r＝3%

票面利率、**殖利率**與**債券價格**之間的關係，如下：

   情況一 **折價債券**

      市場利率（殖利率）＞票面利率，則債券價格＜面額

   情況二 **平價債券**

      市場利率（殖利率）＝票面利率，則債券價格＝面額

   情況三 **溢價債券**

      市場利率（殖利率）＜票面利率，則債券價格＞面額

因此，債券價格會低於面額屬於折價發行，則市場利率（殖利率）＞票面利率。

故此題答案為(B)。

3 (D)。**息票利息**（**coupon rate**）又稱**票面利率**：債券在發行時，印刷在債券票面上應付的利率。

票面利率、**殖利率**與**債券價格**之間的關係，如下表所示：

情況	範例說明
情況一 折價債券 殖利率＞票面利率，則債券價格＜面額	殖利率（9%）＞票面利率（8%） ⇒P_B＝467,908元＜面額500,000元 ⇒此為**折價發行**，稱為**折價債券**。
情況二 平價債券 殖利率＝票面利率，則債券價格＝面額	殖利率（8%）＝票面利率（8%） ⇒P_B＝500,000元＝面額500,000元 ⇒此為**平價發行**，稱為**平價債券**。
情況三 溢價債券 殖利率＜票面利率，則債券價格＞面額	殖利率（7%）＜票面利率（8%） ⇒P_B＝535,094元＞面額500,000元 ⇒此為**溢價發行**，稱為**溢價債券**。

從買進債券至到期間之間，假設殖利率不變之下，債券價格會有下列之影響：

情況	範例說明
情況一 折價債券 殖利率＞票面利率，則債券價格＜面額	隨著債券到期日逐漸逼近，債券價格漸漸上升，直到債券到期時，債券價格會等於面額。
情況二 平價債券 殖利率＝票面利率，則債券價格＝面額	只要殖利率不變，債券價格也不會變動，一直維持在面額水準。
情況三 溢價債券 殖利率＜票面利率，則債券價格＞面額	隨著債券到期日逐漸逼近，債券價格漸漸下降，直到債券到期時，債券價格會等於面額。

因此，面額（face value）、息票利息（coupon rate）及到期日（maturity date）皆與債券價格有關。

故此題答案為(D)。

4 (B)。從買進債券至到期間之間，假設殖利率不變之下，債券價格會有下列之影響：

情況	範例說明
情況一 折價債券 殖利率＞票面利率，則債券價格＜面額	隨著債券到期日逐漸逼近，債券價格漸漸上升，直到債券到期時，債券價格會等於面額。

情況	範例說明
情況二 平價債券 殖利率＝票面利率，則 債券價格＝面額	只要殖利率不變，債券價格也不會變動，一直維持在面額水準。
情況三 溢價債券 殖利率＜票面利率，則 債券價格＞面額	隨著債券到期日逐漸逼近，債券價格漸漸下降，直到債券到期時，債券價格會等於面額。

故此題答案為(B)。

5 (B)。 **息票利息**（coupon rate）又稱**票面利率**：債券在發行時，印刷在債券票面上應付的利率。

票面利率、**殖利率**與**債券價格**之間的關係，如下表所示：

情況	範例說明
情況一 折價債券 殖利率＞票面利率，則 債券價格＜面額	殖利率（9%）＞票面利率（8%） ⇒P_B＝467,908元＜面額500,000元 ⇒此為**折價發行**，稱為**折價債券**。
情況二 平價債券 殖利率＝票面利率，則 債券價格＝面額	殖利率（8%）＝票面利率（8%） ⇒P_B＝500,000元＝面額500,000元 ⇒此為**平價發行**，稱為**平價債券**。
情況三 溢價債券 殖利率＜票面利率，則 債券價格＞面額	殖利率（7%）＜票面利率（8%） ⇒P_B＝535,094元＞面額500,000元 ⇒此為**溢價發行**，稱為**溢價債券**。

從買進債券至到期間之間，假設殖利率不變之下，債券價格會有下列之影響：

情況	範例說明
情況一 折價債券 殖利率＞票面利率，則 債券價格＜面額	隨著債券到期日逐漸逼近，債券價格漸漸上升，直到債券到期時，債券價格會等於面額。

情況	範例說明
情況二 平價債券 殖利率＝票面利率，則 債券價格＝面額	只要殖利率不變，債券價格也不會變動，一直維持在面額水準。
情況三 溢價債券 殖利率＜票面利率，則 債券價格＞面額	隨著債券到期日逐漸逼近，債券價格漸漸下降，直到債券到期時，債券價格會等於面額。

(A) 在其他條件不變下，殖利率的變動會對債券價格造成「反向」的影響。

(C) 當債券溢價發行時，在殖利率不變下，隨著債券到期日逐漸逼近，債券價格漸漸「下降」，直到債券到期時，債券價格會等於面額。

(D) 殖利率不變下，到期日的變化「不會」影響平價債券。

故此題答案為(B)。

6 (D)。 (D) 票面利息（C）＝面額（F）×票面利率（r）

在其他條件不變下，票面利息（C）↓，則面額（F）也會↓。

故此題答案為(D)。

7 (A)。 票面利率、殖利率與債券價格之間的關係，如下表所示：

情況	範例說明
情況一 折價債券 殖利率＞票面利率，則 債券價格＜面額	殖利率（9%）＞票面利率（8%） ⇒P_B＝467,908元＜面額500,000元 ⇒此為**折價發行**，稱為**折價債券**。
情況二 平價債券 殖利率＝票面利率，則 債券價格＝面額	殖利率（8%）＝票面利率（8%） ⇒P_B＝500,000元＝面額500,000元 ⇒此為**平價發行**，稱為**平價債券**。
情況三 溢價債券 殖利率＜票面利率，則 債券價格＞面額	殖利率（7%）＜票面利率（8%） ⇒P_B＝535,094元＞面額500,000元 ⇒此為**溢價發行**，稱為**溢價債券**。

當殖利率上升時，債券價格會小於面額⇒折價發行（債券價格下跌）故此題答案為(A)。

8 (C)。票面利息（C）＝面額（F）×票面利率（r）
故此題答案為(C)。

9 (B)。每期（每半年）的票面利息＝100,000元＋(6%÷2)＝3,000元
故此題答案為(B)。

10 (C)。每期（每年）的票面利息＝5,000元＋7%＝350元
故此題答案為(C)。

11 (D)。 步驟1 票面利息（C）＝面額（F）×票面利率（r）
　　　　　　　＝20,000元×0.08＝1,600元

步驟2 P_B為債券價格，**F**為面額，**C**為票面利息，故**C**＝**F**（即面額）×**r**（即**票面利率**）；**y**為折現率，即在債券評價上通稱折現率為殖利率；**n**為距到期日的期數；**PVIFA**為年金現值利率因子（可查附錄表三）；**PVIF**為現值利率因子（可查附錄表一）。

$$P_B = \frac{C}{(1+y)^1} + \frac{C}{(1+y)^2} + \cdots + \frac{C}{(1+y)^n} + \frac{F}{(1+y)^n}$$

$$= C \times PVIFA_{(y,n)} + F \times PVIF_{(y,n)}$$

$$= \frac{1,600元}{(1+0.06)^1} + \frac{1,600元}{(1+0.06)^2} + \cdots + \frac{1,600元}{(1+0.06)^5} + \frac{20,000元}{(1+0.06)^5}$$

$$= 1,600元 \times PVIFA_{(0.06,5)} + 20,000元 \times PVIF_{(0.06,5)}$$

$$= 1,600元 \times 4.2124 + 20,000元 \times 0.7473 = 21,685.84元$$

故此題答案為(D)。

12 (B)。 公式 P_B為債券價格，**F**為面額，**C**為票面利息，故**C**＝**F**（即面額）×**r**（即**票面利率**）；**y**為折現率，即在債券評價上通稱折現率為殖利率；**n**為距到期日的期數；**PVIFA**為年金現值利率因子（可查附錄表三）；**PVIF**為現值利率因子（可查附錄表一）。

$$P_B = \frac{CF_1}{(1+y)^1} + \frac{CF_2}{(1+y)^2} + \cdots + \frac{CF_n}{(1+y)^n}$$

$$= \frac{C}{(1+y)^1} + \frac{C}{(1+y)^2} + \cdots + \frac{C}{(1+y)^{n-1}} + \frac{C+F}{(1+y)^n}$$

由上述公式觀察到：
的價格較高，表示分母要大，分子要小。
(A) 票面利率與票面利息有關，票面利息是分母。所以，票面利率越高。
(B) 殖利率是分子，其越低，則債券的價格就越高。
(C) 付息次數要「越多」，債券價格才會越高。
故此題答案為(B)。

13 (A)。 步驟1 票面利息（C）=面額（F）×票面利率（r）
$$=50,000元×0.09=4,500元$$

步驟2 P_B為債券價格，F為面額，C為票面利息，故C=F（即面額）×r（即**票面利率**）；y為折現率，即在債券評價上通稱折現率為殖利率；n為距到期日的期數；**PVIFA**為年金現值利率因子（可查附錄表三）；**PVIF**為現值利率因子（可查附錄表一）。

方法一 折現法

$$P_B = \frac{C}{(1+y)^1} + \frac{C}{(1+y)^2} + \cdots + \frac{C}{(1+y)^n} + \frac{F}{(1+y)^n}$$

$$= \frac{4,500元}{(1+0.07)^1} + \frac{4,500元}{(1+0.07)^2} + \frac{4,500元}{(1+0.07)^3} + \frac{50,000元}{(1+0.07)^3} = 52,624.32元$$

方法二 查表法

$$P_B = C×PVIFA_{(y,n)} + F×PVIF_{(y,n)}$$

$$= 4,500元 + PVIFA_{(0.07,3)} + 50,000元 + PVIF_{(0.07,3)}$$

$$= 4,500元 + 2.6243 + 50,000元 + 0.8163 = 52,624.35元$$

故此題答案為(A)。

14 (C)。 **票面利率**、**殖利率**與**債券價格**之間的關係，如下：

情況一 **折價債券**

市場利率（殖利率）>票面利率，則債券價格<面額

情況二 **平價債券**

市場利率（殖利率）=票面利率，則債券價格=面額

情況三 **溢價債券**

市場利率（殖利率）<票面利率，則債券價格>面額

因此，折價發行是票面利率<市場利率。

故此題答案為(C)。

15 (C)。 從買進債券至到期間之間，假設殖利率不變之下，債券價格會有下列之影響：

情況	範例說明
情況一 **折價債券** 殖利率>票面利率，則債券價格<面額	隨著債券到期日逐漸逼近，債券價格漸漸上升，直到債券到期時，債券價格會等於面額。

情況	範例說明
情況二 平價債券 殖利率＝票面利率，則 債券價格＝面額	只要殖利率不變，債券價格也不會變動，一直維持在面額水準。
情況三 溢價債券 殖利率＜票面利率，則 債券價格＞面額	隨著債券到期日逐漸逼近，債券價格漸漸下降，直到債券到期時，債券價格會等於面額。

故此題答案為(C)。

16 **(A)**。　**公式**　P_B為債券價格，F為面額，C為票面利息，故C＝F（即**面額**）×r（即**票面利率**）；y為折現率，即在債券評價上通稱折現率為殖利率；n為距到期日的期數；PVIFA為年金現值利率因子（可查附錄表三）；PVIF為現值利率因子（可查附錄表一）。

$$P_B = \frac{CF_1}{(1+y)^1} + \frac{CF_2}{(1+y)^1} + \cdots + \frac{CF_n}{(1+y)^n}$$
$$= \frac{C}{(1+y)^1} + \frac{C}{(1+y)^2} + \cdots + \frac{C}{(1+y)^{n-1}} + \frac{C+F}{(1+y)^n}$$

由上述公式觀察到：市場利率上升則債券價格會減少。
故此題答案為(A)。

17 **(D)**。零息債券價格的計算公式如下：
方法一 折現法
$$P_B = \frac{F}{(1+y)^n} = \frac{5{,}000元}{(1+0.05)^3} = 4{,}319.19元$$
方法二 查表法
$$P_B = F \times PVIF_{(y,n)} = F \times PVIF_{(0.05,3)}$$
$$= 5{,}000元 + 查附錄表一得出0.8638 = 4{,}319元$$
故此題答案為(D)。

18 **(A)**。零息債券價格的計算公式如下：
方法一 折現法
$$P_B = \frac{F}{(1+y)^n} = \frac{10{,}000元}{(1+0.05)^3} \fallingdotseq 8{,}638.38元$$
方法二 查表法
$$P_B = F \times PVIF_{(y,n)} = F \times PVIF_{(0.05,3)}$$
$$= 10{,}000元 + 查附錄表一得出0.8638 = 8{,}638元$$
故此題答案為(A)。

19 (B)。 若不付息債券，則稱為**零息債券**（**Zero Coupon Bond**）。亦發行人不支
付利息，但以低於面額的價格折價出售給投資人的債券。

零息債券提供給投資人的報酬屬於**資本利得**（亦**面額**減掉**售價**的價
差）。

⇒選項(C)零息債券的報酬率是固定的；選項(D)投資人不需要擔心再投
資風險。

此外，零息債券沒有規定－「不可訂贖回條款」。

⇒選項(A)不是正確的。

故此題答案為(B)。

20 (C)。 零息債券提供給投資人的報酬屬於**資本利得**（亦**面額**減掉**售價**的價
差）。⇒投資人沒有再投資風險

故此題答案為(C)。

21 (A)。 零息債券提供給投資人的報酬屬於**資本利得**（亦**面額**減掉**售價**的價
差）。⇒投資人沒有再投資風險

故此題答案為(A)。

22 (C)。 **票面利率**、**殖利率**與**債券價格**之間的關係，如下：

情況一 **折價債券**

市場利率（殖利率）＞票面利率，則債券價格＜面額

情況二 **平價債券**

市場利率（殖利率）＝票面利率，則債券價格＝面額

情況三 **溢價債券**

市場利率（殖利率）＜票面利率，則債券價格＞面額

因此，市場利率（6.73%）＞票面利率（5.62%），屬於折價債券。

故此題答案為(C)。

23 (B)。 此題需分二階段思考

階段1 票面利率（7.2%）＞到期殖利率（6.5%），則債券價格＞面額，
屬溢價發行。

階段2 從買進債券至到期間之間，假設殖利率不變之下，債券價格會有
下列之影響：**溢價債券**會隨著債券到期日逐漸逼近，債券價格漸
漸下降，直到債券到期時，債券價格會等於面額。

因此，一年後的債券價格會下跌。

故此題答案為(B)。

重點 **2**　**債券的風險與報酬**

一、債券報酬的來源

投資債券的報酬來源有下列三項：

報酬來源	說明
票面利息（或稱息票利息）	投資付息債券（Coupon Bond）可以定期領到票面利息，但投資零息債券則不支付利息。
資本利得或資本損失（亦面額減掉售價的價差）	持有債券至到期日、強制贖回或中途出售時所獲的**資本利得**或**資本損失**。 (1) 假設持有債券至到期日，以溢價發行，則持有到期日於收回面額時，會產生**資本損失**；以折價發行，則持有到期日於收回面額時，會產生**資本利得**。 (2) 若中途出售債券，當市場利率下跌時，債券價格會上漲，此時出售會獲得**資本利得**；當市場利率上升時，債券價格會下跌，此時出售會產生**資本損失**。
再投資收入	由於投資付息債券每期都可定期收到利息，故可將這些利息再投資於其他金融商品，以賺取更多的利息，即利息的利息。

二、債券報酬率的衡量法

投資債券主要目的是獲利，常使用衡量債券報酬的方法介紹如下：

當期獲利率（當期收益率）

定義　當期獲利率（**Current Yield, CY**）定義為**每年的票面利息**除以**債券價格**，

公式如下：$CY = \dfrac{C}{P_B}$

範例　政府發行面額50萬的公債，期限為5年，票面利率為8%，假設每半年付息一次，當殖利率為10%時，債券價格為461,384元，則當期獲利率的計算

如下：$CY = \dfrac{C}{P_B} = \dfrac{500,000 \times 8\%}{461,384元} = 8.67\%$

此方法只考慮票面利息，而未考慮投資報酬率的其他收入來源，例如：

(1)忽略出售債券時，若折價買進，而且持有至到期日，此時未考慮資本利得；若溢價買進，而且持有至到期日，此時未考慮資本損失。

(2)未考慮票面利息的再投資收入，即利息的利息。

(3)未考慮貨幣的時間價值。

到期殖利率

定義 在債券評價公式中的**折現率**（**y**）又稱**到期殖利率**（**Yield to Maturity, YTM**），簡稱**殖利率**，其定義為投資人購買債券後，一直到持有至到期日為止（即中途不賣出），預期所能獲得的**年報酬率**，假設每年付息一次，計算公式如下：

$$P_B = \frac{C}{(1+YTM)^1} + \frac{C}{(1+YTM)^2} + \cdots + \frac{C}{(1+YTM)^n} + \frac{F}{(1+YTM)^n}$$

由上述公式得知，在已知C和F下，如不使用財務計算機或EXCEL，要計算YTM並不容易，故可使用：(1)試誤法（Trial-and-error Procedure）或(2)近似法，進行計算。

(1)**試誤法**（**Trial-and-error Procedure**）

任意代入一個YTM，求得債券價格（P_{B1}）後，運用殖利率與債券價格呈反比的關係，若$P_{B1} > P_B$，則提高YTM；若$P_{B1} < P_B$，則降低YTM。以此方式反覆，直到債券價格等於P_B為止。

(2)**近似法**

C為票面利息，F為面額，P^B為購買的債券價格，n為距到期的期數（或持有至到期日應付息的次數），m為每年付息的次數，$\frac{C}{m}$為每期票面利息，則近似值的簡易公式如下：

$$YTM \approx [\frac{\frac{C}{m} + \frac{F - P^B}{n}}{\frac{F + P^B}{2}}] \times m$$

說明 到期殖利率的計算方法考慮了所有收入來源：

(1)票面利息。

(2)持有至到期的資本利得或資本利損。

(3)若以相同的殖利率計算時，票面利息的再投資收入。

(4)考慮現金流量的時間價值。

公式　零息債券的YTM

n為距到期日的年數，F為面額，則零息債券的YTM公式如下：

$$P_B = \frac{F}{(1+YTM)^n} \Rightarrow YTM = \sqrt[n]{\frac{F}{P_B}} - 1$$

[範例1]

面額50萬，2年期的零息公債，市價為453,500元，求其報酬率（殖利率）為多少？

計算　$453,500元 = \frac{500,000}{(1+YTM)^2} \Rightarrow YTM = \sqrt[n]{\frac{500,000元}{453,500元}} - 1 = 0.05$

[範例2]

面額50萬，2年期的零息公債，市價為485,450元，若只剩1個月，求其報酬率（殖利率）為多少？

計算　$485,450元 = \frac{500,000}{(1+YTM)^2} \Rightarrow YTM = \sqrt[n]{\frac{500,000元}{485,450元}} - 1 = 0.03$

持有期間報酬

定義　投資人必須持有債券至期末才可計算殖利率，但一般投資人不一定會將債券持有至到期日，若持有期間出售，必須以持有期間報酬（Holding Period Return, HPR）評估此種投資人持有債券期間所獲得的報酬率。

YTM是每期收到票面利息；HPR是持有期間所獲得的資本利得或資本損失。 HPR的計算公式如下：

C為票面利息，m為每年付息次數，$\frac{C}{m}$為每期票面利息，P^s為出售價格，P^B為買進價格，n為持有期數。

$$HPR = \frac{每期票面利息+持有期間平均資本利得或損失}{持有期間平均價格} = (\frac{\frac{C}{m} + \frac{P^s - P^B}{n}}{\frac{P^s + P^B}{2}}) \times m$$

[範例1]

A君以461,384元購入5年期,面額50萬元,票面利率為8%,殖利率為10%的政府公債,債券每半年付息一次。假設3年後,A君以殖利率6%之價格出售,試求持有3年的平均年報酬率為多少?

計算 $\dfrac{C}{2} = 50,000元 + (0.08 \div 2) = 20,000元$

3年共支付6期

購入價格(P^B)=461,384元

出售價格(P^s)=$20,000元 + PVIFA_{(\frac{0.06}{2}, 5\times2)} + 500,000元 + PVIF_{(\frac{0.06}{2}, 5\times2)}$

$= 20,000 \times 8.5302 + 500,000 \times 0.7441 = 542,654元$

3年的平均持有報酬率(HPR)

$$= \frac{20,000元 + \dfrac{542,654元 - 461,384元}{6}}{\dfrac{542,654元 + 461,384元}{2}} \times 2 = 13.36\%$$

[範例2]

若上例的持有期間改為5年,也就是至債券到期日,試計算HPR。

計算 5年的平均持有報酬率(HPR)

$$= \frac{20,000元 + \dfrac{500,000元 - 461,384元}{5 \times 2}}{\dfrac{500,000元 + 461,384元}{2}} \times 2 = 9.93\%$$

⇒此利率與YTM(10%)接近。

故持有期間報酬是YTM近似法的通式,當債券持有到期末時,面額取代售價,二者相等。

贖回殖利率

公式 若發行人在債券到期前的一段特定時間內,以特定價格(通常超過面額)贖回該債券,此種債券稱為**可贖回債券**(**Callable Bond**),其報酬率稱為**贖回殖利率**(**Yield to Call, YTC**)。計算公式如下:

n為距贖回的期數，P_c為贖回價格。

$$P_B = \frac{C}{(1+YTC)^1} + \frac{C}{(1+YTC)^2} + \cdots + \frac{C}{(1+YTC)^n} + \frac{P_c}{(1+YTC)^n}$$

此公式與前述的YTM公式類似，只是以**贖回價格（P_c）**代替**面額（F）**，以**距贖回的期數（n）**代替**距到期的期數（n）**。因此，YTC與YTM有相同的假設——必須持有至贖回日，且收到利息再投資仍可獲得與YTC相同的報酬率。

三、債券投資的風險

對於債券或固定收益證券的投資人而言，(1)**利率風險（利率變動）**、(2)**再投資報酬率**的不確定及(3)**違約風險（債務人違約）**，以上皆為債券投資的主要風險。除了上述的風險，尚有其他與固定收益證券有關的風險，例如：(4)**購買力風險**、(5)**匯率風險**、(6)**流動性風險**及(7)**強制贖回風險**。以上七種風險說明如下：

風險類別	說明
利率風險 （Interest Rate Risk）	一般而言，**債券價格**與**市場利率**（或稱殖利率）呈反向關係。 **情況一** 市場利率走低，則債券價格上漲。若此時出售，債券投資人可賺取資本利得。 **情況二** 市場利率走高，則債券價格下跌。若此時出售，債券投資人會有資本損失。 因此，**利率風險**是指市場利率的變動引起債券價格變動的風險，亦稱為**價格風險**。利率風險只有在投資人於**債券到期日之前**出售才會產生。
再投資風險 （Reinvestment Risk）	(1) 債券持有人收到每期利息後，將收到的利息再投資其他資產上孳生利息，但再投資的報酬率仍有不確性，故會產生**再投資風險**。再投資報酬率的高低直接影響投資人最後的債券投資報酬率。若再投資報酬率高於原先預期報酬率時，則實際所獲得的報酬將優於預期報酬，反之亦然。 (2) 由上述得知，只有**付息債券**才會有再投資風險之虞，**零息債券**則沒有此項風險。

風險類別	說明
違約風險（Default Risk）又稱信用風險（Credit Risk）	(1) 債券發行者沒有能力償付利息與本金的風險。除非政府破產，否則政府發行的公債沒有違約風險。而其他發行者所發行之債券，投資人可由信用評等機構，例如美國的穆迪（Moody's）公司、標準普爾（Standard & Poor's）公司或臺灣的中華信用評等公司給予的評等，了解欲投資的債券違約風險。債券評等的等級是以違約機率的高低來分級，等級越高，代表違約的風險越低。因此，影響債券評等等級的風險最主要是違約風險。此外，違約風險越高，投資人要求的預期報酬率也會跟著提高。 (2) 單以違約風險存在的差異而言，假設其他條件相同，政府公債的價格會高於公司債的價格。亦公司債的殖利率（或預期報酬率）應高於政府公債的殖利率。
購買力風險（Purchasing-Power Risk）又稱通貨膨脹風險（Inflation Risk）	由於債券持有人在契約時間內可領取固定的利息，若處於通貨膨脹的經濟環境時，債券持有人所領取的各期現金流量（利息收入和本金）之購買力將會下降，故投資人會面臨購買力風險。
匯率風險（Exchange Risk）	若債券以外幣計價，例如：購買美國政府公債，由於其支付的利息以美元為單位，故將利息或本金換算成新臺幣，則債券持有人會因匯率的高低而產生匯率風險。
流動性風險（Liquidity Risk）	投資人以市價或接近市場出售持有債券的難易程度。此風險與**次級市場**的活絡與否有關。若次級市場不發達、交易量很小，則投資人可能有想賣出卻沒人要買之窘境，此為流動性風險。除了次級市場，另可用債券的價格來衡量此風險。若債券的價格越大，則流動性越高。但參與市場的交易者越多，則價差就越小。若投資人持債券至到期日時，就沒有此項風險。
強制贖回風險（Call Risk）	若債券契約約定於發行一段時間後，債券發行人可以用特定價格強制贖回流通在外的債券時，投資人就有被強制贖回風險。 (1) 對債券發行人而言，設立贖回條款（Call Provision）可在未來利率走低時，收回原有高成本（即票面利率較高）的債，再以較低的利率舉借新債，以節省利息成本。

風險類別	說明
強制贖回風險 （Call Risk）	(2)對債券投資人而言，強制贖回條款有三個不利：A.投資可贖回債券的現金流量不確定性；B.當利率下跌時，發行人強制贖回債券，投資人得到的現金收入將會面臨再投資風險。亦投資人必須以低於其購買原債券時的殖利率，再次投資才能提高投資報酬率；C.可贖回債券價格的上漲潛力受到限制。當利率下跌時，債券價格會跟著上漲，但可強制贖回的債券，其上漲空間有限。

精選試題

(　　) **1** 有一公債（十年期）之面額為5,000元，票面利率為8%（每年付息一次），若以5,600元買進該債券，則當期收益率為：　(A)7.21%　(B)7.86%　(C)6.89%　(D)7.14%。

(　　) **2** 一般俗稱的債券殖利率是指下列何者？　(A)到期收益率（yield to maturity）　(B)贖回收益率　(C)當期收益率（current yield）　(D)資本利得收益率。

(　　) **3** 假設目前五年期利率為4%，而五年期零息債券的YTM為7%，若A君投資該零息債券並持有到期，請問他實際可獲得多少年報酬率？　(A)3%　(B)4%　(C)7%　(D)11%。

(　　) **4** 兩年期，面額為5,000元的零息公債，市價為4,621元，求其報酬率（殖利率）為多少？（假設每年計息一次）　(A)3%　(B)4%　(C)5%　(D)6%。

(　　) **5** 投資債券的利率風險又稱為：　(A) 信用風險　(B) 流動性風險　(C)再投資風險　(D)價格風險。

(　　) **6** 債券的信用評等等級，主要是衡量債券的何種風險？　(A)違約風險　(B)利率風險　(C)流動性風險　(D)購買力風險。

(　) 　**7** 關於投資債券的違約風險，下列何者錯誤？　(A)違約風險定義為債券發行者沒有能力償付利息與本金的風險　(B)由於違約風險有無的存在，故在其它條件相同上，政府公債的價格高於其它公司債的價格　(C)由於違約風險有無的存在，故在其它條件相同上，公司債的殖利率（或預期報酬率）會低於政府公債的殖利率（或預期報酬率）　(D)違約風險越高，投資人所要求的預期報酬率也會越高。

(　) 　**8** 當某一公司的經營發生困難或是倒閉，導致該公司所發行的公司債的價格大跌的風險，是為何種風險？　(A)信用風險　(B)利率風險　(C)流動性風險　(D)資產風險。

(　) 　**9** 國人購買中央政府發行之新臺幣債券具有何種風險？　(A)匯率風險　(B)信用風險　(C)利率風險　(D)稅負風險。

(　) **10** 由於物價水準發生變動，所導致報酬發生變動的風險，稱之為：　(A)購買力風險　(B)到期風險　(C)利率風險　(D)違約風險。

(　) **11** 投資者進行公債買斷交易，將具有：　(A)營運風險　(B)匯率風險　(C)財務風險　(D)利率風險。

(　) **12** 投資公司債應考慮那些因素？　(A)利率走勢　(B)發行期限　(C)信用評等　(D)以上皆是。

(　) **13** 在其他條件不變下，擔保公司債的殖利率應較無擔保公司債為：　(A)高　(B)低　(C)相同　(D)不一定。

(　) **14** 一般債券為什麼會存在再投資風險，其原因為：　(A)票面利率等於零　(B)債息的支付　(C)到期日的變動　(D)以上皆非。

(　) **15** 一般債券的風險有：　(A)利率風險　(B)流動性風險　(C)信用風險　(D)以上皆是。

(　) **16** 國人投資歐洲債券（Eurobonds）會有何種風險？　A.利率風險　B.違約風險　C.匯兌風險　D.通貨膨脹風險

(A)僅有A、B、C　(B)僅有A、C、D　(C)僅有B、C、D　(D)四者皆有。

(　　) **17** 一般而言，政府公債的風險不包括下列何者？　(A)流動性風險 (B)通貨膨脹風險　(C)信用風險　(D)利率風險。

(　　) **18** 債券發行公司可在發行的契約中，註明發行公司有權利在債券到期日之前，以預定的特定價格強制贖回全部或部分流通在外的債券，這是屬投資債券的何種風險？　(A)違約風險　(B)流動性風險 (C)強制贖回風險　(D)利率風險。

(　　) **19** 中華民國政府所發行的中央公債屬：　(A)抵押債券　(B)信用債券 (C)公司債券　(D)擔保債券。

(　　) **20** 下列何者的債信最好？　(A)有擔保公司債　(B)無擔保公司債 (C)政府公債　(D)垃圾債券。

(　　) **21** 影響債券評等等級的風險最主要是哪一種風險？ (A)再投資風險　(B)利率風險　(C)違約風險　(D)購買力風險。

(　　) **22** 若債券之次級市場不發達，則下列何種風險會特別明顯： (A)再投資風險　(B)流動性風險　(C)利率風險　(D)財務風險。

解答與解析

1 (D)。當期獲利率（**Current Yield, CY**）定義為**每年的票面利息**除以**債券價格**，公式如下：

$$CY = \frac{C}{P_B} = \frac{5,000元 + 8\%}{5,600元} = \frac{400元}{5,600元} \approx 7.14\%$$

故此題答案為(D)。

2 (A)。在債券評價公式中的**折現率**（**y**）又稱**到期殖利率**（**Yield to Maturity, YTM**），簡稱**殖利率**，其定義為投資人購買債券後，一直到持有至到期日為止（即中途不賣出），預期所能獲得的**年報酬率**。
故此題答案為(A)。

3 (C)。 在債券評價公式中的**折現率（y）**又稱**到期殖利率（Yield to Maturity, YTM）**，簡稱**殖利率**，其定義為投資人購買債券後，一直到持有至到期日為止（即中途不賣出），預期所能獲得的**年報酬率**。

因此，YTM＝預期所能獲得的年報酬率＝7%。故此題答案為(C)。

4 (B)。 零息債券提供給投資人的報酬屬於**資本利得**（亦**面額**減掉**售價**的價差），債券價格的計算公式如下：

$$P_B = \frac{F}{(1+y)^n} \Rightarrow 4,621元 = \frac{5,000元}{(1+y)^n} \Rightarrow 4,621元 + (1+y)^2 = 5,000元 \Rightarrow y \doteqdot 4\%$$

故此題答案為(B)。

5 (D)。 **利率風險**是指市場利率的變動引起債券價格變動的風險，亦稱為**價格風險**。亦利率風險只有在投資人於**債券到期日**之前出售才會產生。

故此題答案為(D)。

6 (A)。 **違約風險（Default Risk）**又稱**信用風險（Credit Risk）**是指債券發行者沒有能力償付利息與本金的風險。投資人可由信用評等機構，例如美國的穆迪（Moody's）公司、標準普爾（Standard & Poor's）公司或臺灣的中華信用評等公司給予的評等，了解欲投資的債券違約風險。

故此題答案為(A)。

7 (C)。 (1) **違約風險（Default Risk）**又稱**信用風險（Credit Risk）**是指債券發行者沒有能力償付利息與本金的風險。投資人可由信用評等機構，例如美國的穆迪（Moody's）公司、標準普爾（Standard & Poor's）公司或臺灣的中華信用評等公司給予的評等，了解欲投資的債券違約風險。違約風險越高，投資人要求的預期報酬率也會跟著提高。

(2) 單以違約風險存在的差異而言，假設其他條件相同，政府公債的價格會高於公司債的價格。亦公司債的殖利率（或預期報酬率）應高於政府公債的殖利率。

故此題答案為(C)。

8 (A)。 **違約風險（Default Risk）**又稱**信用風險（Credit Risk）**是指債券發行者沒有能力償付利息與本金的風險。

故此題答案為(A)。

9 (C)。 若債券以外幣計價，例如：購買美國政府公債，由於其支付的利息以美元為單位，故將利息或本金換算成新臺幣，則債券持有人會因匯率的高低而產生**匯率風險**。

違約風險（Default Risk）又稱**信用風險**（Credit Risk）是指債券發行者沒有能力償付利息與本金的風險。除非政府破產，否則政府發行的公債沒有違約風險，故政府發行的債券稱為**信用債券**。

利率風險是指市場利率的變動引起債券價格變動的風險，亦稱為**價格風險**。亦利率風險只有在投資人於**債券到期日**之前出售才會產生。

故此題答案為(C)。

10 (A)。 **購買力風險**是由於債券持有人在契約時間內可領取固定的利息，若處於通貨膨脹的經濟環境時，債券持有人所領取的各期現金流量（利息收入和本金）之購買力將會下降，故投資人會面臨購買力風險。

故此題答案為(A)。

11 (D)。 **利率風險**是指市場利率的變動引起債券價格變動的風險，亦稱為**價格風險**。亦利率風險只有在投資人於**債券到期日之前**出售才會產生。

故此題答案為(D)。

12 (D)。 對於債券投資人而言，(1)**利率風險**（**利率變動**）、(2)**再投資報酬率**的不確定及(3)**違約風險**（**債務人違約**），以上皆為債券投資的主要風險。

　　(A) **利率風險**（Interest Rate Risk）是指市場利率的變動引起債券價格變動的風險，亦稱為**價格風險**。亦利率風險只有在投資人於**債券到期日**之前出售才會產生。

　　(B) 若債券持有人無法持有至債券到期日，則於到期日前出售債券會有利率風險之產生。因此，購買債券時，需考慮發行期限。

　　(C) **違約風險**（Default Risk）又稱**信用風險**（Credit Risk）：債券發行者沒有能力償付利息與本金的風險。除非政府破產，否則政府發行的公債沒有違約風險。投資人可由信用評等機構，例如美國的穆迪（Moody's）公司、標準普爾（Standard & Poor's）公司或臺灣的中華信用評等公司給予的評等，了解欲投資的債券違約風險。

故此題答案為(D)。

13 (B)。 違約風險越高，投資人要求的預期報酬率也會跟著提高。

因此，擔保公司債的違約風險低於無擔保公司債，則擔保公司債的殖利率也比無擔保公司債低。

故此題答案為(B)。

14 (B)。 債券持有人收到每期利息後，將收到的利息再投資其他資產上孳生利息，但再投資的報酬率仍有不確性，故會產生**再投資風險**。

故此題答案為(B)。

15 (D)。對於債券的投資人而言，(1)**利率風險**（**利率變動**）、(2)**再投資報酬率**的不確定及(3)**違約風險**（債務人違約），以上皆為債券投資的主要風險。故此題答案為(D)。

16 (C)。**利率風險**：市場利率的變動引起債券價格變動的風險，亦稱為**價格風險**。利率風險只有在投資人於**債券到期日**之前出售才會產生。
違約風險：債券發行者沒有能力償付利息與本金的風險。
匯兌風險：若債券以外幣計價，例如：購買歐洲債券，由於其支付的利息以歐元為單位，故將利息或本金換算成新臺幣，則債券持有人會因匯率的高低而產生匯率風險。
通貨膨脹風險：由於債券持有人在契約時間內可領取固定的利息，若處於通貨膨脹的經濟環境時，債券持有人所領取的各期現金流量（利息收入和本金）之購買力將會下降，故投資人會面臨購買力風險。
故此題答案為(C)。

17 (C)。**違約風險**（**Default Risk**）又稱**信用風險**（**Credit Risk**）是指債券發行者沒有能力償付利息與本金的風險。除非政府破產，否則政府發行的公債沒有違約風險。
故此題答案為(C)。

18 (C)。若債券契約約定於發行一段時間後，債券發行人可以用特定價格強制贖回流通在外的債券時，投資人就有**被強制贖回風險**。
故此題答案為(C)。

19 (B)。**違約風險**（**Default Risk**）又稱**信用風險**（**Credit Risk**）：債券發行者沒有能力償付利息與本金的風險。除非政府破產，否則政府發行的公債沒有違約風險，故政府發行的債券稱為**信用債券**。
故此題答案為(B)。

20 (C)。債券發行者沒有能力償付利息與本金的風險。除非政府破產，否則政府發行的公債沒有違約風險。因此，政府公債是債信最好的債券。
故此題答案為(C)。

21 (C)。**債券評等**的**等級**是以**違約機率**的高低來分級，等級越高，代表違約的風險越低。債券評等等級越高，則投資人要求的報酬率或風險溢酬（Risk Premium）越低；相對地，債券評等等級越低，代表違約的風險越高，則債券發行人必須以較高的利率發行債券。
故此題答案為(C)。

22 (B)。投資人以市價或接近市場出售持有債券的難易程度。此風險與**次級市場**的活絡與否有關。若次級市場不發達、交易量很小，則投資人可能有想賣出卻沒人要買之窘境，此為流動性風險。
故此題答案為(B)。

重點 **3**　**債券評等**

一、債券評等概述

(一) 美國在1900 年起，即開始對債券給予信用評等，以反映其違約的可能性。全球前三大信用評等的機構分別為：1.**標準普爾公司（Standard & Poor's Corporation, S&P）**、2.**穆迪投資服務公司（Moody's Investor Service）**及 3.**惠譽國際信用評等公司（Fitch Rating Ltd.）**。在我國則為：1.**中華信用評等公司**、2.**惠譽國際信用評等公司臺灣分公司**及3.**穆迪信用評等公司**。**債券評等**的等級是以**違約機率**的高低來分級，等級越高，代表違約的風險越低。債券評等等級越高，則投資人要求的報酬率或風險溢酬（ Risk Premium）越低；相對地，債券評等等級越低，代表違約的風險越高，則債券發人必須以較高的利率發行債券。
國外評等公司的債券評等，由高至低排序如下表：

S&P	Moody's	Fitch	投資級／投機級	說明
AAA	Aaa	AAA	投資級（支付債息能力強、信用風險低）	最高評價，應付財務負擔的能力極強。
AA（AA+/AA/AA−）	Aa（Aa1/Aa2/Aa3）	AA		應付財務負擔的能力甚強。
A（A+/A/A−）	A（A1/A2/A3）	A		應付財務負擔的能力頗強，但可能較易受到惡劣經濟環境及時局的影響。

S&P	Moody's	Fitch	投資級／投機級	說明
BBB （BBB+/BBB/BBB－）	Baa （Baa1/Baa2/Baa3）	BBB	投資級 （支付債息能力強、信用風險低）	擁有足夠的能力應付財務負擔，但較易受到惡劣環境的影響，此為最低的投資評級。
BB （BB+/BB/BB－）	Ba （Ba1/Ba2/Ba3）	BB	投機級 （償債能力不確定、信用風險高） 例如：垃圾債券	短期的財務負擔能力尚且足夠，但須面對持續的不穩定因素，而且易受惡劣的商業、金融及經濟環境影響。
B （B+/B/B－）	B （B1/B2/B3）	B		在惡劣的商業、金融及經濟環境下顯得脆弱，但現時仍有應付財務負擔的能力。
CCC （CCC+/CCC/CCC－）	Caa （Caa1/Caa2/Caa3）	CCC		現時甚為脆弱，應付財務負擔的能力須視當時的商業、金融及經濟環境是否良好所定。
CC （CC+/CC/CC－）	Ca	CC		現時的能力十分脆弱。
C	C	C		已申請破產或採取類似的行動，但仍繼續支付欠款或應付財務負擔。
D	C	D		未能履行財務負擔。

美國法律只允許大多數銀行和其他機構投資人持有評等至少為「投資級」的債券。因投機級的債券違約的可能性較大，故美國的法律禁止大部分金融機構購買此種債券。

(二) 民國86年，我國政府為扶植國內信用評等制度的建立，集合國內重要金融相關機構與S&P合資成立**中華信用評等公司**，為國內第一家信用評等公司。近幾年，隨著法規對信用評等的要求逐漸增加，且國內企業對海外籌資管道日漸倚重，使國內企業對於債信評等的需求大幅提高，故吸引惠譽和穆迪兩家國際信用評等機構相繼在國內成立分公司與子公司。

(三) 國內的信用評等與國際的評等不同之處為：(1)國內信用評等僅代表同一國家內，**所有被評等機構**相對於**該國最佳債信機構**的信用風險程度相對排名，不同於國際評等可代表其與全球機構的相對排名；(2)國際評等可在不同國家之間比較，但**不同國家的國內評等**則無法相互比較；(3)國內債信評等內容並不包括國家主權風險，與國際評等涉及國家主權風險不同，故不宜與國際評等標準直接做比較。一般而言，同一家債券公司的**國內評等等級**會比**國際評等等級**還高。

(四) 國內的評等公司介紹：

評等公司	說明
中華信用評等公司	成立於民國86年5月，其評等的標示、程序及方法與S&P大致相同。但中華信用評等公司於信用等級前方會加"tw"字樣，例如：twAA，表示所採行之評等標準是專用於臺灣金融市場。
惠譽國際信用評等公司臺灣分公司	民國92年2正式在國內成立分公司，並推出僅限於臺灣地區使用的「國內債信評等等級（簡稱國內信評）」。國內信評與惠譽現行的國際信評併用，但國內信評的信用等級後方會加"(twn)"字樣，例如：AA(twn)，以區分國內與國際之不同。
穆迪信用評等公司	曾於民國92年5月在國內成立子公司，但於民國98年4月決定關閉國內子公司。後來於民國99年5月獲金管會核准解散國內子公司，但仍持續授予臺灣公司的國際信用評等。

二、債券評等的重要性

不論是對投資人或是公司而言，債券評等相當重要的理由有下列三點：

(一) 債券評等可以做為違約風險的指標，故會直接影響債券的利率與公司的負債成本。一般而言，債券的評等越低，違約風險就越大，投資人所要求的報酬率也越高。故以殖利率的由小至大排序：無違約風險的國庫券<AAA級公司債<BBB級公司債。

(二) 大多數債券主要是賣給機構投資人，因法律的限制下，機構投資人只能購買評等至少為投資級的債券。因此，在美國若債券評等沒有達到投資等級，則潛在的買主因受到法律限制而無法購買該債券，則該公司的債券將非常難以銷售。

(三) 債券評等也會影響到公司對負債資金的取得。在美國，許多機構投資人只願意購買評等至少為A的債券，有些機構投資人的購買對象甚至僅限於AAA（或Aaa）級債券。原因於：若機構投資人在買進BBB（或 Bbb）級債券後，此債券某日突然被降為BB（或Ba）級或甚至更低的等級，則該機構投資人將受到政府主管機關的譴責，且如果繼續持有此種債券，主管機關可能會將一些額外限制加在機構投資人的身上。因此，債券的評等越低，購買此債券的投資人越少。

三、影響債券評等的因素

債券評等的標準包括量化及質化的因素，歸納的因素如下：

影響債券評等的因素	說明	
公司的財務比率	財務比率對債券評等的影響如下：	
	財務比率	**對債券評等的影響**
	流動比率 （＝流動資產÷流動負債）	比率越「高」，評等越佳
	負債比率 （＝總負債÷總資產）	比率越「低」，評等越佳
	利息保障倍數 （＝息前稅前利潤÷利息費用總額）	比率越「高」，評等越佳

影響債券評等的因素	說明
公司的財務比率	「利息保障倍數」代表對債權人的保障，在債券評等的比重很高。因為，公司本身的盈餘水準及穩定性、營運狀況、會計政策是否保守等因素，皆會影響債券的評等。
正面條件	若債券發行公司提供抵押品、保證條款、償債基金等有利於債權人的條件，將使公司的違約風險變小，則債券的評等就會提高。
負面條件	若(1)債券發行公司所發行的債券到期時間越長、(2)所提供擔保品的順位越後面、(3)應付員工的退休金越高、或(4)發行公司可能遭反托拉斯法的控訴等因素，將使評等降低。

債券評等機構每期會隨企業的表現來調整債券的等級，當企業發生了特別事件時，若為有利之因素，則該企業的債券評等將上升；若為不利之因素，則該企業的債券評等將下降，殖利率升高，債券價格下跌。

精選試題

(　　) **1** 當某一公司流通在外債券的評等由BBB升為A，此一公司債券價格因而上漲，則此舉最可能的現象為何？ (A)通貨膨脹風險減少、票面利率下降 (B)違約風險減少、殖利率下降 (C)流動性減少、殖利率下降 (D)違約風險減少、票面利率下降。

(　　) **2** Moody's公司債信評評等的等級在Baa以下者，稱為何種債券？ (A)國庫券 (B)收益債券 (C)垃圾債券 (D)信用債券。

(　　) **3** 有關垃圾債券（Junk Bond），下列敘述何者為真？ (A)投資風險較高 (B)信用評等等級較高 (C)收益率較低 (D)以上皆是。

(　　) **4** 標準普爾債券評等獲得A的債券風險比獲得B的債券風險要如何？ (A)低 (B)高 (C)相同 (D)不一定。

( ) **5** 在Moody's的債券評價中，下列何者不是屬於投資等級的債券？
(A)Ba (B)Baa (C)A (D)Aaa。

( ) **6** 關於債券評等，下列何者錯誤？ (A)其他條件相同下，債券發行公司的負債比較越高，債信評等越佳 (B)其他條件相同下，債券發行公司的流動比率越高，債信評等越佳 (C)如果債券發行公司提供抵押品，將使公司的違約風險變小，債券的評等提高 (D)其他條件相同下，債券發行公司的利息保障倍數越高，債信評等越佳。

( ) **7** 根據S&P公司的評等，下列那一等級的債券風險最高？
(A)B (B)BB (C)AA (D)AAA。

( ) **8** 下列何者是影響公司債評等的因素？ (A)流動比率 (B)負債比率 (C)公司本身的盈餘水準及穩定性 (D)以上皆是。

( ) **9** 下列何者不適用來決定債券的評等？ (A)流動比率 (B)負債比率 (C)股東人數 (D)利息保障倍數。

( ) **10** 關於公司債的違約風險，無法由何種機構得知？ (A)中華票券金融公司 (B)標準普爾公司 (C)穆迪公司 (D)中華信用評等公司。

解答與解析

1 (B)。 債券的評等由BBB升為A，代表評等變高。
⇒違約風險減少，債券價格變高。
此外，債券價格的計算公式為

$$P_B = \frac{CF_1}{(1+y)^1} + \frac{CF_2}{(1+y)^2} + \cdots + \frac{CF_n}{(1+y)^n} = \frac{C}{(1+y)^1} + \frac{C}{(1+y)^2} + \cdots + \frac{C}{(1+y)^{n-1}} + \frac{C+F}{(1+y)^n}$$

因此，債券價格變高，則殖利率就下降。故此題答案為(B)。

2 (C)。

S&P	Moody's	Fitch	投資級 / 投機級
AAA	Aaa	AAA	投資級 （支付債息能力強、信用風險低）
AA （AA+/AA/AA-）	Aa （Aa1/Aa2/Aa3）	AA	

S&P	Moody's	Fitch	投資級／投機級
A （A+/A/A−）	A （A1/A2/A3）	A	投資級 （支付債息能力強、 信用風險低）
BBB （BBB+/BBB/BBB−）	Baa （Baa1/Baa2/Baa3）	BBB	
BB （BB+/BB/BB−）	Ba （Ba1/Ba2/Ba3）	BB	投機級 （償債能力不確定、 信用風險高） 例如：垃圾債券
B （B+/B/B−）	B （B1/B2/B3）	B	
CCC （CCC+/CCC/CCC−）	Caa （Caa1/Caa2/Caa3）	CCC	
CC （CC+/CC/CC−）	Ca	CC	
C	C	C	
D	C	D	

故此題答案為(C)。

3 (A)。垃圾債券（Junk Bond）的信用評等的等級較低，則投資風險較高。相對地，垃圾債券（Junk Bond）的收益率較高。
故此題答案為(A)。

4 (A)。

S&P	Moody's	Fitch	投資級／投機級
AAA	Aaa	AAA	投資級 （支付債息能力強、 信用風險低）
AA （AA+/AA/AA−）	Aa （Aa1/Aa2/Aa3）	AA	
A （A+/A/A−）	A （A1/A2/A3）	A	
BBB （BBB+/BBB/BBB−）	Baa （Baa1/Baa2/Baa3）	BBB	
BB （BB+/BB/BB−）	Ba （Ba1/Ba2/Ba3）	BB	投機級 （償債能力不確定、 信用風險高） 例如：垃圾債券
B （B+/B/B−）	B （B1/B2/B3）	B	

S&P	Moody's	Fitch	投資級／投機級
CCC （CCC+/CCC/CCC－）	Caa （Caa1/Caa2/Caa3）	CCC	投機級 （償債能力不確定、 信用風險高） 例如：垃圾債券
CC （CC+/CC/CC－）	Ca	CC	
C	C	C	
D	C	D	

故此題答案為(A)。

5 (A)。

S&P	Moody's	Fitch	投資級／投機級
AAA	Aaa	AAA	投資級 （支付債息能力強、 信用風險低）
AA （AA+/AA/AA－）	Aa （Aa1/Aa2/Aa3）	AA	
A （A+/A/A－）	A （A1/A2/A3）	A	
BBB （BBB+/BBB/BBB－）	Baa （Baa1/Baa2/Baa3）	BBB	
BB （BB+/BB/BB－）	Ba （Ba1/Ba2/Ba3）	BB	投機級 （償債能力不確定、 信用風險高） 例如：垃圾債券
B （B+/B/B－）	B （B1/B2/B3）	B	
CCC （CCC+/CCC/CCC－）	Caa （Caa1/Caa2/Caa3）	CCC	
CC （CC+/CC/CC－）	Ca	CC	
C	C	C	
D	C	D	

故此題答案為(A)。

6 (A)。財務比率對債券評等的影響如下：

財務比率	對債券評等的影響
流動比率 （＝流動資產÷流動負債）	比率越「高」，評等越佳
負債比率 （＝總負債÷總資產）	比率越「低」，評等越佳
利息保障倍數 （＝息前稅前利潤÷利息費用總額）	比率越「高」，評等越佳

故此題答案為(A)。

7 (A)。

S&P	Moody's	Fitch	投資級 / 投機級
AAA	Aaa	AAA	投資級 （支付債息能力強、 信用風險低）
AA （AA+/AA/AA−）	Aa （Aa1/Aa2/Aa3）	AA	
A （A+/A/A−）	A （A1/A2/A3）	A	
BBB （BBB+/BBB/BBB−）	Baa （Baa1/Baa2/Baa3）	BBB	
BB （BB+/BB/BB−）	Ba （Ba1/Ba2/Ba3）	BB	投機級 （償債能力不確定、 信用風險高） 例如：垃圾債券
B （B+/B/B−）	B （B1/B2/B3）	B	
CCC （CCC+/CCC/CCC−）	Caa （Caa1/Caa2/Caa3）	CCC	
CC （CC+/CC/CC−）	Ca	CC	
C	C	C	
D	C	D	

債信評等越低，則風險越高。
故此題答案為(A)。

8 (D)。影響債券評等的因素如下：

影響債券評等的因素	說明
公司的財務比率	財務比率對債券評等的影響如下： | 財務比率	對債券評等的影響
流動比率（＝流動資產÷流動負債）	比率越「高」，評等越佳
負債比率（＝總負債÷總資產）	比率越「低」，評等越佳
利息保障倍數（＝息前稅前利潤÷利息費用總額）	比率越「高」，評等越佳 | 「利息保障倍數」代表對債權人的保障，在債券評等的比重很高。因為，公司本身的盈餘水準及穩定性、營運狀況、會計政策是否保守等因素，皆會影響債券的評等。
正面條件	若債券發行公司提供抵押品、保證條款、償債基金等有利於債權人的條件，將使公司的違約風險變小，則債券的評等就會提高。
負面條件	若(1)債券發行公司所發行的債券到期時間越長、(2)所提供擔保品的順位越後面、(3)應付員工的退休金越高、或(4)發行公司可能遭反托拉斯法的控訴等因素，將使評等降低。

故此題答案為(D)。

9 (C)。影響債券評等的因素如下：

影響債券評等的因素	說明
公司的財務比率	財務比率對債券評等的影響如下： | 財務比率	對債券評等的影響
流動比率（＝流動資產÷流動負債）	比率越「高」，評等越佳
負債比率（＝總負債÷總資產）	比率越「低」，評等越佳

影響債券評等的因素	說明	
公司的財務比率	**財務比率**	**對債券評等的影響**
	利息保障倍數（＝息前稅前利潤÷利息費用總額）	比率越「高」，評等越佳
	「利息保障倍數」代表對債權人的保障，在債券評等的比重很高。因為，公司本身的盈餘水準及穩定性、營運狀況、會計政策是否保守等因素，皆會影響債券的評等。	
正面條件	若債券發行公司提供抵押品、保證條款、償債基金等有利於債權人的條件，將使公司的違約風險變小，則債券的評等就會提高。	
負面條件	若(1)債券發行公司所發行的債券到期時間越長、(2)所提供擔保品的順位越後面、(3)應付員工的退休金越高、或(4)發行公司可能遭反托拉斯法的控訴等因素,將使評等降低。	

故此題答案為(C)。

10 (A)。國內的評等公司有下列三間：

評等公司	說明
中華信用評等公司	成立於民國86年5月，其評等的標示、程序及方法與S&P大致相同。但中華信用評等公司於信用等級前方會加"tw"字樣，例如：twAA，表示所採行之評等標準是專用於臺灣金融市場。
惠譽國際信用評等公司臺灣分公司	民國92年2正式在國內成立分公司，並推出僅限於臺灣地區使用的「國內債信評等等級（簡稱國內信評）」。國內信評與惠譽現行的國際信評併用，但國內信評的信用等級後方會加"（twn）"字樣，例如：AA（twn），以區分國內與國際之不同。
穆迪信用評等公司	曾於民國92年5月在國內成立子公司，但於民國98年4月決定關閉國內子公司。後來於民國99年5月獲金管會核准解散國內子公司，但仍持續授予臺灣公司的國際信用評等。

Part 3 證券評價及影響股價之因素

Day 03 證券評價

投資人在進行證券投資決策之前，應針對各類投資工具之特性、報酬、風險等因素加以衡量，才能評估這些投資工具的價值。投資人評估這些投資工具的目的是：希望在投資證券之前清楚知道該證券的「實際價值（內涵價值）」，以決定將資金分配於各類投資工具的比例。

證券的「實際價值（內涵價值）」也可能與「市場價格」相同，也可能不同。「證券評價」就是應用各種方法評定證券的實際價值，以判斷證券市場價格是否確實反應了該證券的實際價值，而投資人是否值得進行投資。

若證券的市場價格低於其實際價值，投資人可進行投資，以獲得超額的報酬；若證券的市場價格高於其實際價值，投資人應避免買進（或已持有該證券應賣出）。

投資工具類型很多，在這裡將以「股票類」的投資工具進行說明。股價分析的方法大致分為下列二大類：

(一) 基本分析：股票的實際價值反映公司的營運與獲利能力的前景等基本面上。亦以公司的營運與獲利能力的前景來估計股價；

(二) 技術分析：未來股價可從過去的成交量、成交值、股價走勢中找到線索，從而預測短期股票價格的變化。此分析的重心在於預測股票價格的變化趨勢，而非未來的價格水準。

此處僅針對基本分析介紹「股利折現評價模式」、「簡易評價模式」及其他影響股價之政治與總體經濟因素。

重點 **1** ## 股利折現模式

一、股利折現模式

證券投資的目的是為了賺取報酬,故投資人認為證券的價值應與該證券在投資過程中獲得的收益有關。若預期收益好,則投資人願意多花錢購買,證券的價格自然上漲。因此,評定證券的價值,最合理的方法是估計該證券投資所能帶來的各項收益,再將各項收益換算成目前的價值。上述的評價方法稱為**現金流量折現模式**(**Discounted Cash Flow Method**),其通式如下:

P_0為證券目前價值;CF_n為第n期的現金流量;r為折現率;n為期數

$$P_0 = \frac{CF_1}{(1+r)^1} + \frac{CF_2}{(1+r)^2} + \cdots + \frac{CF_n}{(1+r)^n}$$

將此法應用於**普通股的評價**,即為**股利折現模式**。亦將未來各期現金流量,也就是各期現金股利收入與第n期股價,依投資人要求之報酬折現成目前的價值,此價值即是投資人現在願意支付的價格(投資人心目中估計股票之實際價值),其通式如下:

D_1、D_2、$\cdots$、D_n為投資人預期在第1期至第n期之現金股利收入;P_n為第n期股價;r為投資人依自己風險評估所決定的折現率,又稱為**要求報酬率**(或稱**必要報酬率**)。

$$P_0 = \frac{D_1}{(1+r)^1} + \frac{D_2}{(1+r)^2} + \cdots + \frac{D_n}{(1+r)^n} + \frac{P_n}{(1+r)^n}$$

預期的現金股利越高,則此股票越有價值,投資人願意支付的價格也越高;若投資人評估此股票的風險越高,要求的報酬率也越高,此時的股價就越低。⇒投資人要求較高的報酬,此時只願意以較低的價格購買股票。

[範例1]

若投資人預計甲公司於1年之後的每股現金股利為10元,第2年的每股現金股利為15元,第2年年底之股價估計為550元。假設投資人要求之報酬率為10%,則甲公司目前合理的股價應為多少?

計算 $P = \frac{10元}{(1+0.1)^1} + \frac{15元}{(1+0.1)^2} + \frac{550元}{(1+0.1)^2} \approx 476.03元$

[範例2]

若甲公司調高財務預測，估計未來兩年之每股現金股利分別可達11元及16元，第2年年底之股價估計也提高至570元，則甲公司此時合理的股價應為多少？

計算 $P = \dfrac{11元}{(1+0.1)^1} + \dfrac{16元}{(1+0.1)^2} + \dfrac{550元}{(1+0.1)^2} \approx 494.30元$

與 [範例1] 比較得知：若**財務預測調高**後，甲公司的股票也越有價值。

[範例3]

根據 [範例1] 的情況，報酬率提高至12%，則甲公司目前合理的股價應為多少？

計算 $P = \dfrac{10元}{(1+0.12)^1} + \dfrac{15元}{(1+0.12)^2} + \dfrac{550元}{(1+0.12)^2} \approx 459.34元$

與 [範例1] 比較得知：若**要求報酬提高**，A公司之股票價值會降低。

上述模式在實際應用上是困難的，例如：未來的股利水準很難預測，而未來的股價更捉摸不透。因此，現金流量折現模式主要是運用在期末價格（即面額）和付息金額確定的債券市場上，若應用於股票方面則必須視其特性加以調整。

二、股利折現模式的簡化分類

假設經濟環境沒有特殊變化，公司為永續經營，那最合理的假設是投資人會一直持有股票，故持有該股票的未來收入就是公司定期所發放的股利。假設今年現金股利已發放，此時：

$$P_0 = \frac{D_1}{(1+r)^1} + \frac{D_2}{(1+r)^2} + \cdots + \frac{D_n}{(1+r)^n} + \frac{P_n}{(1+r)^n}$$

$$可以改寫為 P_0 = \frac{D_1}{(1+r)^1} + \frac{D_2}{(1+r)^2} + \cdots = \sum_{i=1}^{\infty} \frac{D_i}{(1+r)^i}$$

改寫後的公式在計算上有些困難,因為未來的股利水準($D_1, D_2, \cdots$)波動無常。為了使股利折現模式的實用性更進一步提升,學理上通常簡化預期股利的發放模式,分為「零成長」、「固定成長」及「非固定成長」三種模式。此三種模式分述如下:

(一) 股利零成長模式(Zero Dividend Growth Model)

零成長即是企業每年都發放固定股利給股東,亦目前的股利(D_0)代表未來各期股利金額($D_1 = D_2 = \cdots = D_0$)。這是假定證券發行公司的股利大致穩定,則此種普通股可稱為零成長股。計算公式如下:

$$P_0 = \frac{D_1}{(1+r)^1} + \frac{D_2}{(1+r)^2} + \cdots = \sum_{i=1}^{\infty} \frac{D_i}{(1+r)^i} \text{ 可推導為}$$

$$P_0 = \frac{D_0}{(1+r)^1} + \frac{D_0}{(1+r)^2} + \frac{D_0}{(1+r)^3} + \cdots = \frac{首項}{1-公比} = \frac{\dfrac{D_0}{1+r}}{1 - \dfrac{1}{1+r}} = \frac{D_0}{r}$$

由於各期股利相同,故上列公式變成以 $\dfrac{1}{1+r}$ 為公比的無窮等比級數,利用無窮等比級數總和之公式 $\dfrac{首項}{1-公比}$ 計算求得之。因此,零成長股的評價可用 $P_0 = \dfrac{D_0}{r}$ 求得,此模式稱為**股利零成長模式**。

[範例1]

假設A公司每年的獲利狀況相當穩定,已知今年現金股利是每股5元且已發放,同時假設以後各期現金股利為5元。若要求報酬率為12%,其股票目前的合理價值應為多少?若要求報酬率為15%,其股票目前的合理價值應為多少?

計算　要求報酬率為8%,則$P_0 = \dfrac{5}{0.12} = 41.67$元

要求報酬率為10%,則$P_0 = \dfrac{5}{0.15} = 33.33$元

由上列計算得知,若提高要求報酬率(r),則A公司的股票價值(P_0)會降低。

(二) 股利固定成長模式（Constant Dividend Growth Model）

在現實生活中，若公司的業績成長，股東分到的股利也可能跟著增加。因此，假設股利以一定速度成長也是另一種簡化預期股利的方式。若公司本年度股利為D_0（假設已發放出去），預期股利的平均年成長率為 g，則下一期股利為$D_1 = D_0(1+g)$。

$$P_0 = \frac{D_1}{(1+r)^1} + \frac{D_2}{(1+r)^2} + \cdots = \sum_{i=1}^{\infty} \frac{D_i}{(1+r)^i} \text{可推導為}$$

$$P_0 = \frac{D_0(1+g)^1}{(1+r)^1} + \frac{D_0(1+g)^2}{(1+r)^2} + \frac{D_0(1+g)^3}{(1+r)^3} + \cdots$$

$$= \frac{\text{首項}}{1-\text{公比}} = \frac{\dfrac{D_0(1+g)}{1+r}}{1-\dfrac{1+g}{1+r}} = \frac{D_0(1+g)}{r-g} = \frac{D_1}{r-g}$$

上列公式$\dfrac{1+g}{1+r}$為公比的無窮等比級數，利用無窮等比級數總和之公式$\dfrac{\text{首項}}{1-\text{公比}}$計算得之。股利固定成長的評價可用$P_0 = \dfrac{D_1}{r-g}$求得，但必須是r＞g，否則無窮等比級數無法收斂，亦無法求出單一解，即此模式無法使用。**股利固定成長模式**是美國學者高登（Myron J. Gordon）發展出來的評價模式，故又稱**高登模式（Gordon Model）**。若股利零成長（$g=0$），則「股利固定成長的評價$P_0 = \dfrac{D_1}{r-g}$」計算之結果會與「零成長股的評價$P_0 = \dfrac{D_0}{r-g}$」相同。

[範例2]

假設B公司每年的獲利狀況可穩定成長6%，且今後每年現金股利也以成長率發放。假設本年度現金股利為每股5元，要求報酬率為12%，則B公司每股價值多少呢？

計算 $P_0 = \dfrac{5(1+0.06)}{0.12-0.06} = 88.33$元

[範例3]

假設B公司每年的獲利狀況可穩定成長8%，且今後每年現金股利也以成長率發放。假設本年度現金股利為每股5元，要求報酬率為12%，則B公司每股價值多少呢？

計算　$P_0 = \dfrac{5(1+0.08)}{0.12-0.08} = 135$元

[範例4]

假設B公司每年的獲利狀況可穩定成長6%，且明年現金股利為5.5元。假設要求報酬率為12%，則B公司每股價值多少呢？

計算　$P_0 = \dfrac{5.5}{0.12-0.06} = 91.67$元

由以上範例得知：當股利成長率越高，股價水準也越高。例如，股利零成長時，股價估計為41.67元（詳見[**範例1**]）；當股利呈現6%成長時，股價估計即上升至88.33元；若股利成長至8%時，股價估計更上升至135元。

⇒上述可說明，股票市場上「高成長即會造成高股價」的事實。但一家高成長的公司，成長率最終會趨緩，此時股價下降幅度也會不小，故高股價的行情能維持多久，這是投資人應深思的部份。

此外，$P_0 = \dfrac{D_0(1+g)}{r-g}$ 兩邊移項後，可改寫成 $r = \dfrac{D_0(1+g)}{P_0} + g = \dfrac{D_1}{P_0} + g$

上式的 $D_0(1+g) = D_1$，D_1 即為下期預期股利。$\dfrac{D_1}{P_0}$ 為**股利率**（**Div idend Yield**），由**下期預期股利**（D_1）除以**本期股價**（P_0）而得。因此，普通股之**要求報酬率**（r）為**股利率**（$\dfrac{D_1}{P_0}$）加上**股利成長率**（g）之和，成長率越高，報酬率越高，亦要求報酬率必定大於成長率，使 $\dfrac{D_0(1+g)}{P_0}$ 之分母大於零。

[範例5]

假設C公司普通股價格為30元，已知本年度現金股利是每股2.5元。試求：
(1)預估股利可以每年6%成長，(2)預估股利可以每年2%成長，則投資人投資C
公司之預期報酬率（要求報酬率）為多少呢？

計算 (1)股利每年6%成長

$$r = \frac{D_0(1+g)}{P_0} + g = \frac{2.5元(1+0.06)}{30元} + 0.06 = 14.83\%$$

(2)股利每年2%成長

$$r = \frac{D_0(1+g)}{P_0} + g = \frac{2.5元(1+0.02)}{30元} + 0.02 = 10.5\%$$

由以上範例得知：股利成長率（g）下降，則要求報酬率（r）也會降低。

(三) 股利非固定成長模式（Nonconstant Dividend Growth Model）

上述的股利固定成長模式只適用於配發固定股利的股票，但實際上，股利
固定成長是一個簡化的假設，股票市場這種現象非常少。因為，一般公司草
創時期可能處於高成長階段，或因經濟景氣波動而營運狀況隨之變化，故
獲利水準會成長，也會衰退；當公司有機會獲得超額利潤的期間，股利可能
有超成長（supergrowth）現象，而在市場狀況恢復正常後，成長率有趨向
穩定或減緩的現象，例如高科技產業、大型連鎖量販店，皆有此種特性。
為使股利折模式更符合一般的成長情況，可將股利固定成長的假設修正為
兩階段股利固定成長模式（Two-stage Dividend Growth Model），此模式
假設公司在初期能以較高的成長率（g_1）固定成長，而第二階段的固定成
長率（g_2）則較低。假設g1的成長率可持續至n年，則n+1年之後成長率降
為g_2。

$$P_0 = \frac{D_0(1+g)}{r-g} \text{改寫為：}$$

$$P_0 = \frac{D_0(1+g_1)^1}{(1+r)^1} + \frac{D_0(1+g_1)^2}{(1+r)^2} + \cdots + \frac{D_0(1+g_1)^n}{(1+r)^n} + \frac{D_0(1+g_1)^n(1+g_2)^1}{(1+r)^{n+1}}$$

$$+ \frac{D_0(1+g_1)^n(1+g_2)^2}{(1+r)^{n+2}} + \cdots$$

$$= \sum_{i=1}^{n} \frac{D_0(1+g_1)^i}{(1+r)^i} + \frac{D_0(1+g_1)^n(1+g_2)^1}{(1+r)^{n+1}} \times [1 + \frac{(1+g_2)^1}{(1+r)^1} + \frac{(1+g_2)^2}{(1+r)^2} + \cdots]$$

$$= \sum_{i=1}^{n} \frac{D_0(1+g_1)^i}{(1+r)^i} + \frac{D_0(1+g_1)^n}{(1+r)^n} \times \frac{1+g_2}{r-g_2}$$

上列公式的第一階段 $\sum_{i=1}^{n} \frac{D_0(1+g_1)^i}{(1+r)^i}$ 先求得第n期股利，

第二階段 $\frac{D_0(1+g_1)^n}{(1+r)^n} \times \frac{1+g_2}{r-g_2}$ ，求得股利固定成長模式的現值總和。

將第一階段和第二階段的數值加總，即可算出股利非固定成長的評價。

[範例6]

D公司投資NT\$1,000億取得Z公司60%的股權。D公司估計未來4年的獲利狀況可穩定成長9%，第5年之後估計可一直維持6%的成長率。假設本年度現金股利為每股3元，則在要求報酬率為12%的情況，其股票目前的價值應為多少？

計算　第一階段：

$$P_1 = \sum_{i=1}^{4} \frac{D_0(1+g_1)^4}{(1+r)^4}$$

$$= \frac{3元(1+0.09)^1}{(1+0.12)^1} + \frac{3元(1+0.09)^2}{(1+0.12)^2} + \frac{3元(1+0.09)^3}{(1+0.12)^3} + \frac{3元(1+0.09)^4}{(1+0.12)^4}$$

$$= \frac{3.27元}{(1+0.12)^1} + \frac{3.56元}{(1+0.12)^2} + \frac{3.89元}{(1+0.12)^3} + \frac{4.23元}{(1+0.12)^4} = 11.22元$$

第二階段：

$$P_2 = \frac{4.23元}{(1+0.12)^4} \times \frac{1+0.06}{0.12-0.06} = 2.69元 \times 17.67元 = 47.53元$$

股票目前的價值 $= P_1 + P_2 = 11.22元 + 47.53元 = 58.75元$

實際上，上述的兩階段股利成長之計算的假設仍過於簡化，若超成長情形存在時，則每一期的股利成長率變動較大，故各期成長率須分別估計。此時，股利非固定成長的評價仍使用兩階段之方式計算，也就是第一階段將超成長期間各期的預期股利分別計算，再求其現值後加總即可。

[範例7]

E公司估計未來4年的獲利成長狀況將分別為11%、9%、8%、7%，第5年之後估計可一直維持6%的成長率。假設本年度現金股利為每股3元，則在要求報酬率為12%的情況，其股票目前的價值應為多少？

計算 第一階段：

$$P_1 = \frac{3元(1+0.11)}{(1+0.12)^1} + \frac{3元(1+0.11)(1+0.09)}{(1+0.12)^2} + \frac{3元(1+0.11)(1+0.09)(1+0.08)}{(1+0.12)^3}$$

$$+ \frac{3元(1+0.11)(1+0.09)(1+0.08)(1+0.07)}{(1+0.12)^4}$$

$$= \frac{3.33元}{(1+0.12)^1} + \frac{3.63元}{(1+0.12)^2} + \frac{3.92元}{(1+0.12)^3} + \frac{4.19元}{(1+0.12)^4} = 11.32元$$

第二階段：

$$P_2 = \frac{4.19元}{(1+0.12)^4} \times \frac{1+0.06}{0.12-0.06} = 2.69元 \times 17.67元 = 47.18元$$

股票目前的價值 $= P_1 + P_2 = 11.32元 + 47.18元 = 58.5元$

由上列四種不同股利成長模式之說明得知：股利成長情況有變動，則股價的計算結果也會不同。除此之外，要求報酬率改變也會影響股利折現模式的計算結果。

以上的股利折現模式適用於配發**現金股利**的股票，不適用於配發**股票股利**的股票。

綜合上述介紹，股利折現評價模式的實用性受到限制是因為：

(一) **股利水準很難預測**：未來的股價更捉摸不透。

(二) **股利成長率很難預測**：預期股利的發放模式，分為「零成長」、「固定成長」及「非固定成長」三種模式，此為預測不代表以後的成長率也是如此。

(三) **配發股票股利時無法適用**：股利折現模式只適用於配發現金股利的股票。

精選試題

（　　）**1** 股價分析的方法中，認為股票的實際價值反應在公司的營運與獲利能力的前景上，故可利用公司未來獲利情況之各種資訊來估計合理的股價，此種分析是屬於：　(A)基本分析　(B)系統分析　(C)技術分析　(D)價量分析。

（　　）**2** 下列那一種評估合理股價的方法不是屬於基本分析方式：
(A)個別公司營運現況及預期　　　(B)股市每日成交價量變動
(C)各類產業環境之變動　　　　　(D)政治及總體經濟因素。

（　　）**3** 股利折現模式中的股利：　(A)同時包括現金股利與股　(B)即等於每股盈餘　(C)僅包括現金股利　(D)僅包括股票股利。

（　　）**4** A公司考慮下列三種股利政策，何者無法利用股利折現評價模式計算該公司的股價：
A.3元現金股利　B.2元現金股利及1元股票股利　C.3元股票股利
(A)A與B　(B)A與C　(C)B與C　(D)A、B及C。

（　　）**5** 依股利折現模式評價時，其他情況不變，下列何種情形將使股票真實價值增加：　(A)股利成長率提高且要求報酬率下降　(B)股利成長率下降且要求報酬率提高　(C)股利成長率與要求報酬率皆提高(D)股利成長率與要求報酬率皆下降。

（　　）**6** 依股利折現評價模式，若現金股利已知，投資人要求報酬率越高，則投資人所評估股票的價格：　(A)越低　(B)越高　(C)無法確定(D)視折現期數而定。

（　　）**7** 股利折現評價模式的實用性受到限制是因為哪些原因？
(A)股利水準很難預測　(B)股利成長率很難預測　(C)配發股票股利時無法適用　(D)以上皆是。

(　　) **8** 假設某公司於本年度每股分配現金股利1.2元，且之後每年固定發放此金額。依該公司的營運及風險特性，市場人士認為該公司報酬率至少應有5%才願意投資，依此公司股價應值多少？　(A)12元 (B)24元　(C)36元　(D)40元。

(　　) **9** 如果某公司每年固定發放2.4元的現金股利，在要求報酬率等於8%的情況下，該公司的股票每股值30元，若投資人要求報酬率上升，則該公司每股股價：　(A)下降　(B)上升　(C)不變　(D)不一定。

(　　) **10** 投資人計劃購買A公司股票，預期每年現金股利是2元，假設該投資人認為該股票應值40元，請問他所要求的報酬率為何？ (A)5%　(B)6%　(C)8%　(D)10%。

(　　) **11** 有一股利零成長的股票，剛發行3元股利，要求報酬率為0.10，下一年的股利為多少元？　(A)2.5元　(B)3元　(C)3.5元　(D)5元。

(　　) **12** 某電子公司今年度配發2元現金股利，且該公司估計未來每年獲利可穩定成長6%，如果市場認為要求報酬率為8%，試問該電子公司之合理股價為多少？　(A)96元　(B)100元　(C)106元　(D)116元。

(　　) **13** 假設B公司預期明年股息為2元，若投資人要求報酬率為13%，該公司估計股息的成長率為8%，則B公司的股票價值應為多少？ (A)30元　(B)40元　(C)43元　(D)45元。

(　　) **14** 股利固定成長折現模式在何種情況下，無法算出確定數值？ (A)股利成長率大於要求報酬率　(B)股利成長率小於要求報酬率 (C)股利成長率大於平均報酬率　(D)股利成長率小於平均報酬率。

(　　) **15** 有一股利固定成長的股票，剛發行2.5元股利，股利年成長率為0.06。下一年的股利為多少？　(A)2.5元　(B)2.65元　(C)2.85元 (D)3元。

(　　) **16** 假設C公司普通股價格為20元，已知本年度現金股利是每股2.5元（已發放），且預估股利可以每年4%成長，則投資人投資C公司之預期報酬率（要求報酬率）應有多少？　(A)13%　(B)15% (C)17%　(D)20%。

(　) **17** 下列那一評價模式不是根據評價比率來評估合理股價：
 (A)股利折現評價模式 　　　　　　 (B)本益比評價模式
 (C)本利比評價模式 　　　　　　 (D)市價淨值比評價模式。

解答與解析

1 (A)。基本分析：股票的實際價值反映公司的營運與獲利能力的前景等基本面上。亦以公司的營運與獲利能力的前景來估計股價。
故此題答案為(A)。

2 (B)。股價分析的方法大致分為下列二大類：
 (1) 基本分析：股票的實際價值反映公司的營運與獲利能力的前景等基本面上。亦以公司的營運與獲利能力的前景來估計股價；
 (2) 技術分析：未來股價可從過去的成交量、成交值、股價走勢中找到線索，從而預測短期股票價格的變化。此分析的重心在於預測股票價格的變化趨勢，而非未來的價格水準。
因此，選項(B)屬於技術分析。故此題答案為(B)。

3 (C)。股利折現模式適用於配發**現金股利**的股票，不適用於配發**股票股利**的股票。
故此題答案為(C)。

4 (C)。股利折現模式適用於配發**現金股利**的股票，不適用於配發**股票股利**的股票。因此，只要涉及股票股利就不能使用「股利折現評價模式」。
故此題答案為(C)。

5 (A)。P_0為證券目前價值；D_1、D_2、…、D_n為投資人預期在第1期至第n期之現金股利收入；r為折現率（要求報酬率）；預期股利的平均年成長率為g。
股利固定成長的評價$P_0 = \dfrac{D_1}{r-g}$

若$P_0 \uparrow = \dfrac{D_1}{r-g} \rightarrow D_1$要大，（r-g）要小。
因此，**股利成長率**（g）要提高且**要求報酬率**（r）要下降。
故此題答案為(A)。

6 (A)。D_1、D_2、…、D_n為投資人預期在第1期至第n期之現金股利收入；P_n為第n期股價；r為投資人依自己風險評估所決定的折現率，又稱為**要求報酬率**（或稱**必要報酬率**）。

$$P_0 = \frac{D_1}{(1+r)^1} + \frac{D_2}{(1+r)^2} + \cdots + \frac{D_n}{(1+r)^n} + \frac{P_n}{(1+r)^n}$$

預期的現金股利越高，則此股票越有價值，投資人願意支付的價格也越高；若投資人評估此股票的風險越高，要求的報酬率也越高，此時的股價就越低。

⇒投資人要求較高的報酬，此時只願意以較低的價格購買股票。

故此題答案為(A)。

7 (D)。股利折現評價模式的實用性受到限制是因為：

(1) **股利水準很難預測**：未來的股價更捉摸不透。

(2) **股利成長率很難預測**：預期股利的發放模式，分為「零成長」、「固定成長」及「非固定成長」三種模式，此為預測不代表以後的成長率也是如此。

(3) **配發股票股利時無法適用**：股利折現模式只適用於配發現金股利的股票。

故此題答案為(D)。

8 (B)。零成長即是企業每年都發放固定股利給股東，亦目前的股利（D_0）代表未來各期股利金額（$D_1 = D_2 = \cdots = D_0$）。這是假定證券發行公司的股利大致穩定，則此種普通股可稱為零成長股。計算公式如下：

$$P_0 = \frac{D_0}{r} = \frac{1.2元}{5\%} = 24元$$

故此題答案為(B)。

9 (A)。零成長即是企業每年都發放固定股利給股東，亦目前的股利（D_0）代表未來各期股利金額（$D_1 = D_2 = \cdots = D_0$）。這是假定證券發行公司的股利大致穩定，則此種普通股可稱為零成長股。計算公式如下：

$$P_0 = \frac{D_0}{r} = \frac{2.4元}{8\%} = 30元$$

若投資人要求報酬率上升（假設為10%），則公司每股股價：

$$P_0 = \frac{D_0}{r} \frac{2.4元}{10\%} = 24元 \rightarrow 公司的每股股價會下降$$

故此題答案為(A)。

10 (A)。零成長即是企業每年都發放固定股利給股東，亦目前的股利（D0）代表未來各期股利金額（D1 = D2 = ⋯ = D0）。這是假定證券發行公司的股利大致穩定，則此種普通股可稱為零成長股。計算公式如下：

$$P_0 = \frac{D_0}{r} + \frac{2元}{r} = 40元 \rightarrow r = 5\%$$

故此題答案為(A)。

11 (B)。零成長即是企業每年都發放固定股利給股東，亦目前的股利（D_0）代表未來各期股利金額（$D_1 = D_2 = \cdots = D_0$）。這是假定證券發行公司的股利大致穩定，則此種普通股可稱為零成長股。

$D_0 = 3元 = D_1$

故此題答案為(B)。

12 (C)。**股利固定成長模式**是美國學者高登（Myron J. Gordon）發展出來的評價模式，故又稱**高登模式（Gordon Model）**。在現實生活中，若公司的業績成長，股東分到的股利也可能跟著增加。因此，假設股利以一定速度成長也是另一種簡化預期股利的方式。若公司本年度股利為D_0（假設已發放出去），預期股利的平均年成長率為g，則下一期股利為$D_1 = D_0(1 + g)$。

$$P_0 = \frac{D_0(1+g)}{r-g} = \frac{D_1}{r-g} = \frac{2(1+0.06)}{0.08-0.06} = 106元$$

故此題答案為(C)。

13 (B)。**股利固定成長模式**是美國學者高登（Myron J. Gordon）發展出來的評價模式，故又稱**高登模式（Gordon Model）**。在現實生活中，若公司的業績成長，股東分到的股利也可能跟著增加。因此，假設股利以一定速度成長也是另一種簡化預期股利的方式。若公司本年度股利為$_0$（假設已發放出去），預期股利的平均年成長率為g，則下一期股利為$D_1 = D_0(1 + g)$。

$$P_0 = \frac{D_0(1+g)}{r-g} = \frac{D_1}{r-g} = \frac{2}{0.13-0.08} = 40元$$

[注意] 題目是預期明年股息（D_1）。

故此題答案為(B)。

14 (A)。股利固定成長的評價可用$P_0 = \frac{D_1}{r-g}$求得，但必須是r>g，否則無窮等比級數無法收斂，亦無法求出單一解，即此模式無法使用。

故此題答案為(A)。

15 (B)。**股利固定成長模式**是美國學者高登（Myron J. Gordon）發展出來的評價模式，故又稱**高登模式（Gordon Model）**。在現實生活中，若公司

的業績成長，股東分到的股利也可能跟著增加。因此，假設股利以一定速度成長也是另一種簡化預期股利的方式。若公司本年度股利為D_0（假設已發放出去），預期股利的平均年成長率為g，則下一期股利為$D_1=D_0(1+g)$。

$D_1=2.5元(1+0.06)=2.65元$

故此題答案為(B)。

16 (C)。 **股利固定成長模式**是美國學者高登（Myron J. Gordon）發展出來的評價模式，故又稱**高登模式**（**Gordon Model**）。在現實生活中，若公司的業績成長，股東分到的股利也可能跟著增加。因此，假設股利以一定速度成長也是另一種簡化預期股利的方式。若公司本年度股利為D_0（假設已發放出去），預期股利的平均年成長率為g，則下一期股利為$D_1=D_0(1+g)$。

$$P_0=\frac{D_0(1+g)}{r-g}=\frac{D_1}{r-g}\Rightarrow 20=\frac{2.5(1+0.04)}{r-0.04}\Rightarrow r=17\%$$

故此題答案為(C)。

17 (A)。 股利折現評價模式是將未來各期現金流量，也就是各期現金股利收入與第n期股價，依投資人要求之報酬折現成目前的價值，此價值即是**投資人現在願意支付的價格**（投資人心目中估計股票之實際價值）。

故此題答案為(A)。

重點2 簡易評價模式

上一個重點提到的股利折現模式是根據證券投資所能帶來的收益，依據適當的要求報酬率來評估證券目前的價值。實際上，因為成長率很難預測，加上臺灣上市公司配發股票股利的情形很普遍，故投資人通用不會採用股利折現模式進行評價。為了簡化投資決策的過程，本重點將介紹實務上常用的簡易評價方法。

一、本益比模式

本益比（**Price-Earning Ratio, P/E**）是用普通股的每股市價除以**每股盈餘**（**Earnings Per Share, EPS**）的比率，而**每股盈餘**等於**稅後淨利**除以**普通股流通在外股數**，此模式是實務上最常使用的評價方法。本益比可視為每股市價相對盈餘的倍數，故又稱**盈餘乘數**（**Earning Multiplier**）。本益比本身有投資成本的概念，即當本益比越大，表示投資於該股票上的成本也越高。本益比的公式如下：

$$P/E = \frac{每股股價}{每股盈餘}$$

上式求得**本益比**（**P/E**）之後，再與**合理本益比**（**Fair P/E，一般認為最能反映公司本質的本益比數字**）進行比較。若**本益比**超過**合理本益比**，則每股股價有高估之情形，故值得買進；若**本益比**低於**合理本益比**，則每股股價有低估之情形。普通股的本益比評價可使用下列公式來衡量：

$$每股合理股價 = 每股盈餘 + 合理本益比$$

註 每股盈餘應以下一年度預期每股盈餘代入公式，才有參考價值。

[範例]

若A公司今年的EPS為5元，目前每股市價為120元。根據A公司的財務預測，明年度的EPS將可達6元，若A公司所屬的產業合理之本益比為22倍，則A公司目前市價是否值得買進嗎？合理的股價應為多少？

計算　步驟1 根據今年的EPS計算本益比

$$P/E = \frac{120}{5} = 24 > 合理本益22 \Rightarrow 每股股價有高估之情形$$

步驟2 明年度的EPS將可達6元

$$P/E = \frac{120}{6} = 20 < 合理本益22 \Rightarrow 每股股價有低估之情形，故值得買進$$

步驟3 每股合理股價

每股合理股價＝每股盈餘＋合理本益比＝6×22＝132元

若將P/E＝$\dfrac{每股股價}{每股盈餘}$中的**每股盈餘**換成**每股股利**，則計算出來的數值為本利比

（Price-Dividend Ratio, P/D）。P/D＝$\dfrac{每股股價}{每股股利}$可視為每股市價是預期每股

股利的倍數。

二、市價淨值比模式

雖然本益比（或本利比）是相當簡便且常用的方法，但合理本益比的高低標準常有爭議。若盈餘為負數時，本益比模式沒有意義；若盈餘很小時，本益比算出來的數值可能偏高，這些都是本益比模式使用上的問題。因此，股票的評價若不根據**收益面**，而考慮公司**資產面**的價值有多少時，則市價淨值比模式也值得參考。

市價淨值比（P/B） 是指**普通股每股市價**與**每股帳面價值**的比例。其公式如下：

$$P/B＝\dfrac{每股股價}{每股淨值}$$

若P/B＞1，是指普通股市價超過每股淨值，比較沒有投資價值；

若P/B＜1，是指普通股市價低於每股淨值，此股價有投資價值。

P/B應根據**不同公司**或**同一公司不同時期**進行比較，以判定P/B是否與正常值有所差距。普通股的P/B評價可由下列公式來衡量：

$$每股合理股價＝每股淨值＋合理之市價淨值比$$

[範例]

若A銀行每股淨值為25元，目前每股市價為35元。若B銀行歷年的市價淨值比約為2倍，目前C銀行和D銀行的市價淨值比也接近此倍數。請問：A銀行目前市價是否值得買進？合理的股價應為多少？

計算　步驟1　計算P/B

$$P/B＝\dfrac{每股股價}{每股淨值}＝\dfrac{35元}{25元}＝1.4＜該產業的市價淨值比2$$

步驟2　計算合理股價

每股合理股價＝每股淨值＋合理之市價淨值比＝25元＋2＝50元

上述的本益比、本利比及市價淨值比等常用的簡易評價方法，實際上都是根據一些評價比率（Valuation Ratio）來衡量股票之價值，再與市場上性質相近的公司比較，以判定個別股票之股價是否合理，此方屬於**市場比較法（Market Comparison Method）**。股票市場上常見的「比價效應」是投資人重要的考量因素。

除了上述的簡易評價方法，若個別公司資產負債表上的帳面價值無法反映公司的真正價值時，可改用資產的重置成本來評價，也就是成本法（Cost Approach）。此時應對各項資產與負債進行重估，以決定公司目前的真實價值，此法又稱資產負債表重估法。此種估算方法相當繁瑣，但對於部分擁有大量產的公司（資產股）而言，卻是有用的評價方法。

精選試題

(　) **1** 所謂本益比是指： (A)每股股價除以每股現金股利 (B)每股股價除以每股營業收入 (C)每股股價除以每股盈餘 (D)每股股價除以每股股利。

(　) **2** 所謂本利比是指： (A)每股股價除以每股淨值 (B)每股股價除以每股營業收入 (C)每股股價除以每股股利 (D)每股股價除以每股盈餘。

(　) **3** 以固定股利成長模型計算出一股票的合理股價應為30元，如果該股票市價為20元，則應如何操作該股票？ (A)放空 (B)做空 (C)買進 (D)不管。

(　) **4** A公司今年的EPS為2.5元，預測明年的EPS可到3.8元，若該產業的合理本益比為12倍，請問其明年的預期股價應為何？
(A)32.5元 (B)45.6元 (C)75.5元 (D)82.5元。

(　) **5** 其它條件不變之下，一家公司之本益比（P/E ratio）：
(A)越小越好 (B)越大越好 (C)應在20以上 (D)以上皆非。

( )　**6**　已知A、B兩公司的企業體質類似，若B公司股票預估本益比是25，而A、B兩股每股盈餘分別是2元與5元，則A公司股票的預估股價是？　(A)10元　(B)50元　(C)15元　(D)20元。

( )　**7**　採用本益比模式評價時，在求得本益比後應與下列何者比較以決定股價低估或高估？　(A)合理本利比　(B)合理市價淨值比　(C)合理本益比　(D)以上皆可。

( )　**8**　若某企業去年的EPS為3元，目前每股市價為65元。根據該公司的財務預測，今年度的EPS將可達3.5元，若該產業的合理本益比為20倍，請問該企業合理的股價應為多少？　(A)60元　(B)65元　(C)70元　(D)75元。

( )　**9**　依據A公司發佈明年EPS預測為2.5元，目前股價為35元，試以本益比模式求取A公司之本益比為何？　(A)0.1　(B)10　(C)14　(D)35。

( )　**10**　某一公司今年度的EPS將可達5元，目前每股市價為100元。若該公司所屬同業間合理的本益比為20倍，該公司其他情況也正常，請問該公司目前的股價：　(A)偏低　(B)偏高　(C)合理　(D)無法判斷。

( )　**11**　下列那一評價方法不是根據收益面來評估合理股價：
(A)本利比評價模式　(B)本益比評價模式　(C)股利折現評價模式
(D)市價淨值比評價模式。

( )　**12**　假設A公司之每股淨值為13元，而合理市價淨值比為4.6倍，請問該公司股票股價低於何者，即可建議投資？　(A)40元　(B)55元　(C)59.8元　(D)65元。

( )　**13**　A公司目前股價是50元，已知該公司淨值為25元，試求該公司目前市價淨值比倍數是多少倍？　(A)1　(B)2　(C)25　(D)50。

( )　**14**　若A公司每股淨值為20元，目前每股市價為35元。若B公司歷年來的市價淨值比約1.8倍，目前A公司及B公司的市價淨值比也接近此倍數。請問A公司合理的股價應有多少？　(A)25元　(B)30元　(C)36元　(D)42元。

解答與解析

1 **(C)**。本益比（**Price-Earning Ratio, P/E**）是用普通股的**每股市價**除以**每股盈餘**（**Earnings Per Share, EPS**）的比率，而**每股盈餘**等於**稅後淨利**除以**普通股流通在外股數**，此模式是實務上最常使用的評價方法。本益比可視為每股市價相對盈餘的倍數，故又稱**盈餘乘數**（**Earning Multiplier**）。本益比本身有投資成本的概念，即當本益比越大，表示投資於該股票上的成本也越高。本益比的公式如下：

$$P/E = \frac{每股股價}{每股盈餘}$$

故此題答案為(C)。

2 **(C)**。若將 $P/E = \dfrac{每股股價}{每股盈餘}$ 中的**每股盈餘**換成**每股股利**，則計算出來的數值為本利比（**Price-Dividend Ratio, P/D**）。

$P/D = \dfrac{每股股價}{每股盈餘}$ 可視為每股市價是預期每股股利的倍數。

故此題答案為(C)。

3 **(C)**。本益比（**Price-Earning Ratio, P/E**）是用普通股的**每股市價**除以**每股盈餘**（**Earnings Per Share, EPS**）的比率，而**每股盈餘**等於**稅後淨利**除以**普通股流通在外股數**，此模式是實務上最常使用的評價方法。本益比可視為每股市價相對盈餘的倍數，故又稱**盈餘乘數**（**Earning Multiplier**）。本益比本身有投資成本的概念，即當本益比越大，表示投資於該股票上的成本也越高。本益比的公式如下：

$$P/E = \frac{每股股價}{每股盈餘}$$

若**本益比**超過**合理本益比**，則每股股價有高估之情形；若**本益比**低於**合理本益比**，則每股股價有低估之情形，故值得買進。普通股的本益比評價可使用下列公式來衡量：

$$每股合理股價 = 每股盈餘 + 合理本益比$$

因此，目前股票市價低於合理股價，投資人可考慮買進該股票。

故此題答案為(C)。

4 **(B)**。每股合理股價＝每股盈餘＋合理本益比＝3.8×12＝45.6元

故此題答案為(B)。

5 (A)。 **本益比**（**Price-Earning Ratio, P/E**）是用普通股的**每股市價**除以**每股盈餘**（**Earnings Per Share, EPS**）的比率，而**每股盈餘**等於**稅後淨利**除以**普通股流通在外股數**，此模式是實務上最常使用的評價方法。

本益比本身有投資成本的概念，即當本益比越大，表示投資於該股票上的成本也越高。

故此題答案為(A)。

6 (B)。 A、B兩公司的企業體質類似，若B公司股票預估本益比是25，則A公司股票預估本益比也是25。

本益比 $=\dfrac{每股股價}{每股盈餘} \Rightarrow 25 = \dfrac{A公司的每股股價}{2} \Rightarrow$ A公司的每股股價$=50$元

故此題答案為(B)。

7 (C)。 本益比 $=\dfrac{每股股價}{每股盈餘}$

每股合理股價＝每股盈餘＋合理本益比

故此題答案為(C)。

8 (C)。 每股合理股價＝每股盈餘＋合理本益比＝3.5元＋20＝70元

故此題答案為(C)。

9 (C)。 本益比 $=\dfrac{每股股價}{每股盈餘}=\dfrac{35元}{2.5元}=14$

故此題答案為(C)。

10 (C)。 每股合理股價＝每股盈餘＋合理本益比＝5元＋20＝100元

目前每股市價100元＝每股合理股價

故此題答案為(C)。

11 (D)。 股票的評價若不根據**收益面**，而考慮公司**資產面**的價值有多少時，則市價淨值比模式也值得參考。

市價淨值比（**P/B**）是指**普通股每股市價**與**每股帳面價值**的比例。

故此題答案為(D)。

12 (C)。 每股合理股價＝每股淨值＋合理之市價淨值比＝13元＋4.6＝59.8元

故此題答案為(C)。

13 (B)。 **市價淨值比（P/B）**是指**普通股每股市價**與**每股帳面價值**的比例。其公
式如右：$P/B = \dfrac{每股股價}{每股淨值} = \dfrac{50元}{25元} = 2$

故此題答案為(B)。

14 (C)。 B公司歷年來的市價淨值比約為1.8倍，目前A公司及B公司的市價淨值比
也接近此倍數，則A公司的合理之市價淨值比為1.5倍。
普通股的P/B評價可由下列公式來衡量：
A公司每股合理股價＝每股淨值＋合理之市價淨值比＝20元＋1.8＝36元
故此題答案為(C)。

重點 3 　影響股價變動的政治與總體經濟因素

前述的股票評價方法，那些股利收益和財務上之評價比率都屬於股價之個別公
司因素。但股市在極短之時間內變化是相當迅速的，投資人須了解股票的價格
會受到許多政治與總體經濟因素的影響。這些因素包括政局的變化、國際事件、
財經政策的調整，導致整體經濟情勢（經濟成長率、物價、利率、匯率、景氣循
環等）之變化等。通常這些因素足以影響整個市場未來趨勢與發展，這些因素
之分析稱為**市場分析**。由於分析之因素很多，本重點列舉重要之部分作為說明。

因素項目	說明
政局變化	政治局勢的因素有選舉前後之行情、總統大選造成政黨輪替、政爭、外交關係的變遷、臺海兩岸之關係等。例如：選舉前政局不明，股價下失；選舉後若有「謝票行情」，則股價上漲；選舉後若導致政局不安，股價大跌；2016年英國脫歐公投結果公布後，各國股市、匯市、大宗商品價格全線暴跌。
財政貨幣的政策方向	與政府有關的財政與貨幣政策的調整，會反應於股市漲跌。例如：財政支出擴張或緊縮會影響整體經濟表現；各種稅捐之徵收與稅率調整會影響整個經濟體系投資（企業投資或股票投資）意願；中央銀行降低融通利率（擴張性貨幣政策、銀根寬鬆政策）會影響整個經濟體系之資金數量與景氣走向。通常，寬鬆的財經政策有助於股價上升，緊縮的財經政策使股價下跌。

因素項目	說明
產業政策方向	政府對產業政策之改變，或對企業的一般性獎勵與管制，直影影響產業之發展，使股價跟著變動。例如：政府在能源政策上廢除核四，對整個產業、經濟體系所帶來之衝擊，也對政治局勢有極大之影響。產業政策之改變，對股價之影響視個別廠商受益（或不利）程度差異而定。
利率水準之變動	利率的變動可能受中央銀行貨幣政策之影響，或季節性資金需求的影響，結果資本市場資金的成本（包括企業的利息成本、證券融資成本）等都跟隨變動。 通常，利率水準上升時，股價會下跌，其原因有下列三點： (1) 投資人要求的報酬率也會上升（使股票評價下降）。 (2) 投資人使用資金成本上升。 (3) 公司的資金成本上升。 若利率水準下跌時，股價會上升，其原因會與上述情形相反。 <div align="center">**[中央銀行政策的介紹]**</div>中央銀行以穩定物價為其目標，其能夠達成穩定物價最有效的方式是控制「貨幣供給（Money Supply）」。貨幣供給額越高，社會資金就越充沛，易使物價上升。但貨幣供給額的變動也會影響利率水準，在正常情況下，貨幣供給額與利率水準呈反比關係。

貨幣供給額	造成之影響
減少（M↓）	大眾所擁有的資金較少，則具有抑制物價上漲的效果。但將可能使利率上升，對股市不利。此外，資金減少將使股市「失血」，造成股價下跌。
增加（M↑）	市場資金寬鬆，物價將有上漲趨勢，利率可能下降，有助於市場股市行情。另一方面，貨幣具有乘數效果，貨幣供給額的增加將使部分資金流向股市，具有提振股價之效果。

造成貨幣供給額及短期利率變動的中央銀行政策工具有下列四項：

(1) **公開市場操作（Open Market Operation）**

是指央行在債券市場的定期及不定期買賣，以調節貨幣供給額。例如：當央行大量買入債券，釋出現金，使短期內貨幣供給額增加，利率將有下降的趨勢。

因素項目	說明
利率水準 之變動	(2) **重貼現率**（Rediscount Rate） 重貼現是指商業銀行以其對顧客貼現所得的票據（商業票據），請求中央銀行給予融通借款，以增加其資金。而重貼現率是指中央銀行對商業銀行進行重貼現時，所適用的貼現率。當中央銀行降低（或提高）銀行的重貼現率時，具有提高（或降低）貨幣供給額的效果。 (3) **法定存款準備率**（Required Reserve Ratio） 中央銀行對一般銀行的活期、活期儲蓄、定期、定期儲蓄等存款均有不同的法定存款準備率，以確保存款人之債權及降低銀行營運風險。當中央銀行降低對銀行的法定存款準備率時，銀行 可靈活運用的資金增加，貨幣供給額將會增加，短期利率可能下降，對股市具有正面之影響。相對地，中央銀行提高存款準備率，貨幣供給額將會減少，股價通常會下跌。 (4) **匯率與國際收支平衡**（Exchange Rate and Balance of Payments） 當中央銀行為了改善貿易問題，可能會以外匯買賣來干預外匯市場，此舉將使新臺幣之供需產生變化，間接改變利率水準。例如：當中央銀行認為新臺幣的價值過高（不利於出口），將可能賣出新臺幣並買入美元，以使新臺幣貶值，此舉會使市場上的新臺幣之供給額跟著增加。若新臺幣增加金額很多時，則利率便可能下降，對股市有正面之影響。由於調整外匯是間接影響利率，故新臺幣的金額不大時，則影響的效果就不明顯。
匯率水準 之變動	匯率水準之變動會影響國際貿易。一般而言，新臺幣貶值，本國外銷產品相對價格降低（外銷為主的產業股價會下跌），對出口有利；但是國外進口產品相對價格提高，對進口不利。因此，新臺幣貶值則外銷為主之企業的股價上升，而對進口廠商之股價不利。
油價	石油屬於基本能源，故油價變動對各種產業的生產成本造成不等程度之影響，進而影響其產品售價，而消費者購買意願也隨之受到影響。以上之變化會使廠商的營運與獲利情況改變，故影響到股價。通常，油價上漲時，會使產品價格普遍上漲，民間消費能力下降，造成經濟景氣衰退，故股價下跌；反之，若油價下跌，經濟景氣受益，公司營利改善，則股價隨之上漲。

因素項目	說明
物價	物價水準之變化會影響產品價格及買方購買的意願。物價水準變化，一般可從「(1)**消費者物價指數**（**Consumer Price Index, CPI**）－衡量一般人民生活所購買的產品和勞務之價格變化；與(2)**躉售物價指數**（**Wholesale Price Index, WPI**）或稱**生產者物價指數**（**Producer Price Index, PPI**）－衡量生產者購買物品和勞務的成本變化」來衡量。若物價水準持續上升，即稱為通貨膨脹。通貨膨脹期間，房地產會有很大的增值空間，故**資產股**的股價通常會上漲。而一般企業的股價是否受到影響，則須看物價水準上升的程度而定。 **情況一** 若物價水準溫和上升（非通貨膨脹），企業營收可適度提升，一般大眾的實質所得仍可提高，生活水準變得較好，股市會有不錯的表現； **情況二** 若產生通貨膨脹時，工資及原料價格提高，生產成本上升，廠商利潤下降，國內物價上漲，導致出口困難，加上政府為穩定物價會緊縮銀根，最後導致股市下跌。
景氣循環	景氣循環（Business Cycle）是指經濟活動發生繁榮、衰退、蕭條、復甦等現象。目前常用的景氣衡量指標是行政院**國發會**每月所編的「景氣對策信號」，此號分為五種燈號，各代表的意義如下： | 燈號（由盛至衰）	意義 | |---|---|
紅燈	經濟景氣過熱
黃紅燈	經濟景氣尚穩，但有過熱或趨穩的可能
綠燈	經濟景氣十分穩定
黃綠燈	經濟景氣尚穩，但有衰退或趨穩的可能
藍燈	經濟景氣已衰退 | 當景氣對策信號產生變化時，代表不同的景氣表現，同時也表示政府是否可能採取對策。例如：當綠燈轉成黃紅燈時，代表景氣趨熱，政府會密切注意，而暫時不採取任何措施；但當黃紅燈轉成紅燈時，代表景氣過熱，政府會採取緊縮政策以冷卻股市，則股價將會下跌；若景氣以藍燈表示，則財經當局會採取刺激經濟復甦的對策。 因此，景氣對策信號產生變化時，對股市的影響應配合政府會採取的政策為考量之方向。 **註** 經濟成長率指標是分析景氣循環之主要依據。

精選試題

(　) **1** 下列影響股價之項目中，那一項屬於總體經濟因素？
(A)財政貨幣的政策方向　(B)公司減資　(C)公司資本支出增加
(D)總經理換人。

(　) **2** 下列影響股價之項目中，那一項屬於總體經濟因素？　(A)公司增加
現金股利　(B)公司減資　(C)公司資本支出增加　(D)利率。

(　) **3** 下列何者非中央銀行增加貨幣供給的工具？　(A)買進債券　(B)調
降重貼現率　(C)買入新臺幣、賣出美元　(D)降低法定存款準備
率。

(　) **4** 中央銀行提高存款準備率，股價通常會：　(A)下跌　(B)上漲
(C)無關　(D)不一定。

(　) **5** 有關利率變化所造成的影響，下列敘述何者有誤：
(A)利率上升通常會造成股價的下跌　(B)利率上升時，投資者的必
要報酬率會下降　(C)利率上升時，公司的資金成本上升　(D)利率
上升時，投資者會將資金抽離股市。

(　) **6** 一般而言，當新臺幣升值時，外銷為主的產業股價會：
(A)上漲　(B)下跌　(C)先跌後漲　(D)不一定上漲或下跌。

(　) **7** 一般而言，當一國的貨幣貶值時：　(A)不利進口，有利出口
(B)有利進口，有利出口　(C)不利進口，不利出口　(D)有利進口，
不利出口。

(　) **8** 下列哪一因素最可能使股價上升：　(A)油價下降　(B)投資人要求
之報酬率上升　(C)公司的資金成本上升　(D)央行調高存款準備
率。

(　) **9** 下列何種股票在物價上漲時受惠最大：　(A)汽車類股　(B)金融股
(C)電子類股　(D)資產股。

（　）**10** 下列何種物價指標的變化，是一般人民購買物品時最能感覺到的？
(A)進口物價指數　(B)出口物價指數　(C)躉售物價指數　(D)消費者物價指數。

（　）**11** 下列中央銀行的政策中，那一項會使貨幣供給減少：　(A)提高存款準備率　(B)外匯市場上買入美元避免新臺幣過度升值　(C)公開市場上買回國庫券　(D)調降重貼現率。

（　）**12** 一般而言，央行大幅緊縮M1b（貨幣供給）的成長對股價的影響很可能是：　(A)上漲　(B)下跌　(C)不確定漲跌　(D)無影響。

（　）**13** 我國景氣對策信號之燈號總共有幾種？　(A)二種　(B)三種　(C)四種　(D)五種。

（　）**14** 「景氣對策信號」多久編製乙次？　(A)每年　(B)每半年　(C)每季　(D)每月。

（　）**15** 當景氣對策信號由綠燈轉為黃紅燈時，代表景氣將由：
(A)穩定轉為衰退　(B)微熱轉為過熱　(C)穩定轉為微熱　(D)衰退轉為穩定。

（　）**16** 當景氣對策信號由黃紅燈轉成紅燈時，政府會採取何種政策：
(A)戒急用忍政策　(B)緊縮性政策　(C)擴張性政策　(D)不採取任何措施。

（　）**17** 有關景氣對策信號之敘述何者不正確？　(A)黃藍燈表示景氣將衰退或趨穩　(B)綠燈表示景氣穩定　(C)紅燈表示景氣衰退　(D)黃紅燈表示景氣有過熱或趨穩。

（　）**18** 「景氣對策信號」是由那一單位編製的？　(A)主計處　(B)國發會　(C)財政部　(D)經濟部。

（　）**19** 目前我國所編製的景氣對策信號，由景氣衰退至景氣過熱依序共分那些燈號？　(A)紅、綠、藍　(B)藍、綠、紅　(C)藍、黃綠、綠、黃紅、紅　(D)紅、黃紅、綠、黃綠、藍。

(　　) **20** 下列何指標是分析景氣循環之主要依據？　(A)消費者物價指數
　　　　　(B)經濟成長率　(C)工業生產值　(D)海關出口值。

(　　) **21** 中央銀行調降法定存款準備率對哪類金融機構的影響最有利？
　　　　　(A)證券公司　(B)保險業　(C)商業銀行　(D)證券投資信託公司。

(　　) **22** 中央銀行可以透過下列哪些方法導引利率走勢？
　　　　　A.公開市場操作　B.調整重貼現率　C.調整法定存款準備率
　　　　　(A)僅A、B正確　(B)僅B、C正確　(C)僅A、C正確　(D)A、B、C
　　　　　均正確。

解答與解析

1 (A)。影響股價變動的政治與總體經濟因素有：政局變化、財政貨幣的政策方
　　　　向、產業政策方向、利率水準之變動、匯率水準之變動、油價、物價及
　　　　景氣循環。
　　　　故此題答案為(A)。

2 (D)。影響股價變動的政治與總體經濟因素有：政局變化、財政貨幣的政策方
　　　　向、產業政策方向、利率水準之變動、匯率水準之變動、油價、物價及
　　　　景氣循環。
　　　　故此題答案為(D)。

3 (C)。造成貨幣供給額及短期利率變動的中央銀行政策工具有下列四項：
　　　　(1) **公開市場操作**（**Open Market Operation**）
　　　　　　是指央行在債券市場的定期及不定期買賣，以調節貨幣供給額。例
　　　　　　如：當央行大量買入債券，釋出現金，使短期內貨幣供給額增加，利
　　　　　　率將有下降的趨勢。
　　　　(2) **重貼現率**（**Rediscount Rate**）
　　　　　　重貼現是指商業銀行以其對顧客貼現所得的票據（商業票據），請求
　　　　　　中央銀行給予融通借款，以增加其資金。而重貼現率是指中央銀行
　　　　　　對商業銀行進行重貼現時，所適用的貼現率。當中央銀行降低（或提
　　　　　　高）銀行的重貼現率時，具有提高（或降低）貨幣供給額的效果。
　　　　(3) **法定存款準備率**（**Required Reserve Ratio**）
　　　　　　中央銀行對一般銀行的活期、活期儲蓄、定期、定期儲蓄等存款均有不
　　　　　　同的法定存款準備，以確保存款人之債權及降低銀行營運風險。當中

央銀行降低對銀行的法定存款準備率時，銀行可靈活運用的資金增加，貨幣供給額將會增加，短期利率可能下降，對股市具有正面之影響。

(4) **匯率與國際收支平衡**（**Exchange Rate and Balance of Payments**）

當中央銀行為了改善貿易問題，可能會以外匯買賣來干預外匯市場，此舉將使新臺幣之供需產生變化，間接改變利率水準。例如：當中央銀行認為新臺幣的價值過高（不利於出口），將可能賣出新臺幣並買入美元，以使新臺幣貶值，此舉會使市場上的新臺幣之供給額跟著增加。若新臺幣增加金額很多時，則利率便可能下降，對股市有正面之影響。由於調整外匯是間接影響利率，故新臺幣的金額不大時，則影響的效果就不明顯。

因此，選項(C)應為賣出新臺幣並買入美元。

故此題答案為(C)。

4 (A)。 當中央銀行降低對銀行的法定存款準備率時，銀行可靈活運用的資金增加，貨幣供給額將會增加，短期利率可能下降，對股市具有正面之影響。相對地，中央銀行提高存款準備率，股價通常會下跌。

故此題答案為(A)。

5 (B)。 利率水準上升時，股價會下跌，其原因有下列三點：

(1) 投資人要求的報酬率也會上升（使股票評價下降）。

(2) 投資人使用資金成本上升。

(3) 公司的資金成本上升。

若利率水準下跌時，股價會上升，其原因會與上述情形相反。

故此題答案為(B)。

6 (B)。 匯率水準之變動會影響國際貿易。一般而言，新臺幣貶值，本國外銷產品相對價格降低（外銷為主的產業股價會下跌），對出口有利；但是國外進口產品相對價格提高，對進口不利。因此，新臺幣貶值則外銷為主之企業的股價上升，而對進口廠商之股價不利。

故此題答案為(B)。

7 (A)。 一般而言，新臺幣貶值，本國外銷產品相對價格降低（外銷為主的產業股價會下跌），對出口有利；但是國外進口產品相對價格提高，對進口不利。因此，新臺幣貶值則外銷為主之企業的股價上升，而對進口廠商之股價不利。

故此題答案為(A)。

8 (A)。油價上漲時，會使產品價格普遍上漲，民間消費能力下降，造成經濟景氣衰退，故股價下跌；反之，若油價下跌，經濟景氣受益，公司營利改善，則股價隨之上漲。…選項(A)

若利率水準下跌時，股價會上升，其原因有下列三點：

(1) 投資人要求的報酬率也會下降…選項(B)的「上升」應改為「下降」

(2) 投資人使用資金成本下降

(3) 公司的資金成本下降…選項(C)的「上升」應改為「下降」中央銀行提高存款準備率，股價通常會下跌。…選項(D)

故此題答案為(A)。

9 (D)。若物價水準持續上升，即稱為通貨膨脹。通貨膨脹期間，房地產會有很大的增值空間，故**資產股**的股價通常會上漲。而一般企業的股價是否受到影響，則須看物價水準上升的程度而定。

故此題答案為(D)。

10 (D)。物價水準之變化會影響產品價格及買方購買的意願。物價水準變化，一般可從「(1)**消費者物價指數**（Consumer Price Index, CPI）－衡量一般人民生活所購買的產品和勞務之價格變化；與(2)**躉售物價指數**（**Wholesale Price Index, WPI**）或稱**生產者物價指數**（**Producer Price Index, PPI**）－衡量生產者購買物品和勞務的成本變化」來衡量。

故此題答案為(D)。

11 (A)。(A) 賣出新臺幣並買入美元，以使新臺幣貶值，此舉會使市場上的新臺幣之供給額跟著「增加」。

(B) 當央行大量買入債券，釋出現金，使短期內貨幣供給額「增加」，利率將有下降的趨勢。

(C) 當中央銀行降低銀行的重貼現率時，具有「提高」貨幣供給額的效果。

(D) 中央銀行提高存款準備率，貨幣供給額將會「減少」，股價通常會下跌。

故此題答案為(A)。

12 (B)。貨幣供給額減少→大眾所擁有的資金較少，則具有抑制物價上漲的效果。但將可能使利率上升，對股市不利。此外，資金減少將使股市「失血」，造成股價下跌。

故此題答案為(B)。

13 (D)。「景氣對策信號」分為五種燈號，各代表的意義如下：

燈號（由盛至衰）	意義
紅燈	經濟景氣過熱
黃紅燈	經濟景氣尚穩，但有過熱或趨穩的可能
綠燈	經濟景氣十分穩定
黃綠燈	經濟景氣尚穩，但有衰退或趨穩的可能
藍燈	經濟景氣已衰退

故此題答案為(D)。

14 (D)。目前常用的景氣衡量指標是行政院**國發會**每月所編的「景氣對策信號」。故此題答案為(D)。

15 (C)。「景氣對策信號」分為五種燈號，各代表的意義如下：

燈號（由盛至衰）	意義
紅燈	經濟景氣過熱
黃紅燈	經濟景氣尚穩，但有過熱或趨穩的可能
綠燈	經濟景氣十分穩定
黃綠燈	經濟景氣尚穩，但有衰退或趨穩的可能
藍燈	經濟景氣已衰退

故此題答案為(C)。

16 (B)。當黃紅燈轉成紅燈時，代表景氣過熱，政府會採取緊縮政策以冷卻股市，則股價將會下跌。
故此題答案為(B)。

17 (C)。「景氣對策信號」分為五種燈號，各代表的意義如下：

燈號（由盛至衰）	意義
紅燈	經濟景氣過熱
黃紅燈	經濟景氣尚穩，但有過熱或趨穩的可能

燈號（由盛至衰）	意義
綠燈	經濟景氣十分穩定
黃綠燈	經濟景氣尚穩，但有衰退或趨穩的可能
藍燈	經濟景氣已衰退

故此題答案為(C)。

18 (B)。 景氣循環（Business Cycle）是指經濟活動發生繁榮、衰退、蕭條、復甦等現象。目前常用的景氣衡量指標是行政院**國發會**每月所編的「景氣對策信號」。
故此題答案為(B)。

19 (C)。「景氣對策信號」分為五種燈號，各代表的意義如下：

燈號（由盛至衰）	意義
紅燈	經濟景氣過熱
黃紅燈	經濟景氣尚穩，但有過熱或趨穩的可能
綠燈	經濟景氣十分穩定
黃綠燈	經濟景氣尚穩，但有衰退或趨穩的可能
藍燈	經濟景氣已衰退

故此題答案為(C)。

20 (B)。 **經濟成長率指標**是分析景氣循環之主要依據。
故此題答案為(B)。

21 (C)。 當中央銀行降低對銀行的法定存款準備時，**銀行**可靈活運用的資金增加，貨幣供給額將會增加，短期利率可能下降，對股市具有正面之影響。
故此題答案為(C)。

22 (D)。 造成貨幣供給額及短期利率變動的中央銀行政策工具有下列四項：
(1)公開市場操作（Open Market Operation）、(2)重貼現率（Rediscount Rate）、(3)法定存款準備率（Required Reserve Ratio）及(4)匯率與國際收支平衡（Exchange Rate and Balance of Payments）。
故此題答案為(D)。

Day 04 風險、報酬與投資組合

重點 1 投資基本概念

一、投資的定義

學門	定義說明
經濟學	投資是指為了資本的形成所做的支出,例如:住宅興建、存貨的淨變動、資本設備支出等。此種支出不僅在需求面得以增加財貨或勞務的需求,在供給面也增加了生產力,故使經濟得以發展。此種投資屬於**廣義**或**直接**投資。
投資學	投資是指利用購買有價證券(公債、公司債、期貨、股票、認購證及其他衍生性的金融商品等),以獲得證券投資的利益。

二、投資商品的種類

種類	定義說明
實體資產	**實體資產**是指有形的實物。常見的實體資產有房地產、黃金、古董、白銀、機器等各種公開競價市場的大宗商品,均可作為投資標的。
金融資產	常見的**金融資產**有**定期存單**、**儲蓄存款**、**股票**、**債券**等有價證券。其主要投資目的在於預期未來能有更多的報酬。 金融商品分為基礎和衍生性商品,說明如下: (1) **基礎商品(Underlying Asssets)**:例如現金、債權、債務及權益證券等。

種類	定義說明
金融資產	(2) **衍生性商品（Derivatives）**：例如期貨、選擇權、遠期合約、交換等。衍生性金融商品是指價值由資產、利率、匯率或指數等基礎商品所衍生的交易契約。其主要在移轉基礎商品的風險，其合約價值隨基礎商品價值的變動而變動。與傳統的債券、股票類之金融商品，衍生性金融商品不論在內容創新或市場發展上，都有顯著的表現，風險也相對較高。

三、影響投資決策之因素

影響投資決策的因素，大致分為時間、報酬、風險及投資環境，前三項為投資要素。四項因素的說明如下：

因素	說明
時間	投資者在做決策時，必須考慮到時間因素。若時間因素考量不周，則可能在該買進時做賣出之決策，或在該賣出時做買進之決策，因時間點的掌握錯誤，而造成損失。
報酬	投資者進行投資的最主要目的是賺取投資報酬。若因為進行該項投資所得到的報酬小於犧牲消費所獲得的效用，則投資者會失去投資的意願。因此，評估預期報酬會影響是否參與投資之決策。 通常投資人年齡越大，尤其是已屆退休年齡，作投資規劃時，會以低風險、低報酬且固定收益為考量。
風險	每位投資者對風險的承受程度不盡相同,故在考慮投資決策時,風險也常成為考量之因素。一般而言,投資者對風險的態度分為下列三種： (1) **風險趨避者**：較不喜歡風險，故在報酬率固定時，會選擇風險較低的投資項目。此外，此類投資者願意付出額外代價，以消除風險，例如買保險。 (2) **風險偏好者**：傾向選擇風險較高的投資項目。 (3) **風險中立者**：在做決策時，無論風險如何，全憑投資報酬率的高低判斷。
投資環境	投資環境會對整個投資組合（決策）的報酬率、風險程度、時點等因素造成改變。因此，投資時的投資環境（例如：政治環境、國際情勢等）也須列入考慮。

精選試題

(　) **1** A.經濟學上的投資係指直接的投資
B.經濟學上的投資係指為了獲得證券投資上之利益所做的支出
C.投資學上的投資係指為了資本形成所做的支出
D.經濟學上的投資是屬於廣義的投資
以上有關投資定義之敘述，何者正確？
(A)A與C　(B)B與D　(C)B與C　(D)A與D。

(　) **2** A.定期存單　B.債券　C.證券　D.黃金，以上何者屬於金融資產？
(A)A　(B)僅A與B　(C)A、B與C　(D)B、C與D。

(　) **3** 下列何者投資商品安全性最差？　(A)債券　(B)股票　(C)股票選擇
權　(D)古董。

(　) **4** 下列哪一項屬於實體資產？　(A)期貨　(B)股票　(C)機器　(D)公
債。

(　) **5** 下列哪一項屬於金融資產？　(A)儲蓄存款　(B)小麥　(C)土地
(D)石油。

(　) **6** 哪一種風險態度的人投資時只單純考量報酬高低而不在乎風險大
小？　(A)風險趨避者　(B)風險偏好者　(C)風險中立者　(D)風險
厭惡者。

(　) **7** 如果你是風險中立者，面臨下面三個投資機會，你會選擇那一個
（你只能選一個）？　(A)期望報酬＝10%，風險＝7%　(B)期望報
酬＝25%，風險＝20%　(C)期望報酬＝15%，風險＝13%　(D)以上
皆非。

(　) **8** 如果您是屬於風險偏好者，您的投資選擇或標的，可能包括：
(A)未上市股票　(B)科技股票基金　(C)投資科技股票　(D)以上皆
可能。

(　　) **9** 通常年齡越大，尤其是已屆退休年齡，作投資規劃時，應考慮下列
何種投資規劃？　(A)高風險、低報酬，固定收益為主　(B)高風
險、高報酬，資本利得為優先考量　(C)低風險、低報酬，固定收
益為考量　(D)低風險、高報酬，資本利得為優先考量。

(　　) **10** 一般所謂投資，包括三個要素，即風險、報酬，與：
(A)利潤　(B)成本　(C)景氣　(D)時間。

解答與解析

1 (D)。經濟學上的投資是指為了資本的形成所做的支出，例如：住宅興建、存
貨的淨變動、資本設備支出等。此種支出不僅在需求面得以增加財貨或
勞務的需求，在供給面也增加了生產力，故使經濟得以發展。此種投資
屬於**廣義**或**直接**投資。
(B)是投資學、(C)是經濟學之解釋。
故此題答案為(D)。

2 (C)。常見的**金融資產**有**定期存單**、**儲蓄存款**、**股票**、**債券**等有價證券。其主
要投資目的在於預期未來能有更多的報酬。
故此題答案為(C)。

3 (C)。股票選擇權屬於衍生性金融商品，此類商品不論在內容創新或市場發展
上，都有顯著的表現，風險也相對較高。
因此，股票選擇權的安全性最差。
故此題答案為(C)。

4 (C)。**實體資產**是指有形的實物。常見的實體資產有房地產、黃金、古董、白
銀、機器等各種公開競價市場的大宗商品，均可作為投資標的。
故此題答案為(C)。

5 (A)。常見的**金融資產**有**定期存單**、**儲蓄存款**、**股票**、**債券**等有價證券。其主
要投資目的在於預期未來能有更多的報酬。
故此題答案為(A)。

6 (C)。投資者對風險的態度分為下列三種：
(1) **風險趨避者**：較不喜歡風險，故在報酬率固定時，會選擇風險較低的
投資項目。此外，此類投資者願意付出額外代價，以消除風險，例如
買保險。

(2) **風險偏好者**：傾向選擇風險較高的投資項目。

(3) **風險中立者**：在做決策時，無論風險如何，全憑投資報酬率的高低判斷。

故此題答案為(C)。

7 (B)。**風險中立者**：在做決策時，無論風險如何，全憑投資報酬率的高低判斷。選項(B)的報酬率最高，故風險中立者會選擇此投資。

故此題答案為(B)。

8 (D)。**風險偏好者**：傾向選擇風險較高的投資項目。

以上選項皆屬風險較高的投資項目，故此題答案為(D)。

9 (C)。通常投資人年齡越大，尤其是已屆退休年齡，作投資規劃時，會以低風險、低報酬且固定收益為考量。

故此題答案為(C)。

10 (D)。影響投資決策的因素，大致分為**時間**、**報酬**、**風險**及**投資環境**，前三項為投資要素。

故此題答案為(D)。

重點2 報酬的意義和衡量

一、報酬與報酬率

報酬（**Return**）是指投資的收益；**報酬率**（**Rate of Return**）是指投資的收益率。

假設A公司每股50元，買進A公司股票100張，總共花了500萬（=50元×1,000元×100張）。3個月後，A公司股票每股漲至60元時全部賣出，假設不考慮交易成本，投資報酬是100萬元（=600萬元－500萬元），報酬率為20%（=100萬元÷500萬元）。通常大家提到的報酬是指報酬率。

此外，在持有A公司股票的期間，A公司發放每股3元的現金股利，則股利收益為30萬元（=3元×1,000元×100張），總報酬和總報酬率計算如下：

總報酬＝期末資產價值－期初資產價值＋投資收益＝資本利得＋投資收益

　　　　＝600萬元－500萬元＋30萬元＝130萬元

$$總報酬率 = \frac{期末資產價值 - 期初資產價值 + 投資收益}{期初資產值} \times 100\%$$

$$= \frac{資本利得 + 投資收益}{投資金額} \times 100\%$$

$$= \frac{600萬元 - 500萬元 + 30萬元}{500萬元} = 26\%$$

註 資本利得＝售出價格－投資金額

二、兩種計算報酬率的方法

假設投資期間包括好幾期，則計算每期平均報酬率的方法可分為**算術平均法**（**Arithmetic Average Method**）與**幾何平均法**（**Geometric Average Method**）。

算術平均法

公式 算術平均法是將每一期的報酬加總再除以期數。Ri代表第i期的報酬率，N代表期數：

$$算術平均報酬率 = \frac{R_1 + R_2 + \cdots + R_N}{N}$$

範例 假設第1年年初購入A公司每股50元的股票，到了第1年年底股票漲至60元，第2年年底股票漲至90元。則

$$第1年的報酬率 = \frac{60元 - 50元}{50元} = 20\%$$

$$第2年的報酬率 = \frac{90元 - 60元}{60元} = 50\%$$

$$算術平均報酬率 = \frac{20\% - 50\%}{2年} = 35\%$$

幾何平均法

公式 幾何平均法是將N期的報酬率加上1後相乘，再開N次根號並減1。
其公式如下：
$$幾何平均報酬率 = \sqrt[N]{(1+R_1)(1+R_2)\cdots(1+R_N)} - 1$$

範例 假設第1年年初購入A公司每股50元的股票，到了第1年年底股票漲至60元，第2年年底股票漲至90元。則

$$第1年的報酬率 = \frac{60元-50元}{50元} = 20\%$$

$$第2年的報酬率 = \frac{90元-60元}{60元} = 50\%$$

$$幾何平均報酬率 = \sqrt[2]{(1+0.2)(1+0.5)} - 1 \approx 34.16\%$$

一般而言，算術平均法計算出的報酬率會大於幾何平均法計算出的報酬率，而且算術平均法有時會高估實際的報酬率。

假設A公司第1年的股價為50元，第2年跌至25元，第3年漲至50元，實際上這個投資沒有獲利，若以算術平均法計算報酬率 $= \dfrac{-50\%+100\%}{2年} = 25\%$

以幾何平均法計算報酬率 $= \sqrt[2]{(1+0.5)(1+1)} - 1 = 0$

因此，幾何平均報酬率之計算結果較為正確。

註 第1年的股價為50元，第2年跌至25元，則報酬率為−50%。
第2年跌至25元，第3年漲至50元，則報酬率為100%。

[結論]

算術平均法只重視各投資期間的資本利得，而忽略其他現金流量的再投資報酬，例如現金股利的再投資收益；幾何平均法除了重視各投資期間的資本利得，也考慮了其他現金流量的再投資報酬。

因此，當投資期間較短時，以上兩種方法所算得的報酬率是相差不大。但投資期間拉長，其他現金流量的再投資收益便會有明顯的差異產生。若在計算報酬率忽略了現金股利的再投資收益，則可能嚴重低估投資報酬率。

三、預期報酬率（Expected Rate of Return）

前述的報酬率是從實際已發生的股價資料分析投資期間的實際報酬率。此節要介紹預期報酬率，即預測未來可能的報酬率，也就是期望報酬率，其為事前的報酬率。P_i是報酬率為R_i的機率，計算公式如下：

$$預期報酬率 = E(R_i) = P_1R_1 + P_2R_2 + \cdots + P_NR_N = \sum_{i=1}^{N} P_iR_i$$

[範例]

A公司目前的股價為50元，假設在景氣好的時候，A公司的股票可能漲到90元；在景氣持平的時候，A公司的股票可能只漲至60元；在景氣差的時候，A公司的股票可能跌到30元。若景氣好的機會為30%，景氣持平的機會為25%，景氣差的機會為45%，則A公司未來一年可能的報酬率為何？

景氣情況	發生機率	A公司股價	報酬率
好	0.30	90元	$\dfrac{90元-50元}{50元}=80\%$
持平	0.25	60元	$\dfrac{90元-50元}{50元}=80\%$
差	0.45	30元	$\dfrac{90元-50元}{50元}=80\%$

計算 (1)使用公式計算報酬率

$$預期報酬率 = E(R_i) = P_1R_1 + P_2R_2 + \cdots + P_NR_N = \sum_{i=1}^{N} P_iR_i$$
$$= 0.30 \times 80\% + 0.25 \times 20\% + 0.45 \times (-40\%) = 11\%$$

(2)使用預期股票價值計算報酬率

預期股票價值$= 0.3 \times 90元 + 0.25 \times 60元 + 0.45 \times 30元 = 55.5元$

$$預期報酬率 = \frac{55.5元 - 50元}{50元} = 11\%$$

精選試題

( ) **1** 投資者A君買入某股票,每股成本為30元,他預期一年後可賣到35元,且可收到現金股利2元,則他的預期股利殖利率是多少?
(A)15%　(B)20%　(C)23.3%　(D)25%。

( ) **2** 投資人B君計劃購買某股票,預期股利是3元,一年後能以60元賣掉,如果該投資人的要求報酬率是15%,其所願意購買此股票的最高價格是多少?　(A)28.92元　(B)36.45元　(C)45.83元　(D)54.78元。

( ) **3** C君投資人計劃購買某股票,預期股利是2元,一年後能以42元賣掉,目前該投資人願意出的最高價格為37元,請問他所要求的報酬率為何?　(A)15.63%　(B)18.92%　(C)20.18%　(D)25.36%。

( ) **4** 投資於股票的報酬率等於:
(A)$\dfrac{\text{股利所得}}{\text{投資金額}}$　(B)$\dfrac{\text{資本利得}+\text{股利所得}}{\text{投資金額}}$

(C)$1+\dfrac{\text{投資利得}}{\text{投資金額}}$　(D)$1-\dfrac{\text{資本利得}+\text{股利所得}}{\text{投資金額}}$。

( ) **5** 假設投資A股票3年的年報酬率分別為13%,16%及−5%,則平均每年算術平均報酬率為:　(A)6%　(B)8%　(C)10%　(D)12%。

( ) **6** 假設投資某股票2年的年報酬率分別為25%及−18%,則平均每年幾何平均報酬率為:　(A)0.8%　(B)1.2%　(C)2.4%　(D)3.6%。

( ) **7** 某共同基金過去兩年的年平均報酬率為−3%,前年的報酬率為8%,則此共同基金去年的報酬率為(幾何平均法)?
(A)−8.4%　(B)−10.6%　(C)−12.9%　(D)以上皆非。

( ) **8** 假設A公司目前股價為80元,假設當景氣好時其報酬率為20%,若景氣轉差時其報酬率為−8%,而以上景氣好、景氣轉差所可能發生的機率各為70%、30%,請問A公司未來一年可能的報酬率為何?
(A)9.7%　(B)10.8%　(C)11.6%　(D)12.2%。

(　　) **9** 假設未來景氣好與景氣差的機率各為1/2，在這兩種情況下，某股
票報酬率分別為60%、−25%。請問，該股票預期報酬率為多少？
(A)12.5%　(B)15.5%　(C)17.5%　(D)20.5%。

解答與解析

1 (C)。預期股利殖利率＝總報酬率

$$= \frac{資本利得＋投資收益}{投資金額} \times 100\%$$

$$= \frac{(35元-30元)+2元}{30元} \times 100\% \fallingdotseq 23.3\%$$

故此題答案為(C)。

2 (D)。總報酬率$= \frac{資本利得＋投資收益}{投資金額} \times 100\%$

$$\Rightarrow 15\% = \frac{(60元-投資金額)+3元}{投資金額} \times 100\%$$

⇒0.15×投資金額＝60元−投資金額+3元

⇒1.15×投資金額＝63元

⇒投資金額＝54.78

故此題答案為(D)。

3 (B)。總報酬率$= \frac{資本利得＋投資收益}{投資金額} \times 100\%$

$$\Rightarrow 總報酬率 = \frac{(42元-37元)+2元}{37元} \times 100\%$$

⇒總報酬率≒18.92%

故此題答案為(B)。

4 (B)。總報酬率$= \frac{期末資產價值-期初資產價值+投資收益}{期初資產值} \times 100\%$

$$= \frac{資本利得＋投資收益}{投資金額} \times 100\%$$

故此題答案為(B)。

5 (B)。算術平均法是將每一期的報酬加總再除以期數。R_i代表第i期的報酬率，
N代表期數：

$$算術平均報酬率 = \frac{R_1 + R_2 + \cdots + R_N}{N} = \frac{13\% + 16\% + (-5\%)}{3} = 8\%$$

故此題答案為(B)。

6 (B)。 幾何平均法是將N期的報酬率加上1後相乘,再開N次根號並減1。
其公式如下:

$$幾何平均報酬率 = \sqrt[N]{(1+R_1)(1+R_2)\cdots(1+R_N)} - 1$$
$$= \sqrt[2]{(1+0.25)(1+0.18)} - 1 \fallingdotseq 1.2\%$$

故此題答案為(B)。

7 (C)。 幾何平均法是將N期的報酬率加上1後相乘,再開N次根號並減1。其公式
如下:

$$幾何平均報酬率 = \sqrt[N]{(1+R_1)(1+R_2)\cdots(1+R_N)} - 1$$
$$\Rightarrow -0.03 = \sqrt[2]{(1+0.08)(1+r)} - 1$$
$$\Rightarrow 0.97 = \sqrt[2]{(1+0.08)(1+r)}$$
$$\Rightarrow 0.9409 = (1+0.08)(1+r)$$
$$\Rightarrow r \fallingdotseq -12.9\%$$

故此題答案為(C)。

8 (C)。 P_i是報酬率為R_i的機率,預期報酬的計算公式如下:

$$預期報酬率 = E(R_i) = P_1R_1 + P_2R_2 + \cdots + P_NR_N = \sum_{i=1}^{n} P_iR_i$$
$$= 0.2 \times 0.7 + (-0.08) \times 0.3 = 11.6\%$$

故此題答案為(C)。

9 (C)。 P_i是報酬率為R_i的機率,預期報酬的計算公式如下:

$$預期報酬率 = E(R_i) = P_1R_1 + P_2R_2 + \cdots + P_NR_N = \sum_{i=1}^{n} P_iR_i$$
$$= 0.6 \times 0.5 + (-0.25) \times 0.5 = 17.5\%$$

故此題答案為(C)。

重點 **3**　**風險的意義與衡量**

一、風險的意義

以投資的觀點而言，**風險**是投資**損失**或**發生不利情形**的可能性。風險有可能因資產價格變動所產生的損失，例如：所購入的股票在持有期間股價下降、購入的債券因為市場利率上升導致債券價格下跌、或購買美元但臺幣升值導致美元價值下跌等；風險有可能因為購入債券的債券公司倒閉造成的損失，此為**信用風險或違約風險**；風險有可能因為持有的有價證券在市場上交易量少而無法出售或以較低價格出售，此為**流動性風險**。

二、風險的衡量

以投資的觀點而言，**投資報酬的不確定性**（Uncertainty）即稱為**風險**。**投資報酬的不確定性**是指**實際報酬率**分散的程度，或是**實際報酬率**和**預期報酬率**之間的差異程度。若將存款存入銀行定存，定存利率為2%，1年後的實際報酬率就是2%，也等於預期報酬率；但若買A公司的股票，而預期報酬率為15%，但有30%的機率之報酬率為80%，有25%的機率之報酬率為20%，有45%的機率之報酬率為−40%，以上三種實際的報酬率為80%、20%、−40%，都和預期報酬率30%有些差異。

一般投資報酬率會以**變異數**（Variance）或**標準差**（Standard　Deviation），以及**變異係數**（Coefficient of Variation）來衡量風險的大小。計算方式說明如下：

(一) 變異數和標準差

公式　計算步驟：

步驟**1**　計算預期（期望）報酬率$E(R_i) = \sum_{i=1}^{N} P_i R_i$

步驟**2**　計算每一個可能報酬率與預期報酬率之差異
　　　　　每一個可能報酬率與預期報酬率之差異$= R_i - E(R_i)$

步驟**3**　計算每一組差異之平方，再將其乘以對應的機率。
　　　　　這些乘積加總可得報酬率之變異數：
$$\sigma^2 = \sum_{i=1}^{N} [R_i - E(R_i)]^2 P_i$$

步驟**4** 求得變異數之平方根即為標準差：

$$\sigma = \sqrt{\sigma^2} = \sqrt{\sum_{i=1}^{N}[R_i - E(R_i)]^2 P_i}$$

範例 購買A公司的股票，而預期報酬率為15%，但有30%的機率之報酬率為80%，有25%的機率之報酬率為20%，有45%的機率之報酬率為−40%，求 A公司股票報酬率之標準差。

計算 $\sigma = \sqrt{(80\% - 15\%)^2 \times 0.3 + (20\% - 15\%)^2 \times 0.25 + (-40\% - 15\%)^2 \times 0.45} \approx 0.5133$

(二) 變異係數

標準差可用於衡量資產報酬之平均風險，報酬率標準差越大，則其風險越大。但標準差所衡量的是單一資產或單一投資組合的風險。若兩種投資標的的報酬率相同時，投資人應選擇標準差（風險）較低的投資標的；若兩種投資標的的標準差（風險）相同時，投資人應選擇報酬率較高的投資標的。

因為**標準差**是衡量資產變異的**絕對指標**，故**標準差**是衡量風險的良好變數。若兩種資產的期望報酬不相等時，直接用標準差來比較兩種投資標的之風險大小會有誤差。因此，需將絕對標準差修正為相對指標。而**變異係數**就是「單位預期報酬率所承擔的風險」，公式如下：

$$變異係數 = \frac{標準差}{預期報酬率} \times 100\%$$

因此，變異係數越大表示單位暴露風險也越大。

範例 若A公司和B公司的預期報酬率分別為16%和12%，而標準差分別為52%和36%，求A公司和B公司的變異係數。

計算 A公司的變異係數 $= \dfrac{0.52}{0.16} \times 100\% = 325\%$

B公司的變異係數 $= \dfrac{0.36}{0.12} \times 100\% = 300\%$

雖然A公司的預期報酬率高於B公司，但B公司的變異係數低於A公司。因此，A公司的預期報酬率優於B公司，但A公司的投資風險高於B公司。

註 **無風險資產**是指投資收益的變異或標準差為零的資產。目前只有由中央政府發行的、期限與投資者的投資期長度相匹配的或完全指數化的債券才可視作無風險資產。即無風險資產的標準差$\sigma_2 = 0$。

精選試題

(　) **1** 下列有關投資報酬的不確定性的敘述何者為真：
A.預期報酬率的平均水準
B.實際報酬率的分散程度
C.實際報酬率的平均水準
D.實際報酬率與預期報酬率間之差異的程度
(A)A與C　(B)B與D　(C)C與D　(D)四者皆對。

(　) **2** 以下有關投資風險之敘述，何者為非？
(A)投資損失的期望值
(B)投資報酬的不確定性
(C)通常可用報酬率的變異數來衡量
(D)通常可用報酬率的標準差來衡量。

(　) **3** 股票報酬率標準差越大，則其風險：　(A)越小　(B)越大　(C)不一
定　(D)不變。

(　) **4** 投資標的如何進行比較？
(A)投資標的報酬相同時，即風險越大越好
(B)投資標的報酬相同時，即風險越小越好
(C)投資標的報酬不相同時，即使用變異係數之平方根
(D)投資標的報酬不相同時，即無法比較。

(　) **5** 變異係數越大表示單位暴露風險：　(A)越小　(B)越大　(C)一樣
(D)無法判斷。

(　) **6** 變異係數的定義是：
(A)$\dfrac{標準差}{預期報酬率}$　　　　　　(B)$\dfrac{預期報酬率}{標準差}$

(C)$\dfrac{相關係數}{預期報酬率}$　　　　　　(D)$\dfrac{變異數}{預期報酬率}$。

( ) **7** 假設去年某股票的報酬率為20%，報酬標準差為30%，試計算A股票的變異係數： (A)20% (B)30% (C)130% (D)150%。

( ) **8** 假設A公司與B公司的預期報酬率分別為15%與20%，而標準差分別為45%及30%，試問A公司與B公司的變異係數何者較低？
(A)A公司 (B)B公司 (C)二者一樣 (D)以上皆非。

( ) **9** 無風險資產的報酬率標準差為： (A)−1 (B)0 (C)1 (D)2。

解答與解析

1 (B)。 **投資報酬的不確定性**是指**實際報酬率**分散的程度，或是**實際報酬率**和**預期報酬率**之間的差異程度。
故此題答案為(B)。

2 (A)。 **投資報酬的不確定性**（Uncertainty）即稱為**風險**。
一般投資報酬率會以**變異數**（Variance）或**標準差**（Standard Deviation），以及**變異係數**（Coefficient of Variation）來衡量風險的大小。
故此題答案為(A)。

3 (B)。 **標準差**可用於衡量資產報酬之平均風險，報酬率標準差越大，則其風險越大。
故此題答案為(B)。

4 (B)。 **標準差**可用於衡量資產報酬之平均風險，報酬率標準差越大，則其風險越大。但標準差所衡量的是單一資產或單一投資組合的風險。若兩種投資標的的報酬率相同時，投資人應選擇標準差（風險）較低的投資標的；若兩種投資標的的標準差（風險）相同時，投資人應選擇報酬率較高的投資標的。
故此題答案為(B)。

5 (B)。 **變異係數**就是「單位預期報酬率所承擔的風險」，變異係數越大表示單位暴露風險也越大。
故此題答案為(B)。

6 (A)。 **變異係數**就是「單位預期報酬率所承擔的風險」，公式如下：

$$變異係數 = \frac{標準差}{預期報酬率} \times 100\%$$

故此題答案為(A)。

7 (D)。變異係數就是「單位預期報酬率所承擔的風險」，公式如下：

$$變異係數 = \frac{標準差}{預期報酬率} \times 100\% = \frac{30\%}{20\%} \times 100\% = 150\%$$

故此題答案為(D)。

8 (B)。A公司的變異係數 $= \dfrac{標準差}{預期報酬率} \times 100\% = \dfrac{45\%}{15\%} \times 100\% = 300\%$

B公司的變異係數 $= \dfrac{標準差}{預期報酬率} \times 100\% = \dfrac{30\%}{20\%} \times 100\% = 150\%$

因此，B公司的變異係數較低。

故此題答案為(B)。

9 (B)。**無風險資產**是指投資收益的變異或標準差為零的資產。目前只有由中央政府發行的、期限與投資者的投資期長度相匹配的或完全指數化的債券才可視作無風險資產。即無風險資產的標準差$\sigma_2 = 0$。

故此題答案為(B)。

重點 4　風險與報酬關係

一、不同資產的風險與報酬

由下表可看出，股票的平均年報酬率高於公債、定存及商業本票，相對地標準差也是最高的，故股票的投資風險最高。

臺灣股票、公債、定存及商業本票之平均年報酬率及標準差

民國（年）83~100	[1] 股票 臺灣加權指數	[2] 公債 10年期公債 次級市場利率	[3] 定存 銀行業牌告 一年期存款	[4] 商業本票 31~90天期次級市場 商業本票利率
平均 年報酬率	5.42%	3.82%	3.35%	3.24%
標準差	31.10%	2.11%	2.22%	2.51%

二、不同國家證券的風險與報酬

由下表可看出，美國的股票平均報酬率高於債券平均報酬率，相對地股票標準差也高於債券標準差；其他國家也是類似之情形。日本的債券標準差大於法國的債券標準差，而日本的債券報酬率卻低於法國的債券報酬率，故日本與法國債券兩者相比之情況，購買法國債券會是一般投資人衡量後的抉擇。

各國10年的股票、債券之平均報酬率及標準差

國家	股票		債券	
	平均報酬率	標準差	平均報酬率	標準差
美國	15.7%	21.1%	12.6%	19.0%
英國	20.4%	21.9%	15.5%	17.1%
德國	20.9%	23.4%	12.9%	13.2%
法國	19.2%	25.2%	13.2%	13.7%
日本	11.1%	23.7%	9.4%	13.8%
澳洲	17.8%	24.9%	21.3%	16.8%
加拿大	11.3%	22.1%	13.0%	17.3%

三、風險溢酬

一般而言，高報酬即是高風險，故一般投資人對於高報酬的投資，其要求的報酬（Required Return）也比較高，在於其承受的可能損失也比較高。相對地，當投資標的之報酬率越小時，投資人所必須承擔的風險也越小。例如，投資無風險的債券，假設平均報酬率有6%，那投資股票的平均報酬率或要求報酬率一定會高於6%，假設投資股票的要求報酬率為18%，則兩者之間的相差的報酬率為12%（＝18%－6%），此為**風險溢酬**或**風險貼水**（**Risk Premium**），也就是投資人承擔風險所要求的額外報酬。又例如，大型股票的風險一般小於小型股票的風險，故大型股票的風險溢酬會小於小型股票的風險溢酬。

註 投資風險（高至低）：小型股＞中小型股＞商業本票＞長期公債。

精選試題

(　) **1** 投資者對於承擔風險所要求的額外報酬稱為：
(A)效率　(B)風險溢酬　(C)風險預期　(D)效率前緣。

(　) **2** 一般情況下，投資小型股、大型股、長期公債、商業本票，何者之
投資風險最高？　(A)長期公債　(B)商業本票　(C)小型股　(D)大
型股。

(　) **3** 所謂高風險，高報酬，則投資風險較高的股票，以下敘述何者為
誤？　(A)有可能損失很大　(B)保證獲利較高　(C)期望報酬率較高
(D)長期而言平均的報酬率較高。

(　) **4** 一般而言，當投資標的之報酬率越小時，投資人所必須承擔的風險
會如何改變：　(A)越小　(B)越大　(C)不一定　(D)相同。

解答與解析

1 (B)。**風險溢酬**或**風險貼水**（**Risk Premium**），是指投資人承擔風險所要求的
額外報酬。
故此題答案為(B)。

2 (C)。投資風險（高至低）：小型股>中小型股>商業本票>長期公債。
故此題答案為(C)。

3 (B)。高報酬即是高風險，故一般投資人對於高報酬的投資，其要求的報酬
（Required Return）也比較高，在於其承受的可能損失也比較高。
故此題答案為(B)。

4 (A)。一般而言，高報酬即是高風險，故一般投資人對於高報酬的投資，其要
求的報酬（Required Return）也比較高，在於其承受的可能損失也比較
高。相對地，當投資標的之報酬率越小時，投資人所必須承擔的風險也
越小。
故此題答案為(A)。

重點 5	**投資組合報酬與風險的衡量**

一、投資組合的預期報酬

上述的介紹是計算單一股票的報酬及風險，本重點要介紹投資組合的報酬及風險的衡量。**投資組合（Portfolio）**是指由一種以上的證券或是由不同資產所構成的投資總集合。也就是將多種投資標的集合起來，避免風險過度集中於單一投資標的，以達風險分散之目的。例如，買A公司的股票，同時也買進B公司的股票；或是買A公司的股票，也買進C公司的債券等。投資組合的預期報酬率可由個別資產的預期報酬率乘上投資於個別資產的比重（權數）。$E(R_p)$為投資組合的預期報酬率，W_i為投資第i種證券的權重，$E(R_i)$為第i種資產的預期報酬，其公式如下：

$$E(R_p) = W_1 E(R_1) + W_2 E(R_2) + \cdots + W_N E(R_N) = \sum_{i=1}^{N} W_i E(R_i)$$

[範例]

若A公司股票的預期報酬率為16%，B公司股票的預期報酬率為12%。假設有55%的資金投資A公司，45%的資金投資B公司，則投資組合的預期報酬率為何？

計算　$E(R_p) = \sum_{i=1}^{N} W_i E(R_i) = 0.55 \times 16\% + 0.45 \times 12\% = 14.2\%$

二、投資組合的風險

變異數和標準差可以衡量單一資產的風險，也可以用以衡量投資組合的風險。但投資組合涉及到兩種以上的資產，故應考慮到個別資產報酬的變異數與各個資產報酬之間的關聯性。

$Var(R_p)$為投資組合報酬率的**變異數**，σ_1、σ_2分別為第一種股票及第二種股票報酬率的**標準差**，σ_{12}為第一種股票與第二種股票報酬率的**共變異數**，則投資組合報酬率的變異數計算之公式如下：

$$Var(R_p) = W_1^2 \sigma_1^2 + W_2^2 \sigma_2^2 + 2W_1 W_2 \sigma_{12}$$

投資組合報酬率的標準差計算之公式如下：

$$\sigma_P = \sqrt{Var(R_p)} = \sqrt{W_1^2\sigma_1^2 + W_2^2\sigma_2^2 + 2W_1W_2\sigma_{12}}$$

共變異數是指兩個時間變量（例如：股票報酬）呈同向或反向變動程度的絕對指標。但共變異數會受到衡量單位大小的影響，故一般用**相關係數**進行風險的衡量。**相關係數**為共變異數再除以個別的標準差：

$$\rho = \frac{\sigma_{12}}{\sigma_1\sigma_2} \text{，則} \sigma_{12} = \rho\sigma_1\sigma_2$$

因此，$\sigma_P = \sqrt{W_1^2\sigma_1^2 + W_2^2\sigma_2^2 + 2W_1W_2\boldsymbol{\sigma_{12}}}$ 可改寫為

$$\sigma_P = \sqrt{W_1^2\sigma_1^2 + W_2^2\sigma_2^2 + 2W_1W_2\boldsymbol{\rho\sigma_1\sigma_2}}$$

由於相關係數介於−1和1之間，且不受衡量單位大小的影響，故通常會用相關係數來衡量資產之間彼此變動的關係。

相關係數（ρ）	說明
ρ＝1	代表兩資產為**完全正相關**，即A公司的股票上漲，B公司的股票一定也會上漲。在實務上，相關係數為正的情形較常見。
ρ＝−1	代表兩資產為**完全負相關**，即A公司的股票上漲，B公司的股票一定會下跌。
ρ＝0	代表兩資產為**完全無相關**，即A公司股票的漲跌與B公司的股票漲跌沒有任何關聯。

[範例1]

若A公司股票的預期報酬率為16%，B公司股票的預期報酬率為12%，而標準差分別為52%和36%。假設有55%的資金投資A公司，45%的資金投資B公司，A公司和B公司的相關係數為0.7，試求投資組合的標準差。

計算　$\sigma_P = \sqrt{W_1^2\sigma_1^2 + W_2^2\sigma_2^2 + 2W_1W_2\rho\sigma_1\sigma_2}$

$= \sqrt{0.55^2 \times 0.52^2 + 0.45^2 \times 0.36^2 + 2 \times 0.55 \times 0.45 \times 0.7 \times 0.52 \times 0.36} \approx 41.58\%$

投資組合的標準差41.58%介於A公司（σ為52%）與B公司（σ為36%）的標準差之間。

[範例2]

若A公司股票的預期報酬率為16%、標準差為52%，無風險債券的預期報酬率為7%。假設有55%的資金投資A公司，45%的資金投資無風險債券，且兩資產的相關係數為0.1。求此投資組合的預期報酬率和標準差為何？

計算 (1)投資組合的預期報酬率：

$$E(R_p) = \sum_{i=1}^{N} W_i E(R_i) = 0.55 \times 16\% + 0.45 \times 7\% = 11.95\%$$

(2)由於無風險債券的標準差=0，則投資組合的標準差：

$$\sigma_P = \sqrt{W_1^2 \sigma_1^2 + W_2^2 \sigma_2^2 + 2W_1 W_2 \rho \sigma_1 \sigma_2}$$

$$= \sqrt{0.55^2 \times 0.52^2 + 0.45^2 \times 0^2 + 2 \times 0.55 \times 0.45 \times 0.1 \times 0.52 \times 0} \approx 41.58\%$$

$$= \sqrt{0.55^2 \times 0.52^2} = 28.6\%$$

三、兩種以上資產組合的標準差

若將兩種資產的投資組合擴展到N種資產的投資組合。W_i為第i個資產的權重，σ_i為第i個資產的標準差，ρ_{ij}為第i個資產和第j個資產的相關係數，則多個資產投資組合的標準差之公式為：

$$\sigma_P = \sqrt{\sum_{i=1}^{N} W_1^2 \sigma_1^2 + 2W_i W_j \sum_{i=1}^{N-1} \sum_{j>1}^{N} \rho_{ij} \sigma_i \sigma_j}$$

精選試題

( ) **1** 將多種投資標的集合起來，避免風險過度集中於單一投資標的，以達風險分散之目的，是為： (A)避險基金 (B)投資學 (C)投資信託 (D)投資組合。

( ) **2** 由A和B兩股票構成的投資組合，其中A占35%，B占65%。A股票報酬率的變異數為0.4，B股票報酬率的變異數為0.7，假設A和B股票的共變數為0.2，則此投資組合報酬率之變異數為？ (A)0.283 (B)0.357 (C)0.436 (D)0.541。

(　) **3** 投資組合的預期報酬為投資組合中之個別資產的：　(A)預期報酬算術平均　(B)預期報酬加權平均　(C)預期報酬相乘　(D)實現報酬加權平均。

(　) **4** 假設A股票及B股票的報酬率分別為40%以及30%，報酬標準差為32%及25%，假設投資於A股票及B股票的權數分別為65%以及35%，求此投資組合的期望報酬率：　(A)24.3%　(B)36.5%　(C)43.7%　(D)52.1%。

(　) **5** A股票報酬率期望值20%，標準差15%；B股票報酬率期望值30%，標準差25%。A、B兩股票報酬率相關係數為0.6。王先生分別買了60萬A股票與40萬B股票，則此投資組合期望報酬率為多少？
(A)15%　(B)20%　(C)24%　(D)30%。

(　) **6** 假設A股票的報酬率為35%，報酬標準差45%，無風險債券的報酬率為7%。假設投資於A 股票及無風險債券的權數各為40%、60%，求此投資組合的期望報酬率的標準差：　(A)10%　(B)18%　(C)20%　(D)28%。

(　) **7** 若兩支股票的報酬之間呈現完全正相關，則這兩支股票報酬率的相關係數應為多少？　(A)−1　(B)0　(C)0.5　(D)1。

解答與解析

1 (D)。**投資組合**（**Portfolio**）是指由一種以上的證券或是由不同資產所構成的投資總集合。也就是將多種投資標的集合起來，避免風險過度集中於單一投資標的，以達風險分散之目的。
故此題答案為(D)。

2 (C)。$Var(R_p)$為投資組合報酬率的**變異數**，σ_1、σ_2分別為第一種股票及第二種股票報酬率的**標準差**，σ_{12}為第一種股票與第二種股票報酬率的**共變異數**，則投資組合報酬率的變異數計算之公式如下：
$Var(R_p)=W_1^2\sigma_1^2+W_2^2\sigma_2^2+2W_1W_1\sigma_{12}$
$=0.35^2\times0.4+0.65^2\times0.7+2\times0.35\times0.65\times0.2\doteqdot0.436$
故此題答案為(C)。

3 (B)。　投資組合的預期報酬率可由個別資產的**預期報酬率**乘上**投資於個別資產的比重（權數）**。
　　　　故此題答案為(B)。

4 (B)。　投資組合的預期報酬率：
$$E(R_p) = \sum_{i=1}^{N} W_i E(R_i) = 0.65 \times 0.4 + 0.35 \times 0.3 = 36.5\%$$
　　　　故此題答案為(B)。

5 (C)。　投資組合的預期報酬率：
$$E(R_p) = \sum_{i=1}^{N} W_i E(R_i) = \frac{60}{60+40} \times 0.2 + \frac{40}{60+40} \times 0.3 = 24\%$$
　　　　故此題答案為(C)。

6 (B)。　$Var(R_p)$為投資組合報酬率的**變異數**，σ_1、σ_2分別為第一種股票及第二種股票報酬率的**標準差**，σ_{12}為第一種股票與第二種股票報酬率的**共變異數**，由於無風險債券的標準差$\sigma_2 = 0$，則投資組合的標準差：
$$\begin{aligned} \sigma_P &= \sqrt[2]{W_1^2 \sigma_1^2 + W_2^2 \sigma_2^2 + 2W_1 W_2 \rho \sigma_1 \sigma_2} \\ &= \sqrt[2]{0.40^2 \times 0.45^2 + 0.60^2 \times 0^2 + 2 \times 0.40 \times 0.60 \times \rho \times 0.45 \times 0} \\ &= \sqrt[2]{0.40^2 \times 0.45^2} = 18\% \end{aligned}$$
　　　　故此題答案為(B)。

7 (D)。　由於相關係數介於−1和1之間，且不受衡量單位大小的影響，故通常會用相關係數來衡量資產之間彼此變動的關係。

相關係數（ρ）	說明
$\rho = 1$	代表兩資產為**完全正相關**，即A公司的股票上漲，B公司的股票一定也會上漲。在實務上，相關係數為正的情形較常見。
$\rho = -1$	代表兩資產為**完全負相關**，即A公司的股票上漲，B公司的股票一定會下跌。
$\rho = 0$	代表兩資產為**完全無相關**，即A公司股票的漲跌與B公司的股票漲跌沒有任何關聯。

　　　　故此題答案為(D)。

| 重點 6 | 風險分散 |

一、資產（或證券）數目的多寡與投資組合的風險

隨著投資資產數目的增加，投資組合的平均風險會越來越取決於資產之間的共變異數（Covariance），個別資產的變異數則顯得較不重要。假設某個投資組合裡有N種證券，這N種證券變異數的平均＝$\overline{\text{Var}}$，證券之間共變異的平均＝$\overline{\text{Cov}}$，根據之前介紹的投資組合風險來計算，由N種證券依相同權數（即每種證券的投資比例為$\frac{1}{N}$）所組成的投資組合，則投資組合的變異數為

$$N \times \frac{1}{N^2}\overline{\text{Var}} + N(N-1) \times \frac{1}{N^2}\overline{\text{Cov}} = \frac{1}{N}\overline{\text{Var}} + (1 - \frac{1}{N})\overline{\text{Cov}}$$

由上列公式得知，**投資組合的變異數**等於證券的**平均變異數**與**平均共變異數**的加權平均。當N越來越大時，$\frac{1}{N}\overline{\text{Var}}$會越來越小，整個投資組合的變異數會越來越接近$\overline{\text{Cov}}$。

因此，當投資資產的數目夠大時，**個別資產的變異數**對整個投資組合的影響會變得微不足道，但**資產之間的共變異數**對整個投資組合的影響則逐漸增加。換言之，**個別資產的變異數**對投資組合風險的影響，會隨著**投資組合裡資產數目**的增加而逐漸下降。具體而言，當投資組合內的資產種類越來越多時，資產之間的共變異數會越來越接近證券報酬率的**平均共變異數**，因為投資組合中的資產數量增加，會使得樣本規模變得更大，從而更好地反映整個市場的波動情況。此外，投資組合中的不同資產種類之間可能存在較強的負相關，故投資組合的整體風險會降低到一定的程度，進而趨近於證券報酬率的**平均共變異數**。所以，個別資產之標準差通常高於市場投資組合的標準差，這是因為個別資產無法分散風險。

風險分散的道理可用「不要將雞蛋放在同一個籃子裡」，這句話形容。亦不要把所有的資金都投入在同一個投資標的上，應將資金分散投資，以免遇到投資損失，投資該標的的資金則瞬間化為烏有。

因此，風險分散可運用**多角化投資**，指將投資金額分散投資於不同的投資項目或不同種類的資產，以降低投資風險，同時提高投資組合的穩定性。許多投資人會選擇投資於股票、債券、基金、不動產等多種不同的資產類別，以分散風險。另外，一些投資人也會考慮投資於不同產業或不同國家的資產，以達到更廣泛的分散效果。

[範例]

假設A君拿1千元到遊戲場玩賓果遊戲，若連成一條線，可贏得下注金額再加1倍之獎勵。若A君一次下注1千元（亦把所有資金都投資於單一種資產裡），這種投資風險非常高，不是贏得2千元，就是1千元也拿不回來。若A君分1000次下注，有次下注1元，若贏得次數為500次，則A君可以拿回1千元。也就是下注的風險可以透過多次的下注讓這風險完全消失。

由於一次下注1千元（變異數為$\overline{\mathrm{Var}}$）與分1千次下注1元（變異數為$\frac{1}{1000}\overline{\mathrm{Var}}$），所得到的期望報酬率完全相同，都是為了贏得1千元，而且這次的輸贏與下次的輸贏不相關，故下注間的共變異數$\overline{\mathrm{Cov}}=0$。因此，將下注金額分散可以在不降低期望報酬率的情況下降低風險。下注1千次的變異數為

$$1,000 \times \frac{1}{1,000^2}\overline{\mathrm{Var}} + 1,000(1,000-1) \times \frac{1}{1,000^2}\overline{\mathrm{Cov}}$$

$$\approx \frac{1}{1,000}\overline{\mathrm{Var}} + (1 - \frac{1}{1,000}) \times 0 \Rightarrow 答案會很接近於0。$$

若市場上有N種證券，將所有資金投資在一種資產時，就有N種孤注一擲的投資，這種投資風險等於投資於個別資產風險的平均變異數（$\overline{\mathrm{Var}}$）。若將所有資金投資在兩種資產時，就會有$\frac{N(N-1)}{2}$種的投資，則平均的投資風險$= \frac{1}{2}\overline{\mathrm{Var}} + (1 - \frac{1}{2})\overline{\mathrm{Cov}}$，若相關係數小於$1 \rightarrow \overline{\mathrm{Var}} > \overline{\mathrm{Cov}}$，兩種資產投資組合的平均風險會低於單一資產投資的風險。隨著投資的資產種類增加，投資組合的平均風險會越來越低，也會越接近資產之間的平均共變異數（$\overline{\mathrm{Cov}}$），例如20種資產投資組合的平均風險$= \frac{1}{20}\overline{\mathrm{Var}} + (1 - \frac{1}{20})\overline{\mathrm{Cov}}$。

二、可分散風險與市場風險

投資風險分為下列二種：

投資風險	說明
可分散風險（Diversifiable Risk）	1. 可藉由增加投資資產數目而分散掉的風險。又稱**公司獨特風險（Unique Risk）、非系統性風險（Unsystematic Risk）**。此風險的來源只影響到個別公司及其直接的競爭對手之隨機事件，例如：新產品開發的成功與否、人為或天然災害所造成的公司財務損失、公司經營的效率等，以上因素可透過**多角化投資**分散投資風險。 2. 由於此種風險只影響到個別公司，各公司之間的可分散風險彼此不太相關。因此，可透過增加投資資產數目，讓這些風險相互抵消，例如：A公司新產品研發失敗、B公司新產品研發成功。
不可分散風險（Undiversifiable Risk）	即使增加投資資產數目也分散不掉的風險。又稱**市場風險（Market Risk）、系統性風險（Systematic Risk）**。此風險是影響整個投資市場，甚至是經濟體系之影響，例如：利率、通貨膨脹率、外匯、石油價格、經濟景氣、戰爭等。 由於大部分的公司都同樣受到市場風險的影響，故增加投資組合，市場風險還是無法完全被消除。因此，承擔系統性風險應該得到**風險溢酬**。

承擔風險的投資人會要求相對應的風險溢酬，但由於可分散風險可以藉由分散投資的方式消除。投資組合分散風險，指的是分散公司獨特的風險。即已做到相當程度風險分散的投資人，不需擔心可分散風險的存在，故也不會要求可分散風險的風險溢酬。相對地，投資人非常關心其投資組合的市場風險，也會因承擔這些市場風險而要求適當的**風險溢酬**。

因此，投資人只關心市場風險，若單純以投資組合的變異數或標準差來衡量投資組合的風險並不適當。應另找一個衡量市場風險的方法。

三、市場風險的衡量

理論上,市場投資組合中所包含之證券為**市場所有證券**。**市場風險**可以用貝他（β）係數來衡量。貝他係數（Beta Coefficient）是一種風險指數,用以衡量個別或投資組合相較於全體市場之敏感度（Sensitivity）,亦具有報酬率波動的統計概念。若將包含市場上所有證券的投資組合或稱**市場投資組合**（**Market Portfolio**）的貝他係數定義為1,則可能有下列三種情形:

貝他係數（β）	說明
β＞1	投資報酬率的變動會與市場投資組合報酬率的變動**同向**,但幅度更大。
0＜β＜1	投資報酬率的變動還是會與市場投資組合報酬率的變動**同向**,但幅度較小。
β＜0	此資產的投資報酬率之變動與市場**反向**。

若某個證券的貝他係數為1.5,平均而言,當整個證券市場的價值上升1%時,此證券的價格會上升1.5%。上述的「平均而言」是指資產除了具有市場風險（不可分散風險）尚有可分散風險。因此,某個證券的價格高低,不一定會完全與市場相關。有時β＞0,還有其他因素會影響資產價格,例如市場情況、資產類型和可分散風險。可分散風險指的是透過投資組合分散化降低風險的能力,這可能會導致資產價格與市場價值呈反向變動。因此,需要考慮多種因素才能全面了解資產價格與市場價值之間的關係。

以統計術語而言,假設資產為i,R_i為資產i的投資報酬率,σ_i為資產i的標準差,R_m為市場投資組合的報酬率,σ_m為市場投資組合的標準差,$\rho_{i,m}$為資產i與市場投資組合報酬率的相關係數。則資產i的貝他係數 $= \dfrac{Cov(R_i,R_m)}{\sigma_m^2} = \dfrac{\rho_{i,m}\sigma_i\sigma_m}{\sigma_m^2}$ 以**迴歸分析**來估計資產的貝他係數可得$R_{i,t}=\alpha_i+\beta_i R_{m,t}+\varepsilon_{i,t}$,其中$R_{i,t}$為資產i在時間t的投資報酬率,$R_{m,t}$為市場投資組合在時間t的投資報酬率。以圖形表示,市場投資組合的投資報酬率為橫軸,資產i的投資報酬率為縱軸,將各期的市場投資組合及資產i的投資報酬點在坐標上,以最小平方法估計穿過這些點的直線即為貝他係數。如下圖所示:

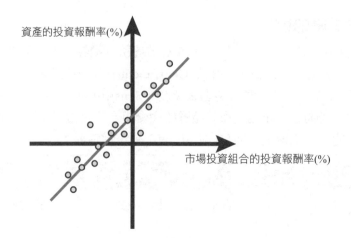

資產的投資報酬率(%)

市場投資組合的投資報酬率(%)

精選試題

( ) **1** 個別股票之標準差通常高於市場投資組合的標準差,這是因為個別股票: (A)無獨一風險 (B)無法分散風險 (C)提供更高的報酬 (D)個別股票受限於市場風險。

( ) **2** 當投資組合內的資產種類越來越多時,投資組合的風險會越來越接近: (A)個別證券報酬率變異數的總和 (B)個別證券報酬率共變異數的總和 (C)證券報酬率的平均變異數 (D)證券報酬率的平均共變異數。

( ) **3** 下列那一句話可以說明風險分散的道理? (A)投資是99%的努力 (B)不要將雞蛋放在同一個籃子裡 (C)當企業內部人員開始買進自家股票,就是買股的好訊號 (D)兩鳥在林不如一鳥在手。

( ) **4** 在公平的賭局中,A君將10,000元賭金一次下注,B君則將10,000元賭金分10次下注,誰所面臨的總風險較高? (A)A君 (B)B君 (C)一樣 (D)不一定。

( ) **5** 在公平的賭局中,A君將10,000元賭金一次下注,B君則將10,000元賭金分10次下注,誰的總期望投資報酬率較高? (A)A君 (B)B君 (C)一樣 (D)不一定。

( ) **6** 隨著投資的證券種類的增加，投資組合的平均風險會：
(A)起伏不定 　(B)越來越低 　(C)越來越高 　(D)維持不變。

( ) **7** 以美國的股市來看，多證券投資組合的風險比起單證券投資組合
的風險，平均來說： 　(A)要高的多 　(B)要低的多 　(C)差不多
(D)很難講。

( ) **8** 可以藉著風險分散的方法（或說，增加證券的種類）而被分散掉的
風險，稱之為： 　(A)系統性風險 　(B)市場風險 　(C)不可分散的風
險 　(D)公司獨特的風險。

( ) **9** 以下何者風險可藉由多角化投資分散？ 　(A)訴訟 　(B)罷工 　(C)非
市場風險 　(D)以上皆是。

( ) **10** 下列那些風險是屬於無法藉著風險分散的方法（或說，增加證券的
種類）而被分散掉的風險：
A.非系統性風險 　B.市場風險 　C.系統性風險 　D.公司獨特的風險
(A)AB 　(B)BC 　(C)CD 　(D)AD。

( ) **11** 下列那一項對投資人來說屬於不可分散的風險？ 　(A)公司火災
(B)公司經營團隊的效率 　(C)公司外銷所得美元的匯率 　(D)公司新
產品研發的成功與否。

( ) **12** 以下何者為系統性風險？ 　(A)大地震 　(B)油價上漲 　(C)經濟景氣
循環 　(D)以上皆是。

( ) **13** 下列何者非公司所會遭遇之市場風險？ 　(A)戰爭 　(B)通貨膨脹
(C)經濟成長的衰退 　(D)取消與政府之間的合約。

( ) **14** 下列何者會增加投資人對該公司股票的必要報酬率？ 　(A)中央銀行
決定調高利率 　(B)公司經理人的經營效率很高 　(C)公司決定購買更
多的財產保險 　(D)公司決定投入高昂的研發成本開發新電腦晶片。

( ) **15** 投資組合分散風險，指的是分散： 　(A)外匯風險 　(B)公司獨特的
風險 　(C)利率風險 　(D)以上皆非。

136 **Part 4** 投資風險與投資報酬

( ) **16** 某服務業公司經理建議應採取多角化的經營策略，積極跨入電子產業，請問其建議係建立在何者基礎之上？ (A)增加投資報酬 (B)高風險高報酬 (C)分散風險 (D)以上皆非。

( ) **17** 理論上市場投資組合中所包含之證券為： (A)績優股 (B)具代表性之證券 (C)市場所有證券 (D)上市滿半年之證券。

( ) **18** 對一個已做到相當程度風險分散的投資人來說，他或她將不會對下列哪種風險要求風險溢酬？ (A)利率風險 (B)公司獨特的風險 (C)匯率風險 (D)市場風險。

( ) **19** 既然投資人（應）只關心市場風險，下列何者比較能適當地衡量股票的風險？ (A)股票報酬率的標準差 (B)股票的貝他係數 (C)股票投資報酬率與市場指數投資報酬率的差異 (D)市場指數報酬率的標準差。

( ) **20** 貝他係數大於1的證券或投資組合，其投資報酬率的變動會與市場投資組合報酬率的變動，平均來說會： (A)反向，且幅度更大 (B)反向，但幅度較小 (C)同向，但幅度較小 (D)同向，且幅度更大。

解答與解析

1 **(B)**。 當投資資產的數目夠大時，**個別資產的變異數**會變得微不足道，但**資產之間的共變異數**會變得越來越重要。因此，個別資產之標準差通常高於市場投資組合的標準差，這是因為個別資產無法分散風險。
故此題答案為(B)。

2 **(D)**。 當投資資產的數目夠大時，**個別資產的變異數**對整個投資組合的影響會變得微不足道，但**資產之間的共變異數**對整個投資組合的影響則逐漸增加。換言之，**個別資產的變異數**對投資組合風險的影響，會隨著**投資組合裡資產數目**的增加而逐漸下降。具體而言，當投資組合內的資產種類越來越多時，資產之間的共變異數會越來越接近證券報酬率的**平均共變異數**，因為投資組合中的資產數量增加，會使得樣本規模變得更大，從而更好地反映整個市場的波動情況。此外，投資組合中的不同資產種類之間可能存在較強的負相關，因此投資組合的整體風險會降低到一定的程度，進而趨近於證券報酬率的**平均共變異數**。
故此題答案為(D)。

3 (B)。風險分散的道理可用「不要將雞蛋放在同一個籃子裡」，這句話形容。
亦不要把所有的資金都投入在同一個投資標的上，應將資金分散投資，
以免遇到投資損失，投資該標的的資金則瞬間化為烏有。
故此題答案為(B)。

4 (A)。由於一次下注10,000元（變異數為$\overline{Var}$）與分10次下注1,000元（變異數為

$\dfrac{1}{10,000}\overline{Var}$），所得到的期望報酬率完全相同，都是為了贏得賭金，而且

這次的輸贏與下次的輸贏不相關，故下注間的共變異數$\overline{Cov}=0$。因此，

將下注金額分散可以在不降低期望報酬率的情況下降低風險。
故此題答案為(A)。

5 (C)。由於一次下注10,000元（變異數為$\overline{Var}$）與分10次下注1,000元（變異數為

$\dfrac{1}{10,000}\overline{Var}$），所得到的期望報酬率完全相同，都是為了贏得賭金。

故此題答案為(C)。

6 (B)。隨著投資資產數目的增加，投資組合的平均風險會越來越取決於資產之
間的共變異數（Covariance），個別資產的變異數則顯得較不重要。
故此題答案為(B)。

7 (B)。除了**個別資產的變異數**隨投資組合內資產數目增加而逐漸下降之外，投
資組合的風險也受到資產之間的相互關係影響。當投資組合內的資產種
類越來越多時，這些資產之間的相互關係也會變得越來越複雜。因此，
多證券投資組合的風險比起單證券投資組合的風險，平均來說要低的
多。此外，多證券投資組合還可以透過資產的分散投資，降低特定個別
資產的風險，從而更進一步降低投資組合的風險。
故此題答案為(B)。

8 (D)。可藉由增加投資資產數目而分散掉的風險，又稱**公司獨特風險（Unique
Risk）、非系統性風險（Unsystematic Risk）**。此風險的來源只影響到
個別公司及其直接的競爭對手之隨機事件。因此，可透過增加投資資產
數目，讓這些風險相互抵消。
故此題答案為(D)。

9 (D)。可藉由增加投資資產數目而分散掉的風險，又稱**公司獨特風險（Unique
Risk）、非系統性風險（Unsystematic Risk）**。此風險的來源只影響到
個別公司及其直接的競爭對手之隨機事件，例如：新產品開發的成功與

否、人為（訴訟、罷工）或天然災害所造成的公司財務損失、公司經營的效率等，以上因素可透過**多角化投資**分散投資風險。
故此題答案為(D)。

10 (B)。即使增加投資資產數目也分散不掉的風險，又稱**市場風險**（**Market Risk**）、**系統性風險**（**Systematic Risk**）。此風險是影響整個投資市場，甚至是經濟體系之影響。
故此題答案為(B)。

11 (C)。即使增加投資資產數目也分散不掉的風險，又稱**市場風險**（**Market Risk**）、**系統性風險**（**Systematic Risk**）。此風險是影響整個投資市場，甚至是經濟體系之影響，例如：利率、通貨膨脹率、外匯、石油價格、經濟景氣、戰爭等。
由於大部分的公司都同樣受到市場風險的影響，故增加投資資產數目，市場風險還是無法完全被消除。
故此題答案為(C)。

12 (D)。即使增加投資資產數目也分散不掉的風險，又稱**市場風險**（**Market Risk**）、**系統性風險**（**Systematic Risk**）。此風險是影響整個投資市場，甚至是經濟體系之影響，例如：利率、通貨膨脹率、外匯、石油價格、經濟景氣、戰爭等。
由於大部分的公司都同樣受到市場風險的影響，故增加投資資產數目，市場風險還是無法完全被消除。
故此題答案為(D)。

13 (D)。即使增加投資資產數也分散不掉的風險。又稱**市場風險**（**Market Risk**）、**系統性風險**（**Systematic Risk**）。此風險是影響整個投資市場，甚至是經濟體系之影響，例如：利率、通貨膨脹率、外匯、石油價格、經濟景氣、戰爭等。
故此題答案為(D)。

14 (A)。即使增加投資資產數目也分散不掉的風險，又稱**市場風險**（**Market Risk**）、**系統性風險**（**Systematic Risk**）；可藉由增加投資資產數目而分散掉的風險，又稱**公司獨特風險**（**Unique Risk**）、**非系統性風險**（**Unsystematic Risk**）。
因此，承擔系統性風險應該得到**風險溢酬**。而中央銀行決定調高利率屬於系統性風險，故會增加投資人對該公司股票的必要報酬率。
故此題答案為(A)。

15 (B)。 承擔風險的投資人會要求相對應的風險溢酬，但由於可分散風險可以藉由分散投資的方式消除。投資組合分散風險，指的是分散公司獨特的風險。即已做到相當程度風險分散的投資人，不需擔心可分散風險的存在，故也不會要求可分散風險的風險溢酬。
　故此題答案為(B)。

16 (C)。 承擔風險的投資人會要求相對應的風險溢酬，但由於可分散風險可以藉由分散投資的方式消除。投資組合分散風險，指的是分散公司獨特的風險。因此，採取多角化的經營策略可分散投資風險。
　故此題答案為(C)。

17 (C)。 理論上，市場投資組合中所包含之證券為**市場所有證券**。
　故此題答案為(C)。

18 (B)。 承擔風險的投資人會要求相對應的風險溢酬，但由於可分散風險可以藉由分散投資的方式消除。投資組合分散風險，指的是分散公司獨特的風險。即已做到相當程度風險分散的投資人，不需擔心可分散風險的存在，故也不會要求可分散風險的風險溢酬。
　故此題答案為(B)。

19 (B)。 市場風險可以用貝他（β）係數來衡量。貝他係數（Beta Coefficient）是一種風險指數，用以衡量個別或投資組合相較於全體市場之敏感度（Sensitivity），亦具有報酬率波動的統計概念。
　故此題答案為(B)。

20 (D)。 將市場上所有證券的投資組合或稱**市場投資組合**（**Market Portfolio**）的貝他係數定義為1，則可能有下列三種情形：

貝他係數（β）	說明
β>1	投資報酬率的變動會與市場投資組合報酬率的變動**同向**，但幅度更大。
0<β<1	投資報酬率的變動還是會與市場投資組合報酬率的變動**同向**，但幅度較小。
β<0	此資產的投資報酬率之變動與市場**反向**。

　故此題答案為(D)。

Part 5 資本資產訂價及效率市場假說

Day 05 資本資產訂價模式、績效評估及調整

重點 1 資本資產價理論

一、兩資產的可行集合與效率集合

假設投資人正考慮投資某生醫公司與某傳統產業公司,投資比例分別為60%和40%。用一條曲線代表所有不同比例的投資組合,如下圖所示,則這條曲線為**可行集合(Feasible Set)**,表示這兩支股票所能組成的投資組合的集合,其稱為可行的原因。亦當投資人只投資這兩支股票時,投資人就無法獲得這條曲線以外的預期報酬率與風險之組合。

不同的投資人會因自己對風險的偏好或趨避程度,而選擇不同的投資比例。例如,保守的投資人可能會選擇20%投資生醫股、80%投資傳統產業;而風險偏好者,可能會選擇90%投資生醫股、10%投資傳統產業。

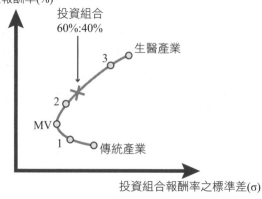

上圖曲線**往裡面彎**（**Backward Bending**）的形狀表示：假設兩支股票之間的相關係數小於0，從完全低風險股票的投資組合（100%資金投資傳統產業），加入一點高風險的股票時，投資風險竟然會降低。即**兩支股票之間的相關係數小於0，當一支股票上漲，則另一支股票就下跌，兩支股票有互補（Nature Hedge）的關係。**因此，增加小量的高風險股票可能會降低投資組合的風險，但曲線只會有一部分往裡彎，若高風險股票的比種繼續增加時，其高標準差還是會使投資組合的風險增加。

註　若兩支股票所形成的可行集合是一直線，則兩支股票的相關係數為1，也就是當一支股票上漲，而另一支股票也會上漲。因此，投資於國際股票市場之所以可能比只投資於單一國家的股市要來的好，主要是因為各國股市報酬率不是完全正相關。

點MV代表：**最低標準差的投資組合**，即投資組合是由這兩支股票所組成的所有投資組合中，標準差最低的投資組合。投資人不願意持有比點MV之投資組合報酬率還低之投資組合，例如：投資人不會持有1：9這種比例的組合，因為這個組合的投資報酬率比點MV之投資組合報酬率還低，而且承擔的投資風險還比較高（如點1）。因此，在點MV以上的曲線稱為**效率集合**（**Efficient Set**）或稱**效率前緣**（**Efficient Frontier**）。

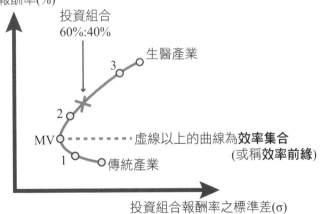

若兩支股票的相關係數ρ＝1（投資組合的標準差會等於個別股票標準差的加權平均），而不是負相關，則這兩支股票所組成的投資組合會落在由代表股票的那兩點所連成的直線上，如下圖所示。

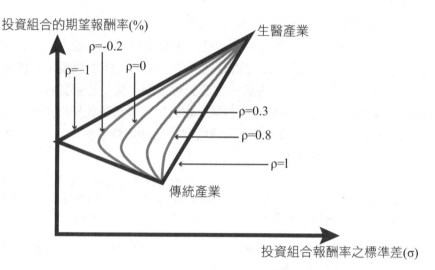

比較ρ=1的直線和ρ<0的曲線，可發現要達到一樣的預期投資報酬率，**若ρ=1則投資組合的標準差會上升，此時不會產生風險分散的效益；若ρ<1則投資組合的風險小於個別股票風險的加權平均，此為風險分散的效果**。亦**ρ<1就會有風險分散的效果**，ρ越低則具有同樣報酬的投資組合之風險也越低，風險分散的效益也越大。**若ρ=-1則可以組成一個預期風險為0的投資組合**。

⇒因此，投資組合之風險可以降低，主要是因為各證券之相關係數小於1。

由於兩支股票之間只會有一個相關係數，故也會只有一條效率前緣。**效率前緣是透過兩支股票的報酬率、標準差及兩支股票之間的相關係數**所求得的，故結果是客觀的。只是投資人選在效率前緣中的哪一個投資組合，則完全就由投資人主觀地決定。⇒假使投資人對**風險性資產**的預期都相同時，所有的投資人都只會持有由**無風險投資**與**市場投資組合**所組成的組合。

二、多資產的效率集合與效率前緣

當投資組合包含不只兩種資產時，所有可能的投資組合會在下圖中形成一個區域，此區域稱為可行集合。也就是投資組合從兩種增為多種時，**可行集合**會由一條曲條擴張為一個區域。

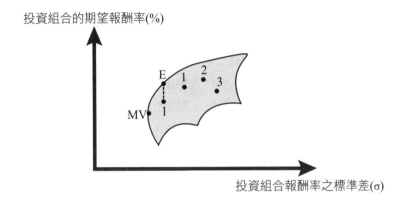

同樣地，在點MV以上的曲線稱為**效率集合（Efficient Set）**或稱**效率前緣**
（Efficient Frontier）。上圖中的點E在效率前緣上，而點I不在效率前緣上，
故投資人會選擇點E而非點I。

若投資資產的數目越來越多，可能的組合也隨之快速增加，效率前緣的計算也
會越來越困難。若資產種類不多，可以藉由Excel工作表進行計算；若資產種
類繁多，則可能需使用市售軟體或自行撰寫電腦程式以求得。

三、無風險借貸加入

市場上有些投資是沒有風險的，例如：投資短期的政府公債。當投資人購入政
府公債並持有至到期日時，其投資報酬率就是已確定的，除非政府倒閉。把**無**
風險的投資與**某種有風險性的資產**組合在一起，其可行集合會是**一個線段**，若
可以賣空無風險資產，即假設投資人可以用無風險投資報酬率的水準借到錢，
則可行集合的直線就會延伸至代表風險性資產的那個點，如下圖的點A。

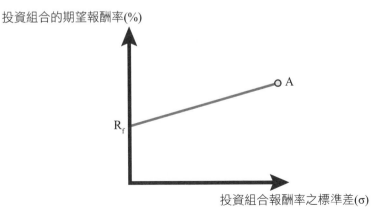

無風險的投資與市場上其他的證券組合，其效果如下圖所示。假設無風險投資
與點I的投資組合結合，其可行集合會是直線I；假設無風險投資與點M的投資
組合結合，其可行集合會是直線M。直線I與直線M比較，同樣的標準差，直
線M的報酬皆高於直線I。此外，點M在效率前緣上，點M的投資組合必然是由
市場上所有的風險性資產所組成。因此，點M代表的投資組合稱為**市場投資組
合**，此投資組合的風險則稱為**市場風險**，貝他係數定義為1。
⇒市場風險就是系統性風險，可以用貝他（β）係數來衡量。

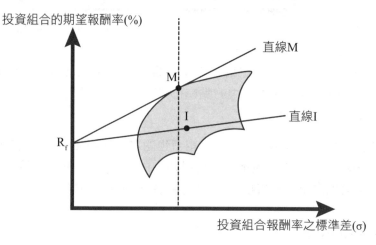

四、個別證券期望報酬率與風險的數量關係

投資人會對高風險的投資要求較高的期望報酬，**貝他係數**越高，則證券的**預期
報酬率**也就越高。至於預期報酬有多高，說明如下：

市場投資組合的**貝他係數**是**1**，而**無風險投資**的**貝他係數**則為**0**（無風險資產的
價格不會隨市場起伏而波動）。把代表無風險投資的Rf與代表市場投資組合的
點M，用直線相連，此直線稱為**證券市場線**（Security Market Line, SML）。
在均衡市場中，所有的證券都應落在SML上。假設B證券在SML之下，投資人
會選擇點M而不是點B（B證券的某一點），此時B證券的價格會下跌，直到B
證券回到SML上為止。⇒資產是在證券市場線之上方，則眾人會競相購買此
資產。

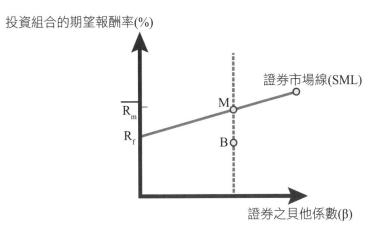

因此，上述說明可用下列公式呈現：

證券的期望報酬率＝無風險投資報酬率＋貝他係數×

(市場期望投資報酬率－無風險投資報酬率)

$$E(R_i)=R_f+\beta\times[E(R_m)-R_f]$$

此公式為**資本資產定價模型（Capital Asset Pricing Model, CAPM）**，市場風險溢酬為$[E(R_m)-R_f]$。此模型的概念為：投資人對於投資需**等待**（現在投資將來才能回收）且還要**擔憂**（害怕有風險），故會期望有相對的報酬。

因此，投資人要求的期望報酬有二個因素組成：

(一) **對金錢的時間價值之補償**：即為**無風險投資報酬率**。

(二) **風險溢酬**：由投資組合的**貝他係數**和**市場風險溢酬**來決定。

$$\Rightarrow 證券的貝他係數=\frac{證券的風險溢酬}{市場投資組合的風險溢酬}$$

在應用**證券市場線**時，我們無法觀察到**市場期望投資報酬率**（或**市場報酬率**）$E(R_m)$，故會直接用實際值代替期望值。則$E(R_i)=R_f+\beta\times[E(R_m)-R_f]$修改為$R_i=R_f+\beta\times[(R_m)-R_f]$。

一般採用「**政府短期債券利率**（例如國庫券）」代表**無風險利率**(R_f)，以「**加權股票指數之報酬率**」代表**市場報酬率**(R_m)。

[範例]

假設無風險利率(R_f)為6%，市場報酬率(R_m)為15%，(1)某上市公司的貝他值（β）為0.8、(2)某上市公司的貝他值（β）為1.6、(3)某上市公司的貝他值（β）為1，則公司的期望報酬率(Ri)為何？

計算　(1)貝他值（β）為0.8

$$R_i = R_f + \beta \times [(R_m) - R_f] = 6\% + 0.8 \times (15\% - 6\%) = 13.2\% < R_m$$

(2)貝他值（β）為1.6

$$R_i = R_f + \beta \times [(R_m) - R_f] = 6\% + 1.6 \times (15\% - 6\%) = 20.4\% > Rm$$

(3)貝他值（β）為1

$$R_i = R_f + \beta \times [(R_m) - R_f] = 6\% + 1 \times (15\% - 6\%) = 15\% = Rm$$

由以上計算結果得知，**貝他值越高時，期望報酬率也越大**。即投資人購買貝他值較高的股票，相對承擔較高的風險，故希望獲得較高的報酬。即公司的貝他值小於1，則該公司的期望報酬率(R_i)小於市場報酬率(R_m)；公司的貝他值大於1，則該公司的期望報酬率(R_i)大於市場報酬率(R_m)；公司的貝他值等於1，則該公司的期望報酬率(R_i)等於市場報酬率(R_m)。

[範例]

分析師以CPAM的方式估計A公司的必要報酬率為13%，該分析師是以加權股價指數之報酬率9.5%作為市場報酬率，以國庫券利率2.5%作為無風險利率，則該公司的貝他值為何？

計算　$R_i = R_f + \beta \times [(R_m) - R_f]$

$$13\% = 2.5\% + \beta \times (9.5\% - 2.5\%) \Rightarrow \beta = 1.5$$

五、證券市場線（SML）的移動

當貝他值改變時，期望報酬率也會隨之變動，這是指在證券市場線上的**點**之移動。而證券市場線的整條移動有下列二種情形：

情形	說明
SML的 平行移動	情況一 當市場期望通貨膨脹率上升時，若其他條件不變下，**無風險利率**會升高，即下圖的$R_f \rightarrow R'_f$，故SML會平行往上移動。 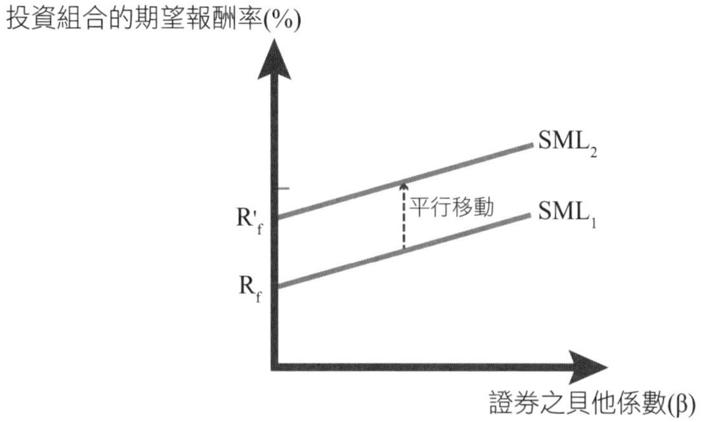 情況二 當市場期望通貨膨脹率下降時，若其他條件不變下，**無風險利率**會下降，即下圖的$Rf \rightarrow R'f$，故SML會平行往下移動。 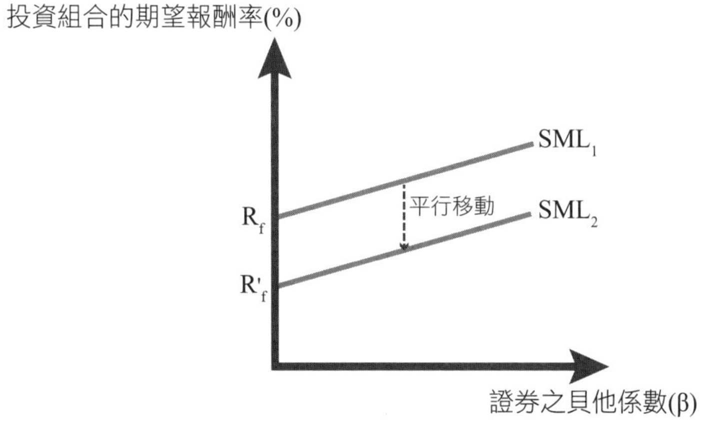
SML的 斜率改變	**證券市場**的**斜率**也反映投資人對風險的規避程度。**SML的斜率越陡，代表投資人的風險趨避程度越大**。例如政府課徵證所稅、經濟景氣不佳等，投資人將要求較高的風險溢酬，而使SML的斜率變陡即下圖的$SML_1 \rightarrow SML_2$；若投資人是風險中立者，且沒有風險溢酬（即無風險利率剛好等於風險性資產的期望報酬率）時，則SML將為**水平線**。

情形	說明
SML的 斜率改變	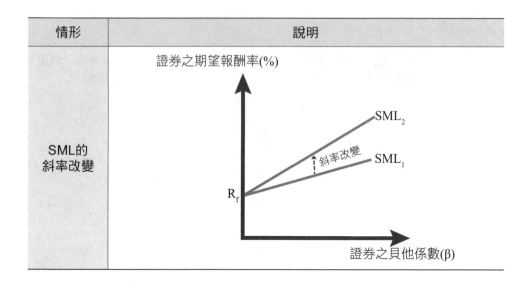

[範例1]

假設A公司的貝他值為1.5，市場風險溢酬為8%，無風險利率為5%，則A公司的期望報酬率為多少？若市場風險溢酬仍為8%，但期望通貨膨脹率又上升，造成無風險利率漲為7%，則A公司的期望報酬率為多少？

計算　(1)無風險利率為5%

$$R_i = R_f + \beta \times [(R_m) - R_f] = 5\% + 1.5 \times 8\% = 17\%$$

(2)無風險利率為7%

$$R_i = R_f + \beta \times [(R_m) - R_f] = 7\% + 1.5 \times 8\% = 19\%$$

[範例2]

假設A公司的貝他值為1.5，市場風險溢酬為10%，無風險利率為5%，則A公司的期望報酬率為多少？

計算　$R_i = R_f + \beta \times [(R_m) - R_f] = 5\% + 1.5 \times 10\% = 20\%$

精選試題

(　) **1** 以下對貝他係數之說法，何者為非？　(A)β係數可由迴歸分析求得　(B)市場投資組合之β係數為零　(C)β係數為正，代表投資報酬率的變動與市場同向　(D)β係數代表資產投資報酬率對市場的敏感度。

(　) **2** 根據資本資產定價模型（CAPM）的公式，證券的貝他係數等於：(A)證券的期望報酬率除以市場投資組合的期望報酬　(B)證券的期望報酬率除以無風險利率　(C)證券的風險溢酬除以市場投資組合的風險溢酬　(D)證券的期望報酬除以市場投資組合的風險溢酬。

(　) **3** 投資組合之風險可以降低，主要是因為：　(A)各證券之β值小於0　(B)各證券之相關係數小於1　(C)各證券之報酬率變異數有正有負　(D)時間報酬機率分配不同。

(　) **4** 投資組合在什麼時後不會產生風險分散的效益？當兩支股票的相關係數：　(A)等於–1　(B)等於 0　(C)等於1　(D)以上皆是。

(　) **5** 在什麼時候兩支股票所形成的可行集合會是一直線？當兩支股票的相關係數：　(A)等於–1　(B)小於0　(C)小於1　(D)等於1。

(　) **6** 兩支股票所形成的效率集合或效率前緣等於其：　(A)可行集合　(B)可行集合以外的區域　(C)標準差最低之投資組合以下的可行集合　(D)標準差最低之投資組合以上的可行集合。

(　) **7** 當市場上有多種證券時：　(A)可行集合仍像兩資產的世界一樣容易勾勒出來　(B)可行集合跟市場上只有兩種證券時一樣，是條曲線　(C)效率前緣是指可行集合中最低變異數的投資組合（MV點）以下的左下邊緣　(D)正如兩資產的世界，效率前緣上投資組合，其預期投資報酬率會比任何其他相等風險的投資組合的報酬率來的高。

(　) **8** 投資於國際股票市場之所以可能比只投資於單一國家的股市要來的好，主要是因為：　(A)其他國家的股市可能投資報酬率比較高

(B)其他國家的股市可能比較有效率　(C)各國股市報酬率不是完全正相關　(D)其他國家的股市可能比較沒有效率。

(　　) **9** 市場投資組合（efficient portfolio）與最低風險之投資組合（minimum variance portfolio），何者期望報酬率較高？
(A)一樣　(B)不一定　(C)市場投資組合　(D)最低風險之投資組合。

(　　) **10** 在資本資產定價模式（CAPM）中，隱含貝他值（Beta）較高的資產會有較高的：　(A)價格　(B)非系統性風險　(C)實際報酬率　(D)以上皆非。

(　　) **11** 在什麼樣的情形下，所有的投資人都只會持有由無風險投資與市場投資組合所組成的組合？　(A)當風險性資產彼此完全正相關時　(B)當投資人對風險性資產的預期都相同時　(C)當風險性資產彼此完全負相關時　(D)當風險性資產各不相關的時候。

(　　) **12** 無風險證券的報酬率標準差與貝他係數分別為：
(A)0%，0　(B)0%，1　(C)7%，0　(D)7%，1。

(　　) **13** 根據資本資產定價模型（CAPM），如果甲公司的貝他值大於一，則該公司的期望報酬率：　(A)小於市場報酬率　(B)大於市場報酬率　(C)等於市場報酬率　(D)無法判斷。

(　　) **14** 根據資本資產定價模型（CAPM），如果乙投資人購買貝他係數為1的股票，則他的期望報酬率：　(A)小於市場報酬率　(B)大於市場報酬率　(C)等於市場報酬率　(D)無法判斷。

(　　) **15** 根據資本資產定價模型（CAPM），如果丙投資人購買貝他係數為0.88的股票，則他的期望報酬率：　(A)小於市場報酬率　(B)大於市場報酬率　(C)等於市場報酬率　(D)無法判斷。

(　　) **16** 何種情形會使得證券市場線（SML）整條線的移動：　(A)無風險利率上升　(B)貝他值下降　(C)貝他值上升　(D)以上皆非。

(　　) **17** 當市場期望通貨膨脹率下降時，若其他條件不變下，無風險利率會下降，因此將使證券市場線（SML）：　(A)平行往上移動　(B)平行往下移動　(C)斜率變大（即變陡）　(D)斜率變小。

( ) **18** 關於證券市場線（SML）的敘述，下列何者正確： (A)當貝他值改變時，期望報酬率也隨之變動，這是在證券市場線上平行移動 (B)SML的斜率越陡，表示投資人的風險趨避程度越小 (C)若其他條件不變下，投資人風險趨避程度的改變，這是在證券市場線上之點的移動 (D)若其他條件不變下，無風險利率會升高，因此將使證券市場線平行移動。

( ) **19** 關於資本資產定價模型（CAPM）中，所有投資組合皆會：
(A)和效率投資組合落在同一條線上 (B)均落在證券市場線上
(C)提供相同的報酬率 (D)提供相同的市場風險。

( ) **20** 如果有資產是在證券市場線之上方： (A)眾人會競相拋售此資產
(B)眾人會競相購買此資產 (C)此資產的貝他係數小於1 (D)此資產的貝他係數大於1。

( ) **21** 描述期望報酬率與系統性風險之間的關係直線，稱為？
(A)資本市場線 (B)證券市場線 (C)臨界線 (D)以上皆非。

( ) **22** 下列有關證券市場線（SML）敘述何者錯誤： (A)在均衡的市場中，所有證券的風險與報酬都落在這條線上 (B)可以表達出股票的預期報酬與β之間的關係 (C)可以協助計算投資組合報酬率的標準差 (D)可做為評估股票預期報酬的參考。

( ) **23** 資本資產定價模式認為下列哪一項不是證券預期投資報酬率的決定因素？ (A)證券投資報酬率的標準差 (B)市場期望投資報酬率(R_m) (C)無風險投資報酬率(Rf) (D)證券的貝他係數（β）。

( ) **24** 有關資本資產定價理論，下列敘述何者錯誤？ (A)系統性風險可以β值來衡量 (B)效率前緣為雙曲線之一支 (C)只有承擔系統性風險可獲得風險溢酬 (D)所有人均只會持有無風險性資產與市場投資組合兩種。

( ) **25** 資本資產定價模式型（CAPM）中，證券的風險溢酬取決於：
(A)市場投資組合的風險溢酬 (B)無風險利率與證券的貝他係數
(C)市場投資組合的報酬率 (D)市場投資組合的風險溢酬與證券的貝他係數。

(　) **26** 下列哪一項對資本資產定價模型描述是正確的？　(A)投資人只對於等待以及擔憂並沒有特定的期望　(B)投資人只對於等待（現在投資將來才回收）要求有相對報酬　(C)投資人只對於等待以及擔憂要求有相對報酬　(D)投資人只對於擔憂（因為有風險）要求有相對報酬。

(　) **27** 關於資本資產定價模式，只有一種因素會使預期報酬率不同，此為：(A)市場投資組合　(B)無風險利率　(C)系統性風險　(D)總風險。

(　) **28** 根據資本資產定價模型（CAPM），如果A公司的貝他係數為1.5，市場風險溢酬為7%，無風險利率為4%。若無風險利率下降為3%，其他條件不變下，請問該公司的期望投資報酬率：　(A)減少　(B)增加　(C)不變　(D)無法判斷。

(　) **29** 根據資本資產定價模型（CAPM），如果B公司的貝他值為1.5，無風險利率為4%，其期望報酬率為14.5%。若無風險利率上升為6%，其他條件不變下，請問該公司的期望投資報酬率：　(A)上升1.5%　(B)上升2%　(C)下降2%　(D)無法判斷。

(　) **30** 如果投資人的風險趨避程度變大，因此將使證券市場線（SML）：(A)線上點的移動　(B)平行移動　(C)斜率改變　(D)無法判斷。

(　) **31** 在均衡狀態下，相同市場風險的A公司與B公司兩證券，是否會因兩公司的獲利力的不同，而有不同的預期報酬？　(A)不管市場風險的異同，只要A公司有較高的獲利力，A公司就會有較高的預期報酬　(B)不論獲力能力如何，A公司與B公司兩證券皆有相同的預期報酬　(C)無法判定　(D)以上皆非。

(　) **32** 某投資者計劃投資期間為一年，則對該投資者來說，下列哪一種為無風險證券？　(A)銀行6個月定存單　(B)30天到期之國庫券　(C)一年到期之公司債　(D)一年到期之國庫券。

(　) **33** 根據資本資產定價理論（CAPM），若短期政府公債利率為2%，市場投資組合之風險溢價為5%，貝他係數（β）為1.6，則證券的期望報酬為多少？　(A)5%　(B)7%　(C)9%　(D)10%。

( ) **34** 假設某證券的期望報酬率等於15%，無風險利率等於3%，證券的貝
他係數等於1.6，請問根據資本資產定價模型（CAPM），市場投資
組合的期望報酬率等於： (A)3% (B)5% (C)10.5% (D)16%。

( ) **35** 資本產定價模型（CAPM）中，對金錢的時間價值的補償等於：
(A)市場投資組合的報酬率 (B)證券本身的報酬率 (C)證券的風險
溢酬 (D)無風險利率。

( ) **36** 在CAPM模式中，若貝他係數（β值）減少，則證券市場線應：
(A)與原來SML成垂直 (B)保持不變 (C)平行上移 (D)平行下移。

解答與解析

1 (B)。**市場投資組合的貝他係數**是**1**，而**無風險投資的貝他係數**則為**0**（無風險
資產的價格不會隨市場起伏而波動）。
故此題答案為(B)。

2 (C)。**風險溢酬**：由投資組合的**貝他係數**和**市場風險溢酬**來決定。

$$\Rightarrow 證券的貝他係數 = \frac{證券的風險溢酬}{市場投資組合的風險溢酬}$$

故此題答案為(C)。

3 (B)。若ρ＝－1則可以組成一個預期風險為0的投資組合。
⇒因此，投資組合之風險可以降低，主要是因為各證券之相關係數小於1。
故此題答案為(B)。

4 (C)。若ρ＝1則投資組合的標準差會上升，**此時不會產生風險分散的效益**；若
ρ＜1則投資組合的風險小於個別股票風險的加權平均，此為風險分散的
效果。
故此題答案為(C)。

5 (D)。若兩支股票所形成的可行集合是一直線，則兩支股票的相關係數為1，也
就是當一支股票上漲，而另一支股票也會上漲。
故此題答案為(D)。

6 (D)。在**最低標準差的投資組合**以上的曲線稱為**效率集合（Efficient Set）**或稱
效率前緣（Efficient Frontier）。
故此題答案為(D)。

7 (D)。(A) 當投資組合包含不只兩種資產時，所有可能的投資組合會形成一個
　　　　區域，此區域稱為**可行集合**。
　　　(B) 把**無風險的投資**與**某種有風險性的資產**組合在一起，其可行集合會
　　　　是**一個線段**。
　　　(C) 在**最低標準差的投資組合**以上的曲線稱為**效率集合**（Efficient Set）
　　　　或稱**效率前緣**（Efficient Frontier）。
　　　故此題答案為(D)。

8 (C)。**兩支股票之間的相關係數小於0**，是指當一支股票上漲，則另一支股票就
　　　下跌，兩支股票有互補（Nature Hedge）的關係。因此，投資於國際股
　　　票市場之所以可能比只投資於單一國家的股市要來的好，主要是因為各
　　　國股市報酬率不是完全正相關。
　　　故此題答案為(C)。

9 (C)。**最低標準差（風險）的投資組合**，即投資組合是由這兩支股票所組成的
　　　所有投資組合中，標準差最低的投資組合。
　　　市場投資組合的期望報酬比最低風險之投資組合的期望報酬還高。
　　　故此題答案為(C)。

10 (D)。**貝他係數**越高，則**證券的預期報酬率**也就越高。
　　　故此題答案為(D)。

11 (B)。由於兩支股票之間只會有一個相關係數，故也會只有一條效率前緣。**效
　　　率前緣**是透過兩支股票的**報酬率、標準差**及**兩支股票之間的相關係數**所
　　　求得的，故結果是客觀的。只是投資人選在效率前緣中的哪一個投資組
　　　合，則完全就由投資人主觀地決定。
　　　⇒假使投資人對**風險性資產**的預期都相同時，所有的投資人都只會持有
　　　由**無風險投資**與**市場投資組合**所組成的組合。
　　　故此題答案為(B)。

12 (A)。**無風險資產**是指投資收益的變異或標準差為零的資產，**無風險投資**的**貝
　　　他係數**則為**0**（無風險資產的價格不會隨市場起伏而波動）。
　　　故此題答案為(A)。

13 (B)。**貝他值越高時，期望報酬率也越大**。即投資人購買貝他值較高的股票，
　　　相對承擔較高的風險，故希望獲得較高的報酬。即公司的貝他值大於1，
　　　則該公司的期望報酬率(R_i)大於市場報酬率(R_m)。
　　　故此題答案為(B)。

14 (C)。**貝他值越高時，期望報酬率也越大**。即投資人購買貝他值較高的股票，
相對承擔較高的風險，故希望獲得較高的報酬。即公司的貝他值等於1，
則該公司的期望報酬率(R_i)等於市場報酬率(R_m)。
故此題答案為(C)。

15 (A)。**貝他值越高時，期望報酬率也越大**。即投資人購買貝他值較高的股票，
相對承擔較高的風險，故希望獲得較高的報酬。即公司的貝他值小於1，
則該公司的期望報酬率(R_i)小於市場報酬率(R_m)。
故此題答案為(A)。

16 (A)。當市場期望通貨膨脹率上升時，若其他條件不變下，**無風險利率**會升
高，即下圖的$R_f \rightarrow R'_f$，故SML會平行往上移動。
故此題答案為(A)。

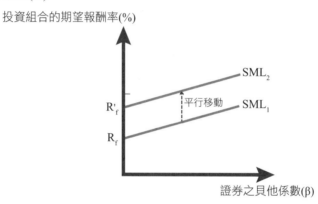

17 (B)。當市場期望通貨膨脹率下降時，若其他條件不變下，**無風險利率**會下
降，即下圖的$R_f \rightarrow R'_f$，故SML會平行往下移動。
故此題答案為(B)。

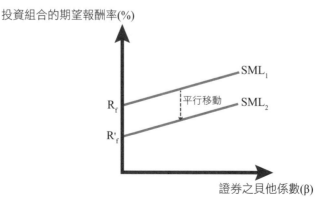

18 (D)。(A) 當貝他值改變時，期望報酬率也隨之變動，則SML的斜率改變。

(B) 證券市場的斜率也反映投資人對風險的規避程度。SML的**斜率**越陡，代表投資人的風險趨避程度越大。

(C) 若其他條件不變下，投資人風險趨避程度的改變，則SML的斜率改變。

故此題答案為(D)。

19 (B)。把代表無風險投資的R_f與代表市場投資組合的點，用直線相連，此直線稱為**證券市場線**（**Security Market Line, SML**）。在**均衡市場中，所有的證券都應落在SML上**。

故此題答案為(B)。

20 (B)。假設B證券在SML之下，投資人會選擇點M而不是點B（B證券的某一點），此時B證券的價格會下跌，直到B證券回到SML上為止。

⇒資產是在證券市場線之上方，則眾人會競相購買此資產。

故此題答案為(B)。

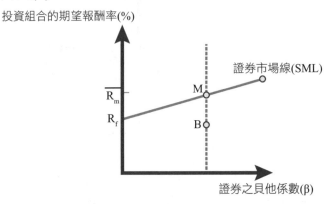

21 (B)。把代表無風險投資的R_f與代表市場投資組合的點，用直線相連，此直線稱為**證券市場線**（**Security Market Line, SML**）。在**均衡市場中，所有的證券都應落在SML上**。

故此題答案為(B)。

22 (C)。證券的期望報酬率＝無風險投資報酬率＋貝他係數
　　　　　　　×(市場期望投資報酬率－無風險投資報酬率)

$R_i = R_f + \beta \times [(R_m) - R_f]$

因此，證券市場線（SML）可以協助計算貝他係數，而非投資組合報酬率的標準差。

故此題答案為(C)。

23 (A)。 證券的期望報酬率＝無風險投資報酬率＋貝他係數×
(市場期望投資報酬率－無風險投資報酬率)
$R_i = R_f + \beta \times [(R_m) - R_f]$
故此題答案為(A)。

24 (B)。 由於兩支股票之間只會有一個相關係數，故也會只有一條效率前緣。
故此題答案為(B)。

25 (D)。 **風險溢酬**：由投資組合的**貝他係數**和**市場風險溢酬**來決定。
故此題答案為(D)。

26 (C)。 **資本資產定價模型**（**Capital Asset Pricing Model, CAPM**）的概念為：
投資人對於投資需**等待**（現在投資將來才能回收）且還要**擔憂**（害怕有
風險），故會期望有相對的報酬。
故此題答案為(C)。

27 (C)。 投資人要求的期望報酬有二個因素組成：
(A) 對金錢的時間價值之補償：即為無風險投資報酬率。
(B) 風險溢酬：由投資組合的貝他係數和市場風險溢酬來決定。
公式：證券的期望報酬率＝無風險投資報酬率＋貝他係數
×(市場期望投資報酬率－無風險投資報酬率)
$R_i = R_f + \beta \times [(R_m) - R_f]$
市場風險就是系統性風險，可以用貝他（β）係數來衡量。
故此題答案為(C)。

28 (A)。 $R_i = R_f + \beta \times [(R_m) - R_f]$
(1) $R_f = 4\%$時，則$R_i = 4\% + 1.5 \times 7\% = 14.5\%$
(2) $R_f = 3\%$時，則$R_i = 3\% + 1.5 \times 7\% = 13.5\%$
以上算計得知，R_f下降則期望投資報酬率會減少。
故此題答案為(A)。

29 (B)。 $R_i = R_f + \beta \times [(R_m) - R_f]$
$R_f = 4\%$時 $\Rightarrow 4\% + 1.5 \times$市場風險溢酬$= 14.5\% \Rightarrow$市場風險溢酬$= 7\%$
$R_f = 6\%$時，其他條件不變下 $\Rightarrow 6\% + 1.5 \times 7\% = 16.5\%$
因此，期望投資報酬率會上升2%。
故此題答案為(B)。

30 (C)。 **證券市場**的**斜率**也反映投資人對風險的規避程度。**SML的斜率越陡**，代
表投資人的風險趨避程度越大。
故此題答案為(C)。

31 (B)。　**資本資產定價模型**（**Capital Asset Pricing Model, CAPM**），此模型的概念為：投資人對於投資需**等待**（現在投資將來才能回收）且還要**擔憂**（害怕有風險），故會期望有相對的報酬。公式如下：

$R_i = R_f + \beta \times [(R_m) - R_f]$

相同市場風險也就是 β 相同，則預期報酬也會相同。

故此題答案為(B)。

32 (D)。　一般採用「**政府短期債券利率**（例如國庫券）」代表**無風險利率**(R_f)，投資期間為一年，則無風險證券是一年到期之國庫券。

故此題答案為(D)。

33 (D)。　$R_i = R_f + \beta \times [(R_m) - R_f] \Rightarrow R_i = 2\% + 1.6 \times 5\% = 10\%$

故此題答案為(D)。

34 (C)。　$R_i = R_f + \beta \times [(R_m) - R_f] \Rightarrow 3\% + 1.6 \times (R_m - 3\%) = 15\% \Rightarrow R_m = 10.5\%$

故此題答案為(C)。

35 (D)。　**資本資產定價模型**（**Capital Asset Pricing Model, CAPM**）此模型的概念為：投資人對於投資需**等待**（現在投資將來才能回收）且還要**擔憂**（害怕有風險），故會期望有相對的報酬。

投資人要求的期望報酬有二個因素組成：

(A) **對金錢的時間價值之補償**：即為**無風險投資報酬率**。

(B) **風險溢酬**：由投資組合的**貝他係數**和**市場風險溢酬**來決定。

故此題答案為(D)。

36 (D)。　當貝他值改變時，期望報酬率也會隨之變動，這是指在證券市場線上的**點**之移動。

故此題答案為(D)。

重點2　投資績效評估

對大部份的投資人而言，在評估過去一段期間內的投資績效時，投資人必須考慮主要兩個因素為：1.**平均報酬的大小**；2.**所承擔風險的高低**。經濟學的效用理論提及：每位理性的人投資都偏好最終財富的增加，卻又同時厭惡承擔風險。即理性的投資人在進行投資時，都希望在儘量不承擔風險的情形下，獲得

滿意的報酬。但財務理論的基本定則是－「高報酬即伴隨高風險」。也就是，在一個能夠即時且完全地反應市場中所有資訊的效率資本市場內，投資人無法透過任何方法享有超額報酬。因此，投資人若想要取得高報酬，只有透過承擔高風險來獲得。

假設資本市場具有效率性時，它能夠同時權衡平均報酬與風險的增減，並提供投資人對其過去所從事的投資給予合理的評估，以做為未來投資的策略參考。

一、計算報酬率的方法

計算投資報酬率是進行投資首要步驟。計算投資報酬率的方法有很多種，傳統是－「（**投資的期末價值＋投資期間的現金流入－期初投資金額）÷期初投資金額＝報酬率**」。以單一股票而言，**報酬率＝（期末價格+現金股利-購買價格）÷購買價格**，此方法只適用於單純只投資一期的情形。計算多期且有現金量進出的投資報酬率，若用單一股票的方式計算報酬，就無法反映真實的投資成果，容易誤導投資人。

下表說明：相同的投資金額及報酬率，但不同的「現金流入（流出）」，最後的報酬率卻不相同。

項目 ＼ 投資時期	第0個月		第1個月		第2個月		第3個月	
各方案的投資報酬率（r）	20%		－5%		10%			
投資方案	甲	乙	甲	乙	甲	乙	甲	乙
月初總金額…[1]	100	100	240	120	133	209	146.3	119.9
月初現金流入（流出）…[2]	100	0	(100)	100	0	(100)	0	0
投資總額…[3]=[1]+[2]	200	100	140	220	133	109		
月底總金額…[4]=[3]×(1+r)	240	120	133	209	146.3	119.9		

甲、乙方案各投資100元，投資當月甲方案再加100元、乙方案沒有增加投資金額，月底的總金額為下個月的月初總金額。由於甲、乙方案的現金流量不同，最後的報酬率分別為46.3%（$=\dfrac{146.3-100}{100}$）和19.9%（$=\dfrac{119.9-100}{100}$）。

由上列說明得知：基金經理人無法控制投資人「購買」或「贖回」基金的時機，若使用傳統方式計算報酬率來評估基金經理人的績效，是無法反應出經理人的真正能力，還可能導致投資人因決策錯誤而失利。

為避免傳統計算方式所造成的錯誤，可用**時間加權報酬率**（**the Time Weighted Rate of Return**）。計算時間加權報酬率時，需先「分別計算投資期間各單期報酬率」，再以「複合方式計算報酬率」，例如：甲、乙方案的時間加權報酬率皆為$(1+0.20) \times (1-0.05) \times (1+0.10)-1 = 25.4\%$。

在計算時間加權報酬率時，必須知道投資方案的詳細資金進出之情形，否則無法計算。對基金而言，由於交易需求之緣故，資金進出情形更為複雜。在實務上，基金的買賣都是以**單位**計算，只要資金有進出時，基金的總單位就會有變化，但每一單位仍然反映相同的期初投資金額，故追蹤每單位的績效表現就相當是決定時間加權報酬。

下表說明：相同的報酬率，但基金單位數有加購和沒加購，最後的報酬率卻不相同。

項目　　　　　投資時期	第0個月		第1個月		第2個月		第3個月	
各方案的投資報酬率（r）	20%		−5%		10%			
投資方案	甲	乙	甲	乙	甲	乙	甲	乙
月初總金額…[1]	100	100	240	120	228	114	250.8	125.4
月初現金流入（流出）…[2]	100	0	0	0	0	0	0	0
投資總額…[3]=[1]+[2]	200	100	240	120	228	114		
月底總金額…[4]=[3]×(1+r)	240	120	228	114	250.8	125.4		
期末單位數變動比例 …[5]=[4]÷[3]	1.2	1.2	0.95	0.95	1.1	1.1		
期末每單位價格（元） …[6]=[1]×[5]÷原始單位數 100	1.2	1.2	2.28	1.14	2.508	1.254		

甲、乙方案各投資基金100單元，每單位價格為1元，投資當月甲方案再加購100單位、乙方案沒有變動，月底的總單位數為下個月的月初總單位數。由於甲、乙方案的單位數不同，最後的報酬率分別為25.4%（$=\dfrac{250.8-200}{200}$）和25.4%（$=\dfrac{125.4-100}{100}$）。

甲、乙方案的報酬率即是反映：即使基金的總單位有變化，但每一單位仍然反映相同的期初投資金額，故追蹤每單位的績效表現就相當是決定**時間加權報酬**。也與$(1+0.20)\times(1-0.05)\times(1+0.10)-1=25.4\%$的計算相同。

二、夏普指標、資訊比例、詹森指數及崔諾指數

績效指標是**調整風險後的報酬率**而非**單純的報酬率**。估計報酬率的變異數或標準差是最常用來衡量總風險的方法。總風險之說明如下：

系統性風險	資產報酬率隨著市場的整體變動而變動所產生的風險。其屬於不可分散的風險，也就是投資人真正承擔的風險。即使增加投資資產數目也分散不掉的風險。又稱**市場風險**（**Market Risk**）、**可分散風險**（**Diversifiable Risk**）。

非系統性風險	因個別資產因素而導致的風險。由於各資產之間並非完全相關，可藉由增加投資資產數目而分散掉的風險。又稱**公司獨特風險**（**Unique Risk**）、**可分散風險**（**Diversifiable Risk**）。資本資產定價模型中的貝他值代表系統性風險，而總風險扣除貝他值即為非系統性風險。

不同的績效評估指標，主要差異是他們**對風險認定的不同**，以致得到不同的**調整風險後的報酬率**而產生不一致的評比。因為各個投資人或基金經理人，他們所面臨的投資情況各有不同，其風險結構也自然不同，故選擇正確的指標就非常重要。下列將介紹四種不同的績效指標：

(一) **單一投資**

1. 夏普指標（Sharp Index）

   是目前實務界上最常用來評估基金經理人投資績效的方法。夏普指標關心投資人面臨的**總風險**，它是將**被評比的基金或投資組合之平均報酬率**減掉**市場無風險利率**後的**超額報酬率**（**Excess Return**）除以**報酬率的標準差**。此項指標表示：投資人每承擔一單位的**標準差（總風險）**之下，可獲得的超額報酬率。即當投資組合標準差固定在一定水準下，厭惡風險的投資人希望能有較高的超額報酬率，故投資人會偏好夏普指標的投資組合。

適用 由上述得知：夏普指標關心的是投資人所面臨的**總風險**，而非只有**系統性風險（貝他值）**。因為此特性，夏普指標較適用於接受評比的投資標的，占投資人絕大部分或全部投資比例者。這是因為在這種情形下，投資人無法有效地將**系統性風險（可分散風險）**降至相當低，甚至是零的水準。即投資人所承擔的風險不只是**非系統性風險（不可分散風險）**，而是**總風險**，即投資組合的風險是包含了非系統性風險和系統性風險的總和。

公式 $\overline{R}_p$ 代表投資組合（p）的平均報酬率；R_f 代表市場無風險利率；σ_p 代表投資組合（p）的報酬率標準差，則

$$夏普指標（S_p）= \frac{\overline{R}_p - R_f}{\sigma_p}$$

範例 假設要對A、B兩種共同基金進行績效評比。A基金過去3年的報酬率為6%, 9%, 12%；B基金過去3年的報酬率為2%, 11%, 20%；市場上的1年期定存利率為5%。則選哪個基金投資較有利呢？

計算 步驟1 先計算A、B兩種共同基金的報酬率標準差

(1)A基金

$$年平均報酬率 = \frac{6\% + 9\% + 12\%}{3} = 9\%$$

$$標準差 = \sqrt{\frac{1}{3}(6\% - 9\%)^2 + \frac{1}{3}(9\% - 9\%)^2 + \frac{1}{3}(12\% - 9\%)^2} \fallingdotseq 2.45\%$$

(2) B基金

$$年平均報酬率 = \frac{2\% + 11\% + 20\%}{3} = 11\%$$

$$標準差 = \sqrt{\frac{1}{3}(2\% - 11\%)^2 + \frac{1}{3}(11\% - 11\%)^2 + \frac{1}{3}(20\% - 11\%)^2} \doteqdot 7.35\%$$

步驟2 計算A、B兩種共同基金的夏普指標分數

$$A基金的 S_p = \frac{9\% - 5\%}{2.45\%} = 1.63 \qquad B基金的 S = \frac{11\% - 5\%}{7.35\%} = 0.82$$

結語 若只看報酬率大小，投資人會認為B基金經理人的績效明顯優於A基金，因而選擇B基金。但這個決定並沒有考慮兩種基金的風險差異。以夏普指標評比時，可以發現：B基金的報酬率雖然高，但風險也比A基金還高。即投資A基金而承擔每單位風險平均可帶給投資人1.63單位的超額報酬；投資B基金而承擔每單位風險平均可帶給投資人0.82單位的超額報酬。因此，最佳選擇為投資A基金。

2. 資訊比例（Information Ratio）

資訊比例和**夏普指標**一樣，皆是**風險調整後的報酬指標**，也都是**平均報酬**相對**標準差**的比例。但夏普指標是反應**投資組合超出風險利率的超額報酬**除以投資組合**總風險**（**報酬率標準差**）的比例，而資訊比例是**投資組合超出基準投資組合報酬率除以與基準投資組合偏離程度**的比例。

公式 R為**投資組合的報酬**；R_B為**基準投資組合報酬**；$\alpha = E(R - R_B)$為**投資組合與基準投資組合預期報酬差異**（又稱為**預期積極報酬**）；σ為**投資組合與基準投資組合預期報酬差異的標準差**，則

$$資訊比例（IR）= \frac{E(R - R_B)}{\sqrt{\mathrm{var}(R - R_B)}} = \frac{\alpha}{\sigma}$$

(1) 事實上：以無風險利率取代基準投資組合報酬率，則資訊比例就等於夏普指標。

(2) 概念上：若總報酬為無風險利率與**承受系統性風險的報酬率**和**承受非系統性風險的報酬率**之總合，那資訊比例就是衡量承受每單位非系統性風險所獲取的積極報酬。

適用 資訊比例經常用來**衡量共同基金經理人的管理技能**。在此情況之下，資訊比例就是以**基金報酬率**減去**同類型基金平均報酬**，再除以**相減後差額**

的標準差。資訊比例越高，表示在承受相同風險時，投資組合有越高的積極報酬，即獲得高資訊比例的基金經理人打敗同類型基金的能力越強。

(二) 投資組合

1. 詹森指標（Jensen Index）

詹森指標反映基金經理人的選股能力。回顧在資本資產定價模型（CAPM）中，$E(R_j)$代表投資組合（j）的預期報酬率；$E(R_M)$代表市場投資組合的預期報酬率；R_f代表市場的無風險利率；β_j值的大小則衡量投資組合（j）的系統性風險。則

$$E(R_j) = R_f + \beta_j[E(R_M) - R_f]$$

上式的$E(RM) - Rf$是目前市場上，擔一單位系統性風險（貝他值）所能獲得的風險溢酬。但在實務上並無多大用處。

實際操作的公式為：$R_j = R_f + \beta_j(R_M - R_f) + \varepsilon_j$

註 ε_j是符合平均值為零的常態分配之殘差項，其代表屬於投資組合（j）本身的系統性風險。

適用 當市場具有效率性時，市場上的資產都被合理地定價，則上列公式成立。但事實上，此情形下，基金經理人無法由蒐集和分析資訊幫投資人賺取超額報酬。即市場上各基金的報酬率與風險之間的關係，平均而言會符合CAPM所描述的情況。若基金經理人真有選股能力，且能持續地幫投資人獲取超額報酬，則此能力會反映在ε_j殘差值上，使平均值不為零。詹森指標就是建立在此特性上。

公式 以α_j代表投資組合j的詹森指標，則公式如下：

$$R_j - R_f = \alpha_j + \beta_j(R_M - R_f) + \varepsilon_j$$

α_j（以下簡稱α）的意義如下：

情況	代表涵義
α顯著為正（>0）	該**投資組合的績效**表現比**經由風險調整後的大盤績效**表現為佳。⇒價值被低估
α顯著為 （<0）	該**投資組合的績效**表現比**經由風險調整後的大盤績效**表現為差。⇒價值被高估
α不顯著為零（=0）	該**投資組合的績效**表現與**經由風險調整後的大盤績效**表現**不**相上下，亦符合CAPM市場均衡的狀況。

利用線性迴歸方法可以有效估計得出α_j。假設投資組合A和B的詹森指標α_A和α_B已被計算出來而且都是統計上顯著的，則可以將此結果評比A和B的投資績效。若$\alpha_A > \alpha_B$，則代表A的績效勝過B；若$\alpha_A < \alpha_B$，則代表B的績效勝過A。

註 β值是衡量**系統性風險**，而α值則是衡量**實際報酬率**與**預期報酬**之間的差額，也就是**超額報酬**。

2. 崔諾指標（Treynor Index）

在評估投資績效時，崔諾指標只針對貝他值作為風險，以調整超額報酬率。其涵義和夏普指標一樣，即「投資人每承擔一單位的系統性風險（貝他值）之下，其可獲得的超額報酬率」，對厭惡風險的投資人而言，會偏好高崔諾指標的投資組合。

適用 此項指標適合在被評估的投資組合，其只占投資人龐大的投資組合之小部分時可使用。

公式 $\overline{R_j}$為投資組合j在過去某特期間內的平均報酬率；R_f代表市場無風險利率；β_j值的大小則衡量投資組合（j）的系統性風險，則

$$崔諾指標 T_j = \frac{\overline{R_j} - R_f}{\beta_j}$$

[範例1]	崔諾指標

C基金的平均報酬率為14%，貝他值為1.3；D基金的平均報酬率為23%，貝他值為1.7。假設無風險利率為4%，市場報酬率為11%，以崔諾指標判斷何種基金的績效較佳？

計算 C基金的崔諾指標 $= \dfrac{0.14 - 0.04}{1.3} \fallingdotseq 0.077$

D基金的崔諾指標 $= \dfrac{0.23 - 0.04}{1.7} \fallingdotseq 0.112$

由於D基金的崔諾指標＞C基金的崔諾指標，故D基金的績效較佳。

[範例2]	崔諾指標和詹森指標

下表列出A基金、B基金及市場投資組合的相關資訊。試以崔諾指標和詹森指標分別判斷哪個基金的績效較佳。

項目 ＼ 基金	A基金	B基金	市場投資組合
貝他值	0.7	1.4	1.1
超額報酬率（$\overline{R}_j - R_f$）	13%	25%	11%
α_j	5%	8%	0

計算 (1)以崔諾指標判斷

A基金的崔諾指標 $= \dfrac{0.13}{0.7} \fallingdotseq 0.1857$

B基金的崔諾指標 $= \dfrac{0.25}{1.4} \fallingdotseq 0.1786$

由於A基金的崔諾指標＞B基金的崔諾指標，故A基金的績效較佳。

(2)以詹森指標判斷

由於B基金的詹森指標＞A基金的詹森指標，故B基金的績效較佳。

結論 由以上範例得知：崔諾指標和詹森指標判斷的結果，並不一定是一致的。

[注意事項]

在使用指標判斷基金績效時，需注意下列事項：

(1)指標陳述的是投資組合過去績效表現，不必然和其未來的表現有完全直接的相關。但只要被評比的基金經理人真具有非常一致的選股或擇時能力，以上四種指標仍然可提供投資人有關基金經理人能力的資訊。

(2)基準投資組合對某些指標值有相當大的影響，故必須慎選與自己所面臨的投資決策相關的基準投資組合，否則容易造成誤判。

實際上，投資人可以同時計算數種相關指標並研究各指標的異同之處。若所有指標顯示的結果皆一致，則投資人就比較有信心地根據這些結果作為未來的投資決策。

精選試題

(　) **1** 夏普指標和崔諾指標二者的差異為：
(A)評估期間的長短不同　　　(B)衡量風險的方法不同
(C)超額報酬率的計算方式不同　(D)以上皆非。

(　) **2** 以下何者為非？
(A)資訊比例關心投資組合的系統性風險
(B)夏普指標關心投資人面臨的總風險
(C)崔諾指標關心投資人的貝他（β）風險
(D)詹森指標反映基金經理人的選股能力。

(　) **3** 夏普指標的定義乃是衡量基金或是投資組合中每單位風險所獲取的？
(A)市場報酬率　　　　　　　(B)無風險報酬率
(C)超額報酬率　　　　　　　(D)以上皆非。

(　) **4** 報酬率之標準差主要衡量－證券之：
(A)營運風險　　　　　　　　(B)市場風險
(C)總風險　　　　　　　　　(D)非系統性風險。

(　) **5** 若某投資組合的預期報酬為7%，標準差為30%，若無風險利率為4%，則其夏普指標為多少？
(A)0.1　(B)0.5　(C)1.0　(D)2.0。

(　) **6** 依CAPM，下列敘述何者正確？
(A)若股票有正的α，表示其價值被低估
(B)若股票有正的α，表示其價值被高估
(C)若股票的α為零，則該股票值得購買
(D)若股票有負的α，則該股票值得購買。

(　) **7** 若某投資組合的預期報酬為15%，貝他值為1.2，若無風險利率為6%，則其崔諾指標為多少？
(A)5%　(B)6%　(C)7.5%　(D)9%。

解答與解析

1 (B)。不同的績效評估指標，主要差異是他們**對風險認定的不同**，以致得到不同的**調整風險後的報酬率**而產生不一致的評比。
故此題答案為(B)。

2 (A)。**資訊比例**和**夏普指標**一樣，皆是**風險調整後**的報酬指標，也都是**平均報酬**相對**標準差**的比例。但夏普指標是反應**投資組合超出風險利率的超額報酬**除以投資組合**總風險**（**報酬率標準差**）的比例，而資訊比例是**投資組合超出基準投資組合報酬率**除以**與基準投資組合偏離程度**的比例。
故此題答案為(A)。

3 (C)。夏普指標是反應**投資組合超出風險利率**的超額報酬除以投資組合**總風險**（**報酬率標準差**）的比例。此項指標表示：投資人每承擔一單位的**標準差**（**總風險**）之下，可獲得的超額報酬率。
故此題答案為(C)。

4 (C)。夏普指標：投資人每承擔一單位的**標準差**（**總風險**）之下，可獲得的超額報酬率。
故此題答案為(C)。

5 (A)。$\overline{R}_p$代表投資組合（p）的平均報酬率；R_f代表市場無風險利率；σ_p代表投資組合（p）的報酬率標準差，則：
$$夏普指標（S_p）=\frac{\overline{R}_p-R_f}{\sigma_P}=\frac{7\%-4\%}{30\%}=0.1$$
故此題答案為(A)。

6 (A)。**β值**是衡量**系統性風險**，而**α值**則是衡量**實際報酬率**與**預期報酬**之間的差額，也就是**超額報酬**。α的意義如下：

情況	代表涵義
α顯著為正（＞0）	該**投資組合的績效**表現比經由**風險調整後的大盤績效表現**為佳。⇒價值被低估
α顯著為 （＜0）	該**投資組合的績效**表現比經由**風險調整後的大盤績效表現**為差。⇒價值被高估
α不顯著為零（＝0）	該**投資組合的績效**表現與經由**風險調整後的大盤績效表現不相上下**，亦符合CAPM市場均衡的狀況。

假設投資組合A和B的詹森指標α_A和α_B已被計算出來而且都是統計上顯著的，則可以將此結果評比A和B的投資績效。若$\alpha_A > \alpha_B$，則代表A的績效勝過B；若$\alpha_A < \alpha_B$，則代表B的績效勝過A。
故此題答案為(A)。

7 (C)。$\overline{R}_j$為投資組合j在過去某特期間內的平均報酬率；R_f代表市場無風險利率；β_j值的大小則衡量投資組合（j）的系統性風險，則

崔諾指標$T_j = \dfrac{\overline{R}_j - R_f}{\beta_j} = \dfrac{15\% - 6\%}{1.2} = 7.5\%$

故此題答案為(C)。

重點 3　投資組合調整

投資組合調整是指將投資組合的資金重新配置，以符合投資人現狀的需求。投資組合調整是一件動態調整的工作，必須持續不斷地檢視目前投資組合的表現，並決定哪些資產該賣出或買進。因此，投資人需要一個判斷的準則，才能進行資產調整。

一、投資組合調整方法

(一) 固定比例投資策略（CM）

此策略是將**風險性資產（即股票）**與**固定收益證券（即債券）**的比率維持固定不變。基於投資組合價值會隨著時間與股票價格變動而改變，故股票與債券的比例也會隨著改變，此時必須調整股票與債券的配置比例，以維持原先設定的固定比率。

舉例 假設投資組合中的股票與債券之比例固定為4：6。若股票價格上漲時，風險性資產的部份占投資組合價值的比例將大於4成，故必須降低風險性資產的部份，也就是賣出股票，並將賣出所得轉投入債券，以維持原先設定的 4：6；反之，若股票價格下跌時，風險性資產的部份占投資組合價值的比例將小於4成，故必須降低固定收益證券的部份，也就是賣出債券，並將賣出所得轉投入股票，以維持原先設定的4：6。

用意 此策略是當股價上升時，就賣出股票；當股價下跌時，就買進股票。此
為「**買低賣高**」的投資組合調整策略。

[範例]

假設投資人持有10,000元的投資組合，其配置股票與債券比例為4：6，也就是
投資股價4,000元、債券6,000元。期初股價每股100元，則持有40股的股票。債
券年報酬率為3%。若不考慮買賣股票與債券的交易成本時，一年後的股價分
別為130元、85元時，則投資人如何依固定比例投資策略進行調整？

計算 (1)一年後的股票價格為130元

　　A.以一年後的股票價格計算資產總值

　　　股票總值＝(4,000元÷100元)×130元＝5,200元

　　　債券總值＝6,000元×(1+3%)＝6,180元

　　　投資組合資產總值＝5,200元+6,180元＝11,380元

　　B.新資金配置

　　　股票應為4,552元（ ＝11,380元×$\frac{4}{10}$ ）

　　　故必須賣出股票648元（ ＝5,200元－4,552元 ）

　　　債券應為6,828元（ ＝11,380元×$\frac{6}{10}$ ）

　　　故必須買進債券648元（ ＝6,828元－6,180元 ）

(2)一年後的股票價格為85元

　　A.以一年後的股票價格計算資產總值

　　　股票總值＝(4,000元÷100元)×85元＝3,400元

　　　債券總值＝6,000元×(1+3%)＝6,180元

　　　投資組合資產總值＝3,400元+6,180元＝9,580元

　　B.新資金配置

　　　股票應為3,832元（ ＝9,580元×$\frac{4}{10}$ ）

　　　故必須買進股票432元（ ＝3,832元－3,400元 ）；

　　　債券應為5,748元（ ＝9,580元×$\frac{6}{10}$ ）

　　　故必須賣出債券432元（ ＝6,180元－5,748元 ）。

(二) 固定比例投資組合保險策略（CPPI）

此策略是Perold（1986）及Black & Jones（1987）提出的，CPPI可讓投資人依據自己對報酬的偏好程度與風險承擔能力來設定參數，並且藉由簡單的公式以動態調整風險性資產與固定收益證券的部份，使投資組合資產價值始終維持在一定水準之上（稱為風險下限），進而達到投資組合保險的目的。

[CPPI的調整方式]

A_t為第t期的投資組合價值；D_t為第t期的固定收益證券（債券）價值；E_t為第t期的風險性資產（股票）價值；m為風險乘數，乘數越大，表示風險偏好越高，而且m>1；F_0為第0期（也就是期初）的風險下限；C_t為第t期的緩衝金額。則：

$$A_t = D_t + Et$$
$$E_t = Min\{m \times (A_t - F_0), A_t\}, t=0,1,\cdots$$
$$C_t = A_t - F_0$$

即CPPI是讓投資人先決定一個風險下限（F_0），再把投資組合價值（A）減去此一風險下限後，依據投資人對風險偏好程度來決定風險乘數（m）的大小，即可求得「應投資於風險性資產的部份」。最後，把投資組合總值減去風險性資產的部份，即可得到固定收益證券的部份。

[CPPI的操作步驟]

步驟1 期初（t=0）時，投資人先決定一個**風險下限**（F_0）。

步驟2 把**投資組合價值**（A）減掉此**風險下限**（F_0），得到**緩衝金額**（C），再乘以**風險乘數**（m）。

步驟3 從 步驟2 計算出的金額與**投資組合價值**（A）比較，兩者取最小值，即可求得**投資在股票的部份**（E）。

步驟4 **投資組合價值**減掉股票的部份（E）後，即可求得**債券的部份**（D）。

步驟5 當t=1, 2,...時（例如：一季為一期或一年為一期），計算**投資組合價值**（A），然後重覆步驟2～4。

[範例]

假設投資人於年初投資10,000元在股票和債券這兩種資產。投資人的風險乘數為2、風險下限為7,800元。債券報酬率固定為年報酬率4%，則每季報酬率為1%；股價是波動的，其第1季至第4季的報酬率分別為18%、9%、-6%

及−11%。若投資人每季調整投資組合一次，試以CPPI策略，說明每季的調整情形。

計算　風險下限（F_0）=7,800元

投資在股票的部分（E_0）=Min{2×(10,000元−7,800元), 10,000元}=4,400元

投資在債券的部分（D_0）=10,000元−4,400元=5,600元

(1)第1季報酬率為18%

第1期的投資組合價值（A_1）=股票價值＋債券價值

$$=4,400元×(1+18\%)+5,600元×(1+1\%)$$
$$=5,192元+5,656元=10,848元$$

新資金配置如下：

投資在股票的部分（E_1）=Min{2×(10,848元−7,800元), 10,848元}
$$= 6,096元$$

投資在債券的部分（D_1）=10,848元−6,096元= 4,752元

因此，投資人應增加股票金額904元（=6,096元−5,192元），而減少債券金額904元（=5,656元−4,752元）。

(2)第2季報酬率為9%

第2期的投資組合價值（A_2）=股票價值＋債券價值

$$=6,096元×(1+9\%)+4,752元×(1+1\%)$$
$$=6,644.64元+4,799.52元=11,444.16元$$

新資金配置如下：

投資在股票的部分（E_2）=Min{2×(11,444.16元−7,800元), 11,444.16元}
$$= 7,288.32元$$

投資在債券的部分（D_2）=11,444.16元−7,288.32元= 4,155.84元

因此，投資人應增加股票金額643.68元（=7,288.32元−6,644.64元），而減少債券金額643.68元（=4,799.52元−4,155.84元）。

(3)第3季報酬率為−6%

第3期的投資組合價值（A_3）=股票價值＋債券價值

$$=7,288.32元×(1-6\%)+4,155.84元×(1+1\%)$$
$$=6,851.0208元+4,197.3984元$$
$$=11,048.4192元$$

新資金配置如下：

投資在股票的部分（E_3）=Min{2×(11,048.4192元−7,800元), 10,048.4192元}
$$= 6,496.8384元$$

投資在債券的部分（D_3）=11,048.4192元－6,496.8384元 = 4,551.5808元
因此，投資人應**減少**股票金額354.1824元（=6,496.8384元－6,851.0208元），而增加債券金額354.1824元（=4,551.5808元－4,197.3984元）。

(4) 第4季報酬率為－11%

第4期的投資組合價值（A_4）=股票價值＋債券價值

=6,496.8384元×(1－11%)+4,551.5808元×(1＋1%)

=5,782.186176元+4,597.096608元=10,379.28278元

新資金配置如下：

投資在股票的部分（E_4）

=Min{2×(10,379.28278元－7,800元), 10,379.28278元} = 5,158.56556元

投資在債券的部分（D_4）

=10,379.28278元－5,158.56556元 = 5,220.71722元

因此，投資人應**減少**股票金額623.620616元（ = 5,158.56556元
－5,782.186176元），而增加債券金額623.620616元（ = 5,220.717224元
－4,597.096608元）。

上列之計算結果如下表所示：

期間	股價的報酬率	風險下限	投資組合價值	調整前		調整後	
				股票價值	債券價值	股票價值	債券價值
第0季		7,800元	10,000元	4,400元	5,600元		
第1季	18%	7,800元	10,848元	5,192元	5,656元	6,096元	4,752元
第2季	9%	7,800元	11,444元	6,645元	4,800元	7,288元	4,156元
第3季	－6%	7,800元	11,048元	6,851元	4,197元	6,497元	4,552元
第4季	－11%	7,800元	10,379元	5,782元	4,597元	5,159元	5,221元

結論 由上列的彙整表得知，當股價上漲時，投資人會增加股票投資而減少債券投資；當股價下跌時，投資人會減少股票投資而增加債券投資。因此，**CPPI有「追高殺低」之特性**。

時間不變性投資組合保險策略（TIPP）

此策略是由Estep & Krizman（1988）提出的。其基本觀念大致與CPPI策略相同，但有一差異的是「風險下限的設定與調整」。在CPPI策略中，風險下限是固定值，但在TIPP策略是根據**固定風險下限比率**（**Floor percentage**），在某一時點設定為風險下限。亦如果投資組合價值上升時，風險下限將隨之提高；反之，投資組合價值下降時，風險下限仍保持不變（不調整），故**TIPP**的**抗跌能力優於CPPI**。

[TIPP的調整方式]

A_t**為第t期的投資組合價值；**D_t**為第t期的固定收益證券（債券）價值；**E_t**為第t期的風險性資產（股票）價值；f為固定風險下限比率（Floor percentage）；**f_t**為第t期的風險下限（Floor）；m為風險乘數**，乘數越大，表示風險偏好越高，而且m>1；C_t**為第t期的緩衝金額（Cushion）**，則：

$$A_t = D_t + E_t$$
$$F_t = Max\{f \times A_t, F_{t-1}\}, t = 0,1,...$$
$$E_t = Min\{m \times (A_t - F_t), A_t\}, t = 0,1,...$$
$$C_t = A_t - F_t$$

即TIPP認為投資人應關心的是目前資產水準，而非過去的資產水準，故目前的資產水準才是攸關之因素。當投資人的資產增加時，其所要求的風險下限也會跟著提高；反之，當投資人的資產減少時，其不希望自己的資產水準低於期初（或上一期）所設定的風險下限。因此，TIPP是比CPPI更為**保守**的投資組合策略。由上述的觀念得知：TIPP的風險下限會隨著風險性資產（即股價）的上漲而逐漸墊高；至於股價下跌時，就保有期初（或上一期）的風險下限。因此，可以推論 TIPP的風險下限會隨著時間經過而逐漸墊高（只會增加不會降低）。同時也基於TIPP的風險下限會隨著時間經過而逐漸墊高之特性，使投資組合中的風險性資產的比例越趨於穩定。相較於CPPI策略，當股價上漲（或多頭市場）時，TIPP參與增值獲利的能力也將較低；當股價下跌（或空頭市場）時，TIPP的抗跌能力將優於CPPI。

[範例]

假設投資人於年初投資10,000元在股票和債券這兩種資產。投資人的風險乘數為2、固定的風險下限比率為0.78。債券報酬率固定為年報酬率4%，則每季報酬率為1%；股價是波動的，其第1季至第4季的報酬率分別為18%、9%、−6%

及-11%。若投資人每季調整投資組合一次，試以TIPP策略，說明每季的調整情形。

計算　A_0=10,000元，f=0.78，F_0=f×A_0=0.78×10,000元=7,800元
　　　　投資在股票的部分（E_0）=Min{2×(10,000元-7,800元), 10,000元}=4,400元
　　　　投資在債券的部分（D_0）=10,000元-4,400元=5,600元
　　　　(1)第1季報酬率為18%
　　　　　　第1期的投資組合價值（A_1）=股票價值+債券價值
　　　　　　　　　　　　　　　　　　　　=4,400元×(1+18%)+5,600元×(1+1%)
　　　　　　　　　　　　　　　　　　　　=5,192元+5,656元=10,848元

　　　　　　新資金配置如下：
　　　　　　風險下限（F_1）=Max{0.78×10,848元, 7,800元}=8,461.44元
　　　　　　投資在股票的部分（E_1）=Min{2×(10,848元-8,461.44元), 10,848元}
　　　　　　　　　　　　　　　　　= 4,773.12元
　　　　　　投資在債券的部分（D_1）=10,848元-4,773.12元= 6,074.88元
　　　　　　因此，投資人應減少股票金額418.88元（=5,192元-4,773.12元），而增加債券金額418.88元（=6,074.88-5,656元）。
　　　　(2)第2季報酬率為9%
　　　　　　第2期的投資組合價值（A_2）=股票價值+債券價值
　　　　　　　　　　　　　　　　　　　　=4,773.12元×(1+9%)+6,074.88元×(1+1%)
　　　　　　　　　　　　　　　　　　　　=5,202.70元+6,135.63元=11,338.33元

　　　　　　新資金配置如下：
　　　　　　風險下限（F_2）=Max{0.78×11,338.33元, 8,461.44元}=8,843.90元
　　　　　　投資在股票的部分（E_2）=Min{2×(11,338.33元-8,843.90元), 11,338.33元}
　　　　　　　　　　　　　　　　　= 4,988.86元
　　　　　　投資在債券的部分（D_2）=11,338.33元-4,988.86元= 6,349.47元
　　　　　　因此，投資人應減少股票金額213.84元（=5,202.70元-4,988.86元），而增加債券金額213.84元（=6,349.47元-6,135.63元）。
　　　　(3)第3季報酬率為-6%
　　　　　　第3期的投資組合價值（A_3）=股票價值+債券價值
　　　　　　　　　　　　　　　　　　　　=4,988.86元×(1-6%)+6,349.47元×(1+1%)
　　　　　　　　　　　　　　　　　　　　=4,689.53元+6,412.96元=11,102.49元

新資金配置如下：

風險下限（F_3）＝Max{0.78×11,102.49元, 8,843.90元}＝8,843.90元

投資在股票的部分（E_3）＝Min{2×(11,102.49元－8,843.90元), 11,102.49元}
＝4,517.18元

投資在債券的部分（D_3）＝11,102.49元－4,517.18元＝6,585.31元

因此，投資人應減少股票金額172.35元（＝4,689.53－4,517.18元），
而增加債券金額172.35元（＝6,585.31元－6,412.96元）。

(4) 第4季報酬率為－11%

第4期的投資組合價值（A_4）＝股票價值＋債券價值
＝4,517.18元×(1－11%)＋6,585.31×(1＋1%)
＝4,020.29元＋6,651.16元＝10,671.45元

新資金配置如下：

風險下限（F_4）＝Max{0.78×10,671.45元, 8,843.90元}＝8,843.90元

投資在股票的部分（E4）＝Min{2×(10,671.45元－8,843.90元), 11,102.49元}
＝3,655.10元

投資在債券的部分（D_4）＝10,671.45元－3,655.10元＝7,016.35元

因此，投資人應減少股票金額365.19元（＝4,020.29元－3,655.10
元），而增加債券金額365.19元（＝7,016.35元－6,651.16元）。

上列之計算結果如下表所示：

期間	股價的報酬率	投資組合價值	調整前				調整後	
			風險下限	股票價值	債券價值	風險下限	股票價值	債券價值
第0季		10,000元	7,800元	4,400元	5,600元	5,600元		
第1季	18%	10,848元	7,800元	5,192元	5,656元	8,461.44元	4,773.12元	6,074.88元
第2季	9%	11,338.33元	8,461.44元	5,202.70元	6,135.63元	8,843.90元	4,988.86元	6,349.47元
第3季	－6%	11,102.49元	8,843.90元	4,689.53元	6,412.96元	8,843.90元	4,517.18元	6,585.31元
第4季	－11%	10,671.45元	8,843.90元	4,020.29元	6,651.16元	8,843.90元	3,655.10元	7,016.35元

結論　由上列的彙整表得知，當股價上漲時，風險下限也會隨之提高；當股價下跌時，風險下限卻固定不變。此範例同時與CPPI範例比較可發現：TIPP參與增值的獲利能力較低，但抗跌能力優於CPPI。

二、投資組合調整法

由於投資組合中的風險性資產（以股票表示），會隨著時間經過而變動，故必須調整風險性資產的比重，使投資組合價值能符合投資人的風險設定。然而，調整投資組合必須考慮買進或賣出資產所產生的交易成本。亦如果投資組合的調整過於頻繁，其產生的交易成本將過高，進而嚴重影響到利潤，故適當的調整法則是進行投資組合調整時，必須考量此項重要之因素。下列兩個為常見的調整方法：

方法	說明
固定時間調整法	選擇一個固定的時間，定期調整投資組合之風險性資產與固定收益證券比例。固定的時點可以為一週、一個月或一季等。當調整越頻繁，越能降低投資組合價值之實際值與目標值間的誤差，但相對地提高交易成本。 優點 簡單易懂，而可以養成投資紀律。 缺點 當投資組合價值大幅變動時，投資組合價值的實際值會與目標值差距過大。 建議調整頻率 一般而言，投資人至少應每季調整投資組合一次。
市場波動調整法（或稱固定比例調整法）	主要是依據投資組合價值的變動性大小以調整投資組合，亦當投資組合價值波動超過某一百分比時，才調整風險性資產與固定收益證券的部份，否則就維持原本的資金配置。例如：當投資組合價值上升或下降變動超過10%時，投資人就進行調整。 優點 減少目標值與實際值間的誤差。 缺點 因為需要持續追蹤投資組合之狀況，故管理成本較高。

精選試題

(　　) **1** 何種的操作策略是將風險性資產（即股票）與固定收益證券（即債券）的比率維持固定不變：　(A)固定比例投資組合保險策略　(B)固定比例投資策略　(C)時間不變性投資組合保險策略　(D)以上皆非。

(　　) **2** 關於固定比例投資策略（CM）的敘述，下列何者正確：
(A)它是一種「買低賣高」的投資組合調整策略　(B)當股價下
跌時，投資人就賣出股票，當股價上升時，投資人就買進股票
(C)他需要設定風險乘數　(D)有「追高殺低」的特性。

(　　) **3** 關於時間不變性投資組合保險策略（TIPP）的敘述，下列何者正
確：　(A)TIPP是比CIPP（固定比例投資組合保險策略）更為積
極的投資組合策略　(B)當股價下跌（或空頭市場時），TIPP的抗
跌能力優於CPPI　(C)TIPP認為投資人關心的應該是過去的資產水
準，而非目前的資產水準　(D)它是一種「買低賣高」的投資組合
調整策略。

(　　) **4** 關於時間不變性投資組合保險策略（TIPP）的敘述，下列何者正
確：　(A)當股價上漲（或多頭市場）時，TIPP參與上方增值獲
利的能力也較CPPI為低　(B)TIPP是比CIPP（固定比 例投資組合
保險策略）更為保守的投資組合策略　(C)股價下跌（或空頭市場
時），TIPP的抗跌能力優於CPPI（固定比例投資組合保險策略）
(D)以上皆是。

(　　) **5** 投資人進行投資組合調整，常利用固定時間調整法。關於固定時間
調整法之敘述，何者錯誤？　(A)簡單易懂，且可以養成投資紀律
(B)調整越頻繁，交易成本越高　(C)調整越頻繁，越能降低投資組
合價值之實際值與目標值間的誤差　(D)當投資組合價值大幅變動
的時候，投資組合價值之實際值會與目標值差距縮小。

解答與解析

1 (B)。 (A) **固定比例投資組合保險策略（CPPI）**是讓投資人依據自己對報酬的
偏好程度與風險承擔能力來設定參數，並且藉由簡單的公式以動態調
整風險性資產與固定收益證券的部份，使投資組合資產價值始終維
持在一定水準之上（稱為風險下限），進而達到投資組合保險的目的。

(B) **固定比例投資策略（CM）**是將**風險性資產**（即股票）與**固定收益證
券**（即債券）的比率維持固定不變。

(C) **時間不變性投資組合保險策略（TIPP）**基本觀念大致與CPPI策略相
同，但有一差異的是「風險下限的設定與調整」。在CPPI策略中，

風險下是固定值，但在TIPP策略是根據**固定風險下限比率**（**Floor percentage**），在某一時點設定為風險下限。亦如果投資組合價值上升時，風險下限將隨之提高；反之，投資組合價值下降時，風險下限仍保持不變（不調整）。

故此題答案為(B)。

2 (A)。是當股價上升時，就賣出股票；當股價下跌時，就買進股票。此為「**買低賣高**」的投資組合調整策略。

故此題答案為(A)。

3 (B)。TIPP基本觀念大致與CPPI策略相同，但有一差異的是「風險下限的設定與調整」。在CPPI策略中，風險下是**固定值**，但在TIPP策略是根據**固定風險下限比率**（**Floor percentage**），在某一時點設定為風險下限。亦如果投資組合價值上升時，風險下限將隨之提高；反之，投資組合價值下降時，風險下限仍保持不變（不調整），故TIPP的抗跌能力優於CPPI。

(A) TIPP是比CIPP（固定比例投資組合保險策略）更為保守的投資組合策略。

(C) TIPP認為投資人關心目前的資產水準。

(D) 固定比例投資策略（CM）是一種「買低賣高」的投資組合調整策略。

故此題答案為(B)。

4 (D)。TIPP基本觀念大致與CPPI策略相同，但有一差異的是「風險下限的設定與調整」。在CPPI策略中，風險下是固定值，但在TIPP策略是根據**固定風險下限比率**（**Floor percentage**），在某一時點設定為風險下限。亦如果投資組合價值上升時，風險下限將隨之提高；反之，投資組合價值下降時，風險下限仍保持不變（不調整），故TIPP的抗跌能力優於CPPI。

故此題答案為(D)。

5 (D)。固定時間調整法：選擇一個固定的時間，定期調整投資組合之風險性資產與固定收益證券比例。固定的時點可以為一週、一個月或一季等。當調整越頻繁，越能降低投資組合價值之實際值與目標值間的誤差，但相對地提高交易成本。

優點：簡單易懂，而可以養成投資紀律。

缺點：當投資組合價值大幅變動時，投資組合價值的實際值會與目標值差距過大。

建議調整頻率：一般而言，投資人至少應每季調整投資組合一次。

故此題答案為(D)。

<table><tr><td>重點 **4**</td><td>**效率市場假說**</td></tr></table>

股票市場上的新資訊會改變證券價格，但證券價格變動的速度和新價格是否反映新的資訊內容，即資本市場是否具有效率性。**效率市場假說（Efficient Market Hypothesis）**認為若新消息發佈，證券價格可以迅速且正確的調整，此表示市場具有效率性。即在效率的資本市場中，目前證券價格已經完全充分反映所有可取得的資訊，且現行股價與真正的價值彼此沒有多大差別。

效率市場的型態可依照資訊內容的不同，區分為下列三種：

效率市場的型態	說明
弱式效率市場（Weak form Efficiency）	證券價格已經充分反映過去的價格變化、交易量以及其他的歷史資訊。此市場的投資人無法利用**歷史資料**（即**技術分析**）進行投資以獲得超額報酬。⇒可透過**基本分析和未公開消息（或稱私有資訊、內線消息）**賺取超額報酬
半強式效率市場（Semi-Strong form Efficiency）	證券價格不但反映歷史資訊，也充分反映目前所有市場上的公開資訊，例如：公司的財務報表、月營業收入、管理素質及公司治理等。 此市場的投資人無法利用**公開資訊**進行投資以獲得超額報酬。⇒可透過**未公開消息（或稱私有資訊、內線消息）**賺取超額報酬
強式效率市場（Strong form Efficiency）	證券價格不但反映歷史資訊和現有公開資訊，也充分反映所有相關的未公開消息（或稱私有資訊、內線消息），例如：公司內部人員或董事才可能知道的訊息（像是公司併購之資訊）。此市場的投資人**無論使用任何資訊**進行投資，皆無法獲得超額報酬。⇒無法透過**技術分析、基本分析及未公開消息（或稱私有資訊、內線消息）**來賺取超額報酬

當**半強式效率市場**成立時，表示資本市場同時達成弱式效率與半強式效率，但強式效率市場不一定成立；若**強式效率市場**成立時，表示弱式效率、半強式效率及強式效率同時達成；若**弱式效率市場**不成立，則半強式效率與強式效率一定不成立。三者的關係可由下圖說明：

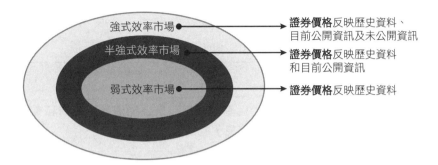

國內外實證的結果：多數研究認為美國和臺灣的股市具有**弱式效率市場**，但否決半強式效率市場之假說，故強式效率市場的假說也不成立。

精選試題

(　　) **1** 效率市場可依照資訊內容的不同，可分為幾種型態：
(A)2　(B)3　(C)4　(D)5。

(　　) **2** 若證券價格不但反映歷史資料，也充分反映目前所有市場上的公開資訊，則定義為：　(A)強式效率市場　(B)很強式效率市場　(C)弱式效率市場　(D)半強式效率市場。

(　　) **3** 若弱式效率市場成立，則投資人無法利用何種資訊或分析進行投資，以獲得超額報酬：　(A)技術分析　(B)任何資訊　(C)公開資訊　(D)以上皆非。

(　　) **4** 若半強式效率市場成立，則投資人無法利用何種資訊或分析進行投資以獲得超額報酬？　A.未公開資訊　B.公開資訊　C.歷史資訊
(A)僅A　(B)A與C　(C)A與B　(D)B與C。

(　　) **5** 若強式效率市場成立，則投資人無法利用何種資訊進行投資，以獲得超額報酬。　A.未公開資訊　B.公開資訊　C.歷史資訊：
(A)僅C　(B)A與C　(C)A與B　(D)A、B與C。

(　　) **6** 在效率市場中，下列何者不是公開資訊：　(A)公司的管理素質　(B)即將購併某企業　(C)公司治理　(D)公司的月營業收入。

解答與解析

1 (B)。效率市場的型態可依照資訊內容的不同，區分為下列三種：

效率市場的型態	說明
弱式效率市場 （Weak form Efficiency）	可透過**基本分析**和**未公開消息（或稱私有資訊、內線消息**）賺取超額報酬。
半強式效率市場 （Semi-Strong form Efficiency）	可透過**未公開消息（或稱私有資訊、內線消息**）賺取超額報酬。
強式效率市場 （Strong form Efficiency）	無法透過**技術分析、基本分析**及**未公開消息（或稱私有資訊、內線消息**）來賺取超額報酬。

故此題答案為(B)。

2 (D)。**半強式效率市場**：證券價格不但反映歷史資訊，也充分反映目前所有市場上的公開資訊，例如：公司的財務報表、月營業收入、管理素質及公司治理等。

此市場的投資人無法利用**公開資訊**進行投資以獲得超額報酬。

故此題答案為(D)。

3 (A)。**弱式效率市場**：可透過**基本分析**和**未公開消息（或稱私有資訊、內線消息**）賺取超額報酬。

故此題答案為(A)。

4 (D)。半強式效率市場：可透過**未公開消息（或稱私有資訊、內線消息**）賺取超額報酬。

故此題答案為(D)。

5 (D)。強式效率市場：此市場的投資人無論使用任何資訊進行投資，皆無法獲得超額報酬。

故此題答案為(D)。

6 (B)。未公開消息（或稱私有資訊、內線消息），例如：公司內部人員或董事才可能知道的訊息（像是公司併購之資訊）。

公開資訊，例如：公司的財務報表、月營業收入、管理素質及公司治理等。

故此題答案為(B)。

Day 06 投資工具簡介

重點 1 有價證券基本概念

項目	說明
證券的定義	**有價證券**簡稱「證券」，其表示**有價憑證**。投資者可以依據此憑證，證明自己的**所有權**或**債券**等私權的證明文件。依據證券交易法第6條第1項和第2項規定：「本法所稱有價證券，指政府債券、公司股票、公司債券及經主管機關核定之其他有價證券。新股認購權利證書、新股權利證書及前項各種有價證券之價款繳納憑證或表明其權利之證書，視為有價證券。」 即**股票、公司債、國庫券、政府債券、新股認購權利證書**及**新股權利證書**等，皆屬於有價證券。 註 **存託憑證**（**Depositary Receipts**）是指由外國發行公司或其有價證券持有人，委託存託銀行（Depositary Bank）發行表彰外國有價證券的可轉讓憑證，存託憑證持有人的權利義務與持有該發行公司普通股之投資者相同，所表彰的有價證券則由存託銀行委託國外當地保管銀行代為保管。
影響證券選擇的因素	1. **到期日**（**Maturity**） 　考量所投資證券到期剩餘的年限。 2. **市場性**（**Marketability**）**或流動性**（**Liquidity**） 　市場性是指能於短時間內，在於次級交易市場賣出相當數量的證券，而不需做出重大的價格讓步。「相當數量」是指適量交易，因為沒有任何一個市場可以無限吸收證券而不會影響證券價格。 3. **報酬**（**Return**） 　投資者投資證券的主要目的就是希望能在未來獲取報酬。證券的報酬

項目	說明
影響證券選擇的因素	可分為(1)**投資收益**：投資股票獲得的股息或持有債券所獲得的利息收入；(2)**資本利得**：買價與賣價的差額。 此外，可依證券的投資收益金額固定與否，將證券分為三大類： (1) **固定收益型證券**：政府公債、公司債等債券均屬此類。其收益（利息收入）是在購買時便已事先決定的。 (2) **半固定型收益**：累積參加之特別股的股息即屬此類。其收益一部份是固定的，在購買時便已決定（固定股利）；另一部份是隨著公司盈虧而變動（變動股利）。 (3) **非固定型收益**：普通股的股息即屬此類。其收益（普通股股利）會隨著公司每年營運狀況而有所改變。 4. **風險（Risk）** 有報酬的產生必定要承受某一程度的風險。風險常以報酬分配的標準差來衡量。期望報酬率越高，風險也越大，故股票的風險會大於債券的風險。
證券的種類	1. 依據證券交易法第6條規定的有價證券，大致可歸納出**政府債券**、**公司股票**、**公司債券**、**新股認購權利證書**、**新股權利證書**及**價款繳納憑證**等之種類。 2. 但以投資學的領域而言，普通股、特別股及各類債券為較常討論的有價證券。

註　**安全資產**是指在所有類型的市場週期之中，其本身不具有高損失風險的資產。常見的安全資產包括現金、儲蓄存款、國庫券、貨幣市場基金和美國國債共同基金。

精選試題

(　　) **1** 在短時間內出售大量的證券而不會受到重大的價格損失，這在說明證券之何種因素？　(A)風險性　(B)報酬性　(C)到期日　(D)市場性。

(　　) **2** 下列何者為固定型收益？　A.普通股股息　B.公司債利息　C.特別股股息　(A)A　(B)A與B　(C)B　(D)D。

(　) 　**3** 普通股是一種？ 　(A)非固定收益證券　(B)半固定收益證券　(C)固
定收益證券　(D)以上皆有可能。

(　) 　**4** 所謂固定收益型證券是指證券之： 　(A)債權人固定　(B)其利息收入
在購買時便已事先決定　(C)到期日固定　(D)到期償還金額固定。

(　) 　**5** 股票的報酬歸為那幾類： 　(A)投資收益　(B)資本利得　(C)以上皆
是　(D)以上皆非。

(　) 　**6** 依我國證券交易法，以下何者非屬有價證券？ 　(A)受益憑證
(B)投資憑證　(C)公債　(D)股票。

(　) 　**7** 下列何種屬於安全資產？ 　(A)股票　(B)古董　(C)不動產　(D)儲
蓄存款。

(　) 　**8** 何者不是影響證券選擇的因素？
(A)流動性　(B)新聞性　(C)市場性　(D)報酬性。

(　) 　**9** 下列何者為半固定型收益？ 　(A)普通股的股息　(B)累積參加之特
別股的股息　(C)公司債利息　(D)以上皆非。

解答與解析

1 (D)。**市場性**是指能於短時間內，在於次級交易市場賣出相當數量的證券，而
不需做出重大的價格讓步。「相當數量」是指適量交易，因為沒有任何
一個市場可以無限吸收證券而不會影響證券價格。
故此題答案為(D)。

2 (C)。**固定收益型證券**：政府公債、公司債等債券均屬此類。其收益（利息收
入）是在購買時便已事先決定的。
故此題答案為(C)。

3 (A)。依證券的投資收益金額固定與否，將證券分為三大類：
(1) **固定收益型證券**：政府公債、公司債等債券均屬此類。其收益（利息
收入）是在購買時便已事先決定的。
(2) **半固定型收益**：累積參加之特別股的股息即屬此類。其收益一部份是
固定的，在購買時便已決定（固定股利）；另一部份是隨著公司盈虧
而變動（變動股利）。

(3) **非固定型收益**：普通股的股息即屬此類。其收益（普通股股利）會隨
　　著公司每年營運狀況而有所改變。
故此題答案為(A)。

4 (B)。 **固定收益型證券**：政府公債、公司債等債券均屬此類。其收益（利息收
　　入）是在購買時便已事先決定的。
故此題答案為(B)。

5 (C)。 投資者投資證券的主要目的就是希望能在未來獲取報酬。證券的報酬可
　　分為：(1)**投資收益**：投資股票獲得的股息或持有債券所獲得的利息收
　　入；(2)**資本利得**：買價與賣價的差額。
故此題答案為(C)。

6 (B)。 依據《證券交易法》第6條第1項和第2項規定：「本法所稱有價證券，指
　　政府債券、公司股票、公司債券及經主管機關核定之其他有價證券。新
　　股認購權利證書、新股權利證書及前項各種有價證券之價款繳納憑證或
　　表明其權利之證書，視為有價證券。」
　　亦**股票、公司債、國庫券、政府債券、新股認購權利證書**及**新股權利證
　　書**等，皆屬於有價證券。
　　受益憑證：由「基金經理公司」發放給投資人的憑證，以表彰受益權，
　　該憑證在法律上視為有價證券。
故此題答案為(B)。

7 (D)。 **安全資產**是指在所有類型的市場週期之中，其本身不具有高損失風險的
　　資產。常見的安全資產包括現金、儲蓄存款、國庫券、貨幣市場基金和
　　美國國債共同基金。
故此題答案為(D)。

8 (B)。 影響證券選擇的因素有**到期日、市場性、報酬**以及**風險**。
故此題答案為(B)。

9 (B)。 **半固定型收益**：累積參加之特別股的股息即屬此類。其收益一部份是固
　　定的，在購買時便已決定（固定股利）；另一部份是隨著公司盈虧而變
　　動（變動股利）。
故此題答案為(B)。

| 重點 **2** | **貨幣市場與資本市場的證券** |

一、貨幣市場的證券

項目	說明
貨幣市場的定義	**貨幣市場**是指利用一年以內之短期有價證券，以進行交易的金融市場。 **貨幣市場證券**是指政府、金融機關、企業等為籌集短期資金而發行到期日在一年以內的有價證券，例如：**國庫券**（**Treasury Bill, TB**）、**銀行承兌匯票**（**Banker's Acceptance, BA**）、**可轉讓定期存單**（**Certificate of Deposits, CD**）、**商業本票**（**Commercial Paper, CP**）、**附條件交易**（**Repo Trade**）等。
貨幣市場證券的種類	1. **國庫券**（**Treasury Bill, TB**） 　是指**政府**為調節國庫收支或穩定金融市場而發行的短期政府票券。國庫券可分甲、乙兩種：**甲種國庫券**按面額發行，依票載利率計算本利和，並屆期一次清償，為**財政部**調節國庫收入之工具；**乙種國庫券**採貼現方式發行，並公開標售，其票面不記載利率，到期時依票面清償，為**中央銀行**穩定金融之工具。乙種國庫券的發行天期通常以**91天**為基數進行倍數發行，也就是以91天期、182天期、273天期及364天期發行。 2. **銀行承兌匯票**（**Banker's Acceptance, BA**） 　由**公司**或**個人**所簽發，其以某一特定銀行為付款人，並同意在未來特定日期，支付特定金額。銀行承兌匯票到期日有30天至180天不等，其中以**90天期**最為普遍。到期日前可以在**貨幣市場**進行買賣。 3. **可轉讓定期存單**（**Certificate of Deposits, CD**） 是指**銀行籌集短期資金**且由**銀行**所發行的證券，在到期日前，持有人可將其出售或轉讓，而在到期日時，銀行會償還本金及利息。 4. **商業本票**（**Commercial Paper, CP**） 　是指由**規模大**、**商譽佳的大公司**所發行的一種短期且沒有擔保的**負債證券**。利率大致和**可轉讓定期存單**相差不多，但商業本票的次級市場不活絡，故持有者多會持有至到期日，持有期間多在360天以內。商業本票可分為兩類： 　(1) **第一類商業本票**（簡稱**CP1**）：又稱**交易性商業本票**，其是根據交易行為而產生。因為交易完成後會自動產生資金清償，故又稱為自償性商業本票。

項目	說明
貨幣市場證券的種類	(2) **第二類商業本票**（簡稱**CP2**）：又稱**融資性商業本票**，其是因應季節性資金需求而產生，多由銀行或投資信託公司保證，目前我國貨幣市場上所交易的商業本票主要為此類。 5. **附條件交易**（**Repo Trade**） 　附條件交易包括附買回交易與附賣回交易。一般而言，附買回或附賣回，是以**票券商**的立場而言。**附買回交易**（**Repurchase Agreement, RP**）是指投資人先向票券商買進短期票券，並約定以某特定價格，於未來某一特定日再由票券商向投資人買回；**附賣回交易**（**Reverse Repo, RS**）是指票券商先向有短期票券的投資人買進短期票券，同時約定於未來某一特定日，以特定價格再賣回給投資人。至於附買回交易與附賣回交易的承作天數：只要1年內的任何天期都可承作。附買回交易與附賣回交易的運作方式如下圖所示： 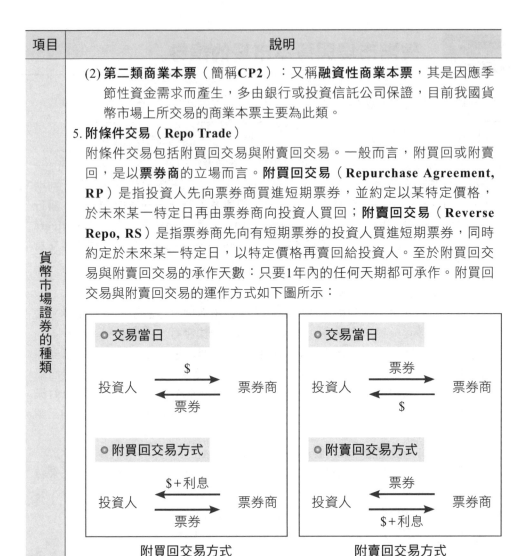

二、資本市場的證券

(一) 資本市場的定義

　　資本市場是指利用一年以上之長期有價證券，以進行交易的金融市場。

　　資本市場證券是指政府、金融機關、企業等為籌集長期資金而發行到期日在一年以上的有價證券，例如：**政府債券**（**Government Bond**）、**公司債**（**Corporate Bond**）、**金融債券**（**Bank debenture**）、**特別股**

（**Preferred Stock**）以及**普通股**（**Common Stock**）等。由於此證券的發行時間比較長，故風險會比貨幣市場證券高。

(二) 資本市場證券的種類

1. 政府債券（Government Bond）又稱公債

項目	說明
意義	政府為了籌措長期資金，以彌補政府財政收支不平衡而發行的信用證券，同時也可以做為中央銀行調節貨幣市場政策之工具、協助公開操作。因為發行者為政府，故此政府債券的風險較低，利率也較低。
特性	除了具有票面利率、面值、到期日及固定附息日等之一般債券的特性，政府債券還有下列之特性： (1) 政府債券是以整個國家做為擔保，故幾乎沒有違約風險且收益穩定性高，利率自然較其他債券為低。 (2) 變現性高。
種類	我國目前發行的長期政府公債可區分成兩大類： (1) 一般公債：例如愛國公債、年度公債等，目前一般公債已很久未發行。 (2) 建設公債：政府興建大型公共建設時，為籌措資金所發行的公債。

2. 公司債（Corporate Bond）

項目	說明
意義	大型企業為籌措長期資金而向一般大眾舉借款項，承諾按期依據約定利率支付利息並於指定到期日向債權人無條件支付票面金額的負債型證券。 公司債發行時，通常有三個當事人： (1) 發行公司。 (2) 債券持有人或債權人。 (3) 受託人：是指發行公司為保障及服務**公司債持有人**，其所指定之**銀行**或**信託公司**。受託人的工作是**監督發行公司履**

項目	說明
意義	行契約義務、代理發行公司按期還本付息、管理償還基金以及**持有擔保品**。
要素	(1) **面額**：每張公司債都有一定之面額。 (2) **票面利率**：是計算每期支付利息之標準。 (3) **付息方式**：可採一年一次、半年一次或一季一次等。 (4) **到期日**：到期償付本金，或是到期日前分期償付本金。 (5) **限制條款**：公司債的債權人會要求公司設立償債基金或是流動比率的限制，以保障債權人的權益，為保障債權人權益的條款。
對公司的優點	(1) **利息可節稅**：公司債利息可作為稅前淨利的減除項目，故可減輕所得稅負擔。 (2) **控制權不外流**：由於發行股票將使股東人數增加，控制權有外流的憂慮，但債券的發行僅增加公司的債權人，不需擔心控制權會外流。
對投資者的優點與缺點	**優點** 收益穩定性較股票高，報酬率高於政府公債。 **缺點** 報酬率受**發行公司的信用**及**市場利率變動**之影響滿大的。
種類	公司債會因為約定條件及權利義務之不同，而分為下列種類： (1) **抵押債券**（**Mortgage Bonds**）：發行抵押公司債時，公司必須提供穩定的固定資產作為發行擔保品。若公司違約而無法清償公司債的債款時，即可處分抵押的擔保品以清償債務。 (2) **零息債券**（**Zero-Coupon Bonds**）：一般公司債均有票面利率，按照票面利率來支付利息。而零息公司債則沒有票面利率，到期也不需支付利息。但其發行價格是以面額依照市場利率折價發行，而面額與折價之間的差額即為投資人獲得的利息。 (3) **分期還本債券**（**Serial Bond**）：一次募集公司債分為數個不同期限清償。此種債券可降低發行公司一次全部清償的負擔，以降低風險。

項目	說明
種類	(4) **信用債券**（**Debenture**）：當公司發行債券時，其並沒有提供任何擔保品做為抵押。此種債券完全依賴公司的信用作保證，故只有信譽良好的大公司才可以發行。 (5) **附屬信用債券**：又稱**次順位信用債券**（**Subordinated Debenture**），此債券之求償權次於所有優先債券或其他債務。當公司停止營運時，必須等到其他債務清償完畢，才能清償**附屬信用債券**的債務。其清償順位雖然優於特別股股東和普通股股東，但與其他債券相較之下，**附屬信用債券**的求償順位較低，風險較高，故報酬也較高。 (6) **收益債券**（**Income Bonds**）：一般公司債（屬定期付息債券）無論公司之營運成果如何，均須支付固定利息。但**收益債券**只有在公司有盈餘時才需支付利息，若公司無法支付利息，公司會將債息累積至下一次發放日進行發放。因此，定期付息債券對公司而言破產風險最高。 (7) **可轉換公司債**（**Convertible Bonds**）：公司債於發行一段期間之後，投資者有權利視情況決定是否將債券依事先約定的轉換比率轉換成普通股。但債券轉換成普通股之後，就不可再轉換債券，其轉換之權利在投資者手上。一般而言，公司營運狀況佳、遠景看好、預期普通股的利益將高於債券利息時，便會吸引投資者進行轉換。而投資者轉換後，對公司而言就少了一項資金成本（即利息費用）。但轉換後的公司股東人數增加，會稀釋了原先股東可享受的權益，這是公司發行**可轉換公司債**必須承擔的後果。 註 可轉債具有債權及股權之性質，故交易商會將其帳上所持有之可轉債，拆解為**普通公司債**與**可轉債選擇權**，分別銷售給固定收益投資人與選擇權投資人。 (8) **可贖回債券**（**Callable Bonds**）：公司債發行一段時間之後，發行公司可在到期日前依照事先約定之收回價格購回該債券。其買回價格通常高於債券面額，而且收回權利在公司手中。通常在市場利率低於票面利率利時，是公司收回債券的時點。公司可經由收回該債券再發行利率較低的債券，以減輕公司資金方面的負擔。

項目	說明
特性	**[情況一]** 當市場利率大於票面利率時，債券的折現值會小於票面價值。因為投資在其他商品（例如定存）的收益都比投資債券還高，故公司必須折價發行債券以吸引投資者購買。 **[情況二]** 當市場利率小於票面利率時，債券的折現值會大於票面價值。因為投資在其他商品（例如定存）的收益都比投資債券還低，故公司可溢價發行。 **[情況三]** 當市場利率等於票面利率時，公司會平價發行。

3. 金融債券（**Bank debenture**）

項目	說明
意義	**專業金融機構**為籌措長期資金所發行的債券憑證，發行人須訂明其償還期限。
特性	(1) 資金籌措方式是由**銀行**主動爭取，而非像客戶主動到銀行存款這種被動的接受。 (2) 金融機構自行籌措資金，可以不必像存款一樣，需要提存法定準備金。因此，所獲得的資金可以完全使用，故**資金成本較低**。 (3) 金融債券的利率**不受**中央銀行的最高利率之限制，故對金融機構而言較有彈性。

4. 特別股（**Preferred Stock**）

項目	說明
意義	(1) 具有某些特權或限制的股票，為普通股與債券之間的折衷性證券。 (2) 可享有較普通股**優先分配股利**的權利。此外，當公司破產清算時，公司對剩餘資產之分配權利也優於普通股，但分配順位仍在公司債券持有人之後。 (3) 其風險和報酬小於普通股，但大於公司債。

項目	說明
種類	(1) 依參加（Participating）與否區分： **參加特別股**是指特別股股東在分配固定比率之股利後，仍然可以再享有與普通股一同分配公司**剩餘盈餘**（或稱**超額盈餘**）之權利。一般而言，是公司於營運不佳時，公司想吸引購買者購買股票，才會發行此類的特別股。 (2) 依累積（Cumulative）與否區分： **累積特別股**是指公司分配股利以累積方法計算，不論公司是否獲利均需發放給特別股股東。若今年公司營運不佳，無法發放股利給特別股股東，則可累積於下一次發放日或營運較好時，進行補發。 (3) 依可轉換（Convertible）與否區分： **可轉換特別股**是指特別股在某種情況下，得由特別股轉換成**普通股**。一旦經過轉換之後便不可再轉回特別股。 此外，有下列三個名詞與此類證券有關— 　A. 轉換比率（Conversion Ratio）：指一個基本單位的特別股可轉換成普通股的股數。 　B. 轉換價格（Conversion Price）：指可轉換證券的面額除以轉換比率。 　C. 轉換價值（Conversion Value）：指每股市價乘以轉換比率。 (4) 依可收回（Redeemable）與否區分： 可收回特別股是指特別股發行一段時間後，可依約定價格贖回，其贖回的價格必定高於面額。 (5) 依表決權與否區分： 表決權是指特別股股東是否有參加股東會、選舉董事、監事及表決重要事項之權利。
特性	(1) 特別股在公司倒閉、清算時，有優於普通股之清償權利。 (2) 除了可參加特別股之外，特別股的報酬僅限於特別股股利，其無權分配公司的剩餘盈餘。

5. 普通股（**Common Stock**）

項目	說明
意義	(1) **股份有限公司必須發行普通股**：公司法第156條第1～3款內容說明 — 股份有限公司之資本，應分為股份，每股金額應歸一律，其種類，由章程定之。 (2) **普通股表彰股東對公司的所有權**：普通股為股份有限公司最先發行的證券，而且因為只有普通股能代表股東對公司的最終所有權，故也是最後收回的股票。 (3) **當公司獲利時，普通股可能獲得較多的盈餘分配；當公司虧損時，普通股股東可能獲得最低的股息或是得不到任何股息。** (4) 在公司清算時，須持各類債券或是特別股股東獲得清償後，普通股股東才能分配剩餘資產，故承擔的風險較大。
要素	(1) **授權股份**（**Authorized Shares**）：指公司章程規定或是主管機構授權公司最多可發行的股數。在授權範圍之內，公司可自由發行想要發行的股份。 (2) **發行股份**（**Issued Shares**）：指授權股份中，已經發售的股數。 (3) **流通在外的股份**（**Outstanding Shares**）：指發行在外而未被公司購回作為庫藏股（Treasury Stock）的股份，也是社會大眾真正持有的股份。 (4) **面額**：面額僅是區分**股本**與**股本溢價**的數字，與其真正價值沒有關係。**普通股股本**除以**面額**，便可以得到**普通股股數**。我國在民國70年已全面要求國內上市公司的股票一律以**面額10元**計算。因此，以目前而言，面額僅有消極的意義，也是決定法定資本額的計算。 (5) **每股帳面價值**=(公司淨值−特別股權益)÷流通在外的普通股股數。普通股的帳面價值包含**普通股股本**、**普通股溢價**及**保留盈餘**等普通股股東能享有的權益。 (6) **普通股的清算價值**：必須考慮公司資產的清算價格，扣除**債權人**及**特別股股東權益**的給付後，才是普通股的清算價值。 (7) **每股市價**：指該股東在市場上買賣的實際成交價格。上市公司的股票交易在證券交易所都會有詳細的記載。 (8) **股利**：股利收入一般可分為**現金股利**和**股票股利**。實務上，現金股利稱為股息，股票股利稱為**無償配股**。股利的來源有**盈餘轉增資**（盈餘分配）及**資本公積轉增資**（公積分配）。公司的

項目	說明
要素	股息政策常受到：A.**企業目前的收益**、B.**預期未來的收益**、C.**稅法規定的變動**及D.**經營者的理念**，這四種因素而有所不同。 註 **庫藏股**是指上市公司買回自己公司之股份。
權利	(1) **管理公司的權利**：普通股股東可透過**股東會上表決權及檢查帳簿記錄**、**投票選舉董監事**、**表決公司營運重大事項**等來管理公司的營運狀況。 (2) **投票權**：選舉董監事是指**累積投票制**（**Cumulative Voting System**），亦是股東享有與應選出人數相同的選舉權，可集中於一人身上，也可分配選舉多人，得票最多者當選。**累積投票制**主要是公司為保護少數股權股東之選舉權所制訂。 (3) **盈餘分配權**：公司盈餘除了法律規定及股東大會決議保留外，剩餘部分應依股份比例，全數分配給股東。至於盈餘分配必須經由股東大會決議。 (4) **剩餘財產分配權**：如果公司發生重大危機，無法繼續營運而宣布倒閉時，公司資產必須先清償所有債務及特別股股東權益後，剩餘資產才依股份比例分配給普通股股東。 (5) **優先認購權**（**Preemptive Rights**）： 《公司法》第267條第1項：公司發行新股時，除經目的事業中央主管機關專案核定者外，應保留發行新股總數百分之十至十五之股份由公司員工承購。 《公司法》第267條第2項：公營事業經該公營事業之主管機關專案核定者，得保留發行新股由員工承購；其保留股份，不得超過發行新股總數百分之十。 《公司法》第267條第3項：公司發行新股時，除依前二項保留者外，應公告及通知原有股東，按照原有股份比例儘先分認，並聲明逾期不認購者，喪失其權利；原有股東持有股份按比例不足分認一新股者，得合併共同認購或歸併一人認購；原有股東未認購者，得公開發行或洽由特定人認購。 《公司法》第267條第4項：前三項新股認購權利，除保留由員工承購者外，得與原有股份分離而獨立轉讓。 因此，公司為便利認購權利的轉讓，都會發行新股的**認購權利書**。**認購權利書**是有價證券之一，也可在證券市場中進行交易。 公司發行優先認股權利書的目的：A.方便投資人轉讓；B.避免原股東的股份價值遭到稀釋的不良影響。

三、公司債、特別股與普通股之比較

公司債、特別股及普通股的比較表如下：

有價 證券 項目	公司債	特別股	普通股
到期日	(1) 有到期日。 (2) 到期日會因贖回的影響而縮短，到期日也會受可轉換公司債的影響。	(1) 通常無到期日。 (2) 到期日會因贖回的影響而縮短，到期日也會受可轉換特別股的影響。	無到期日之限制。
擔保品	可能會有**動產**或**不動產**作為擔保品。	無擔保品，求償權僅高於普通股。	無擔保品。
償還條件	(1) 通常必須支付利息，否則就發生違約情況。 (2) 通常也有一些限制條款。	(1) 股利發放可以不規律。 (2) 普通股股東得到股利之前，累積的特別股股利要先發放。 (3) 大多有限制條件。	沒有義務定期發放股利，也無限制條款。
利率或 股利發放率	通常有固定票面利率。	多半訂有**定額**或**定率**的特別股股利。	股利發放率可能是變動的，股利本身也是變動的，也可能完全沒有股利。
投票權	無	不一定	有

註 **現金增資**：發行**新股票**以增加**公司股本**與**營運所需要的現金**，股票屬於資本市場證券（長期性資金）。資產風險性由小到大排列為**公司債**＜**特別股**＜**普通股**。其中公司債的類別依風險由小至大排列為**抵押債券**＜**信用債券**＜**附屬信用債券**。

四、股價指數（Stock Price Indexes）的介紹

(一) 股價指數（**Stock Price Indexes**）

定義 **股價指數**是利用股市中全部或部分的股票為樣本，比較當時與所選擇基期的股價水準，用來判斷整體股價變動趨勢的一種指標。

功能 以一簡單數字表達**整體股票市場**不同時期的變動情況。

公式 目前最常見的兩種計算方式為：

(1) **簡單算術平均數**（或稱**價格加權**）：計算簡明，但未能以數量加權計算而失真。

以**採樣股票每日收盤價**直接平均得之，目前有美國的「道瓊工業指數（Dow Jones Industrial Average, DJIA）」、日本的「日經指數」及英國的「金融時報普通股指數」等，皆使用此法計算。其公式如下：

P_{io}＝第i個樣本基期時的價格；P_{it}＝第i個樣本第t期的價格；n＝樣本的總數。

$$簡單算術平均數指數 = \frac{\dfrac{\sum_{i=1}^{n} P_{it}}{n}}{\dfrac{\sum_{i=1}^{n} P_{io}}{n}} \times 100$$

(2) **價值加權指數**：為使指數更能代表市場之實況，故以此法計算股價指數。

以簡單算術平均數方法來計算的指數，無形中給予高價股票較大的權數，但市場價值加權指數是以公司的市場價值做為權數。例如，我國的臺灣證券交易所編製的「發行量加權股價指數（**TAIEX**）」之計算公式如下：

當期總發行市值＝各股票價格×發行股數所得市值之總和

基值＝當時總發行市值

市場價值加權指數＝當期總發行市值÷基值×100

範例 假設指數只包含A公司及B公司，其相關資料如下表：

股票	基期股價 (1)	最後股價 (2)	股價漲跌 (3)=$\dfrac{(2)-(1)}{(1)}$	股份 (4)	基期市價 (5)= (1)×(4)	最後市值 (6)= (2)×(4)
A公司	10元	12元	20%	300	3,000元	3,600元

股票	基期股價 (1)	最後股價 (2)	股價漲跌 $(3)=\dfrac{(2)-(1)}{(1)}$	股份 (4)	基期市價 $(5)=$ $(1)\times(4)$	最後市值 $(6)=$ $(2)\times(4)$
B公司	100元	95元	−5%	15	1,500元	1,425元
總額	—	—	—	—	4,500元	5,025元

計算 A公司和B公司的基期股價分別為10元和100元，則

$$簡單算術平均數的基期 = \frac{10+100}{2} = 55$$

A公司和B公司的股價變動後分別為12元和95元，則

$$簡單算術平均數指數 = \frac{\dfrac{\sum_{i=1}^{n} P_{it}}{n}}{\dfrac{\sum_{i=1}^{n} P_{io}}{n}} \times 100 = \frac{\dfrac{12+95}{2}}{\dfrac{10+100}{2}} \times 100 = \frac{53.5}{55} \fallingdotseq 97.27\%$$

即指數下跌 $= \dfrac{53.5-55}{55} \fallingdotseq -2.73\%$（$=97.27\%-100\%$）

雖然A公司上漲20%、B公司下跌5%，但指數以簡單算術平均數的計算，無形中會給予高價股票（B公司）較大的權數，故指數為下跌。

若以市場價值為權數，則指數 $= \dfrac{5,025-4,500}{4,500} \fallingdotseq 11.67\% \rightarrow$ 指數上升11.67%

這是因為市場價值的加權指數給予A公司較高權數之故。

以上的範例說明：不同的指數會因為採用的加權係數不同，即使在相同的情形卻有截然不同的結果。

無論是簡單算術平均數指數或市場價值加權指數，目的皆是在反應股票市場的整體表現，也可以反應投資組合的報酬。例如，投資人以股票的市場價值做為比重來購買股票，則投資組合的資本利得會與市場價值加權指數一致；此外，投資人也常將共同基金的表現與適當的指數做比較，從而了解共同基金績效之優劣。

(二) 我國主要的股價指數

臺灣證券交易所編製的「發行量加權股價指數」和其他許多市場價值加權指數一樣，以除權和除息之說明如下：

[情況一]	除權

（也就是發放股票股利）將使股數增加、股價下跌。而由於公司股票的總市值不變，故指數不會有任何變動。

$$除權後股價 = \frac{除權前股價}{1 + \dfrac{股票股利}{股票面額}}$$

例如 每1股配發1元股票股利，臺灣的股本是1股的股票面額為10元，則

配1元股票股利即為每1股配0.1股（$= \dfrac{1}{10}$）的股票股利

即 $$除權後股價 = \frac{除權前股價}{1 + \dfrac{股票股利}{10}}$$

假設目前股價100元，每1股配發3元股票股利，則

$$除權後股價 = \frac{100}{1 + \dfrac{3}{10}} = 76.92307692307692元 \fallingdotseq 76.92元$$

投資人持有一張股票（＝1,000股）的除權前市值為100,000元（＝1,000股×100元）

除權後，投資人可得到300股（$=1,000 \times \dfrac{3}{10}$）的股票，總持有股數為

1,300股，除權後市值＝76.92307692307692元×1,300股＝100,000元

[情況二]	除息

（也就是發放現金股利）將使股價下跌、股數不變。而由於公司股票的總市值下跌，故加權股價指數會下降。

$$除息後股價 = 除息前股價 - 現金股利$$

例如 目前股價100元，每股配2元現金股利，則 除息後股價＝100元−2元＝98元
投資人持有一張股票（＝1,000股）的除息前市值為100,000元（＝1,000股×100元）
除息後，投資人可得到2,000元（＝1,000股×2元）的現金股利

但股價在除息後，由原本的100元降為98元

除息後市值=1,000股×98元=98,000元

即投資人擁有「2,000元的現金股利」及「除息後市值98,000元的股票」。

補充 若同時有除權又除息，則先除息、再除權。

原則上，「發行量加權股價指數」採樣的股票包含所有上市普通股，故也包含一些交易量較小、活絡性較低的股票。也因如此，較難做為基金經理人的投資績效評量之標準。因此，臺灣證券交易所與英國富時指數有限公司另挑選50支市值較大、較具代表性之股票，以編製**臺灣50指數**（**TSEC Taiwan 50 index**）。**臺灣50指數**的編製方式除了採樣上是以50支市值較大、較具代表性之股票來編製之外，在計算加權指數上，也考慮了**股票在外的流通量**。臺灣50指數的編製方式如下：

p_i=成份股的最近成交價格；s_i=個股股票發行數量；f_i=公眾流通量係數；

d=代表基期指數成份股發行股數經公眾流通量調整後之市值

$$臺灣50指數 = \sum_{i=1}^{50} P_i s_i f_i \times \frac{5000}{d}$$

註 公眾流通量係數是用來調整每支股票權重的係數，係數以0至1之間的數字表示，1代表100%的公眾流通量。每支股票的公眾流通量係數由富時指數公佈。

精選試題

( ) **1** 下列何者為資本市場的證券？ (A)公司債 (B)商業本票 (C)銀行承兌匯票 (D)附條件交易。

( ) **2** 有關我國乙種國庫券之發行，下列何者敘述有誤？ (A)為穩定金融 (B)為貨幣市場工具 (C)由中央銀行發行 (D)按票載利率計算本利和，並屆期一次清償。

(　　) **3** 下列有關國庫券的敘述，何者為真？　(A)為資本市場證券　(B)甲種國庫券採貼現方式發行　(C)甲種國庫券為財政部調節國庫收入之工具　(D)以上皆非。

(　　) **4** 國庫券為金融工具之一，其最初賣出單位為？　(A)大企業　(B)市政府　(C)商業銀行　(D)中央銀行。

(　　) **5** 下列有關銀行承兌匯票的敘述何者為真？
A.只可以由公司所簽發以某一特定銀行為付款人
B.以90天期最為普遍
C.到期日前均可以在資本市場進行買賣
(A)A　(B)B　(C)A與C　(D)B與C。

(　　) **6** 國庫券與公債的重大差異是：　(A)稅負　(B)收益率　(C)期限　(D)倒帳風險。

(　　) **7** 我國目前之資本市場，1年以上之長期信用工具有：
(A)公司債　(B)金融債券　(C)政府債券　(D)以上皆是。

(　　) **8** 下列有關公司債的敘述，何者為正確？　(A)付息方式僅可採一年一次　(B)債權人不能要求公司設立償債基金或是流動比率的限制　(C)可到期償付本金，或是到期日前分期償付本金　(D)以上皆非。

(　　) **9** 下列有關公司債的敘述，何者為真？　(A)付息方式僅可採一年一次　(B)只有在到期日才會償付本金　(C)債權人會要求公司設立償債基金或是流動比率的限制　(D)以上皆非。

(　　) **10** 以下何者並非購買短期票券的好處？　(A)風險小　(B)變現容易　(C)安全可靠　(D)報酬率最高。

(　　) **11** 以下何者不屬於國庫券的特性？　(A)高流動性　(B)無違約風險　(C)可以貼現的方式發行　(D)到期日在一年以上。

(　　) **12** 商業銀行及其他金融機構為了在市場吸收短期閒置資金而發行的一種憑證稱為：　(A)國庫券　(B)可轉讓定期存單　(C)商業本票　(D)銀行承兌匯票。

（　） **13** 一般廠商透過何種管道籌措短期性資金：　(A)現金增資　(B)發行公司債　(C)發行商業本票　(D)發行可轉讓定存單。

（　） **14** 第二類商業本票又稱為？　(A)自償性商業本票　(B)融資性商業本票　(C)交易性商業本票　(D)以上皆非。

（　） **15** 短期票券的附條件交易是指：　(A)只有所附條件滿足時，買賣才算數　(B)買賣之外，另定一些付息條件　(C)賣出短期票券並約定買回之價格及時間　(D)附上轉換條款的債券。

（　） **16** 廠商取得長期性資金的管道：　(A)辦理現金增資　(B)發行金融債券　(C)發行商業本票　(D)以上皆是。

（　） **17** 下列有關公債的敘述，何者為真？　(A)收益穩定且利率較高　(B)風險性低且變現性高　(C)政府為籌措短期資金所發行的債券　(D)收益穩定且變現性低。

（　） **18** 下列有關一般公債的敘述，何者為真？　(A)愛國公債為一般公債　(B)已很久未發行　(C)以上皆是　(D)以上皆非。

（　） **19** 公債的發行機構為？　(A)銀行　(B)政府　(C)票券金融公司　(D)大型企業。

（　） **20** 財政部發行公債，其票面所載的利率即是：　(A)票面利率　(B)目前收益率　(C)實際收益率　(D)到期收益率。

（　） **21** 下列資產風險性何者最大？　(A)抵押債券　(B)附屬信用債券　(C)信用債券　(D)政府期貨。

（　） **22** 何種證券對公司而言破產風險最高？　(A)收益債券　(B)定期付息債券　(C)普通股　(D)特別股。

（　） **23** 下列何者為資本市場的證券？
A.普通股　B.建設公債　C.可轉讓定期存單。
(A)A與B　(B)A與C　(C)B與C　(D)A、B與C。

（　）**24** 公司債的持有人是公司的：　(A)抵押權人　(B)債權人　(C)所有人　(D)股東。

（　）**25** 發行公司債籌措資金，對公司的好處是：　(A)控制權不外流　(B)資金取得成本低　(C)不需要信用評等　(D)以上皆是。

（　）**26** 下列有多少項公司債受託人的工作？
A.監督發行公司履行契約義務　　B.代理發行公司按期還本利息
C.管理償還基金　　　　　　　　D.持有擔保品。
(A)1項　(B)2項　(C)3項　(D)4項。

（　）**27** 下列何者求償權順位最低？　(A)特別股　(B)普通股　(C)抵押債券　(D)附屬信用債券。

（　）**28** 公司債之發行，有提供擔保品，稱為：　(A)零息債券　(B)抵押公司債　(C)無擔保公司債　(D)信用公司債。

（　）**29** 無擔保的公司債稱為：　(A)垃圾債券　(B)可贖回債券　(C)信用債券（Debenture）　(D)可轉換公司。

（　）**30** 下列有關公司債的敘述中，何者有誤？　(A)可賣回公司債屬公司債的一種　(B)公司債無到期日　(C)公司債的風險較政府債券高　(D)公司債的利率較政府債券高。

（　）**31** 下列有關附屬信用債券的敘述，何者為真？　A.清償順位次於特別股股東　B.求償權次於所有優先債券　C.清償順位優於普通股股東。　(A)A與B　(B)A與C　(C)B與C　(D)以上皆非。

（　）**32** 可轉換公司債之債權人於執行轉換權利時，對公司之影響為：　(A)現金減少　(B)有盈餘稀釋效果　(C)負債增加　(D)股本減少。

（　）**33** 下列有關可贖回債券的敘述，何者為真？　(A)債權人握有買回權　(B)買回時機通常在市場利率高於票面利率時　(C)買回後會稀釋原股東可享的權益　(D)買回價格通常高於債券面額。

( ) **34** 發行公司有權利在債券到期日前，依其條件及約定價格提前贖回
稱為： (A)可買回債券 (B)可贖回債券 (C)國庫券 (D)垃圾債
券。

( ) **35** 可贖回公司債（callable bond）的贖回權利是在於： (A)承銷證券
商 (B)投資人 (C)發行公司 (D)以上均有可能。

( ) **36** 下列證券中，何者須訂明其償還期限？ (A)受益憑證 (B)金融債
券 (C)普通股 (D)特別股。

( ) **37** 下列何者為銀行籌措資金的方式？ (A)發行商業本票 (B)發行國
庫券 (C)發行金融債券 (D)以上皆非。

( ) **38** 專業金融機構為籌措長期資金，所發行之債券憑證為： (A)金融債
券 (B)商業本票 (C)可轉讓定存單 (D)銀行承兌匯票。

( ) **39** 下列有關金融債券的敘述，何者為真？ A.不必提存法定準備金
B.資金成本較低 C.利率受央行最高利率的限制。 (A)A與B
(B)A與C (C)B與C (D)以上皆非。

( ) **40** 發行特別股之公司如當年度發生虧損，致無法發放股利，俟有盈餘
而你發放股利時，有請求優先補發特別股股利者，稱為：
(A)部份累積特別股 (B)累積特別股 (C)補發特別股 (D)非累積
特別股。

( ) **41** 特別股被賦予： (A)優先參與公司經營之權 (B)優先股票之權
(C)優先分配股利及公司剩餘財產之權 (D)優先查閱公司帳冊之
權。

( ) **42** 參加特別股指的是可參加： (A)現金增資認股的特別股 (B)超額
盈餘分配的特別股 (C)股東大會議案表決的特別股 (D)董監事選
舉投票的特別股。

( ) **43** 下列有關可轉換特別股的敘述，何者為真？
A.轉換價值指每股帳面價格乘以轉換比率 B.可轉換成公司債
C.轉換價格指可轉換證券的面額除以轉換比率。
(A)A與B (B)B與C (C)A與C (D)以上皆非。

(　) **44** 上市公司買回自己公司之股份，應列為？　(A)特別股　(B)庫藏股　(C)短期投資　(D)長期投資。

(　) **45** 通常我們在股票上市所看到：台積電股本為1,168億，此股本換算成的股份稱為：　(A)發行股份　(B)授權股份　(C)流通在外股份　(D)以上皆非。

(　) **46** 普通股股數是由普通股股本除以？　(A)每股市價　(B)每股清算價　(C)面額　(D)每股帳面價值。

(　) **47** 目前我國上市公司的普通股票面額為？　(A)5元　(B)10元　(C)15元　(D)20元。

(　) **48** 下列有關普通股的敘述，何者為真？　(A)剩餘資產分配順位優於債權人　(B)股票股利來自於盈餘轉增資與現金增資兩種　(C)目前上市公司的股票面額一率為10元　(D)以上皆是。

(　) **49** 每股帳面價值是由公司之淨值扣除特別股權益後再除以？　(A)發行的普通股股數　(B)授權的普通股股數　(C)流通在外的普通股股數　(D)以上皆非。

(　) **50** 公司的普通股股息政策常受到什麼因素而有所不同？　(A)稅法規定的變動　(B)企業目前的收益　(C)預期未來的收益　(D)以上皆是。

(　) **51** 下列有多少項為普通股股東的權利？　A.剩餘財產分配權　B.投票權　C.管理公司的權利　D.盈餘分配權　E.優先認購權。　(A)2　(B)3　(C)4　(D)5。

(　) **52** 所謂無償配股其實就是？　(A)庫藏股　(B)現金股利　(C)股票股利　(D)以上皆有可能。

(　) **53** 下列何者證券通常無到期日？　A.特別股 B.普通股 C.公司債　(A)A與B　(B)A與C　(C)B與C　(D)以上皆非。

(　) **54** 下列資產風險性何者最小？　(A)公司債　(B)政府債券　(C)普通股　(D)特別股。

（　）**55** 下列資產風險性由小到大排列為：
A.公司債　B.普通股　C.特別股
(A)A＜B＜C　(B)A＜C＜B　(C)C＜A＜B　(D)以上皆非。

（　）**56** 下列何者證券有擔保品？　(A)特別股　(B)普通股　(C)公司債
(D)以上皆非。

（　）**57** 關於股價指數，下列何者正確？　(A)臺灣50指數是挑選40支市值較
大、較具代表性之股票　(B)我國臺灣證券交易所編製的「發行量
加權股價指數」無形中給予高價股票較大的權數　(C)我國臺灣證
券交易所編製的「發行量加權股價指數」，其採樣股票原則上不包
含交易量小、活絡性較低的股票　(D)臺灣50指數很容易做為基金
經理人投資績效評量的標準。

（　）**58** 關於我國臺灣證券交易所編製的「發行量加權股價指數」，下列何
者錯誤？　(A)其較難做為基金經理人投資績效評量的標準　(B)其
編製法是 採用「加權指數」法　(C)當個股除息時，指數不會變動
(D)當個股除權時，指數不會變動。

（　）**59** 公司債的類別依風險由小至大排列下列債券：　A.附屬信用債券
B.信用債券　C.抵押債券　(A)A＜B＜C　(B)B＜C＜A　(C)C＜B＜A
(D)C＜A＜B。

解答與解析

　1 (A)。**貨幣市場**是指利用一年以內之短期有價證券，以進行交易的金融市場。
　　　　貨幣市場證券是指政府、金融機關、企業等為籌集短期資金而發行到期
　　　　日在一年以內的有價證券，例如：**國庫券**（**Treasury Bill, TB**）、**銀行
　　　　承兌匯票**（**Banker's Acceptance, BA**）、**可轉讓定期存單**（**Certificate
　　　　of Deposits, CD**）、**商業本票**（**Commercial Paper, CP**）、**附條件交易**
　　　　（**Repo Trade**）等。
　　　　資本市場是指利用一年以上之長期有價證券，以進行交易的金融市場。
　　　　資本市場證券是指政府、金融機關、企業等為籌集長期資金而發行到期
　　　　日在一年以上的有價證券，例如：**政府債券**（**Government Bond**）、
　　　　公司債（**Corporate Bond**）、**金融債券**（**Bank debenture**）、**特別股**

（**Preferred Stock**）以及**普通股**（**Common Stock**）等。由於此證券的
發行時間比較長，故風險會比貨幣市場證券高。

故此題答案為(A)。

2 (D)。**國庫券**（**Treasury Bill, TB**）是指政府為調節國庫收支或穩定金融市場
而發行的短期政府票券。國庫券可分甲、乙兩種：**甲種國庫券**按面額發
行，依票載利率計算本利和，並屆期一次清償，為**財政部**調節國庫收入
之工具；**乙種國庫券**採貼現方式發行，並公開標售，其票面不記載利
率，到期時依票面清償，為**中央銀行**穩定金融之工具。乙種國庫券的發
行天期通常以**91天**為基數進行倍數發行，也就是以91天期、182天期、
273天期及364天期發行。

故此題答案為(D)。

3 (C)。**國庫券**（**Treasury Bill, TB**）是指政府為調節國庫收支或穩定金融市場
而發行的短期政府票券。國庫券可分甲、乙兩種：**甲種國庫券**按面額發
行，依票載利率計算本利和，並屆期一次清償，為**財政部**調節國庫收入
之工具；**乙種國庫券**採貼現方式發行，並公開標售，其票面不記載利
率，到期時依票面清償，為**中央銀行**穩定金融之工具。乙種國庫券的發
行天期通常以**91天**為基數進行倍數發行，也就是以91天期、182天期、
273天期及364天期發行。

故此題答案為(C)。

4 (D)。**國庫券**（**Treasury Bill, TB**）是指政府為調節國庫收支或穩定金融市場
而發行的短期政府票券。國庫券可分甲、乙兩種：**甲種國庫券**按面額發
行，依票載利率計算本利和，並屆期一次清償，為**財政部**調節國庫收入
之工具；**乙種國庫券**採貼現方式發行，並公開標售，其票面不記載利
率，到期時依票面清償，為**中央銀行**穩定金融之工具。乙種國庫券的發
行天期通常以**91天**為基數進行倍數發行，也就是以91天期、182天期、
273天期及364天期發行。

故此題答案為(D)。

5 (B)。**銀行承兌匯票**（**Banker's Acceptance, BA**）由**公司**或**個人**所簽發，其以
某一特定銀行為付款人，並同意在未來特定日期，支付特定金額。銀行
承兌匯票到期日有30天至180天不等，其中以**90天期**最為普遍。到期日
前可以在**貨幣市場**進行買賣。

故此題答案為(B)。

6 (C)。**貨幣市場**是指利用一年以內之短期有價證券，以進行交易的金融市場，
國庫券屬之；**資本市場**是指利用一年以上之長期有價證券，以進行交易

的金融市場，政府債券（公債）屬之。因此，兩者之重大差異為證券的
限期不同。
故此題答案為(C)。

7 (D)。　**資本市場**是指利用一年以上之長期有價證券，以進行交易的金融市場。
　　　　　資本市場證券是指政府、金融機關、企業等為籌集長期資金而發行到期
　　　　　日在一年以上的有價證券，例如：**政府債券**（**Government Bond**）、
　　　　　公司債（**Corporate Bond**）、**金融債券**（**Bank debenture**）、**特別股**
　　　　　（**Preferred Stock**）以及**普通股**（**Common Stock**）等。
　　　　　故此題答案為(D)。

8 (C)。　(A) 付息方式可採一年一次、半年一次或一季一次等。
　　　　　(B) 公司債的債權人會要求公司設立償債基金或是流動比率的限制，以
　　　　　　　保障債權人的權益，為保障債權人權益的條款。
　　　　　故此題答案為(C)。

9 (C)。　(A) 付息方式可採一年一次、半年一次或一季一次等。
　　　　　(B) 到期償付本金，或是到期日前分期償付本金。
　　　　　故此題答案為(C)。

10 (D)。　報酬率與「短期」或「長期」沒有關係。
　　　　　故此題答案為(D)。

11 (D)。　**貨幣市場**是指利用一年以內之短期有價證券，以進行交易的金融市場，
　　　　　國庫券屬之。
　　　　　故此題答案為(D)。

12 (B)。　**可轉讓定期存單**（**Certificate of Deposits, CD**）是指銀行**籌集短期資金**
　　　　　且由**銀行**所發行的證券，在到期日前，持有人可將其出售或轉讓，而在
　　　　　到期日時，銀行會償還本金及利息。
　　　　　故此題答案為(B)。

13 (C)。　**商業本票**（**Commercial Paper, CP**）是指由**規模大、商譽佳的大公司**所
　　　　　發行的一種短期且沒有擔保的**負債證券**。
　　　　　故此題答案為(C)。

14 (B)。　**第二類商業本票**（簡稱**CP2**）：又稱**融資性商業本票**，其是因應季節性
　　　　　資金需求而產生，多由銀行或投資信託公司保證，目前我國貨幣市場上
　　　　　所交易的商業本票主要為此類。
　　　　　故此題答案為(B)。

15 (C)。**附買回交易**（**Repurchase Agreement, RP**）是指投資人先向票券商買進短期票券，並約定以某特定價格，於未來某一特定日再由票券商向投資人買回；**附賣回交易**（**Reverse Repo, RS**）是指票券商先向有短期票券的投資人買進短期票券，同時約定於未來某一特定日，以特定價格再賣回給投資人。
故此題答案為(C)。

16 (A)。現金增資：發行新股票以增加公司股本與營運所需要的現金，股票屬於資本市場證券（長期性資金）。
金融債券：**專業金融機構**為籌措長期資金所發行的債券憑證。
商業本票：是指由**規模大、商譽佳的大公司**所發行的一種短期且沒有擔保的負債證券。
故此題答案為(A)。

17 (B)。公債是政府為了籌措長期資金，以彌補政府財政收支不平衡而發行的信用證券，同時也可以做為中央銀行調節貨幣市場政策之工具、協助公開操作。因為發行者為政府，故此政府債券的風險較低，利率也較低。
公債的特性如下：
(1) 政府債券是以整個國家做為擔保，故幾乎沒有違約風險且收益穩定性高，利率自然較其他債券為低。
(2) 變現性高。
故此題答案為(B)。

18 (C)。一般公債：例如愛國公債、年度公債等，目前一般公債已很久未發行。
故此題答案為(C)。

19 (B)。公債是政府為了籌措長期資金，以彌補政府財政收支不平衡而發行的信用證券，同時也可以做為中央銀行調節貨幣市場政策之工具、協助公開操作。
故此題答案為(B)。

20 (A)。票面利率是計算每期支付利息之標準。
故此題答案為(A)。

21 (B)。**附屬信用債券**：又稱**次順位信用債券**（**Subordinated Debenture**），此債券之求償權次於所有優先債券或其他債務。當公司停止營運時，必須等到其他債務清償完畢，才能清償**附屬信用債券**的債務。其清償順位雖然優於特別股股東和普通股股東，但與其他債券相較之下，**附屬信用債券**的求償順位較低，風險較高，故報酬也較高。
故此題答案為(B)。

22 (B)。一般公司債（屬定期付息債券）無論公司之營運成果如何，均須支付固定利息。但**收益債券**只有在公司有盈餘時才需支付利息，若公司無法支付利息，公司會將債息累積至下一次發放日進行發放。
故此題答案為(B)。

23 (A)。**貨幣市場證券**是指政府、金融機關、企業等為籌集短期資金而發行到期日在一年以內的有價證券，例如：**國庫券（Treasury Bill, TB）、銀行承兌匯票（Banker's Acceptance, BA）、可轉讓定期存單（Certificate of Deposits, CD）、商業本票（Commercial Paper, CP）、附條件交易（Repo Trade）**等。
資本市場證券是指政府、金融機關、企業等為籌集長期資金而發行到期日在一年以上的有價證券，例如：**政府債券（Government Bond）、公司債（Corporate Bond）、金融債券（Bank debenture）、特別股（Preferred Stock）**以及**普通股（Common Stock）**等。由於此證券的發行時間比較長，故風險會比貨幣市場證券高。
因此，「普通股」和「建設公債」屬於資本市場證券，「可轉讓定期存單」屬於貨幣市場證券。
故此題答案為(A)。

24 (B)。公司債發行時，通常有三個當事人：
(1) 發行公司。
(2) 債券持有人或債權人。
(3) 受託人：是指發行公司為保障及服務**公司債持有人**，其所指定之**銀行**或**信託公司**。
故此題答案為(B)。

25 (A)。發行對公司債對公司的優點：
(1) **利息可節稅**：公司債利息可作為稅前淨利的減除項目，故可減輕所得稅負擔。
(2) **控制權不外流**：由於發行股票將使股東人數增加，控制權有外流的憂慮，但債券的發行僅增加公司的債權人，不需擔心控制權會外流。
故此題答案為(A)。

26 (D)。受託人的工作是**監督發行公司履行契約義務、代理發行公司按期還本付息、管理償還基金**以及**持有擔保品**。
故此題答案為(D)。

27 (B)。**特別股**可享有較普通股優先分配股利的權利。當公司破產清算時，公司對剩餘資產之分配權利也優於普通股，但分配順位仍在公司債券持有人之後。

抵押債券（**Mortgage Bonds**）：發行抵押公司債時，公司必須提供穩定的固定資產作為發行擔保品。若公司違約而無法清償公司債的債款時，即可處分抵押的擔保品以清償債務。

附屬信用債券：又稱**次順位信用債券**（**Subordinated Debenture**），此債券之求償權次於所有優先債券或其他債務。當公司停止營運時，必須等到其他債務清償完畢，才能清償**附屬信用債券**的債務。其清償順位雖然優於特別股股東和普通股股東，但與其他債券相較之下，**附屬信用債券**的求償順位較低，風險較高，故報酬也較高。

因此，求償權順位高至低的順序為抵押債券→附屬信用債券→特別股→普通股。

故此題答案為(B)。

28 **(B)**。 抵押債券（**Mortgage Bonds**）：發行抵押公司債時，公司必須提供穩定的固定資產作為發行擔保品。若公司違約而無法清償公司債的債款時，即可處分抵押的擔保品以清償債務。
故此題答案為(B)。

29 **(C)**。 信用債券（**Debenture**）：當公司發行債券時，其並沒有提供任何擔保品做為抵押。此種債券完全依賴公司的信用作保證，故只有信譽良好的大公司才可以發行。
故此題答案為(C)。

30 **(B)**。 公司債是到期償付本金，或是到期日前分期償付本金。
故此題答案為(B)。

31 **(C)**。 附屬信用債券：又稱**次順位信用債券**（**Subordinated Debenture**），此債券之求償權次於所有優先債券或其他債務。當公司停止營運時，必須等到其他債務清償完畢，才能清償**附屬信用債券**的債務。其清償順位雖然優於特別股股東和普通股股東，但與其他債券相較之下，**附屬信用債券**的求償順位較低，風險較高，故報酬也較高。
故此題答案為(C)。

32 **(B)**。 可轉換公司債之債權人於執行轉換權利後的公司股東人數增加，會稀釋了原先股東可享受的權益，這是公司發行**可轉換公司債**必須承擔的後果。
故此題答案為(B)。

33 **(D)**。 可贖回債券（**Callable Bonds**）：公司債發行一段時間之後，發行公司可在到期日前依照事先約定之收回價格購回該債券。其買回價格通常高

於債券面額，而且收回權利在公司手中。通常在市場利率低於票面利率利時，是公司收回債券的時點。公司可經由收回該債券再發行利率較低的債券，以減輕公司資金方面的負擔。

故此題答案為(D)。

34 (B)。**可贖回債券**（**Callable Bonds**）：公司債發行一段時間之後，發行公司可在到期日前依照事先約定之收回價格購回該債券。

故此題答案為(B)。

35 (C)。**可贖回債券**（**Callable Bonds**）：公司債發行一段時間之後，發行公司可在到期日前依照事先約定之收回價格購回該債券。

故此題答案為(C)。

36 (B)。**金融債券**是**專業金融機構**為籌措長期資金所發行的債券憑證，發行人須訂明其償還期限。

受益憑證是由「基金經理公司發」放給投資人的憑證，以表彰受益權，該憑證在法律上視為有價證券。

故此題答案為(B)。

37 (C)。**商業本票**是指由**規模大、商譽佳的大公司**所發行的一種短期且沒有擔保的**負債證券**。

國庫券是指**政府**為調節國庫收支或穩定金融市場而發行的短期政府票券。

金融債券是**專業金融機構**為籌措長期資金所發行的債券憑證，發行人須訂明其償還期限。

故此題答案為(C)。

38 (A)。**金融債券**是**專業金融機構**為籌措長期資金所發行的債券憑證，發行人須訂明其償還期限。

商業本票是指由**規模大、商譽佳的大公司**所發行的一種短期且沒有擔保的**負債證券**。

可轉讓定期存單是指**銀行籌集短期資金**且由**銀行**所發行的證券，在到期日前，持有人可將其出售或轉讓，而在到期日時，銀行會償還本金及利息。

銀行承兌匯票是由**公司**或**個人**所簽發，其以某一特定銀行為付款人，並同意在未來特定日期，支付特定金額。

故此題答案為(A)。

39 (A)。金融債券的3個特性：

(1) 資金籌措方式是由**銀行**主動爭取，而非像客戶主動到銀行存款這種被動的接受。

(2) 金融機構自行籌措資金，可以不必像存款一樣，需要提存法定準備金。因此，所獲得的資金可以完全使用，故**資金成本較低**。

(3) 金融債券的利率**不受**中央銀行的最高利率之限制，故對金融機構而言較有彈性。

故此題答案為(A)。

40 (B)。　**累積特別股**是指公司分配股利以累積方法計算，不論公司是否獲利均需發放給特別股股東。若今年公司營運不佳，無法發放股利給特別股股東，則可累積於下一次發放日或營運較好時，進行補發。

故此題答案為(B)。

41 (C)。　特別股可享有較普通股**優先分配股利**的權利。此外，當公司破產清算時，公司對剩餘資產之分配權利也優於普通股，但分配順位仍在公司債券持有人之後。

故此題答案為(C)。

42 (B)。　**參加特別股**是指特別股股東在分配固定比率之股利後，仍然可以再享有與普通股一同分配公司**剩餘盈餘**（或稱**超額盈餘**）之權利。

故此題答案為(B)。

43 (D)。　轉換價格（Conversion Price）是指可轉換證券的面額除以轉換比率。

轉換價值（Conversion Value）是指每股市價乘以轉換比率。

可轉換特別股是指特別股在某種情況下，得由特別股轉換成**普通股**。一旦經過轉換之後便不可再轉回特別股。

故此題答案為(D)。

44 (B)。　庫藏股是指上市公司買回自己公司之股份。

故此題答案為(B)。

45 (A)。　**發行股份**（**Issued Shares**）：指授權股份中，已經發售的股數。

授權股份（**Authorized Shares**）：指公司章程規定或是主管機構授權公司最多可發行的股數。在授權範圍之內，公司可自由發行想要發行的股份。

流通在外的股份（**Outstanding Shares**）：指發行在外而未被公司購回作為庫藏股（Treasury Stock）的股份，也是社會大眾真正持有的股份。

故此題答案為(A)。

46 (C)。　**面額**僅是區分**股本**與**股本溢價**的數字，與其真正價值沒有關係。**普通股股本**除以**面額**，便可以得到**普通股股數**。

故此題答案為(C)。

47 (B)。我國在民國70年已全面要求國內上市公司的股票一律以**面額10元**計算。
故此題答案為(B)。

48 (C)。(A) 特別股可享有較普通股**優先分配股利**的權利。此外，當公司破產清
算時，公司對剩餘資產之分配權利也優於普通股，但分配順位仍在
公司債券持有人之後。

(B) 股票股利的來源有**盈餘轉增資**（盈餘分配）及**資本公積轉增資**（公
積分配）。

(C) 我國在民國70年已全面要求國內上市公司的股票一律以**面額10元**計算。
故此題答案為(C)。

49 (C)。**每股帳面價值**=(公司淨值－特別股權益)÷流通在外的普通股股數
故此題答案為(C)。

50 (D)。公司的股息政策常受到：(1)**企業目前的收益**、(2)**預期未來的收益**、(3)
稅法規定的變動及(4)**經營者的理念**，這四種因素而有所不同。
故此題答案為(D)。

51 (D)。普通股股東的權利有：(1)管理公司的權利、(2)投票權、(3)盈餘分配
權、(4)剩餘財產分配權、(5)優先認購權。
故此題答案為(D)。

52 (C)。股利收入一般可分為**現金股利**和**股票股利**。實務上，現金股利稱為**股
息**，股票股利稱為**無償配股**。
故此題答案為(C)。

53 (A)。

有價證券＼項目	公司債	特別股	普通股
到期日	(1) 有到期日。 (2) 到期日會因贖回的影響而縮短，到期日也會受可轉換公司債的影響。	(1) 通常無到期日。 (2) 到期日會因贖回的影響而縮短，到期日也會受可轉換公司債的影響。	無到期日之限制。

故此題答案為(A)。

54 (B)。 **政府債券（Government Bond）又稱公債**發行者為政府，故此政府債券
的風險較低，利率也較低。
故此題答案為(B)。

55 (B)。

有價證券＼項目	公司債	特別股	普通股
擔保品	可能會有**動產**或**不動產**作為擔保品。	無擔保品，求償權僅高於普通股。	無擔保品。

因此，資產風險性由小到大排列為公司債<特別股<普通股。
故此題答案為(B)。

56 (C)。

有價證券＼項目	公司債	特別股	普通股
擔保品	可能會有**動產**或**不動產**作為擔保品。	無擔保品，求償權僅高於普通股。	無擔保品。

故此題答案為(C)。

57 (D)。 原則上，「發行量加權股價指數」採樣的股票包含所有上市普通股，故
也包含一些交易量較小、活絡性較低的股票。也因如此，較難做為基金
經理人的投資績效評量之標準。因此，臺灣證券交易所與英國富時指數
有限公司另挑選50支市值較大、較具代表性之股票，以編製**臺灣50指數**
（**TSEC Taiwan 50 index**）。
故此題答案為(D)。

58 (C)。 **價值加權指數**：為使指數更能代表市場之實況，故以此法計算股價指
數。以簡單算術平均數方法來計算的指數，無形中給予高價股票較大的
權數，但市場價值加權指數是以公司的市場價值做為權數。例如，我國
的臺灣證券交易所編製的「發行量加權股價指數（TAIEX）」之計算公
式如下：
當期總發行市值＝各股票價格×發行股數所得市值之總和

　　基值＝當時總發行市值

　　市場價值加權指數＝當期總發行市值÷基值×100

　　除息（也就是發放現金股利）將使股價下跌、股數不變。而由於公司股
　　票的總市值下跌，故加權股價指數會下降。

　　故此題答案為(C)。

59 (C)。 資產風險性由小到大排列為**公司債**＜**特別股**＜**普通股**。其中公司債的類
　　別依風險由小至大排列為**抵押債券**＜**信用債券**＜**附屬信用債券**。

　　故此題答案為(C)。

重點3　共同基金

一、共同基金的介紹

(一) 定義

　　共同基金又稱為**信託基金**，是指投資人將資金交給專門的投資機構，由專
業機構的基金經理人，將所匯集的資金集合起來投資，其所賺得的利潤再
分給投資人。

(二) 要素

1. **投資信託關係**：投資信託由「投資人」、「保管機構」與「基金經理公
司」，三者所構成。

2. **受益憑證**：由「基金經理公司」發放給投資人的憑證，以表彰受益權，該
憑證在法律上視為有價證券。

(三) 共同基金的組成與運作

　　共同基金依成立的法律基礎不同，可分為**公司型**和**契約型**。

1. **公司型**：依公司法或相關法令成立，投資人就是基金的股東。

2. **契約型**：以信託契約為依據組成及管理，由委託人（基金經理公司）、受
託人（金融保管機構）及受益人（出資的投資人），三方所構成。

　　無論哪一型，共同基金的組成都包含：**投資人、基金本身、基金經理公司**
及**保管機構**，這4個主體。以國內的基金為例，基金屬於**契約型**，基金經
理公司創設基金是契約中的**委託人**，在基金募集完成後，將基金的資產交

由契約中的**受託人**（通常是銀行、信託公司等金融機構）保管，基金經理公司本身只負責基金操作。受託人通常是銀行、信託公司等金融機構，接受委託人的委託，保管並處分（例如辦理股票買賣的交割、核對帳目）基金的財產，為基金資產的保管機構。出資的投資人即是**受益人**，承擔基金操作的成敗。

共同基金的組成及運作是建立在**經理與保管分開**的基礎上，基金經理公司只負責基金的管理與操作，下達投資的買賣指令，本身並沒有實際經手基金的財產；保管機構只負責保管並依基金經理公司的指示處分基金的資產。基金的資產在保管機構內的帳戶是獨立的，即使基金經理公司或保管機構因為經營不善而倒閉，債權人也不能請求基金財產之處分。在這種設計之下，投資人的錢是存放在保管機構的獨立帳戶內，是安全有保障的。基金經理公司（或其代表機構）則負責提供基金買賣服務及有關的資訊服務。基金經理公司在募集資金時，一般是由公司本身或承銷機構（例如銀行或證券經紀商）募集；而基金的操作，則交由基金經理人負責。基金經理人可能是公司的內部人員，也可能是從公司外部聘請的，而目前國內的作法是由內部人員出任。

共同基金除了操作與保管分開之外，資金的操作情形還須在季報和年報中揭露。此外，每季的持股情形也須揭露，以做到資訊公開原則。因此，投資人除了行情起伏或經理人操作好壞會有盈虧之外，並不需擔心資金的安全問題。

此外，過去的**地下投資公司**除了不合法之外，與**共同基金**最大的不同是投資與資金並未分開，而且資金的運用並不透明也沒有法令保障，故對投資人非常沒有保障。

(四) **共同基金的淨值**

淨值是共同基金淨資產價值的簡稱，其是指一個基金所擁有的**資產**（包括現金、股票、債券及其他有價證券或其他資產）在每個營業日根據**市場**（包括股市、債市等）的「收盤」價格所計算出來的**總資產價值**，並扣除**基金以日計算的各類開銷**後，所得到的**淨資產總價值**，再除以**基金發行在外的單位總數**，此計算結果代表基金一個單位的實際價值。

例如，某基金擁有資產總值扣除各類開銷後即淨資產總價值為30億，發行在外的總單位數為2億個單位，則一個單位的淨值為15元（＝30億÷2億）。

淨值是投資基金時，計算買賣基金持分單位價格的主要依據。若基金屬於**開放式基金**，則淨值就相當於基金一個單位的價格；若基金屬於**封閉式基金**，由於持分透過交易市場買賣，故買賣成交價可能與淨值不同，造成市價與淨值之間會有差距。此外，市價高於淨值即為溢價，市價低於淨值即為折價。

淨值也是投資基金計算盈虧的依據。例如，投資時的單位淨值為15元，過了一段時間，把基金賣出變現時的單位淨值為18元，則有20%（＝3÷15）的投資獲利；若投資時的單位淨值為15元，基金賣出變現時的單位淨值為12元，則有−20%（＝−3÷15）的投資損失。因此，單位淨值上漲，表示基金的總資產價值上漲，而決定資產增減的關鍵是基金所投資的股市漲跌及基金經理人是否操作得好。一般來說，若操作績效良好的基金，淨值會因時間的累積不斷的上漲，而配息較少的成長型基金尤其是如此，其會不斷累積獲利，使資金持續成長。

(五) **投資基金的相關費用**

共同基金與其他投資工具一樣，會有各種費用的產生，而各基金的收費情形也有差異，投資前要先了解清楚費用支出。大致而言，投資基金的相關費用有下列五種：

費用種類	說明
銷售費 （申購手續費）	多數基金在銷售基金持分時，都會收取**銷售手續費**。國內開放型基金的收費一般是購買金額的3%以內；封閉型基金募集時的手續費一般比開放型還低一些。待募集完成上市後，由於買賣是透過證券商在交易市場進行，基金公司不再收取任何費用。目前買賣皆須支付給證券商0.1425%的手續費。而海外基金的銷售費有二種，若是透過銀行購買，手續費為投資金額的2%～3%；若直接向國外的基金公司購買，則以投資金額的多寡，支付1%～5%的手續費。
贖回費 （遞延銷售費用）	**贖回費**是指投資人將基金持分賣出變現時所需支付的手續費。一般而言，收取銷售費的基金通常不會再收取贖回費用或收取更低的贖回費用。目前在臺灣銷售的共同基金，不論是本地基金或海外基金，贖回費用都有逐漸降低之趨勢，有滿多基金甚至完全沒有這項費用。

費用種類	說明
轉換手續費	持有的原基金轉換至其他基金，所需支付的費用。轉換的時機一般是：目前持有的基金該出場，且有其他更好的基金可進場。
基金管理費	國內基金皆須支付**管理費**（或稱**經理費**）給基金經理公司，以作為投資、營運及管理之用。管理費的支付方式與銷售費、贖回費不同，管理費是從基金的資產中扣除，投資人不需額外支付。 在美國，這項費用通常不超過基金資產的1%。而國內基金則是在資產總值的1%～1.5%之間，逐日累計，按月支付。
保管費	**保管費**是指投資人支付給負責保管、處分基金資產的保管機構之費用。最初國內基金是每年付給總資產價值的0.2%，後來有些降低。保管費也是從基金資產中扣除，投資人不需額外支付。
其他費用	除了上述各項費用，基金還需支付證券交易手續費、登記費、會計師費用、律師費用、召開年會（若有的話）之花費、季報、年報及公開說明書的印製費等。一般而言，投資於國際資本市場的國際型基金或新設立的基金，此項費用較高。 此外，許多境外基金將同一檔基金分為A股（Class A）基金、B股（Class B）基金及C股（Class C）基金。雖然投資組合一樣，但收費方式和收益分配安排的不同，而可能會有不同的績效表現。三者的說明如下： **類型** | **說明** **A股基金**：典型的A股基金「收取」**前置銷售費用**。相對於B股基金與C股基金，有較低的**基金管理費**。通常較高的投資金額，會有較低的前置銷售費用。 **B股基金**：典型的B股基金「不收取」**前置銷售費用**，而是可能收取**贖回費用**（**遞延銷售費用**）。

費用種類	說明	
其他費用	**類型**	**說明**
	C股基金	C股基金可能收取比A股基金與B股基金較低的**前置銷售費用**或**遞延銷售費用**，但可能有較高的**基金管理費**。

(六) 共同基金的報酬

共同基金的獲利來源有三種：

類型	說明
利息收入	開放型基金須保留某些比率的現款，以備投資人賣出基金持分時要支付給投資人的現金。這些現款存在銀行等金融機構，可以有利息收入。此外，有些基金會這進行債券或貨幣市場投資，也會有利息收入。
股利收入	大部分的共同基金把資金投資於股市。上市公司視營運狀況，會定期發放股利給股東。若共同基金持有上市公司股票，即成為該公司的股東，也可以分配到股利。
資本利得	基金進行投資，必定是以「低買高賣」為原則，以尋求可能獲取的最大差價之利得。當共同基金將持有資產（包括股票、債券及其他有價證券）變現，以賺取利潤時，這種利潤就是已實現的資本利得（Realized Captial Gain）；若持有資產的成本低於市價但尚未賣出時，則稱為未實現資本利得（Unrealized Capital Gain），也是共同基金的收益來源之一。

投資人投資共同基金可以有「收益分配」和「買賣共同基金的差價」這二種獲利。

因為基金種類不同，獲利重點會有差異，投資人可配合自己的需要做選擇。而投資人投資基金要有獲利，必須是基金本身也處於獲利狀況。基金如有前述三種獲利，並且擇期將收益分配給投資人，此即為投資人的一種獲利。

另一種獲利則是利用基金淨值增值獲取差價，例如在淨值10元時投資基金，淨值漲至13元時賣掉基金持分，則可以有3元（30%）的差價獲利。基金淨值增加的原因是因為基金所投資的證券增值（如持有的股票漲價），或有利息或是股利收入，故投資基金最好隨時留意基金淨值變動。

(七) **共同基金的收益分配**

共同基金有利息、股利和已實現的資本利得等收益，若把這些收益分配給持有基金持分的投資人，就是一般所稱的「配息」。但需注意的是，配息有可能只是本金的退還。一般而言，每個基金都會訂立分配收益的時間及次數，有的是一年一次，有的甚至更多，會依基金的性質、型態而有所不同。

例如，成長型基金提供投資人的資金於長期可以不斷成長之機會，所以一年最多分配一次收益，有些基金甚至多年不配息，而把收益全數投資於基金資產，讓基金資產不斷累積成長。至於，收益型基金，例如債券基金或貨幣市場基金，每年分配收益的次數就不止一次，有的甚至每月都有配息。分配次數較多或每次分配較多收益是好是壞，要依投資人投資基金的目標而定。若投資人的目標是為了定期可有收入，則選擇配息較多的基金比較適合；若投資人是為了讓資金不斷成長，透過買賣賺取最大的差價利得（增值利潤），配息少或不配息的基金會是較佳的選擇。

基金分配的收益來自於「利息收入」、「股利收入」及「資本利得」，這三種獲利。在未分配之前屬於基金資產的一部份，收益分配越多、資產就減損越多，而收益分配就會隨之降低，則買賣之間可賺取的差價也越少。而且，在配息當日，投資人事實上並未真正「增加」獲利。

例如，某基金定於3月1日分配收益，每單位可配1元，假設當日淨值為10元，分配後的淨值就剩9元。若投資人在當日出售基金持分，則可以得到的價款是每單位9元加上1元的配息，總計10元，這樣的結果和不配息得到價款也是10元並沒有不一樣。因此，投資基金要先釐清投資目標，若重視資金成長、增值，則不必在意收益分配。

(八) 開放型基金與封閉型基金

類型	說明
開放型基金	指投資人直接向**基金公司**或其**代理機構**購買及賣出基金，以基金淨值作為買入賣出價格。開放型基金的規模會隨著投資人的買入賣出而增減。 **受益憑證**之發行量可能因投資者的申購及贖回而變動。 國內大部分基金都是開放型基金。
封閉型基金	只募集時一次出售固定的持分，之後投資人不能將持分賣回給基金公司，而是在**證券交易所**進行持分的買賣，故基金總持分不會有任何的增減。此外，此類型的基金是在市場進行買賣，故實際買賣的價格有可能會與基金淨值不同。 **受益憑證**的價格是由市場的供需狀況決定。

(九) 共同基金的種類

常見基金的種類有：

類型	說明
股票型基金	基金的主要投資標的是股票。短期而言，股票基金的價值可能漲跌很快，但依歷史數據來看，股票長期表現優於債券。整體而言，市場風險是最可能造成股票型基金的投資人有損失之風險。 並非所有的股票型基金獲利目標都一樣，例如**成長型基金**投資在有較高的資本利得潛能的股票，而**收益型基金**則投資於有較固定股利的股票居多，**類股基金**則集中投資於特定產業部門（像是能源類股、科技類股）的股票。
債券型基金	基金主要投資標的是債券，而且不能投資於股票、可轉換公司債、附認股權公司債及其他具有股權性質之有價證券和結構式利率商品。相對於貨幣型基金，債券型基金追求較高殖利率的策略，故債券型基金通常比貨幣型基金更具風險性。 債券種類繁多，不同的債券型基金（例如高收益債券型基金與政府債券型基金）的風險與報酬可能有很大的差異。 與債券型基金相關的風險有下列三種：

類型	說明
債券型基金	1. 信用風險：債券型基金所持有的債券發行公司倒債之風險。若投資政府債券，則信用風險問題較小。 2. 利率風險：債券價值可能因市場利率上升而下降之風險。此種風險即使投資於政府債券也可能造成損失。通常投資在比較長期的債券，則有較高的利率風險。 3. 提前贖回的風險：債券會被發行單位提前清償之風險。例如，當市場利率下降，發行債券單位可能提前清償原有債券並發行較低利率的新債券，使共同基金必須在利率較低的環境下再投資其取得的資金。
平衡型基金	同時投資於股票、債券及其他固定收益證券達基金淨資產價值的70%以上，其中投資於股票金額占基金淨資產價值的70%以下而且不得低於30%。風險應較股票基金為低，報酬應較股票基金平穩。
指數型基金	基金全部或主要部份資產投資於指數成份證券，以追蹤、模擬、複製標的指數表現。
指數股票型基金	此類基金與指數型基金相同，都是追蹤、模擬或複製標的指數表現，不同的是指數股票型基金是在證券交易市場交易，而且申購、買回是採實物或依據證券投資信託契約規定方式交付之基金。
組合型基金	投資於證券投資信託事業或外國基金管理機構所發行或經理之受益憑證、基金股份/投資單位，而且不得投資於其他組合型基金。
保本型基金	依有無機構保證區分為下列兩種： 1. **保證型基金**：在基金存續期間，藉由保證機構保證到期時提供受益人一定比率本金之基金。 2. **保護型基金**：在基金存續期間，藉由**基金投資工具**，於到期時提供受益人一定比率本金保護之基金。亦此類基金無保證機構提供保證之機制。
貨幣市場基金	《證券投資信託基金管理辦法》第47條：貨幣市場基金指運用於銀行存款、短期票券及附買回交易之總金額達基金淨資產價值百分之七十以上者。附買回交易標的，包含短期票券及有價證券。貨幣市場基金的風險相對低於其他的基金與多數投資。貨幣市場基金的利得通常反應市場的短期利率，根據歷史數據可觀察到，貨幣市場基金的報酬低於債券型基金與股票型基金。因此，該類基金的首要考量風險是**通貨膨脹風險**。

(十) 基金風險收益等級

中華民國銀行公會針對基金之價格波動風險程度，依基金**投資標的風險屬性**和**投資地區市場風險狀況**，由低至高編制五個風險收益等級，分別為「RR1、RR2、RR3、RR4、RR5」。風險收益等級僅供參考，因為投共同基金之盈虧是受到**國際金融情勢震盪和匯兌風險的影響**。投資人應斟酌個人的**風險承擔能力**和**資金可運用期間之長短**，以決定是否進行投資。

下表為風險收益等級、投資目標及主要基金類型之說明：

風險收益等級（低至高）	投資風險	投資目標	主要基金類型
RR1	低	1. 以追求穩定收益為目標。 2. 一般投資於短期貨幣市場工具，例如短期票券、銀行定存。 3. 並不保證本金不會虧損。	▲ 貨幣型基金
RR2	中	1. 以追求穩定收益為目標。 2. 一般投資於已開發國家政府公債、或國際專業評等機構評鑑為投資級（如標準普爾評等BBB級、穆迪評等Baa級以上）之已開發國家公司債券。 3. 有價格下跌之風險。	▲ 已開發國家政府公債債券型基金 ▲ 投資級（標準普爾評等BBB級，穆迪評等Baa級以上）之已開發國家公司債券基金
RR3	中高	1. 以追求兼顧資本利得及固定收益為目標。 2. 一般同時投資股票及債券、或投資於較高收益之有價證券。 3. 有價格下跌之風險。	▲ 平衡型基金 ▲ 非投資級（標準普爾評等BBB級，穆迪評等Baa級以下）之已開發國家公司債券基金 ▲ 新興市場債券基金
RR4	高	1. 以追求資本利得為目標。 2. 一般投資於已開發國家股市、或價格波動相對較穩定之區域內的多國股市。 3. 可能有大幅價格下跌之風險。	▲ 全球型股票基金 ▲ 已開發國家單一股票基金 ▲ 已開發國家之區域型股票基金
RR5	很高	1. 以追求最大資本利得為目標。 2. 一般投資於積極成長型類股或波動風險較大之股市。 3. 可能有非常大之價格下跌風險。	▲ 一般單一國家基金 ▲ 新興市場基金 ▲ 產業類股型基金 ▲ 店頭市場基金

若將風險收益等級與投資目標進行比較可得知：RR1、RR2是以追求穩定收益為目標，RR3是以兼顧資本利得和固定收益為目標，RR4是以追求資本利得為目標，RR5是以追求最大資本利得為目標。

若將風險收益等級和主要基金類型作比較，可發現：貨幣型基金屬於RR1等級，債券型基金屬於RR2和RR3等級，平衡型基金屬於RR3等級，股票型基金屬於RR4和RR5等級（詳如下圖所示）。

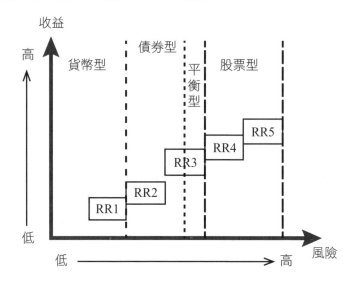

(十一) 如何評估基金的績效表現

基金的歷史績效是選擇基金投資時的重要參考依據，評估基金績效的基礎為每單位淨資產價值的變化。一般而言，基金單位淨值會隨著投資標的行情起伏而漲跌。

投資人可在各家報紙的財經版裡「共同基金淨值表」中查詢有關國內各類基金每日淨值的資料，蒐集相關數據後，即可評估基金的操作績效。

評估基金績效有以下三個基本的角度：

項目	說明
淨值成長率	評估基金績效可**選定特定期間**（例如一個月、一季或一年等），比較同類型基金自期初至期末的淨值漲跌幅度；或是針對**股票型基金**，以股價指數某一段上升（或下跌）波段為基礎，比較同類型基金在這段行情過程中的淨值漲跌幅度。以**股票型基金**做為比較的方

項目	說明
淨值成長率	式較能突顯基金經理人的功力，若某個基金在指數上揚時，淨值漲幅皆能超過同類型基金及指數；而指數下跌時，淨值跌幅又低於同類型基金及指數，則這位基金經理人對於波段行情的掌握及選股方向必有獨到之處。
平均報酬率	有些基金在特定期間或某段行情中的表現也許並非出色，卻有長期穩定的報酬率。評估長期績效，可以選擇較長的時間（例如3年、5年等），算出基金在此期間的總報酬率（包含淨值成長、歷年配息等），再以複利的計算方式推算出此基金的平均年報酬率。例如用某基金在5年內的總報酬率計算基金的平均報酬率，此法有助於將基金與其他替代性投資工具（例如銀行定存、債券、績優股票等）的獲利性進行比較，這對偏好長期投資者特別具有參考之價值。
單位風險報酬率	所有投資工具都有風險，而且報酬率與風險程度大部份為正比。若單以淨值成長率或平均報酬率來評估績效是不公平的。針對上述缺點，需以基金的淨值波動程度量化來衡量風險，而「標準差」是最常使用的指標之一。基金的「標準差」是根據每日實際淨值與平均淨值的差價累計而計算的，其「標準差」越大，表示基金淨值波動程度越大，風險也相對越高。 若有兩檔基金的報酬率皆相同，投資人當然會選擇標準差較低的基金；若有兩檔基金的標準差皆相同，投資人會選擇報酬率較高的基金。但實務上無法如此斷定用上述方法判別。因此，可運用「**單位風險報酬率**」（即用**報酬率**除以**標準差**），衡量投資人每承擔一單位的風險可得到多少的報酬之概念。 例如，在某段期間內，甲基金的報酬率為40%、標準差為20%，乙基金的報酬率為30%、標準差為12%，即甲基金的報酬優於乙基金，但風險也大於乙基金。若以單位風險報酬率而言，甲基金為2（$=\dfrac{40\%}{20\%}$）、乙基金為2.5（$=\dfrac{30\%}{12\%}$），亦經過風險（標準差）調整之後，乙基金的表現優於甲基金。 單位風險報酬率若調整時間價值就是「報酬率」減「無風險利率」再除以「標準差」，此即為夏普指標。

項目	說明
單位風險報酬率	目前國內各報章雜誌或基金公司發佈的基金績效資料，尚未將風險觀點導入評估指標中。除了瞭解評估基金表現的方法，另有其他事項需注意： 1. 不要以偏概全 　有些基金公司會刻意挑選某一、二段基金表現最好的時期為例，宣傳該基金操作績效優良。投資人最好蒐集該基金的長期淨值變化，以免被宣傳資料誤導。 2. 不要忽略「起始點」的差異 　同類型的基金，因成立時間、正式進場操作時間不同，績效高低也自然有別。在指數低檔區成立而進場的基金與指數高檔區成立而進場的基金，前者占有先天優勢，即淨值高於後者，也不能由此認定前者的績效就優於後者。 3. 不要忘記「除息」因素 　基金和股票一樣，在配息（收益分配）基準日，「息值」必須從淨值中扣除。因此在計算基金淨值成長率時，必須把除息的因素還原回去。 4. 避免「跨類」比較 　不同類型的基金其所投資的標的皆不相同，若將績效混為一談則有失公平。 5. 市價不同於淨值 　封閉式基金掛牌上市之後，因股市行情變化及籌碼供需變化，會產生市價偏離淨值的「折價」或「溢價」現象。若純粹評估基金的「操作績效」，只需以淨值作為計算基礎；若要評估「報酬率」，因為封閉式基金的買賣依市價進行，故必須改採市價計算，才能反映實際報酬。 6. 歷史未必重演 　所有基金的公開說明書或投資說明上都會附帶一段警語：「經理公司以往之經營績效不代表未來之表現，亦不保證基金之最低收益」，故基金的歷史績效只能作為「參考」而非「依據」。

(十二) 投資共同基金的優缺點

優點	說明
專業管理	共同基金由專業經理人研究、選擇並檢視基金所購買證券的績效。
分散投資	分散策略就是—不要把雞蛋放在同一個籃子裡。分散投資在不同公司與產業可降低單一公司或產業表現不良的風險。投資共同基金可輕易達到分散投資的策略。
可負擔性	多數共同基金提供小額及定期定額購買持分的服務，便利沒有高額資產的投資人進行投資。
高流動性	共同基金的投資人可快速以淨值（需扣除必要費用）贖回所擁有的持分。

缺點	說明
不論賺賠都需負擔費用	不論投資人所購買的基金表現為何，投資人皆必須負擔銷售費用、經理費用、保管費等相關費用。
缺乏控制	投資人在大多數的時點，無法確切得知基金投資組合的內容，也無法影響基金經理人所交易的證券與時點。
價格不確定性	若投資人持有一般證券，其可以即時得知價格資訊，也可隨時檢視價格變動。但共同基金只有在交易所的盤後才計算淨值，其購買或贖回的價格，一般在投資人下單後幾個小時後才能決定。

(十三) 績效之外—投資共同基金的其他考量因素

　　有些學者發現共同基金的績效有持續性，但有些研究並不認同。特別是高於平均績效的持續性，其超額報酬通常幾乎等於管理費。因此，投資共同基金時，過去的績效固然可做為參考，但過去的績效並不能保證未來的績效也是如此。長期而言，影響基金投資的因素還包括：基金費用、基金年齡與規模、基金的風險、基金營運政策的轉變等。所以，投資人在投資時應注意下列事項：

項目	說明
基金費用	高成本費用的基金必須有比低成本費用的基金有較好的績效表現，才能提供較高的報酬給投資人。即使小小的費用差異，也會因時間積累，產生極大的報酬率異。
基金年齡與規模	新基金和小基金有時會有短期的卓越績效。由於這些基金初期投資的股票數較少，若持有少數表現好的股票就會對基金績效產生很大的影響。但當這些基金規模變大時，所持有的股票種類增加，單一個股的表現對基金績效的影響變小，故這些基金要維持優越的績效表現會變得更加困難。因此，應以較長的時間來評估基金表現，並且觀察基金在多頭與空頭市場之表現。
基金投資組合的周轉率	周轉率是衡量基金買賣證券的頻率。較高的周轉率不一定會有較高的績效，但一定有較高的交易成本。
基金的波動性	雖然基金過去的績效不一定可預測未來的績效，但可提供歷史的波動數據作為參考。基金績效的波動越高，投資風險也越高。透過檢視基金各年度的績效表現，可讓投資人了解基金的波動程度。例如，A、B兩檔基金都同時提供10年平均年報酬率10%，但A基金可能只有在某一年有特別卓越的表現，但B基金卻在各年度都有穩定的表現，這種穩定的程度對投資年限較短的投資人有重要之參考價值。
考量不同種類基金的風險因素	投資人應了解較高報酬率的基金所承受的風險可能超出投資人可以容忍的程度，因而危及財務目標的達成。
注意基金營運狀況的改變	基金營運狀況的改變，例如基金投資策略的改變、基金與其他基金合併、變更基金經理人等，都會影響基金的未來績效。
個人投資組合分散的考量	長期而言，成功的投資因素取決於資產配置，也就是所投資的資產類別（例如股票、債券及現金等），而非所持有的特定證券。投資基金時應考量，所投資的基金對個人投資組合的整體分散程度之影響。因此，維持一個分散、平衡的投資組合是維持個人可接受風險水平的關鍵因素。

二、指數股票型證券投資信託基金（ETF）簡介

指數股票型證券投資信託基金（Exchange-Traded Funds, ETF）一般通稱「指數股票型基金」，主要是以持有代表指數標的之股票權益的受益憑證來做投資，而不是直接持有多種個別股票的投資。也就是說，ETF是將指數證券化，提供投資人參與指數表現的基金，其淨值表現緊貼指數的走勢，而且買賣ETF除了可以在證券市場交易之外，也可直接向發行ETF的基金管理公司進行申購或要求買回，故兼具封閉式與開放式指數基金的特色。

ETF的優缺點說明如下：

優點	說明
買賣方便變現性高	ETF的買賣方式與股票相同，皆在股票市場中掛牌交易，故投資人只要在股市交易的時間內，都可隨時透過證券營業員下單買賣。
被動式管理有效降低成本	相對於其他共同基金商品，ETF最大的特色在於「**被動式管理**」。**被動式管理**是指投資組合與指數內容完全相同，基金績效力求與大盤指數表現一致，而且因投資組合隨標的指數成分調整，即複製指數走勢，並不主動調整投資組合，以免去選股的困擾。同時，可降低管理費、交易成本及營運成本等。 傳統式共同基金的績效來自基金經理人根據外在環境變遷，而隨時調整投資組合所致，此類稱為**主動式管理**。同時，管理費、交易成本及營運成本等皆比被動式管理還高。
分散風險	因ETF是以指數為追蹤標的，其投資組合也與指數一致，不僅可達到分散風險的效果，也降低投資個別股票的非系統風險。
可以避險	ETF可做融資、融券，故投資人在進行現貨交易時，可利用放空ETF以預防大盤可能下跌的風險；或買進ETF以規避放空現貨而有指數上升的風險。
機動性強操作靈活	ETF是在股市交易，與買賣股票的作業相同，故盤中可即時報價、交易及撮合，不像傳統開放型基金，必須等到盤後才能得知基金的價格。
投資組合透明度較高	一般共同基金的選股是由基金經理人決定，故易受基金經理人的投資偏好所影響，而且持股較不公開。相較於ETF的投資組合和指數一樣，持股內容十分透明且不受人為因素的影響，投資人在投資時就能非常清楚。

缺點	說明
基金可能折價	1. 若市場投資人買賣交易不熱絡或流動性不足等問題發生，將會使掛牌交易中的基金或多或少產生基金折價之問題。此問題在ETF也會發生，一旦ETF長期持續折價，而且沒有改善時，會影響到投資人日後的購買意願。但有別於一般的封閉型基金，ETF有**實物買回**與**實物申購**機制，以解決基金折溢價之問題。 2. **實物買回**是指當ETF在集中市場的報價低於其資產淨值（產生折價）時，參與券商可以在次級市場以低於資產淨值的價格大量買進ETF後，於初級市場申請贖回（買回）許多股票，再於次級市場中賣掉股票而獲利，以賺取中間的價格差距。換言之，實物買回可促使ETF在集中市場的價格因參與券商套利於買盤進場帶動報價上揚，以縮小其折價差距，間接產生讓ETF價格與淨值趨於一致的效果。 3. **實物申購**是指在基金發生溢價時，參與券商可以在次級市場買進股票許多股票，在初級市場申請創造ETF後，於次級市場中以高於資產淨值的價格將此申購到的ETF賣出，以賺取價差套利。換言之，實物申購讓參與券商在次級市場賣出ETF，促使ETF價格下滑，縮小了溢價空間，也間接縮小ETF市價與淨值之間的差距。 4. ETF的實物買回與實物申購機制透過參與券商進行套利，促使市場更具效率，並使ETF價格與淨值趨於一致。
無法享有股東的權利	雖然ETF各項交易與持股方式和股票非常的類似，但ETF仍是基金不是股票。因此，ETF的基金受益人不能像股票投資人一樣，享有直接配息、配股或參加股東會等權利。
只能緊貼市場	投資ETF績效只能緊貼市場，不能超越市場。

ETF本質上屬於基金的一種，也是由投信公司發行且設有基金經理人。但ETF的操盤、運作、贖回、管理費用等，仍與一般基金有不同的規定。相異之處說明如下：

項目	說明
買賣方式	通常傳統基金中只有**封閉型基金**可在集中市場掛牌交易，且不可「融資買進」、「融券賣出」。但ETF卻可在股市中掛牌交易，且可享有「融資買進」、「融券賣出」的信用交易資格。
基金操作方式	ETF與一般基金的運作方式完全不同。ETF是以「複製」指數的波動為目的，改變標的個股的頻率較低；一般基金是以「贏過」指數為目的，買進的標的個股則是不斷在變動。
投資成本	ETF採被動式管理，並不積極主動改變投資組合，故成本較低。

三、組合型基金（Fund of Funds）

投資人透過購買共同基金，除了可以獲得**專業的服務**之外，也可達到**分散風險**的功能。但共同基金的分散風險功能受到一些限制，例如股票型基金以投資股票為主、債券型基金以投資債券為主，在風險分散上並不徹底。雖然有平衡型基金可以滿足投資人在多頭與空頭市場的不同需要，但在幣別或區域上，仍無法有效的分散，這也是組合型基金興起的主要原因之一。

此外，投資人在面對多樣的共同基金時，常會不知何時買賣、如何做適當的資產配置等之疑慮，此時**組合型基金**可解決投資人上述之問題。組合型基金是由經理人依據某些指標挑選出符合條件的子基金（Baby Fund Pool），進行適當的投資配置而組合成的基金。換言之，一般的共同基金是以股票或債券為投資標的，而組合型基金則是以共同基金為投資標的。

組合型基金與一般的共同基金一樣，有專業的基金經理人負責管理，將基金的資產分配到不同的市場與不同的產業，並依據市場狀況或產業前景以隨時做必要的調整。但組合型基金的投資標的是共同基金，故相較於單一共同基金的投資區域更廣泛，投資標的也較充足，更能達到分散風險的目的。

對僅有小額資金的投資人而言，透過組合型基金可以達到相當程度的風險分散。雖然組合型基金的報酬率常常不是最突出的，但因著重於風險控制，故適合穩健保守的投資人。

四、保本型基金（Principal Guaranteed Fund）

保本型基金是指將一部份的資金投資在**債券**或**定存**等工具上，以保證到期時，投資人能取回投資本金的一定比例（也就是**保本率**）。保本型基金也會同時將其餘的資金或利息收入投資於衍生性商品，例如選擇權等。因此，當市場狀況不如預期的好，基金在到期時的淨值也不會低於原投資本金的一定比例，也就達到「保本」之作用；若市場狀況良好時，其所購買的選擇權將提供不錯的報酬。

由於**保本機制**是透過投資債券或定存等工具進行的，故只有在到期日贖回才有保本，若投資人在到期日前贖回，則無法保證有保本。因此，投資人須注意基金的流動性和提前贖回成本是否過高等問題。

保本型基金的運作與連動債券非常類似，同樣適合較保守的投資人，但通常保本型基金的契約存續期間較短，而且也比較透明。

各種共同基金的比較如下表所示：

產品名稱	產品特色	產品優點	產品缺點	適合的投資人
組合型基金	1. 以**共同基金**為投資標的。 2. 透過**主動式**的資產配置，以管理投資組合。	1. 透過各個子基金（例如區域、產業型等）將風險進一步分散。 2. 透過主動式的資產配置管理，以提高投資組合的績效。	基金績效與經理人的能力有直接關係。	相對股票型基金而言，較適合穩健保守的投資人。
保本型基金	1. 保證契約到期時，投資人能取回本金的一定比率。 2. 通常契約訂有存續期間。	1. 保證契約到期時，投資人能取回本金的一定比率。 2. 透明度較連動債券高。	與其他基金相比，投資人須面對到期前贖回成本過高之問題。	適合不願承擔高風險，卻同時希望有高投資收益的投資人。
債券型基金	以**債券**和**短期貨幣**等投資工具為投資標的。	投資風險較低，但報酬也較低。	報酬較股票型基金低。	適合穩健保守的投資人。

產品名稱	產品特色	產品優點	產品缺點	適合的投資人
股票型基金	以**股票**為投資標的。	高風險、高報酬。	1.基金本身風險分散效果的程度較有限。 2.基金績效與經理人的能力有直接關係。	適合積極型投資人，願意承擔較高的風險，以獲取較高的報酬。

精選試題

(　) **1** 下列有關共同基金的敘述，何者為真？　A.基金的資產在保管機構內的帳戶是獨立的　B.基金經理公司是共同基金中的受託人　C.保管機構只負責保管並依經理公司的指示處分基金的資產。　(A)A與B　(B)B與C　(C)A與C　(D)以上皆非。

(　) **2** 共同基金以成立的法律基礎，可分為公司型與下列何者？
(A)指數型　(B)契約型　(C)開放型　(D)封閉型。

(　) **3** 目前臺灣證券市場上所見到的共同基金，其組成的方式大多屬於：
(A)契約型基金　(B)股票基金　(C)債券基金　(D)公司型基金。

(　) **4** 契約型共同基金由何者構成？
A.委託人　B.受益人　C.受託人
(A)A與B　(B)A與C　(C)B與C　(D)A、B、C。

(　) **5** 申購國內開放型共同基金時，按下列何者計算金額？　(A)與銷售公司議價　(B)前一日之單位淨資產價值　(C)市場之掛牌價格　(D)當日之單位淨資產價值。

(　) **6** 封閉型共同基金之市場價格通常會比其淨資產價值：
(A)低　(B)高　(C)相等　(D)以上均有可能。

(　) **7** 以下特性，何者是「共同基金」與地下投資公司產品最明顯不同點：　(A)法令保障　(B)資訊充分揭露　(C)資產經理與保管分離　(D)以上皆是。

(　) **8** 所謂開放型共同基金指的是受益憑證之發行量：　(A)得由發行者自行增減　(B)可能因投資者的申購及贖回而變動　(C)固定　(D)以上皆非。

(　) **9** 購買共同基金時，以下何者描述有誤？　(A)得免負投資風險　(B)應負擔基金管理費用　(C)應負擔銷售費用　(D)應負擔保管費。

(　) **10** 何者是基金投資人支付給保管機構的費用？　(A)保管費　(B)銷售費　(C)管理費　(D)贖回費。

(　) **11** 贖回共同基金持分時，投資人須支付？
A.基金管理費　B.贖回費用　C.保管費
(A)A　(B)B　(C)C　(D)以上皆非。

(　) **12** 共同基金的報酬包括：　(A)利息收入　(B)股利收入　(C)資本利得　(D)以上皆是。

(　) **13** 列有關共同基金配息的敘述，何者為真？　A.配息越多，資產就減損得越多　B.配息當日，投資人真正增加獲利　C.成長型基金一年頂多配息一次　(A)A與B　(B)A與C　(C)B與C　(D)A、B與C。

(　) **14** 中華民國銀行公會針對基金之價格波動風險程度，依基金投資標的風險屬性和投資地區市場風險狀況，編制為幾個風險收益等級？(A)3　(B)4　(C)5　(D)6 。

(　) **15** 銀行公會將基金風險收益等級編制為幾個等級？　(A)RR1、RR2、RR3　(B)RR1、RR2、RR3、RR4　(C)RR1、RR2、RR3、RR4、RR5　(D)RR1、RR2、RR3、RR4、RR5、RR6。

(　) **16** 投資人應注意基金風險收益等級僅供參考，投資共同基金應考慮下列何種因素：　(A)個人風險承擔能力　(B)個人資金可運用期間之長短　(C)國際金融情勢　(D)以上皆是。

（　　）**17** 購買封閉式受益憑證，應在：　(A)店頭市場　(B)證券公會　(C)集中交易市場　(D)證券投資信託公司營業處所。

（　　）**18** 下列何種基金其受益憑證的價格是由市場的供需狀況決定？　(A)債券基金　(B)開放式基金　(C)封閉式基金　(D)開放型股票基金。

（　　）**19** 下列有關封閉式基金的敘述，何者有誤？　(A)在集中市場交易　(B)不可以贖回　(C)市價常與淨值不同　(D)國內大部分基金都是封閉型。

（　　）**20** 關於基金風險收益等級的敘述，下列何者正確：　(A)RR1、RR2是以追求穩定收益為目標　(B)RR3是以追求兼顧資本利得和固定收益為目標　(C)RR4是以追求資本利得為目標　(D)以上皆是。

（　　）**21** 關於基金風險收益等級與主要基金類型的關聯，下列敘述何者正確：　(A)股票型基金屬於RR2等級　(B)貨幣型基金屬於RR2等級　(C)債券型基金屬於RR2和RR3等級　(D)平衡型基金屬於RR4等級。

（　　）**22** 請問RR2基金風險收益等級之投資風險：　(A)很高　(B)高　(C)中高　(D)中。

（　　）**23** 下列何種基金之風險最低？　(A)新興市場債券基金　(B)已開發國家單一股票基金　(C)已開發國家政府公債債券型基金　(D)已開發國家之區域型股票基金。

（　　）**24** 就風險而言，下列何種基金最高？　(A)指數型基金　(B)平衡型基金　(C)產業型基金　(D)全球型股票基金。

（　　）**25** 目前債券型基金所投資的標的包括哪些？　(A)外匯　(B)期貨　(C)定存　(D)以上皆非。

（　　）**26** 平衡型基金的特色為何？　(A)投資在股票和固定收益產品　(B)報酬應較股票基金平穩　(C)風險應較股票基金為低　(D)以上皆是。

( ) **27** 下列關於共同基金的敘述，何者錯誤？ (A)股票型基金係指以股票為投資標的 (B)保本型基金係指保證契約到期時，投資人能取回本金的一定比率 (C)平衡型基金是以共同基金為投資標的 (D)債券型基金係指以債券及短期貨幣等投資工具為投資標的。

( ) **28** 下列何者可為評估基金的績效表現？ A.淨值成長率 B.平均報酬率 C.單位風險報酬率 (A)A與B (B)A與C (C)B與C (D)A、B及C。

( ) **29** 假設在某一波段期間內，A基金的報酬率為20%，標準差為10%，B基金的報酬率為10%，標準差為4%，下列何者為真？ (A)A基金的單位風險報酬率等於B基金 (B)A基金的單位風險報酬率低於B基金 (C)A基金的單位風險報酬率高於B基金 (D)無法確定。

( ) **30** 在某段期間內，A基金的單位風險報酬率為4，報酬率為20%，則A基金的標準差為？ (A)5 (B)5% (C)80 (D)80%。

( ) **31** 共同基金淨值的標準差越大，則下列敘述何者為真？ (A)風險越高 (B)基金淨值波動程度越大 (C)以上皆是 (D)以上皆非。

( ) **32** 投資於下列兩種基金之報酬應如何比較？
A.國內股票基金一年報酬為25% B.亞洲債券基金一年報酬為12%。
(A)A較B更值得投資 (B)A報酬較B佳 (C)A與B應避免跨類比較 (D)以上皆是。

( ) **33** 共同基金的優點是： (A)人人均可投資 (B)專家管理 (C)分散投資風險 (D)以上皆是。

( ) **34** 某共同基金現過去一年、五年和十年的年平均報酬率分別為3%、5%和10%，則此基金未來一年的報酬率可能為？
(A)介於0%與3%之間 (B)介於3%與5%之間 (C)介於5%與10%之間 (D)無法判斷。

( ) **35** 關於ETF「指數股票型基金」，下列敘述何者錯誤？ (A)ETF是將指數證券化、提供投資人參與指數表現的基金，其淨值表現緊貼指數的走勢 (B)買賣ETF，除了可以在證券市場交易外，也可以直接

向發行ETF的基金管理公司進行申購或要求買回　(C)ETF只具備開
放式指數基金的特色，但不具備封閉式指數基金的特色　(D)ETF主
要是持有代表指數標的股票權益的受益憑證來做投資，而不直接持
有多種個別股票的投資。

(　) **36** 關於ETF「指數股票型基金」的敘述，下列何者正確？　(A)沒有基
金折價問題　(B)ETF是主動式管理　(C)ETF的基金受益人無法享
有股東的權利　(D)ETF不可做融資融券。

(　) **37** 下列哪一類基金具有實物買回與實物申購機制？　(A)指數型基金
(B)指數股票型基金　(C)貨幣市場基金　(D)避險基金。

(　) **38** 關於組合型基金，下列敘述何者錯誤？　(A)組合型基金的投資標的
需要依市場狀況或產業前景隨時做必要的調整　(B)組合型基金是
被動式管理　(C)非常適合穩健保守的投資人　(D)組合型基金可以
解決投資人常會不知何時買賣、如何做適當的資產配置等問題。

(　) **39** 關於組合型基金，下列敘述何者正確？　(A)組合型基金是被動式管
理　(B)組合型基金不需要專業的基金經理人負責管理　(C)相較於
單一共同基金，組合型基金更能達到分散風險的目的　(D)組合型
基金是以股票或債券為投資標的。

(　) **40** 關於ETF與一般共同基金的比較，下列何者錯誤？　(A)ETF可享有
「融資買進」、「融券賣出」之信用交易資格　(B)一般共同基金
中只有封閉型基金可在集中市場掛牌交易，但ETF卻可在股市中掛
牌交易　(C)一般共同基金採被動式管理，並不積極主動改變投資
組合，因此成本較低　(D)ETF是以「複製」指數的波動為目的，一
般共同基金是以「贏過」指數為目的。

(　) **41** 關於保本型基金，下列敘述何者錯誤？　(A)相較於連動型債券，通
常保本型基金的契約存續期間較短，而且也較透明　(B)保本型基
金適合較保守的投資人　(C)只有在到期日贖回才有保本　(D)保本
型基金是指將一部分的資金投資在股票工具上，以保證到期時，投
資人能取回投資本金的一定比例。

（　　）**42** 下列何種共同基金，在契約中通常訂有存續期間？　(A)避險型基金
(B)保本型基金　(C)組合型基金　(D)指數股票型基金。

解答與解析

1 (C)。共同基金的組成及運作是建立在**經理與保管分開**的基礎上，基金經理公司只負責基金的管理與操作，下達投資的買賣指令，本身並沒有實際經手基金的財產；保管機構只負責保管並依基金經理公司的指示處分基金的資產。
以國內的基金為例，基金屬於契約型，基金經理公司創設基金是契約中的**委託人**，在基金募集完成後，將基金的資產交由契約中的受託人（通常是銀行、信託公司等金融機構）保管，基金經理公司本身只負責基金操作。
故此題答案為(C)。

2 (B)。共同基金依成立的法律基礎不同，可分為**公司型**和**契約型**。
故此題答案為(B)。

3 (A)。以國內的基金為例，基金屬於**契約型**，基金經理公司創設基金是契約中的**委託人**，在基金募集完成後，將基金的資產交由契約中**的受託人**（通常是銀行、信託公司等金融機構）保管，基金經理公司本身只負責基金操作。
故此題答案為(A)。

4 (D)。**契約型共同基金**是以信託契約為依據組成及管理，由委託人（基金經理公司）、受託人（金融保管機構）及受益人（出資的投資人），三方所構成。
故此題答案為(D)。

5 (D)。開放式基金：投資人直接向基金公司或其代理機構購買及賣出基金，以基金當日之單位淨值作為買入賣出價格。
故此題答案為(D)。

6 (D)。若基金屬於**封閉式基金**，由於持分透過交易市場買賣，故買賣成交價可能與淨值不同，造成市價與淨值之間會有差距。
故此題答案為(D)。

7 (D)。 過去的**地下投資公司**除了不合法之外，與**共同基金**最大的不同是一投資 與資金並未分開，而且資金的運用並不透明也沒有法令保障。 故此題答案為(D)。

8 (B)。 **開放型基金**是指投資人直接向基金公司或其代理機構購買及賣出基金， 以基金淨值作為買入賣出價格。開放型基金的規模會隨著投資人的買入 賣出而增減。 **受益憑證**之發行量可能因投資者的申購及贖回而變動。 故此題答案為(B)。

9 (A)。 **共同基金**又稱為**信託基金**，是指投資人將資金交給專門的投資機構，由 專業機構的基金經理人，將所匯集的資金集合起來投資，其所賺得的利 潤再分給投資人。投資共同基金不論投資人所購買的基金表現為何，投 資人皆必須負擔銷售費用、經理費用、保管費等相關費用。 因此，投資共同基金仍有投資風險之存在。 故此題答案為(A)。

10 (A)。 **保管費**是指投資人支付給負責保管、處分基金資產的保管機構之費用。 多數基金在銷售基金持分時，都會收取**銷售手續費**。 國內基金皆須支付**管理費**（或稱**經理費**）給基金經理公司，以作為投 資、營運及管理之用。 **贖回費**是指投資人將基金持分賣出變現時所需支付的手續費。 故此題答案為(A)。

11 (B)。 國內基金皆須支付**管理費**（或稱**經理費**）給基金經理公司，以作為投 資、營運及管理之用。 **贖回費**是指投資人將基金持分賣出變現時所需支付的手續費。 **保管費**是指投資人支付給負責保管、處分基金資產的保管機構之費用。 故此題答案為(B)。

12 (D)。 共同基金的獲利來源有利息收入、股利收入、資本利得。 故此題答案為(D)。

13 (B)。 基金分配的收益來自於「利息收入」、「股利收入」及「資本利得」， 這三種獲利。在未分配之前屬於基金資產的一部份，收益分配越多、資 產就減損越多，而收益分配就會隨之降低，則買賣之間可賺取的差價也 越少。而且，在配息當日，投資人事實上並未真正「增加」獲利。成長 型基金提供投資人的資金於長期可以不斷成長之機會，所以一年最多分 配一次收益。故此題答案為(B)。

14 (C)。**中華民國銀行公會**針對基金之價格波動風險程度，依基金**投資標的風險屬性**和**投資地區市場風險狀況**，由低至高編制五個風險收益等級，分別為「RR1、RR2、RR3、RR4、RR5」。
故此題答案為(C)。

15 (C)。**中華民國銀行公會**針對基金之價格波動風險程度，依基金**投資標的風險屬性**和**投資地區市場風險狀況**，由低至高編制五個風險收益等級，分別為「RR1、RR2、RR3、RR4、RR5」。
故此題答案為(C)。

16 (D)。風險收益等級僅供參考，因為投共同基金之盈虧是受到**國際金融情勢震盪**和**匯兌風險的影響**。投資人應斟酌個人的**風險承擔能力**和**資金可運用期間之長短**，以決定是否進行投資。
故此題答案為(D)。

17 (C)。封閉型基金只募集時一次出售固定的持分，之後投資人不能將持分賣回給基金公司，而是在**證券交易所**進行持分的買賣，故基金總持分不會有任何的增減。
故此題答案為(C)。

18 (C)。**封閉式基金**是在市場進行買賣，故實際買賣的價格有可能會與基金淨值不同，其**受益憑證**之價格是由市場的供需狀況決定。
故此題答案為(C)。

19 (D)。國內大部分基金都是開放型基金。
故此題答案為(D)。

20 (D)。RR1、RR2是以追求穩定收益為目標，RR3是以兼顧資本利得和固定收益為目標，RR4是以追求資本利得為目標，RR5是以追求最大資本利得為目標。
故此題答案為(D)。

21 (C)。貨幣型基金屬於RR1等級，債券型基金屬於RR2和RR3等級，平衡型基金屬於RR3等級，股票型基金屬於RR4和RR5等級。
故此題答案為(C)。

22 (D)。貨幣型基金屬於RR1等級，債券型基金屬於RR2和RR3等級，平衡型基金屬於RR3等級，股票型基金屬於RR4和RR5等級。

風險收益等級（低至高）	投資風險
RR1	低
RR2	中
RR3	中高
RR4	高
RR5	很高

故此題答案為(D)。

23 (C)。

風險收益等級（低至高）	投資風險	主要基金類型
RR1	低	▲ 貨幣型基金
RR2	中	▲ 已開發國家政府公債債券型基金 ▲ 投資級（標準普爾評等BBB級，穆迪評等Baa級以上）之已開發國家公司債券基金
RR3	中高	▲ 平衡型基金 ▲ 非投資級（標準普爾評等BBB級，穆迪評等Baa級以下）之已開發國家公司債券基金 ▲ 新興市場債券基金
RR4	高	▲ 全球型股票基金 ▲ 已開發國家單一股票基金 ▲ 已開發國家之區域型股票基金
RR5	很高	▲ 一般單一國家基金 ▲ 新興市場基金 ▲ 產業類股型基金 ▲ 店頭市場基金

故此題答案為(C)。

24 (C)。

風險收益等級（低至高）	投資風險	主要基金類型
RR1	低	▲ 貨幣型基金
RR2	中	▲ 已開發國家政府公債債券型基金 ▲ 投資級（標準普爾評等BBB級，穆迪評等Baa級以上）之已開發國家公司債券基金
RR3	中高	▲ 平衡型基金 ▲ 非投資級（標準普爾評等BBB級，穆迪評等Baa級以下）之已開發國家公司債券基金 ▲ 新興市場債券基金
RR4	高	▲ 全球型股票基金 ▲ 已開發國家單一股票基金 ▲ 已開發國家之區域型股票基金
RR5	很高	▲ 一般單一國家基金 ▲ 新興市場基金 ▲ 產業類股型基金 ▲ 店頭市場基金

故此題答案為(C)。

25 (C)。債券型基金以**債券**和**短期貨幣**等投資工具為投資標的。
故此題答案為(C)。

26 (D)。**平衡型基金**同時投資於股票、債券及其他固定收益證券達基金淨資產價值的70%以上，其中投資於股票金額占基金淨資產價值的70%以下而且不得低於30%。風險應較股票基金為低，報酬應較股票基金平穩。
故此題答案為(D)。

27 (C)。**平衡型基金**同時投資於股票、債券及其他固定收益證券達基金淨資產價值的70%以上，其中投資於股票金額占基金淨資產價值的70%以下而且不得低於30%。
故此題答案為(C)。

28 (D)。評估基金績效有以下三個基本的角度：**淨值成長率、平均報酬率**以及**單位風險報酬率**。故此題答案為(D)。

29 (B)。「**單位風險報酬率**」即用**報酬率**除以**標準差**，衡量投資人每承擔一單位的風險可得到多少的報酬之概念。
甲基金的單位風險報酬＝20%÷10%＝2
乙基金的單位風險報酬＝10%÷4%＝2.5
因此，甲基金的單位風險報酬率低於乙基金，也就是甲基金的表現優於乙基金。故此題答案為(B)。

30 (B)。「**單位風險報酬率**」即用**報酬率**除以**標準差**，衡量投資人每承擔一單位的風險可得到多少的報酬之概念。
⇒20%÷標準差＝4⇒標準差＝5%
故此題答案為(B)。

31 (C)。基金的「標準差」是根據每日實際淨值與平均淨值的差價累計而計算的，其「標準差」越大，表示基金淨值波動程度越大，風險也相對越高。
故此題答案為(C)。

32 (C)。A基金和B基金屬不同類型之基金，不應跨類比較。
故此題答案為(C)。

33 (D)。投資人透過購買共同基金，除了可以獲得**專業的服務**之外，也可達到**分散風險**的功能。多數共同基金提供小額及定期定額購買持分的服務，便利沒有高額資產的投資人進行投資。
故此題答案為(D)。

34 (D)。投資共同基金時，過去的績效固然可做為參考，但過去的績效並不能保證未來的績效也是如此。
故此題答案為(D)。

35 (C)。ETF是將指數證券化，提供投資人參與指數表現的基金，其淨值表現緊貼指數的走勢，而且買賣ETF除了可以在證券市場交易之外，也可直接向發行ETF的基金管理公司進行申購或要求買回，故兼具封閉式與開放式指數基金的特色。
故此題答案為(C)。

36 (C)。 ETF的優點：(1)買賣方便，變現性高；(2)被動式管理，有效降低成本；
(3)分散風險；(4)可以避險（ETF可做融資、融券）；(5)機
動性強，操作靈活；(6)投資組合透明度較高。
缺點：(1)基金可能折價；(2)無法享有股東的權利；(3)只能緊貼市
場。
故此題答案為(C)。

37 (B)。 有別於一般的封閉型基金，ETF有**實物買回**與**實物申購**機制，以解決基
金折溢價之問題。
故此題答案為(B)。

38 (B)。 組合型基金的產品特色：
(1) 以**共同基金**為投資標的。
(2) 透過**主動式**的資產配置，以管理投資組合。
故此題答案為(B)。

39 (C)。 (A) 組合型基金是透過**主動式**的資產配置，以管理投資組合。
(B) 組合型基金「需要」專業的基金經理人負責管理。
(D) 組合型基金是以**共同基金**為投資標的。
故此題答案為(C)。

40 (C)。 一般共同基金採**主動式管理**，而ETF最大的特色在於**被動式管理**。**被動
式管理**是指投資組合與指數內容完全相同，基金績效力求與大盤指數表
現一致，而且因投資組合隨標的指數成分調整，即複製指數走勢，並不
主動調整投資組合，以免去選股的困擾。同時，可降低管理費、交易成
本及營運成本等。
故此題答案為(C)。

41 (D)。 **保本型基金**是指將一部份的資金投資在**債券**或**定存**等工具上，以保證到
期時，投資人能取回投資本金的一定比例（也就是**保本率**）。
故此題答案為(D)。

42 (B)。 **保本型基金**的產品特色：
(1) 保證契約到期時，投資人能取回本金的一定比率
(2) 通常契約訂有存續期間
故此題答案為(B)。

重點4　避險基金、不動產投資信託和期貨信託基金

一、避險基金（Hedge Funds）

避險基金像共同基金一樣，也是集合投資人的資金，並將該資金交由專業經理人投資金融工具，以獲取正報酬。但在作法上卻與共同基金不同，其特色如下：

(一) 利用不同的**投資工具**以追求**絕對報酬率**，而且具有投資決策彈性、多樣化的特點，可使用套利、放空、槓桿、衍生性金融工具等，以尋求在任何的金融情勢之下獲利。由於避險基金的風險較高，許多允許銷售避險基金的國家，會限定**符合資格的投資人**才可以投資。

(二) 避險基金的報酬與市場可能不具連動性。

(三) 一般的共同基金是以審慎選股做為操作策略，但遇到大盤不佳時，因不能做空，故少賠就算是贏。操作績效的好壞除了與同業做比較之外，股票指數也常是重要指標。換言之，能打敗指數就是好基金，故一般的共同基金重視「**相對**」的指數報酬。

但避險基金不像共同基金重視相對報酬，其報酬來源不是基於市場走勢，也與特定的市場或指數無關。避險基金著重的是「**絕對**」報酬，故無論是多頭或是空頭行情時，避險基金都有機會透過多、空操作，以賺取報酬，但也可能會增加損失的風險。雖然不同的避險基金運用不同的投資策略，一般投資者認為避險基金最大的特點在於可從事多、空操作。

(四) 除了收取管理費用外，並收取績效獎金。

避險基金收取管理資產中的固定百分比做為管理費用之外，也會依照獲利的一定百分比提撥給經理人做為績效獎金，其績效獎金通常是經理人的主要收入來源。也就因為績效獎金會使經理人的利益與投資人一致，故經理人有爭取好的表現之動力。避險基金除了收取一般共同基金的**經理費**外，也會收取**績效費用**。實際上，**績效費用**是定義避險基金的特徵之一。但過高的績效獎金相對也增加基金經理人提高投資組合風險的誘因，也容易遭受許多批評。

(五) 不受證券管理單位管轄，透明度較低。

避險基金常設於英屬威京群島、巴哈馬、百慕達、盧森堡等租稅天堂，且

不受一般證券交易委員會管束之國家及地區，故透明度較低。共同基金和避險基金的比較表如下：

項目	共同基金	避險基金
變現性	投資人可視需要，隨時將基金脫手變現，故變現性「較佳」。	較差。
費用	需收「管理費」。	除了「管理費」之外，另依獲利情形收取「績效獎金」。
績效衡量	除了同業的操作績效外，股票指數也是重要的指標，也就是重視「相對報酬」。	追求承諾的「絕對報酬」。
投資工具	可運用的投資工具較少，避險功能較弱。	利用衍生性金融商品、財務槓桿等方式來進行投資。
投資靈活性	投資目標、策略均為既定的，經理人不可改變。	可由基金經理人依其專業判斷及市場趨勢，決定其投資策略。
操作方式	通常只可「做多」。	可「做多」、也可「做空」。

此外，美國市場上也發展「避險基金的基金（Funds of Hedge Funds）」，也就是以避險基金為投資標的之基金。**避險基金的基金**通常比**避險基金**的投資門檻低。**避險基金的基金**如同避險基金，其非一般的共同基金，贖回自由度也沒有開放型基金那麼高，而且也不像ETFs是在交易所交易。

二、不動產投資信託（REITs）

與金融證券投資相比，不動產實體投資有投資金額門檻較高、流動性相對較低的問題，故有類似共同基金的運作概念，以不動產為主要投資標的之**不動產投資信託**於是產生。

依據不動產證券化條例之定義，不動產投資信託是指「向不特定人募集發行或向特定人私募交付不動產投資信託受益證券，以投資不動產、不動產相關權利、不動產相關有價證券及其他經主管機關核准投資標的而成立之信託。」。

不動產證券化條例規定，不動產投資信託基金，以投資或運用於下列標的為限：

(一) **開發型或已有穩定收入之不動產。**

(二) **開發型或已有穩定收入之不動產相關權利。**

(三) **不動產相關有價證券。**

(四) **第十八條規定之運用範圍。**

(五) **其他經主管機關核准投資或運用之標的。**

大部分的不動產投資信託基金以**封閉型基金**的型態在證券交易所掛牌買賣，另也有共同基金業者募集成立以不動產證券化商品為主要投資標的之共同基金，或是**不動產投資信託指數股票型基金（REITs ETF）**。投資人可透過投資「不動產投資信託受益證券」、「不動產證券化證券投資信託基金」或「不動產投資信託指數股票型基金」，以降低不動產實體投資**較高的投資門檻**與**較低的流動性**問題，同時增進資產配置的多樣性及降低投資組合的風險。

由於REITs的投資組合以不動產為主，故不動產市場景氣循環將直接影響REITs資產組合的價值。換言之，影響不動產價值的因素（例如利率）也將直接影響REITs的價值。

三、期貨信託基金（Managed futures）

期貨基金即是以**期貨、選擇權**為主要投資標的之基金。此外，**期貨信託基金**除了**期貨**等衍生性金融商品外，也可投資與期貨相關的現貨商品。

期貨信託基金的優缺點說明如下：

優點	缺點
1. **降低原有投資組合的風險** 　投資期貨基金的一個可能理由是降低投資人原有投資組合的風險。這是因為**期貨基金指數**與**股票基金指數**的相關係數較低（**或甚至為負**），例如在原物料通膨壓力的經濟環境之下，投資於追蹤原物料商品的期貨基金可以降低因股票下跌所造成的傷害。	1. 較高的**費用率**可能抵銷它的報酬。 2. 高度的**槓桿使用**也提升損失的可能性。 　註 期貨信託基金從事之期貨交易具**低保證金**之財務槓桿特

優點	缺點
2. **可投資範圍廣** 　期貨信託基金可投資於全世界的**貨幣、利率、股價指數、原物料、農產品**以及**能源**等市場。 3. **強化投資組合效率** 　加入**期貨信託基金**可提高投資組合於長期風險調整後的期望報酬。	性，在可能產生極大利潤的同時，也可能極大利潤的損失，導致基金受益的單位淨資產價值大幅增減。

期貨信託基金與其他任何投資相同，也有它的風險性，故投資人投資基金前，應審慎評估自身的財務能力及經濟狀況以決定是否適合投資此類產品。此外，投資前還需詳讀公開說明書及其所揭露應考量的風險因素。

市面上的組合型期貨信託基金，是指投資標的為期貨信託基金的組合基金。前述直接投資於期貨信託基金的好處與風險，自然也適用於組合型期貨信託基金。

精選試題

(　　) **1** 下列何種基金在追求絕對報酬的前提下，同時提供保本的功能？
(A)組合型基金　(B)避險基金　(C)平衡型基金　(D)指數股票型基金。

(　　) **2** 下列那一類基金具投資決策彈性、投資工具多樣化的特點？　(A)組合型基金　(B)避險基金　(C)平衡型基金　(D)指數股票型基金。

(　　) **3** 下列關於避險基金的敘述何者錯誤？　(A)其報酬與市場可能不具連動　(B)可透過各個子基金將風險進一步分散　(C)常設於不受一般證券交易委員會管束之國家及地區　(D)常設於百慕達、盧森堡等租稅天堂。

(　　) **4** 下列那一類基金常限定適合的投資人才可以投資？　(A)避險基金　(B)組合型基金　(C)指數股票型基金　(D)保本型基金。

(　) **5** 下列那一基金除收取管理費外,另提撥績效獎金予經理人? (A)避險基金 (B)組合型基金 (C)指數股票型基金 (D)指數型基金。

(　) **6** 關於共同基金與避險基金的比較,下列敘述何者錯誤? (A)避險基金通常只可做多 (B)共同基金的變現性較佳 (C)避險基金利用衍生性金融商品、財務槓桿等方式,進行投資 (D)共同基金的的經理人只收取管理費,不依獲利情形收取績效獎金。

(　) **7** 關於共同基金與避險基金的比較,下列敘述何者正確? (A)避險基金的變現性較差 (B)避險基金的經理人不可以自行決定其投資策略 (C)共同基金的經理人除管理費之外,可依獲利情形收取績效獎金 (D)共同基金的避險功能較強。

(　) **8** 下列那一類基金在從事交易時,具有財務槓桿特性? (A)指數型基金 (B)指數股票型基金 (C)組合型基金 (D)期貨信託基金。

(　) **9** 下列何者不是投資期貨信託基金的缺點? (A)具有風險 (B)投資透明度低 (C)高度的槓桿使用 (D)較高的費用率。

解答與解析

1 (B)。 一般的共同基金(重視「**相對**」的指數報酬)是以審慎選股做為操作策略,但遇到大盤不佳時,因不能做空,故少賠就算是贏。避險基金著重的是「**絕對**」報酬,故無論是多頭或是空頭行情時,避險基金都有機會透過多、空操作,以賺取報酬,但也可能會增加損失的風險。雖然不同的避險基金運用不同的投資策略,一般投資者認為避險基金最大的特點在於可從事多、空操作。
故此題答案為(B)。

2 (B)。 **避險基金**像共同基金一樣,也是集合投資人的資金,並將該資金交由專業經理人投資金融工具,以獲取正報酬。但在作法上卻與共同基金不同,其特色如下:
(1) 利用不同的投資工具以追求絕對報酬率,而且具有投資決策彈性、多樣化的特點,可使用套利、放空、槓桿、衍生性金融工具等,以尋求在任何的金融情勢之下獲利。
(2) 避險基金的報酬與市場可能不具連動性。

(3) 避險基金著重的是「**絕對**」報酬，故無論是多頭或是空頭行情時，避
險基金都有機會透過多、空操作，以賺取報酬，但也可能會增加損失
的風險。

(4) 除了收取管理費用外，並收取績效獎金。

(5) 不受證券管理單位管轄，透明度較低。

故此題答案為(B)。

3 (B)。 避險基金是利用**不同的投資工具**以追求**絕對報酬率**。
故此題答案為(B)。

4 (A)。 由於避險基金的風險較高，許多允許銷售避險基金的國家，會限定**符合
資格的投資人**才可以投資。
故此題答案為(A)。

5 (A)。 避險基金除了收取一般共同基金的**經理費**外，也會收取**績效費用**。實際
上，**績效費用**是定義避險基金的特徵之一。
故此題答案為(A)。

6 (A)。 避險基金著重的是「**絕對**」報酬，故無論是多頭或是空頭行情時，避險基
金都有機會透過多、空操作，以賺取報酬，但也可能會增加損失的風險。
故此題答案為(A)。

7 (A)。 (B) 避險基金著重的是「**絕對**」報酬，故無論是多頭或是空頭行情時，
避險基金都有機會透過多、空操作，以賺取報酬，但也可能會增加
損失的風險。
也就是避險基金的經理人可以自行決定其投資策略。
(C) 避險基金的經理人除管理費之外，可依獲利情形收取績效獎金。
(D) 避險基金的避險功能較強。
故此題答案為(A)。

8 (D)。 期貨信託基金從事之期貨交易具**低保證金**之財務槓桿特性，在可能產生
極大利潤的同時，也可能極大利潤的損失，導致基金受益的單位淨資產
價值大幅增減。
故此題答案為(D)。

9 (B)。 投資期貨信託基金的缺點：
(1) 較高的**費用率**可能抵銷它的報酬
(2) 高度的**槓桿使用**也提升損失的可能性
期貨信託基金從事之期貨交易具**低保證金**之財務槓桿特性，在可能產生

極大利潤的同時，也可能極大利的損失，導致基金受益的單位淨資產
價值大幅增減。

故此題答案為(B)。

重點5　衍生性金融商品

一、期貨（Futures）

(一) 期貨的意義

期貨是指一種標準化的法律交易契約，在契約中記載了交易商品的**內容、種類、未來交易的時間**以及**未來交易的價格**，而且該契約為一種**義務性契約**，買賣雙方都有義務履行合約。

(二) 期貨契約與遠期契約的差異

期貨契約是源自於遠期契約，期貨契約出現的最原始目的為**避險**，兩者皆載明在未來特定時日，買賣雙方皆有義務依據事先約定之價格，交易一定數量及一定品質之商品。但兩者之間仍有下列之差異：

項目	說明
標準化契約	1. 遠期契約：可針對投資者的不同需求而量身訂做，彈性較高，但是由於其內容並未標準化，交換起來比較複雜，導致流通性較低，故該契約通常屬於買賣雙方所擁有。 2. 期貨契約：契約內容為標準化格式，可以在交易所（Exchange）內公開交易，故流通性較高，市場效率也較大。
信用風險的差異	1. 遠期契約：沒有結算所（Clearing House）的存在，故必須自行徵信，而且違約風險必須自行承擔。 2. 期貨契約：交易程序中有結算所的設置，買賣雙方皆以**結算所**為交易對手（買賣雙方並沒有直接面對面進行交易）進行結算交割，故有結算所來保證契約的履行。由於另一方的交易對手為結算所，故不會有信用（違約）風險存在。因此，期貨交易的信用風險比遠期交易的信用風險較為輕微。

項目	說明
釘住市價，每日結算	1. 遠期契約：沒有每日結算之程序，一直到了到期日才會進行結算，而且大多不需要交付保證金。 2. 期貨契約：最大的特色就是**結算所**每日進行結算（Daily Settlement）。**每日結算**是指當交易進行之後，由於結算所為了避免違約情況發生，故每日在交易結束之後，會針對每一筆交易將收盤價與其交易價做比較。當交易價低於收盤價，此時投資者獲利，故保證金金額會增加；反之，當交易價高於收盤價，則投資者投資該契約有損失之發生，結算所為了避免投資者不履行合約，故先扣除投資者部分比率的保證金來彌補違約損失。
保證金制度	1. 遠期契約：無保證金制度。 2. 期貨契約：為避免違約，故有保證金制度。當期貨交易成交時，買賣雙方必須支付一筆保證金給經紀商，以作為履約保證，此項保證金稱為「**原始保證金**」（Initial Margins）。由於每日結算的進行，保證金的金額會有所變動，當保證金低於某一比例時，結算所會要求補足到原始保證金的額度，以避免違約的發生，此比例稱為「**維持保證金**」（Maintenance Margins）。而所補充的保證金金額為「變動保證金」。此外，經紀商仍須繳交保證金給結算所，以作為客戶履約之保證。保證金的繳交流程如下圖所示： 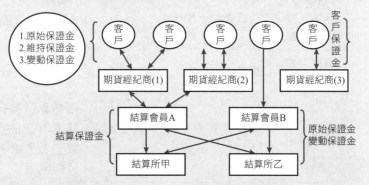 《臺灣期貨交易所股份有限公司結算會員資格標準》第3條：本公司結算會員依其業務範圍分為： (1) 個別結算會員：為其期貨經紀及自營業務之交易，辦理結算交割之期貨商。 (2) 一般結算會員：除為其期貨經紀及自營業務之交易辦理結算交割外，尚可受託為其他期貨商辦理結算交割之期貨商。 (3) 特別結算會員：僅受託為期貨商辦理結算交割之金融機構。

項目	說明
大多平倉，很少交割	1. 遠期契約：其目的多為取得到期日履約的商品，故很少在到期日前平倉。 2. 期貨契約：當期貨契約交易已經完成，也就是買方與賣方皆出現時，或是投資者對某一契約分別進行買進與賣出時，此項契約即稱為**平倉**。這是由於期貨契約的投資者大多不會在到期日時履行契約，故多在到期日前便將此契約賣出。主要是投資期貨風險很大，不宜長期投資。
大眾化	1. 遠期契約：大刀是大公司或證券商在進行交易，很少是小公司或私人參與，故大眾化程度較低。 2. 期貨契約：由於期貨契約的標準化，故流通性較高，而且可在交易所進行交易。因此，期貨契約較遠期契約大眾化（一般化）。

遠期契約與期貨契約交易條件的差異比較如下：

比較項目	遠期契約	期貨契約
市場	沒有組織、沒有集中的公開市場以進行交易。	依法在有組織的公開市場中**公開競價（Open Cry）**。
交割數量、品質、時間、地點	由買賣雙方議定。	由交易所決定而予以**標準化**。
價格決定方式	買賣雙方議定。	交易市場內**公開競價**。
交易信用	由買賣雙方自行承擔違約風險。	由**結算所**擔保契約之履行，結算所擔任「買方之賣方」或「賣方之買方」，並承擔違約風險。
契約執行的方式	大部分以**現貨**交割。	大部分以**沖銷方式平倉**了結期貨部位。
結算作業	由買賣雙方直接結算。	由**結算所**負責。

(三) **期貨市場與股票市場的差異**

期貨市場與股票市場之差異說明如下：

比較項目	股票市場	期貨市場
主要功能 不同	主要目的是向大眾籌集資金	主要目的是經由買入或賣出期貨契約來換取對未來價格的確定，減低價格風險。此外，利用對未來價格的看法不同，可用來發現商品的真實價格。
槓桿程度 不同	在進行買賣時，若以信用交易進行，融資保證金仍高於期貨保證金。因此，與期貨相較之下，股票市場的槓桿程度較低。	買進契約時，只需支付某固定比例的原始保證金，該項比例大多低於10%。因此，可利用較小的金額來進行投資，有「以小搏大」的功能，故槓桿程度也比較大。
到期日 不同	企業皆屬於永續經營，故股票沒有到期日。	一般而言，期貨契約在交易時便已聲明到期日，故有到期的期限。
對賣空的 限制	為維持交易秩序，對賣空有較嚴格的限制。	對賣空的限制較為寬鬆，甚至沒有限制。
數量限制	由於皆採行實體交割，故會受到股票數量的限制。	多在交割前（到期日前）平倉，故期貨契約的數量較不受到期貨標的物之限制。

(四) **期貨的功能**

期貨的功能	說明
避險	期貨契約出現的最原始目的是**避險**，其在於提供現貨商品持有者或使用者，可以將價格風險轉移給願意或有能力承擔的第三者，故可以使成本與收益較為穩定。例如，玉米的生產者為了避免收割時玉米價格大幅滑落，則可以在收成前先賣出玉米期貨，來保障玉米價格。
投機	期貨市場中同時存在避險者與投機者，若市場僅由避險者組成，則交易不可能進行；反之亦然。因此，期貨市場提供了投機者進行投機行為的場所。

期貨的功能	說明
價格發現	對生產者或投資者而言，在擬定生產或投資計畫時，時常需預估未來價格（例如利率、商品等）。而期貨的價格由所有期貨市場參與者預期未來價格走勢所產生，故期貨的價格可以作為價格指標。
提高資源效率	期貨為標準化契約，故可用公開競價之方式交易，價格資訊可以充分揭露。因此，可促進商品的流動性，使社會資源可以發揮得更有效率。

(五) 期貨市場參與者

期貨市場參與者	說明
期貨交易人	一般而言，依投資人進行期貨交易的目的，可區分四種期貨交易人： 1. 避險者（Hedger）：避險者是避免受到價格波動的影響，故為了穩定收益或成本而進入期貨市場，將價格風險轉嫁給願意承受該風險的投機者。 2. 投機者（Speculator）：投機者依據對商品未來價格漲跌走勢之預期而從事買賣交易，故所承受的風險較大。 3. 搶帽客（Scalper）：搶帽客是為自己利潤而進行期貨交易的期貨自營商，由於期貨自營商常在一瞬間就買賣大量的期貨，故其持有時間經常短於30秒。 4. 套利者（Arbitrager）：套利者具有充分資訊，可以隨時得知各地的期貨市場行情，並在**無風險**的狀況下，買進賣出期貨，進而賺取利潤。
期貨交易所	1. 定義：與證券交易所相同，期貨交易所是專門從事期貨交易的場所，例如芝加哥商品交易所（Chicago Board of Trade, CBOT）、芝加哥商業交易所（Chicago Mercantile Exchange, CME）。 2. 特性：為非營利機構，組織採**會員制**，以個人名義擁有席位（Seat）。

期貨市場參與者	說明
結算所	與交易所相同，皆為非營利機構，其設置的功能為： 1.負責期貨契約的結算，承擔履約的義務，以降低違約風險。 2.負責監督會員，並向其收取一定水準的保證金。 3.建立結算保證金，避免大規模的信用風險。
其他參與者	「期貨經紀商」、「期貨營業員」，其性質與「證券經紀商」、「證券營業員」相同。

(六) 期貨的種類

期貨契約根據交割標的物的不同，可分為下列兩大類：

期貨的種類	說明
商品期貨	**商品期貨**以傳統的大宗物資為主，其為最早發展的期貨類型。此類期貨又細分為： 1.農業期貨：穀物、黃豆、玉米、活豬、活牛、雞蛋等。 2.金屬期貨：貴金屬（黃金、白銀）、工業金屬（銅、鋁）。 3.能源期貨：石油、汽油。 4.軟性期貨：咖啡、可可、棉花、砂糖。
金融期貨	**金融期貨**自70年代的外匯契約引進市場之後發展迅速，至今已成為期貨市場交易量最多的契約。此類期貨又細分為： 1.**外匯期貨**：英磅、加幣、馬克、日幣、法郎。 2.**利率期貨**：國庫券、長期公債、歐洲美元（Eurodollar）。 3.**股價指數期貨**：S&P500、日經225、香港恆生股價指數、臺灣摩根指數等。

(七) 期貨價格的基本定價原則

定價原則	說明
基差 （Basis）	現貨價格與期貨價格之間的差額，即「**基差＝現貨價格－期貨價格**」。

定價原則	說明
價差 （Spread）	近期的期貨價格與遠期期貨價格的差額，即「**價差＝近期期貨價格－遠期期貨價格**」。
正常市場 （Normal Market）	又稱Contango Market，在此類市場中，若**基差**為負值，則期貨價格高於現貨價格；若**價差**為負值，則遠期期貨價格高於近期期貨價格。在正常情形下，較「遠期」的價格包含了儲存成本、保險成本、持有成本、利息成本等，故價格會比較高。因此，**遠期期貨價格**較**近期期貨價格**高，或是**期貨價格**高於現貨價格皆為正常市場之下所發生的情形。
逆價市場 （Inverted Market）	又稱Backwardation Market，是指當供給嚴重不足之下，可能會出現**現貨價格**較**期貨價格**高或**近期期貨價格**較**遠期期貨價格**高，也就是基差或**價差**為正值的不正常情況。例如，因為自然災害使得某農產品的供應不足，則現貨價格大幅上漲。但若供應不足的問題可以在三個月內解決，則三個月以上的期貨價格便可能低於現貨價格。
基差變化	一般以**基差**（**絕對值**）變大（Widening）或**基差**變小（Narrowing）以說明基差的變化。例如，基差由－2.1變為－0.5，則稱基差變小（絕對值變小）；基差由0.6變為2.3，則稱基差變大（絕對值變大）。
價差變化	與基差原理相同。一般以**價差**（**絕對值**）變大（Widening）或**價差**變小（Narrowing）以說明價差的變化。
價差交易	價差是指近期期貨與遠期期貨之間的價格差額，故又可區分為： 1. 市場內價差交易（Intra-Market Spread）：在同一市場內，同時買進與賣出數量相同、標的相同的商品期貨，但**到期日**不同。 2. 市場間價差交易（Inter-Market Spread）：指**交易所**不同，但是商品數量、標的均相同。 3. 商品間價差交易（Inter-Commodity Spread）：指**標的物**不同，但是交易所、交易數量皆相同。 4. 加工產品間的價差交易（Commodity-Product Spread）：指商品間具有加工關係。

二、選擇權（Options）

(一) 選擇權的意義

選擇權是一種衍生性商品，也是一種契約。**買方**（**或持有人**）有「權利」在一定期間內（或未來某一特定日期）以約定價格向賣方購買或出售一定數量的合約**標的資產**（**Underlying Asset**）（或標的物）。而出售該選擇權的賣方，有義務履行買方執行購買或出售權利之要求。有關選擇權常見的重要名詞說明如下：

常見的重要名詞	說明
買權（Call Options）與賣權（Put Options）	一般來說，選擇權可分為買權與賣權： 1. 買權：買方有權利在一定期間內（或某一特定日期）買進標的資產的權利。 2. 賣權：賣方有權利在一定期間內（或某一特定日期）賣出標的資產的權利。

標的資產	選擇權之標的資產包括的範圍相當大，而且也日新月異，大致分類整理如下：
	1. 股票。
	2. 外幣：英鎊、法郎、馬克、日圓、加幣等。
	3. 貴金屬：黃金、白銀等。
	4. 農產品：糖、麵粉、玉米等。
	5. 股價指數：目前市場上交易量最大的選擇權就是股價指數選擇權，其可區分為下列兩種：
	  (1) 廣基指數：代表**整個股市價格**變動的指數，例如S&P500、S&P100。
	  (2) 窄基指數：代表**某特定產業的股價**變動，例如石油業指數、電腦業指數。
	6. 債券：國庫券、公債等。
	7. 期貨：指數期貨、公債期貨、外幣期貨等，期貨選擇權屬於選擇權，故履行權利之後便得到期貨契約，屬於複合性的衍生性金融商品。

常見的重要名詞	說明
履約價格 （Exercise Price; Strike Price）	又稱執行價格，是指選擇權契約中所載明的特定買價或賣價。此價格由**交易所**訂定，原則上在契約的存續期間內不會改變。交易所在訂定履約價格時，需遵循一套標準化程序，並受主管機關的約束。以臺指選擇權為例，若到期月份是三個連續近月合約，履約價格間距為100點的倍數；若到期合約是連續的二個季月合約，履約價格間距為200點的倍數。
權利金 （Premium）	由於選擇權的買方要付出一定金額的價金給賣方，才能在未來特定期間內，獲得向賣方買進或賣出標的資產之權利。這一定金額的價金就是**權利金**。由選擇權的定義可以看出，選擇權的**買方**只有在對自己有利的情況下，才會要求履約（有要求履約的權利卻無被要求履約之義務），而**賣方**在買方要求履約時，必須履約（無要求履約的權利卻有被要求履約的義務）。基於買賣雙方的權利義務不對稱，買方必須給賣方補償，才符合契約公平原則。因此，這就是選擇權的**買方**必須支付**權利金**給賣方的原因。此外，為了確保賣方會執行該契約，故與期貨交易相同，**賣方**需支付**保證金**，計算方式與期貨保證金類似，但因各家**交易所**不同，計算方式也有差異。
到期日 （Maturity Day; Expiration Day）	選擇權合約的存續或履約時點有時間性，合約必須於未來某一特定日期或某一段期間來執行，當時間超過合約所約定的期間或日期，合約就會失效，而合約有效期間的最後一天就稱為到期日。
歐式選擇權 （European Options）與 美式選擇權 （American Options）	依履約時間不同，選擇權分為下列兩種： 1. **歐式選擇權**：買方只能在權利期間的最後一日，即合約上所載明的到期日當天，才能向選擇權的賣方要求履約。臺灣選擇權市場中，在臺灣期貨交易所交易的臺指選擇權與股票選擇權皆屬於歐式選擇權，也就是只有在到期日當天才可以履約。 2. **美式選擇權**：買方可以在權利期間內任何一天，即合約上所載明的到期日及到期日前的任何一天，以事先約定的價格要求賣方履約。臺灣選擇權市場中，在臺灣證券交易所交易的**認購權證**為美式買權，**認售權證**則為美式賣權。

常見的重要名詞	說明
權利與義務	不同於期貨或遠期契約的買方皆有履約義務，但在選擇權合約中，不論是買權或賣權的買方，只有在履約時點有獲利時，才會執行履約權利，而取得權利的對價就是支付權利金；選擇權的賣方必須依照選擇權合約中事先約定的條件履行賣出或買進標的資產的義務，而承擔此義務的對價就是可以向買方收取權利金。
價內、價外及價平選擇權	一般而言，將選擇權的**履約價格（K）**相對於**股價（或標的資產價格，S）**的大小，區分為價內、價外及價平三種選擇權。 1. 價內選擇權（In-the-Money Option）：對**買權**而言，當股價大於履約價格（S＞K）時，稱此買權為**價內買權**；對**賣權**而言，當股價小於履約價格（S＜K）時，稱此賣權為**價內賣權**。 2. 價外選擇權（Out-of-the-Money Option）：對**買權**而言，當股價小於履約價格（S＜K）時，稱此買權為**價外買權**；對**賣權**而言，當股價大於履約價格（S＞K）時，稱此賣權為**價外賣權**。 3. 價平選擇權（at-the-Money Option）：對買權或賣權而言，當股價等於履約價格（S＝K）時，稱為**價平選擇權**。 上述的說明整理如下表： 表見下方 [例題] 假設某公司股票於今年3月1日的股價（S）為21元，試著判斷下列不同履約價格下，各屬於價內、價外或價平選擇權呢？ 表見下方

履約價格（K）vs 股價（S）	買權	賣權
S＞K	價內	價外
S＝K	價平	價平
S＜K	價外	價內

	買權			賣權		
到期月份	4月	5月	6月	4月	5月	6月
履約價格（K）	20元	21元	30元	20元	21元	30元

常見的重要名詞	說明					
價內、價外及 價平選擇權	解答					
		買權			賣權	
	到期月份	4月	5月	6月	4月	5月	6月
	哪種選擇權	S>K 價內	S=K 價平	S<K 價外	S>K 價外	S=K 價平	S<K 價內

(二) 選擇權的功能

選擇權的功能	說明
投資金額小	選擇權以極少的金額（權利金）就能進行投資，以獲取更大的利潤。
規避風險	購買選擇權可對未來價格做保證。以買進買權為例，當未來實際價格高於履約價格時，投資人可執行買權而獲利；但當未來實際價格低於履約價格時，投資人可以不履約，而僅損失極少的金錢（權利金），對持有者來說其價格風險可以完全規避掉。
促進市場流動性	由於選擇權市場可規避風險，必然有投機者出現，也因投機者的出現，使市場上交易量大增、價格不容易被少數人控制，故對整個市場的流動性有所幫助。
價格發現	此項功能與期貨相同。

(三) 選擇權到期時與到期前的價值

1. 選擇權「到期時」的價值

   (1)買權到期日價值

   就買權而言，若標的資產在到期日的價格**高於**買權合約上所載明之履約價格時，買權到期日的價值應該等於「標的資產在到期日的價格」減掉「履約價格」；若標的資產在到期日的價格**低於**或**等於**履約價格時，則買權到期日的價值等於0。

以數學式說明，假設S_T表示標的資產在選擇權到期（T）的價格，K為履約價格，則買權到期日價值（或稱履約價值）（C_T）等於$\mathbf{max}$（$\mathbf{S_T - K, 0}$），或為

$$S_T > K \Rightarrow C_T = S_T - K$$

$$S_T \le K \Rightarrow C_T = 0$$

若以報酬率型態圖形表示，下圖是買權到期價值或損益，圖(A)是選擇權買方的買進買權之情形，**縱座標**為買進買權到期時價值或損益，**橫座標**為標的資產（如股票）在到期日的價格。若**標的資產價格**超過**買權履約價格**越多時，則買權的履約價值就越高；若**標的資產價格**低於**履約價格**時，則買權的履約價值將於零。投資人想要考慮投資損益的話，可以把買權的權利金向下扣除。若到期時，標的資產價格等於履約價格與權利金之和（即$S_T = K + C$），在不考慮其他交易成本（如經紀商手續費和證券交易稅）的情況之下，投資人將損益兩平。圖(B)是賣方的賣出買權在到期時之價值或損益，其與買權的買方之價值或損益剛好相反。

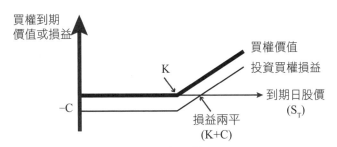

(A) 買方：買進買權

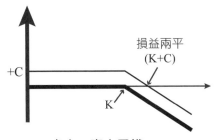

(B) 賣方：賣出買權

[例題1]　　　　　　　　　　　**買權在到期日的履約價值**

假設某公司股票買權的履約價格（K）為60元，投資人以5元買權權利金（C）
買進到期日為1年之買權。試計算在到期日時，不同股價下的買權價值與買方
的買權損益。

假設	1	2	3	4	5	6	7
股價 （S_T）	45元	50元	55元	60元	65元	70元	75元

解答　$S_T > K \Rightarrow CT = S_T - K$

　　　　$S_T \leq K \Rightarrow CT = 0$

假設	1	2	3	4	5	6	7
股價 （S_T）	45元	50元	60元	61元	65元 （K+C）	70元	75元
買權價值 （C_T）	0元	0元	0元	1元	5元	10元	15元
買權損益 （$C_T - C$）	-5元	-5元	-5元	-4元	0元 （損益兩平）	5元	10元

由以上的計算得知：假設5可與圖(A)損益兩平的股價為65元（＝K+C=60
元+5元）

(2) 賣權到期日價值

　　就賣方而言，若標的資產在到期日的價格高於賣權合約上所載明之履
　　約價格時，賣權到期日的價值等於0；若標的資產在到期日的價格**低於**
　　或等於履約價格時，則賣權到期日的價值等於「履約價格」減掉「標
　　的資產在到期日的價格」。

　　以數學式說明，假設S_T表示標的資產在選擇權到期（T）的價格，K為
　　履約價格，則賣權到期日價值（或稱履約價值）（P_T）等於**max（K－**
　　S_T, 0），或為

$$K > S_T \Rightarrow P_T = K - S_T$$

$$K \leq S_T \Rightarrow P_T = 0$$

若以報酬率型態圖形表示，下圖是賣權到期價值或損益，圖(A)是選擇權買方的買進賣權之情形，**縱座標**為買進賣權到期時價值或損益，**橫座標**為標的資產（如股票）在到期日的價格。若**標的資產價格**低於賣權**履約價格**越多時，則賣權的履約價值就越高；若**標的資產價格**高於**履約價格**時，則賣權將不具履約價值。投資人想要考慮投資損益的話，可以把賣權的權利金向下扣除。若到期時，標的資產價格等於履約價格減掉權利金之和（即$S_T = K-P$），在不考慮其他交易成本（如經紀商手續費和證券交易稅）的情況之下，投資人將損益兩平。圖(B)是賣方的賣出賣權在期日時之價值或損益，其與賣權的買方之價值或損益剛好相反。

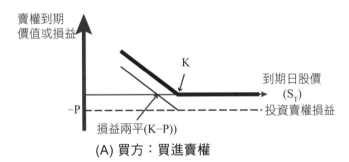

(A) 買方：買進賣權

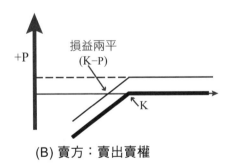

(B) 賣方：賣出賣權

[例題2]	賣權在到期日的履約價值

假設某公司股票賣權的履約價格（K）為60元，投資人以5元賣權權利金（P）買進到期日為1年之買權。試計算在到期日時，不同股價下的賣權價值與買方的賣權損益。

假設	1	2	3	4	5	6	7
股價 （S_T）	45元	50元	55元	60元	65元	70元	75元

解答　$K>S_T \Rightarrow P_T=K-S_T$
$K \leq S_T \Rightarrow P_T=0$

假設	1	2	3	4	5	6	7
股價 （S_T）	45元	50元	55元 （K−P）	60元	65元	70元	75元
賣權價值 （P_T）	15元	10元	5元	0元	0元	0元	0元
賣權損益 （P_T-P）	10元	5元	0元 （損益兩平）	−5元	−5元	−5元	−5元

由以上的計算得知：假設3可與圖(A)損益兩平的股價為55元（=K−P=60元−5元）

2. 選擇權「到期前」的價值

選擇權到期前的價值可稱為**權利金**，也就是買方要支付此金額，以取得未來獲利的權利。這個**權利金**包括**內含價值**（**Intrinsic Value, 簡稱IV**）及**時間價值**（**Time Value, 簡稱TV**）兩部分。

內含價值也稱為**執行價值**或**履約價值**（**Exercise Value**），表示在選擇權存續期間內，任何一個時間點提早履約所能得到的好處。對於**價內買權**（**S>K**）而言，因為股價大於履約價格，故內含價值為正；對於**價外買權**（**S<K**）而言，因為股價小於履約價格，故內含價值為0，只剩時間價值。同理，**價內賣權**（**S<K**）的權利金包括內含價值及時間價值，而**價外賣權**（**S>K**）則只剩時間價值。上述關係說明如下：

選擇權價值（或稱權利金）=內含價值（IV）+時間價值（TV）

情況	公式
在任何時間（t）的買權權利金	$C_t=\max(S_t-K, 0)+$時間價值
在任何時間（t）的賣權權利金	$P_t=\max(K-S_t, 0)+$時間價值

理論上，依到期日的長短，選擇權價值的時間價值會有所變化，其說明如下：

(1)當距離到期日越長，投資人等待獲利的時間也越長，故時間價值也越高。

(2)隨著到期日越來越近，投資人等待獲利的時間也越少，故時間價值會逐漸消逝並趨近於零。

(3)在到期日時，時間價值為零，而選擇權價值將等於內含價值。

標的資產價格或股價（S）、履約價格（K），歸屬於價內、價平及價外之內含價值彙整，如下表：

買權／賣權	價內	價平	價外
買權 （Call Option）	當S＞K， 則內含價值＞0	當S＝K， 則內含價值＝0	當S＜K， 則內含價值＝0
賣權 （Put Option）	當S＜K， 則內含價值＞0	當S＝K， 則內含價值＝0	當S＞K， 則內含價值＝0

[例題3]　　　　　　　**買權之內含價值和時間價值**

假設某公司股票為標的資產之買權，其權利金（C_t）為15元，履約價格（K）為40元，若目前該公司的股價（S_t）為50元。試求此買權之內含價值和時間價值。

解答　內含價值＝$\max(S_t-K,0)=\max(50-40,0)=10$元

$C_t=\max(S_t-K,0)+$時間價值

$\Rightarrow 15=\max(50-40,0)+$時間價值

$\Rightarrow 15=\max(10,0)+$時間價值$\Rightarrow$時間價值＝5元

[例題4]　　　　　　　**賣權之內含價值和時間價值**

假設某公司股票為標的資產之賣權，其權利金（P_t）為1.3元，履約價格（K）為20元，若目前該公司的股價（S_t）為25元。試求此賣權之內含價值和時間價值。

解答　內含價值＝$\max(K-S_t,0)=\max(20-25,0)=0$元

$P_t=\max(K-S_t,0)+$時間價值

$\Rightarrow 1.3=\max(20-25,0)+$時間價值

$\Rightarrow 1.3=\max(-5,0)+$時間價值$\Rightarrow$時間價值＝1.3元

(四) 影響選擇權價值的因素

影響選擇權價值的因素	說明
標的物（或稱標的資產）現行市價與履約價格	選擇權的價值會受到**標的物現行市價**（例如股價）與**履約價格**的影響。當**標的物現行市價**越高，對買入買權越有利，但對買入賣權越不利；而履約價格越高，對買入買權越不利，但對買入賣權越有利。 ⇒**標的資產價格或股價（S）與買權**呈正相關、與**賣權**呈**負相關**。 ⇒**履約價格（K）與買權**呈**負相關**、與**賣權**呈**正相關**。
標的物價格之風險性	無論是對買權或是賣權而言，標的物價格的波動性越大，表示選擇獲利的可能性越大，故也越有利。 ⇒**標的資產價格或股價的波動性（σ）與買權**呈正相關、與**賣權**呈正相關。
離到期日的時間	選擇權契約離到期日越遠，則標的物價格上升或下跌的可能性也越高，故**無論對買權或賣權而言，離到期日越長，選擇權的價值越高**。只有少數特殊的例外，例如深入價內的歐式賣權。 ⇒**到期日（T）與買權**呈正相關、與**賣權**呈正相關。
無風險利率	無風險利率對買權及賣權的影響並不一致。當無風險利率越高，則選擇權的履約價格之現值越低，故買權的價值較高，而賣權的價值較低。 ⇒**無風險利率（r）與買權**呈**正相關**、與**賣權**呈**負相關**。

(五) 選擇權交易策略

　　選擇權的交易策略可分為**單一部位、避險部位、組合部位、價差部位、合成部位及套利部位**。在此僅討論最簡單的交易策略，也就是單一投資部位或單一部位（Naked Position），即只買進或賣出單獨一種選擇權。

　　單一部位包括投資人擔任**買方之買進買權、買進賣權**，以及投資人擔任**賣方之賣出買權、賣出賣權**等四種交易策略以下表說明：

	買方	賣方
（Call Option） 買權	1. **買進**選擇權並**支付**權利金。 2. 有**權利**於未來特定期間內，以約定的履約價格、數量，**買進**標的資產（例如股票、指數）。 3. 預期未來行情**看漲**。 4. **風險**有限，但**獲利**無限。	1. **賣出**選擇權並**收取**權利金。 2. 有**義務**於未來特定期間內，以約定的履約價格、數量，**賣出**標的資產（例如股票、指數）。 3. 預期未來行情**不漲**。 4. **獲利**有限，但**損失**無限。
（Put Option） 賣權	1. **買進**選擇權並**支付**權利金。 2. 有**權利**於未來特定期間內，以約定的履約價格、數量，**賣出**標的資產（例如股票、指數）。 3. 預期未來行情**看跌**。 4. **風險**有限，但**獲利**很大。當標的資產價格等於零（S＝0）時，獲利最高。	1. **賣出**選擇權並**收取**權利金。 2. 有**義務**於未來特定期間內，以約定的履約價格、數量，**買進**標的資產（例如股票、指數）。 3. 預期未來行情**不跌**。 4. **獲利**有限，但損失很大。當標的資產價格等於零（S＝0）時，損失最高。

註 **多頭市場**是指投資人預期未來標的物之價格會上漲，此時是**賣權出售的時機**；**空頭市場**是指投資人預期未來標的物之價格會下跌，此時是**買權**出售的時機。

三、認股權證（Warrants）概論

項目	說明
認股權證的意義	**認股權證**是由公司發放的一種票券，表示在一定的期限內，可以用一定的價格（履約價格）**購買發行公司**所發行一定數量的新股之選擇權。通常公司為降低發行公司債的利率，減輕利息費用的負擔，會發行此種證券，賦予投資人權利。
認股權證的種類	1. 與債券分離：此種認股權證可以在市場上單獨買賣。 2. 依附在債券上：此種認股權證必須持有債券，才能有新股認購的權利。

項目	説明
認股權證與選擇權的差異	1. 發行單位不同：**認股權證**是由**發行公司**發行，但一般**選擇權**則是任何人都可以發行。 2. 期限不同：**認股權證**的期間較**選擇權**還長，通常為5年以上。 3. 履約價格：由於**認股權證**的期間很長，普通股的潛在價值較高，故履約價格通常比較高。 4. 稀釋效果：由於**認股權證**的**持有者履約**時，公司必須發行新股或重新出售庫藏股，會使公司原始股東的權益受到稀釋。
認股權證的評價	**認股權證**是**選擇權**的一種，故可以利用**選擇權評價原則**來加以評價。
影響認股權證價格的因素	影響**認股權證**價格的因素與**選擇權**相同，有**標的物現行市價、標的物之風險性、履約價格、到期日、及無風險利率**等因素。

四、結構型債券或稱連動型債券（Structured Notes）概論

結構型商品的組合包括兩部分：

(一) **固定收益證券**：可確保**投資人**於債券到期時，能贖回**當初投資的本金**（當然在設計上，贖回金額可以高於或低於投資本金）。

(二) **衍生性金融商品**（例如遠期契約、期貨、選擇權等，在此以選擇權作為説明）：價值部分決定於到期日時**連結標的資產**之績效表現，例如連結標的是**利率、匯率、個股、股價指數**或**商品指數**，故隨著**連結標的價格**之波動，**選擇權價值**也變動，進而影響**結構型債券**的收益率（或報酬率）。

因此，結構型債券不僅可以讓投資人**保本**，也有獲取**投資利得**的機會。

在**低利率、低通膨、低經濟成長**之「三低」的微利時代，**結構型債券**的契約設計在投資報酬與風險衡量下，創造出多樣化新金融商品，以滿足投資人需求。然而，金融機構在發行結構型債券時，為了吸引投資人購買，皆會對結構型債券進行包裝設計，使投資人無法辨識投資風險。因此，在購買結構型債券時，必須注意**契約特性**，以避投資不當而造成重大之損失。

結構型債券常見的名詞説明如下：

名詞	說明
投資本金	**投資本金**是指以**發行幣別**為計價單位，投資人購買結構型債券的投資金額，例如以澳幣為計價單位的結構型債券，投資本金是指購買該結構型商品之澳幣投資金額。 「結構型債券投資報酬與風險告知書」範本中定義投資本金為： $$投資本金 = \frac{所繳保險費 - 保單附加費用（L）- 保險成本（COI）}{發行幣別買入即期匯率}$$
零息債券 （Zero Coupon Bond）	**零息債券**又稱**無息票債券**是指不支付票面利息，而以低於面值價格出售的債券。投資人購買此類債券主要在於獲得**資本利得**（或**資本增值**），也就是**到期時的面額**高於**購入金額**之部分（賣價超過買價之利潤），也就是賺取折現利息。
連結標的	結構型商品所連結之**標的**通常是**指數**、**股票**、**利率**、**匯率**或**商品價格**等具有市場公開定價之標的。
保本率 （Principal Guaranteed Rate）	**保本率**是指**發行機構**與**投資人**約定到期時，投資人最低可領回投資本金的保障比例。例如保本率為100%，其表示到期贖回時，投資人至少可領回100%的投資本金。
參與率 （Participation Rate）	**參與率**是指投資人可參與**結構型債券**「連結標的資產」報酬分配的比率。例如參與率為50%，表示當結構型債券到期時，連結標的資產獲利30%時，投資人可獲得15%（=30%×50%）的額外投資報酬。 若是購買「看多型」保本商品時，參與率越高，表示連結標的資產報酬上漲，則投資人享有的報酬率越高；但若連結標的資產報酬率下跌，則投資人承受的風險有限，故可規避下方風險。通常**參與率**是**發行機構**於結構型商品募集期間就已經自行設定了。
最低保證收益率 （通常用於保本型商品）	**最低保證收益率**（或稱**最低保證投資報酬率**）是指結構型商品到期時，發行機構保證給予投資人最低的收益率或報酬率。例如，保本率為110%，表示最低保證收益率為10%（=120%-100%）；若保本率為100%，表示最低保證收益率為0%（=100%-100%）。

名詞	說明
年化報酬率	**年化報酬率**是以一年為基礎的年投資報酬率。例如5年期結構型債券，到期保本率為125%，則全期年化報酬率為4.56%（ $=\sqrt[5]{1.25}-100\%$ ）。

(三) 結構型債券（或商品）的類型

　　結構型商品的類型有很多，較常見的有：(1)保本型債券（Principal Guaranteed Notes）、(2)高收益債券（High-Yield Notes; Reverse Convertibles）、(3)利率連動債券（Interest Rate-Linked Notes）、(4)匯率連動債券（Currency-Linked Notes）及(5)信用連動債券（Credit-Linked Notes）等，在此僅以保本型債券說明。

> 註　債券到期期限為1～10年者，稱為中期債券（Medium-Term Notes）；到期期限為10～30年者，稱為長期債券（Long-Term Bonds）。實務上，「Notes」是翻譯成「票券」，通常**結構型債券**屬於**中期債券**，故**保本型債券**（**Principal Guaranteed Notes**）也可稱為**保本型票券**，而**利率連動債券**（Interest Rate-linked Notes）也可稱為**利率連動票券**。

　　保本型債券是在三低的環境（**低利率、低通膨、低經濟成長**）背景誕生。在三低時代中，投資人極力避免因投資本金受到市場波動性的影響而縮水，故「保本」的概念竄升為全球資金的主流。以投資人的角度而言，**保本型債券**可視為投資人**同時買進債券**與**買進選擇權**，其產品組合概念如下：

保本型債券＝固定收益債券（保本）＋選擇權

　　其中，**固定收益證券**是用以**保本**，大多以**零息債券**居多。保本型債券的主要構思如下：

1. 保本型債券可以讓投資人在到期時，獲得事先約定的最低保證收益，而**實際報酬率**則視連結標的資產之**未來價格**而定。

2. 保本型債券的設計，主要是透過初期購買的**零息債券**來複製出保本金額，再利用**投資本金**與**零息價格**之間的差額來購買其連結的選擇權部位，接著換算出該保本型債券的參與率。

需注意的是，**參與率**的大小需視**保本率**的高低而定。若發行機構所約定的保本率越高，即投資本金分配在零息債券的比例越高，則可用來從事衍生性金融商品操作的金額也就越少（也就是可購買選擇權的金額越少），故此參與率越低。反之，若發行機構所約定的保本率越低，即投資本金分配在零息債券的比例越低，則可用來從事衍生性金融商品操作的金額也就越多（也就是可購買選擇權的金額越多），故此參與率越高。上述之說明如下表所示：

保本率	參與率	投資人的風險
高	低	低
低	高	高

保本型債券的產品組合之細分說明：

組合項目	說明
零息債券	發行機構依市場狀況，將一部分的投資本金用以投資在**零息債券**。例如，在殖利率為5%，面額為10萬之10年後到期的零息公債之價格為61,391元（$=\dfrac{100,000}{(1+0.05)^{10}}$）。 當發行機構收到10萬元投資本金後，為了保本，也就是在10年後退還投資人，則發行機構只要以61,391元買進零息債券，當債券於10年後到期時，所得到的本金（或面額）剛好等於投資人的投資本金（保本率100%）。下圖是保本型債券的組合圖： 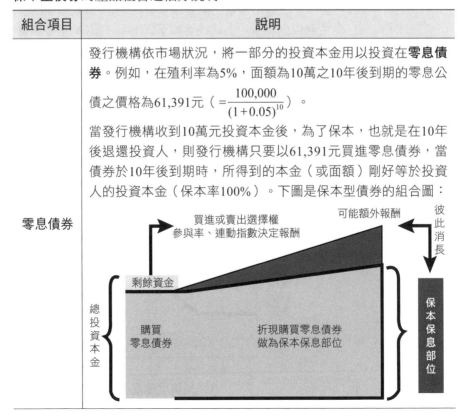

組合項目	說明
選擇權 部位	保本型債券組合成分中的選擇權可使**投資人**參與連結標的資產之收益。然而，隨著搭配的選擇權策略或種類不同，可建構不同投資預期的保本型債券商品。最簡單的保本型債券之結構及適合投資之時機，介紹如下： (1) **買權保本型債券**或**看多型保本型債券** 　買權或看多型的保本型債券之商品，其產品組合概念是「零息債券」加上「買進買權」（或稱「買進歐式買權」），也就是投資人是「買方」不是賣方。假設投資人預期標的資產（例如單一指數、一籃子指數或一籃子股票）未來價格會**上漲**或認為**走勢樂觀**，若預測正確，則自然可增加投資收益；但又擔心情勢判斷錯誤而導致損失過大，若想鎖定「下方風險」，此時投資人可選擇購買「看多型」債券以滿足需求。假設投資人判斷錯誤，到期時連結標的價格（例如股價指數）小於履約價格，則買權價值為0，投資人可領回投資本金乘以保本率。上述說明如下圖所示，圖(A)是**零息債券**到期時的價值；圖(B)是**買進買權**到期時的價值；圖(C)是「**零息債券**」和「**買進買權**」兩者相加的價值，也就是「**買權**」或「**看多型**」保本型債券到期時的價值。 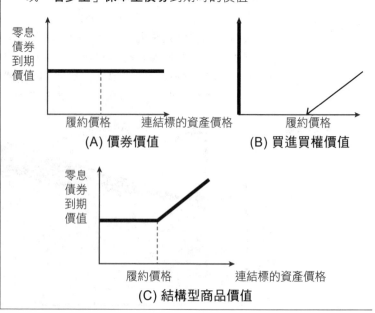 (A) 價券價值　　(B) 買進買權價值 (C) 結構型商品價值

組合項目	說明
選擇權 部位	(2) **賣權保本型債券**或**看空型保本型債券** 賣權或看空型的保本型債券之商品，其產品組合概念是「零息債券」加上「買進賣權」（或稱「買進歐式賣權」），也就是投資人是「買方」不是賣方。假設投資人預期標的資產（例如單一指數、一籃子指數或一籃子股票）未來價格會**下跌**或認為**走勢悲觀**，若預測正確，則自然可增加投資收益；但又擔心情勢判斷錯誤而導致損失過大，若想鎖定「上漲風險」，此時投資人可選擇購買「看空型」債券以滿足需求。假設投資人判斷錯誤，到期時連結標的價格（例如股價指數）大於履約價格，則賣權價值為0，投資人可領回投資本金乘以保本率。上述說明如下圖所示，圖(A)是**零息債券**到期時的價值；圖(B)是**買進賣權**到期時的價值；圖(C)是「**零息債券**」和「**買進賣權**」兩者相加的價值，也就是「**賣權**」或「**看空型**」**保本型債券**到期時的價值。 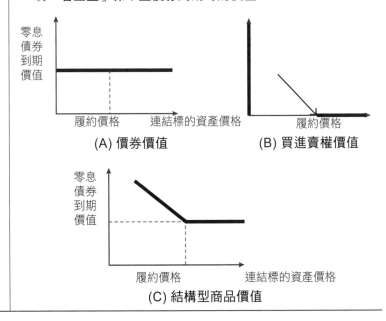 (A) 價券價值　(B) 買進賣權價值　(C) 結構型商品價值

[範例1]

投資人購買連動型債券契約，投資本金為5,000元，7年到期，契約結束時保本率為100%。假設目前7年期零息公債殖利率為3%，請問該連動型債券投資多少金額於選擇權？

解答　連動型債券＝固定收益證券（例如公債）＋衍生性金融商品（例如選擇權）
　　　　 步驟1　投資金額×$(1+3\%)^7$＝5,000×100%
　　　　　　　　⇒投資公債金額×1.2299＝5,000⇒投資公債金額＝4,065
　　　　 步驟2　投資選擇權金額＝5,000－4,065＝935元

[範例2]

某銀行推出一檔7年到期之連動型債券契約，契約結束時保本率為90%。假設目前7年期零息公債殖利率為5%，投資本金為5,000元，請問該連動型債券需要投資多少金額於選擇權？

解答　連動型債券＝固定收益證券（例如公債）＋衍生性金融商品（例如選擇權）
　　　　 步驟1　投資金額×$(1+5\%)^7$＝5,000×90%
　　　　　　　　⇒投資公債金額×1.4071＝4,500⇒投資公債金額＝3,198
　　　　 步驟2　投資選擇權金額＝5,000－3,198＝1,802元

[範例3]

某銀行推出一檔10年到期之連動型債券契約，除了保本率為100%外，契約結束時，還提供最低保證報酬率30%。假設目前10年期零息公債殖利率為7%，投資本金為5,000元，請問該連動型債券需要投資多少金額於零息公債，才能於契約結束時保證領回130%的投資本金？

解答　連動型債券＝固定收益證券（例如公債）＋衍生性金融商品（例如選擇權）
　　　　 投資金額×$(1+7\%)^{10}$＝5,000×130%
　　　　 ⇒投資公債金額×1.9672＝6,500⇒投資公債金額＝3,304元

保本型債券之重要性質整理如下表：

性質	說明
保本特性	具有**保本**之功能，可規避**下方風險**或**上漲風險**。
選擇權部位	買進選擇權、支付權利金，投資人是**買方**。

性質	說明
風險	損失金額最高是**權利金**。
報酬連動方向	(1) 買進買權（看多型）：報酬與標的資產價格，兩者呈**正向**連動。 (2) 買進賣權（看空型）：報酬與標的資產價格，兩者呈**反向**連動。

精選試題

( )　**1** 資本利得是指：　(A)現金股利　(B)實際股利　(C)賣價超過買價之利潤　(D)股票股利。

( )　**2** 下列何種資產的投資風險最大？　(A)股票　(B)公債　(C)期貨　(D)國庫券。

( )　**3** 投資者購買無息票公司債的收益是：　(A)轉換其他股票利益　(B)可獲得折現利息　(C)純粹賺取差價　(D)無利息收入。

( )　**4** 下列何者不具有選擇權之性質？　(A)存託憑證　(B)可轉換公司債　(C)認購股票　(D)認售權證。

( )　**5** 下列有關期貨契約與遠期契約的比較，何者為真？　(A)期貨契約不需繳保證金，遠期契約需要繳保證金　(B)期貨契約的信用風險較遠期契約低　(C)期貨契約的內容並不是標準化，遠期契約則是標準化格式　(D)期貨契約與遠期契約都是每天結算。

( )　**6** 下列有關期貨契約的敘述，何者為真？　A.大多平倉，很少交割　B.每週結算　C.標準化契約　(A)A與B　(B)A與C　(C)B與C　(D)A、B與C。

(　　)　**7**　下列有關期貨契約與遠期契約的比較，何者為真？
A.遠期契約每日結算　B.期貨契約的流通性較高　C.遠期契約的信用風險較大　(A)A與B　(B)A與C　(C)B與C　(D)A、B與C。

(　　)　**8**　期貨交易中，當保證金低於何種水準時即需補繳？
(A)一般保證金　(B)原始保證金　(C)維持保證金　(D)以上皆非。

(　　)　**9**　期貨交易成立時，投資人支付何種保證金？　(A)變動保證金
(B)結算保證金　(C)原始保證金　(D)維持保證金。

(　　)　**10**　期貨交易成立時，誰必須支付保證金給經紀商？
(A)買賣雙方　(B)期貨買方　(C)期貨賣方　(D)以上皆非。

(　　)　**11**　買賣期貨何者須付權利金？　(A)僅買方　(B)僅賣方　(C)買賣雙方均不要　(D)買賣雙方均要。

(　　)　**12**　下列有關期貨與股票的敘述，何者為真？　(A)股票市場的槓桿程度較低　(B)股票市場對賣空的限制較寬鬆　(C)以上皆是　(D)以上皆非。

(　　)　**13**　那一種金融商品不適宜為長期投資的工具？　(A)公債　(B)股票
(C)期貨　(D)公司債。

(　　)　**14**　那一種投資方式槓桿程度最高？　(A)買進股票　(B)買進指數期貨
(C)融資買進股票　(D)以上皆是。

(　　)　**15**　下列交易何者須繳保證金？　A.買選擇權　B.買期貨　C.融券賣出股票。　(A)A　(B)A與C　(C)B與 C　(D)A、B、C均對。

(　　)　**16**　期貨具有那些功能？　A.價格指標　B.投機　C.避險。
(A)僅A、B對　(B)僅B、C對　(C)僅A、C對　(D)A、B、C均對。

(　　)　**17**　期貨契約出現的最原始目的為何？　(A)投機　(B)避險　(C)提高資源效率　(D)預估未來價格。

(　　)　**18**　為自己利潤而進行期貨交易的期貨自營商稱之為？
(A)投機者　(B)避險者　(C)套利者　(D)搶帽客。

( ) **19** 何種參與者具有充分資訊，因此可以隨時得知各地的期貨市場行情，可在無風險的狀況之下，買進賣出期貨，進而賺取利潤？
(A)避險者　(B)套利者　(C)投機者　(D)搶帽客。

( ) **20** 下列何者為金融期貨的標的？　(A)匯率　(B)利率　(C)股價指數
(D)以上皆是。

( ) **21** 下列何者為結算所設置的功能？　A.降低違約風險　B.建立結算保證金　C.負責監督會員收取一定水準之保證金
(A)A與B　(B)B與C　(C)A與C　(D)A、B及C。

( ) **22** 期貨市場交易量最大的契約為？　(A)能源期貨　(B)金屬期貨
(C)金融期貨　(D)農業期貨。

( ) **23** 歐洲美元期貨是一種？　(A)金屬期貨　(B)外匯期貨　(C)利率期貨
(D)指數期貨。

( ) **24** 現貨與期貨價格之差稱為：　(A)率差　(B)利差　(C)基差　(D)匯差。

( ) **25** 所謂正常市場是指何種情況？　(A)基差為零　(B)基差為負　(C)基差為正　(D)以上皆有可能。

( ) **26** 價差是指：　(A)遠期期貨價格－近期期貨價格　(B)現貨價格－期貨價格　(C)近期期貨價格－遠期期貨價格　(D)期貨價格－現貨價格。

( ) **27** 在逆價市場中：　(A)近期期貨價格低於遠期期貨價格　(B)現貨價格高於期貨價格　(C)以上皆是　(D)以上皆非。

( ) **28** 下列何者是屬於歐式選擇權？　(A)我國股票選擇權　(B)在臺灣證券交易所交易的認售權證　(C)在臺灣證券交易所交易的認購權證
(D)以上皆是。

( ) **29** 下列何者是屬於美式選擇權？　(A)我國臺指選擇權　(B)在臺灣證券交易所交易的認售權證　(C)我國股票選擇權　(D)以上皆非。

(　) **30** 在權利期間內任一天，亦即合約上所載明的到期日前任一天，均可進行履約係指：　(A)美式選擇權　(B)歐式選擇權　(C)以上皆是　(D)以上皆非。

(　) **31** 選擇權之買方僅能於契約到期日當日履約，稱為下列何者：　(A)美式選擇權　(B)英式選擇權　(C)歐式選擇權　(D)亞洲選擇權。

(　) **32** 標的物不同，但是交易所、交易數量相同的期貨價差交易係指：　(A)市場間價差交易　(B)商品間價差交易　(C)市場內價差交易　(D)加工產品間的價差交易。

(　) **33** 在選擇權交易中，凡在一定期間內，可以一定價格購買一定股票之選擇權，稱為：　(A)買權（買回選擇權）　(B)賣權（賣出選擇權）　(C)購入選擇權　(D)贖回選擇權。

(　) **34** 下列有關選擇權的敘述，何者為真？　A.賣方需支付保證金　B.不管購買買權或賣權，均需支付賣方一定額度的權利金　C.不論交易成立與否，此權利金均不退還　(A)僅A與B　(B)僅B與C　(C)僅A與C　(D)A、B與C。

(　) **35** 有關選擇權之敘述，下列何者正確：　(A)賣權之買方預期未來行情看漲　(B)就買權而言，當履約價格大於標的物價格時，稱為價內買權　(C)當標的物價格波動性程度越來越低時，賣權價格越低　(D)歐式選擇權之買方可以在契約有效期間內隨時履約。

(　) **36** 有關價外選擇權（out-the-money option）的敘述，下列何者正確：　(A)對買權而言，當標的物價格等於履約價格時，稱為價外買權　(B)對買權而言，當標的物價格大於履約價格時，稱為價外買權　(C)對買權而言，當標的物價格小於履約價格時，稱為價外買權　(D)以上皆非。

(　) **37** 下列何者股價指數是窄基指數？　A.臺股指數　B.能源業指數　C.電腦業指數　(A)A與B　(B)A與C　(C)B與C　(D)以上皆非。

（　）**38** 期貨選擇權的標的物是　(A)股票　(B)外匯　(D)選擇權　(D)期貨。

（　）**39** 下列何者為選擇權的功能？
A.促進市場流動性　B.投資金額小　C.規避風險
(A)僅A與B　(B) 僅A與C　(C)僅B與C　(D)A、B與C。

（　）**40** 當選擇權到期時，關於時間價值，下列敘述何者正確：　(A)對賣權而言，到期時，時間價值大於零　(B)對買權而言，到期時，時間價值大於零　(C)無論是買權或賣權，到期時，時間價值等於零　(D)無論是買權或賣權，到期時，時間價值不確定。

（　）**41** 假設以A公司為資產標的物之買權，其履約價格為60元，該買權權利金目前報價為10元，同時A公司目前股價為63元，請問該買權之內含價值為多少元？　(A)0元　(B)3元　(C)5元　(D)7元。

（　）**42** 假設某一履約價格為35元之股票選擇權買權，該買權權利金目前報價為13元，同時該股票價格為42元，請問該買權之時間價值為多少元？　(A)0元　(B)6元　(C)7元　(D)13元。

（　）**43** 投資人購買以B公司為資產標的物之賣權，其履約價格為50元，還有半年到期，股價為47 元，權利金為15元。到期日時，該賣權之內含價值為7元，請問B公司的股價應為多少元？　(A)30元　(B)37元　(C)43元　(D)50元。

（　）**44** 假設以C公司為資產標的物之賣權，其履約價格為500元，該賣權權利金目前報價為15元，同時該股票價格為516元，請問該賣權之時間價值為多少元？　(A)0元　(B)10元　(C)15元　(D)20元。

（　）**45** 一般而言，風險性越高之股票，不考慮其他因素，其買權價格會：
(A)越小　(B)越大　(C)不影響　(D)看市場利率而定。

（　）**46** 當其他條件不變下，選擇權之標的物價格波動程度變大時，下列敘述何者正確：　(A)買權和賣權的價格都會下跌　(B)買權和賣權的價格都會上漲　(C)買權價格上漲，賣權價格下跌　(D)買權價格下跌，賣權價格上漲。

(　　) **47** 影響選擇權價格之因素中，當標的物價格越高時，對買權價格的影響為何：　(A)越低　(B)越高　(C)沒有影響　(D)不確定是否有影響。

(　　) **48** 影響選擇權價格之因素中，當履約價格越高時，對買權價格的影響為何：　(A)越低　(B)越高　(C)沒有影響　(D)不確定是否有影響。

(　　) **49** 下列哪一項不會影響選擇權價格：　A.投資人對風險的態度　B.標的物的價格　C.標的物價格的波動性　D.履約價格　E.無風險利率。　(A)A與B　(B)A與C　(C)A　(D)E。

(　　) **50** 當其他條件不變下，選擇權的到期日縮短時，下列敘述何者正確：(A)買權價格上漲，賣權價格下跌　(B)買權和賣權的價格都會下跌(C)買權價格下跌，賣權價格上漲　(D)買權和賣權的價格都會上漲。

(　　) **51** 下列何者會使認股權證的價格下跌？　A.履約價格下跌　B.無風險利率下跌　C.標的物現行市價下跌　(A)A與B　(B)A與C　(C)B與C　(D)以上皆非。

(　　) **52** 某公司發行之認股權證價格與下列何者呈反向關係？(A)利率　(B)股價　(C)距離到期日的長短　(D)履約價格。

(　　) **53** 買進買權（Long a call option）具有：　(A)依履約價格賣出標的物之義務　(B)依履約價格買進標的物之義務　(C)依履約價格賣出標的物之權利　(D)依履約價格買進標的物之權利。

(　　) **54** 賣出買權（Short a call option）具有：　(A)依履約價格賣出標的物之義務　(B)依履約價格買進標的物之權利　(C)依履約價格賣出標的物之權利　(D)依履約價格買進標的物之義務。

(　　) **55** 有關選擇權特性，下列何者「錯誤」？　(A)買權的買方預期未來情看漲　(B)買權的買方是買進選擇權並支付權利金　(C)賣權的買方有賣出標的資產之義務　(D)賣權的買方風險有限，但獲利很大。

(　　) **56** 當股價大幅下跌時，下列何種選擇權交易策略損失最大：
(A)賣出買權　(B)賣出賣權　(C)買進買權　(D)買進賣權。

(　　) **57** 買權出售之時機應是？　(A)多頭市場　(B)空頭市場　(C)多空頭兩個市場均可　(D)以上皆非。

(　　) **58** 認股權證是哪一種？　(A)賣權　(B)期貨　(C)買權　(D)特別股。

(　　) **59** 「認股權證」契約中讓權證持有人購買股票的特定價格稱為：
(A)轉換價格　(B)市場價格　(C)履約價格　(D)權利金。

(　　) **60** 投資人購買連動型債券契約，投資本金為5,000元，7年到期，契約結束時保本率為 100%。假設目前7年期零息公債殖利率為3%，請問該連動型債券投資多少金額於選擇權？　(A)824元　(B)935元　(C)1,031元　(D)1,229元。

(　　) **61** 某銀行推出一檔7年到期之連動型債券契約，契約結束時保本率為90%。假設目前7年期零息公債殖利率為5%，投資本金為5,000元，請問該連動型債券需要投資多少金額於選擇權？　(A)1,000元　(B)1,437元　(C)1,407元　(D)1,802元。

(　　) **62** 某銀行推出一檔10年到期之連動型債券契約，除了保本率為100%外，契約結束時，還提供最低保證報酬率30%。假設目前10年期零息公債殖利率為7%，投資本金為5,000元，請問該連動型債券需要投資多少金額於零息公債，才能於契約結束時保證領回130%的投資本金？　(A)3,000元　(B)3,102元　(C)3,304元　(D)3,567元。

(　　) **63** 有關保本型債券特性，下列敘述何者正確：　(A)選擇權部位方面，投資人是賣方　(B)可拆解為零息債券與賣出選擇權之組合　(C)「看多型」保本型債券可鎖定下方風險　(D)若按面額發行，在相同到期日之下，保本率越高，參與率越高。

(　　) **64** 有關「看空型」保本型債券特性，下列敘述何者正確：　(A)選擇權部位方面，投資人是買方　(B)可鎖定下方風險　(C)可拆解為零息債券與賣出選擇權之組合　(D)投資時機為預期標的資產未來價格會上漲或認為走勢樂觀。

（　）**65** 如果投資人預期標的資產未來價格會上漲或認為走勢樂觀，但又想
鎖定「下方風險」，則應該購買何種結構型債券最佳：　(A)「看
多型」保本型債券　(B)「看空型」保本型債券　(C)浮動利率債券
(D)反浮動利率債券。

（　）**66** 基本上「看多型」保本型債券皆可以拆解成：　(A)「零息債券」加
上「賣出買權」之組合　(B)「零息債券」加上「買進賣權」之組
合　(C)「零息債券」加上「買進買權」之組合　(D)「零息債券」
加上「賣出賣權」之組合。

（　）**67** 連動型債券具有保本特性，請問它是利用何種投資工具以達保本目
的？　(A)平衡型基金　(B)固定收益證券　(C)期貨　(D)選擇權。

（　）**68** 購買連動型債券，若投資人的報酬率會隨連結標的指數的正績效
連動，當股價指數上漲，其收益率亦隨之增加，則債券中之選擇
權部分應如何處理？　(A)賣出買權　(B)賣出賣權　(C)買進買權
(D)買進賣權。

解答與解析

1 (C)。**零息債券**是指不支付票面利息，而以低於面值價格出售的債券。投資人
購買此類債券主要在於獲得**資本利得**（或**資本增值**），也就是**到期時的**
面額高於**購入金額**之部分（賣價超過買價之利潤）。
故此題答案為(C)。

2 (C)。(1)**基礎商品**（**Underlying Assets**）：例如定期存單、儲蓄存款、股票、
債券等有價證券。
(2)**衍生性商品**（**Derivatives**）：例如期貨、選擇權、遠期合約、交換
等。衍生性金融商品不論在內容創新或市場發展上，都有顯著的表
現，風險也相對較高。
故此題答案為(C)。

3 (B)。**零息債券**又稱**無息票債券**是指不支付票面利息，而以低於面值價格出售
的債券。投資人購買此類債券主要在於獲得**資本利得**（或**資本增值**），
也就是**到期時的面額**高於**購入金額**之部分（賣價超過買價之利潤），也
就是賺取折現利息。
故此題答案為(B)。

4 (A)。 (A) **存託憑證**（**Depositary Receipts**）是指由外國發行公司或其有價證券持有人，委託存託銀行（Depositary Bank）發行表彰外國有價證券的可轉讓憑證，存託憑證持有人的權利義務與持有該發行公司普通股之投資者相同，所表彰的有價證券則由存託銀行委託國外當地保管銀行代為保管。

(B) **可轉債**具有債權及股權之性質，故交易商會將其帳上所持有之可轉債，拆解為**普通公司債**與**可轉債選擇權**，分別銷售給固定收益投資人與選擇權投資人。

(C)(D)臺灣選擇權市場中，在臺灣證券交易所交易的**認購權證**為美式買權，**認售權證**則為美式賣權。

故此題答案為(A)。

5 (B)。 (A) 期貨契約需繳保證金，遠期契約不需要。

(C) 期貨契約的內容是標準化格式，遠期契約則無。

(D) 期貨契約有每日結算之程序，遠期契約則無。

故此題答案為(B)。

6 (B)。 期貨契約會每日結算。

故此題答案為(B)。

7 (C)。 期貨契約有每日結算之程序，遠期契約則無。

故此題答案為(C)。

8 (C)。 期貨契約由於每日結算的進行，保證金的金額會有所變動，當保證金低於某一比例時，結算所會要求補足到原始保證金的額度，以避免違約的發生，此比例稱為「**維持保證金**」（Maintenance Margins）。

故此題答案為(C)。

9 (C)。 當期貨交易成交時，買賣雙方必須支付一筆保證金給經紀商，以作為履約保證，此項保證金稱為「**原始保證金**」（Initial Margins）。

故此題答案為(C)。

10 (A)。 當期貨交易成交時，買賣雙方必須支付一筆保證金給經紀商，以作為履約保證，此項保證金稱為「**原始保證金**」（Initial Margins）。

故此題答案為(A)。

11 (C)。 當期貨交易成交時，買賣雙方必須支付一筆保證金給經紀商，以作為履約保證，此項保證金稱為「**原始保證金**」（Initial Margins）。

選擇權交易時，**買方**必須支付**權利金**給賣方，為防止有違約之虞，故賣方需繳交保證金。

故此題答案為(C)。

12 (A)。期貨市場買進契約時，只需支付某固定比例的原始保證金，該項比例大多低於10%。因此，可利用較小的金額來進行投資，有「以小搏大」的功能，故槓桿程度也比股票大。

期貨市場對賣空的限制較為寬鬆，甚至沒有限制。

故此題答案為(A)。

13 (C)。當期貨契約交易已經完成，也就是買方與賣方皆出現時，或是投資者對某一契約分別進行買進與賣出時，此項契約即稱為**平倉**。這是由於期貨契約的投資者大多不會在到期日時履行契約，故多在到期日前便將此契約賣出。主要是投資期貨風險很大，不宜長期投資。

故此題答案為(C)。

14 (B)。期貨有指數期貨、公債期貨、外幣期貨等，期貨可利用較小的金額來進行投資，有「以小搏大」的功能，故槓桿程度也比較大。

故此題答案為(B)。

15 (C)。選擇權交易時，**買方**必須支付**權利金**給賣方，為防止有違約之虞，故賣方需繳交保證金。

當期貨交易成交時，買賣雙方必須支付一筆保證金給經紀商，以作為履約保證。

融券是向券商借股票來賣，投資人要付保證金。

故此題答案為(C)。

16 (D)。期貨的功能：避險、投機、價格發現（價格指標）、提高資源效率。

故此題答案為(D)。

17 (B)。期貨契約出現的最原始目的是**避險**，其在於提供現貨商品持有者或使用者，可以將價格風險轉移給願意或有能力承擔的第三者，故可以使成本與收益較為穩定。

故此題答案為(B)。

18 (D)。**搶帽客**是為自己利潤而進行期貨交易的期貨自營商，由於期貨自營商常在一瞬間就買賣大量的期貨，故其持有時間經常短於30秒。

故此題答案為(D)。

19 (B)。 **套利者**具有充分資訊，可以隨時得知各地的期貨市場行情，並在**無風險**的狀況下，買進賣出期貨，進而賺取利潤。
故此題答案為(B)。

20 (D)。 金融期貨自70年代的外匯契約引進市場之後發展迅速，至今已成為期貨市場交易量最多的契約。此類期貨又細分為：
(1) **外匯期貨**：英磅、加幣、馬克、日幣、法郎。
(2) **利率期貨**：國庫券、長期公債、歐洲美元（Eurodollar）。
(3) **股價指數期貨**：S&P500、日經225、香港恆生股價指數、臺灣摩根指數等。
故此題答案為(D)。

21 (D)。 結算所與交易所相同，皆為非營利機構，其設置的功能為：
(1) 負責期貨契約的結算，承擔履約的義務，以降低違約風險。
(2) 負責監督會員，並向其收取一定水準的保證金。
(3) 建立結算保證金，避免大規模的信用風險。
故此題答案為(D)。

22 (C)。 **金融期貨**自70年代的外匯契約引進市場之後發展迅速，至今已成為期貨市場交易量最多的契約。
故此題答案為(C)。

23 (B)。 期貨細分為：
(1) **外匯期貨**：英磅、加幣、馬克、日幣、法郎。
(2) **利率期貨**：國庫券、長期公債、歐洲美元（Eurodollar）。
(3) **股價指數期貨**：S&P500、日經225、香港恆生股價指數、臺灣摩根指數等。
故此題答案為(B)。

24 (C)。 **基差**是現貨價格與期貨價格之間的差額，即「**基差＝現貨價格－期貨價格**」。
故此題答案為(C)。

25 (B)。 正常市場是指**基差**為負值，也就是期貨價格高於現貨價格。
故此題答案為(B)。

26 (C)。 價差是指近期的期貨價格與遠期期貨價格的差額，即「**價差＝近期期貨價格－遠期期貨價格**」。
故此題答案為(C)。

27 (B)。　**逆價市場**是指當供給嚴重不足之下，可能會出現**現貨價格**較**期貨價格**高
　　　　　或**近期期貨價格**較**遠期期貨價格**高，也就是基差或**價差**為正值的不正常
　　　　　情況。
　　　　　故此題答案為(B)。

28 (A)。　**歐式選擇權**：買方只能在權利期間的最後一日，即合約上所載明的到期
　　　　　日當天，才能向選擇權的賣方要求履約。臺灣選擇權市場中，在臺灣期
　　　　　貨交易所交易的臺指選擇權與股票選擇權皆屬於歐式選擇權，也就是只
　　　　　有在到期日當天才可以履約。
　　　　　故此題答案為(A)。

29 (B)。　**美式選擇權**：買方可以在權利期日內任何一天，即合約上所載明的到期
　　　　　日及到期日前的任何一天，以事先約定的價格要求賣方履約。臺灣選擇
　　　　　權市場中，在臺灣證券交易所交易的**認購權證**為美式買權，**認售權證**則
　　　　　為美式賣權。
　　　　　故此題答案為(B)。

30 (A)。　**美式選擇權**：買方可以在權利期日內任何一天，即合約上所載明的到期
　　　　　日及到期日前的任何一天，以事先約定的價格要求賣方履約。
　　　　　歐式選擇權：買方只能在權利期間的最後一日，即合約上所載明的到期
　　　　　日當天，才能向選擇權的賣方要求履約。
　　　　　故此題答案為(A)。

31 (C)。　**歐式選擇權**：買方只能在權利期間的最後一日，即合約上所載明的到期
　　　　　日當天，才能向選擇權的賣方要求履約。
　　　　　故此題答案為(C)。

32 (B)。　商品間價差交易是指**標的物**不同，但是交易所、交易數量皆相同。
　　　　　故此題答案為(B)。

33 (A)。　選擇權可分為買權與賣權：
　　　　　(1) 買權：買方有權利在一定期間內（或某一特定日期）買進標的資產的
　　　　　　　 權利。
　　　　　(2) 賣權：賣方有權利在一定期間內（或某一特定日期）賣出標的資產的
　　　　　　　 權利。
　　　　　故此題答案為(A)。

34 (D)。　選擇權交易時，不管購買買權或賣權，均需支付賣方一定額度的權利金，
　　　　　而且不論交易成立與否，此權利金均不退還。至於賣方需支付保證金。
　　　　　故此題答案為(D)。

35 (C)。(A) 買權之買方預期未來行情看漲。

(B) 對**買權**而言，當股價大於履約價格（S>K）時，稱此買權為**價內買權**。

(C) 無論是對買權或是賣權而言，標的物價格的波動性越大，表示選擇獲利的可能性越大，故也越有利。

⇒ **標的資產價格或股價的波動性（σ）與買權呈正相關、與賣權呈正相關**。

(D) **歐式選擇權**：買方只能在權利期間的最後一日，即合約上所載明的到期日當天，才能向選擇權的賣方要求履約。

故此題答案為(C)。

36 (C)。**價外選擇權**：對**買權**而言，當股價小於履約價格（S<K）時，稱此買權為**價外買權**；對**賣權**而言，當股價大於履約價格（S>K）時，稱此賣權為**價外賣權**。

故此題答案為(C)。

37 (C)。窄基指數：代表**某特定產業的股價**變動，例如石油業指數、電腦業指數。

故此題答案為(C)。

38 (D)。選擇之標的資產為期貨：指數期貨、公債期貨、外幣期貨等，期貨選擇權屬於選擇權，故履行權利之後便得到期貨契約，屬於複合性的衍生性金融商品。

故此題答案為(D)。

39 (D)。選擇權的功能有**投資金額小、規避風險、促進市場流動性**以及**價格發現**。

故此題答案為(D)。

40 (C)。理論上，依到期日的長短，選擇權價值的時間價值會有所變化，其說明如下：

(1) 當距離到期日越長，投資人等待獲利的時間也越長，故時間價值也越高；

(2) 隨著到期日越來越近，投資人等待獲利的時間也越少，故時間價值會逐漸消逝並趨近於零；

(3) 在到期日時，時間價值為零，而選擇權價值將等於內含價值。

故此題答案為(C)。

41 (B)。內含價值 $=\max(S_t-K,0)=\max(63-60,0)=3$ 元

故此題答案為(B)。

42 (B)。內含價值$=\max(S_t-K, 0)=\max(42-35, 0)=7$元

$C_t=\max(S_t-K,0)+$時間價值

$\Rightarrow 13=\max(42-35,0)+$時間價值

$\Rightarrow 13=\max(7,0)+$時間價值$\Rightarrow$時間價值$=6$元

故此題答案為(B)。

43 (C)。到期時，內含價值$=\max(K-S_t,0)=7$

$\Rightarrow \max(50-S_t,0)=7 \Rightarrow S_t=50-7=43$元

故此題答案為(C)。

44 (C)。$P_t=\max(K-S_t,0)+$時間價值

$\Rightarrow 15=\max(500-516,0)+$時間價值

$\Rightarrow 15=\max(-16,0)+$時間價值$\Rightarrow$時間價值$=15$元

故此題答案為(C)。

45 (B)。風險性也就是股價波動性。無論是對買權或是賣權而言，標的物價格的波動性越大，表示選擇獲利的可能性越大，故也越有利。

　標的資產價格或股價的波動性（σ）與買權呈正相關、與賣權呈正相關。

　故此題答案為(B)。

46 (B)。無論是對買權或是賣權而言，標的物價格的波動性越大，表示選擇獲利的可能性越大，故也越有利。

　標的資產價格或股價的波動性（σ）與買權呈正相關、與賣權呈正相關。

　故此題答案為(B)。

47 (B)。無論是對買權或是賣權而言，標的物價格的波動性越大，表示選擇獲利的可能性越大，故也越有利。

　標的資產價格或股價的波動性（σ）與買權呈正相關、與賣權呈正相關。

　故此題答案為(B)。

48 (A)。履約價格越高，對買入買權越不利，但對買入賣權越有利。

　⇒**履約價格（K）與買權呈負相關、與賣權呈正相關。**

　故此題答案為(A)。

49 (C)。影響選擇權價值的因素有**標的物（或稱標的資產）現行市價與履約價格、標的物價格之風險性、離到期日的時間以及無風險利率。**

　故此題答案為(C)。

50 (B)。選擇權契約離到期日越遠，則標的物價格上升或下跌的可能性也越高，故**無論對買權或賣權而言，離到期日越長，選擇權的價值越高**；反之亦然。

　故此題答案為(B)。

51 (C)。**認股權證**是由公司發放的一種票券，表示在一定的期限內，可以用一定
的價格購買**發行公司**所發行一定數量的新股之選擇權。
(1) 履約價格與買權呈負相關。
(2) 無風險利率與買權呈正相關。
(3) 標的物現行市價與買權呈正相關。
故此題答案為(C)。

52 (D)。利率與買權呈正相關；股價與買權呈正相關；距離到期日的長短與買權
呈正相關；履約價格與買權呈負相關。
故此題答案為(D)。

53 (D)。有**權利**於未來特定期間內，以約定的履約價格、數量，**買進**標的資產
（例如股票、指數）。
故此題答案為(D)。

54 (A)。有**義務**於未來特定期間內，以約定的履約價格、數量，**賣出**標的資產
（例如股票、指數）。
故此題答案為(A)。

55 (C)。(C) 賣權的「賣方」有「買進」標的資產之義務。
故此題答案為(C)。

56 (B)。賣出賣權是預期未來行情不跌。獲利有限，但損失很大。當標的資產價
格等於零（S=0）時，損失最高。
故此題答案為(B)。

57 (B)。**多頭市場**是指投資人預期未來標的物之價格會上漲，此時是**賣權**出售的
時機；**空頭市場**是指投資人預期未來標的物之價格會下跌，此時是**買權**
出售的時機。
故此題答案為(B)。

58 (C)。**認股權證**是由公司發放的一種票券，表示在一定的期限內，可以用一定
的價格（履約價格）**購買發行公司**所發行一定數量的新股之選擇權，故
屬於**買權**。
故此題答案為(C)。

59 (C)。**認股權證**是由公司發放的一種票券，表示在一定的期限內，可以用一定
的價格（履約價格）**購買發行公司**所發行一定數量的新股之選擇權，故
屬於**買權**。
故此題答案為(C)。

60 (B)。 連動型債券=固定收益證券（例如公債）+衍生性金融商品（例如選擇權）

投資金額×(1+3%)^7=5,000×100%

⇒投資公債金額×1.2299=5,000⇒投資公債金額=4,065

投資選擇權金額=5,000−4,065=935元

故此題答案為(B)。

61 (D)。 連動型債券=固定收益證券（例如公債）+衍生性金融商品（例如選擇權）

投資金額×(1+5%)^7=5,000×90%

⇒投資公債金額×1.4071=4,500⇒投資公債金額=3,198

投資選擇權金額=5,000−3,198=1,802元

故此題答案為(D)。

62 (C)。 連動型債券=固定收益證券（例如公債）+衍生性金融商品（例如選擇權）

投資金額×(1+7%)^{10}=5,000×130%

⇒投資公債金額×1.9672=6,500⇒投資公債金額=3,304元

故此題答案為(C)。

63 (C)。 以投資人的角度而言，**保本型債券**可視為投資人**同時買進債券**與**買進選擇權**，其產品組合概念如下：

保本型債券＝固定收益債券（保本）＋選擇權

其中，**固定收益證券**是用以**保本**，大多以**零息債券**居多。

若發行機構所約定的保本率越高，即投資本金分配在零息債券的比例越高，則可用來從事衍生性金融商品操作的金額也就越少（也就是可購買選擇權的金額越少），故此參與率越低。

若是購買「看多型」保本商品時，參與率越高，表示連結標的資產報酬上漲，則投資人享有的報酬率越高；但若連結標的資產報酬率下跌，則投資人承受的風險有限，故可規避下方風險。

由上得知：

(A) 選擇權部位方面，投資人是「買」方。

(B) 可拆解為「固定收益債券（保本）」與賣出選擇權之組合。

(C) 「看多型」保本型債券可鎖定下方風險。

(D) 若按面額發行，在相同到期日之下，保本率越高，參與率越「低」。

故此題答案為(C)。

64 (A)。 賣權或看空型的保本型債券之商品，其產品組合概念是「零息債券」加上「買進賣權」（或稱「買進歐式賣權」），也就是投資人是「買方」不是賣方。

假設投資人預期標的資產（例如單一指數、一籃子指數或一籃子股票）未來價格會**下跌**或認為**走勢悲觀**，若預測正確，則自然可增加投資收益；但又擔心情勢判斷錯誤而導致損失過大，若想鎖定「上漲風險」，此時投資人可選擇購買「看空型」債券以滿足需求。

故此題答案為(A)。

65 **(A)**。 假設投資人預期標的資產（例如單一指數、一籃子指數或一籃子股票）未來價格會**上漲**或認為**走勢樂觀**，若預測正確，則自然可增加投資收益；但又擔心情勢判斷錯誤而導致損失過大，若想鎖定「下方風險」，此時投資人可選擇購買「看多型」債券以滿足需求。

故此題答案為(A)。

66 **(C)**。 賣權或看空型的保本型債券之商品，其產品組合概念是「零息債券」加上「買進賣權」（或稱「買進歐式賣權」），也就是投資人是「買方」不是賣方。

故此題答案為(C)。

67 **(B)**。 以投資人的角度而言，**保本型債券**可視為投資人**同時買進債券**與**買進選擇權**，其產品組合概念如下：

保本型債券＝固定收益債券（保本）＋選擇權

其中，**固定收益證券**是用以**保本**，大多以**零息債券**居多。

故此題答案為(B)。

68 **(C)**。 連動型債券＝固定收益證券（例如公債）＋衍生性金融商品（例如選擇權）

當股價指數上漲，其收益率亦「隨之增加」，則債券中之選擇權部分應**「買進買權」**。

故此題答案為(C)。

Day 07 模擬考

( ) **1** 若其他條件固定,利率水準上升,則年金的現值? (A)下降 (B)上升 (C)不變 (D)以上皆有可能。

( ) **2** 某公司於今年初發行為期五年,面額20,000元,票面利率為8%,殖利率6%的公司債,試以每年付息一次其發行價格為: (A)19,990元 (B)19,831元 (C)21,582元 (D)21,686元。

( ) **3** 所謂高風險,高報酬,則投資風險較高的股票,以下敘述何者為誤? (A)有可能損失很大 (B)保證獲利較高 (C)期望報酬率較高 (D)長期而言平均的報酬率較高。

( ) **4** 若證券價格不但反映歷史資料,也充分反映目前所有市場上的公開資訊,則定義為: (A)強式效率市場 (B)很強式效率市場 (C)弱式效率市場 (D)半強式效率市場。

( ) **5** 封閉型共同基金之市場價格通常會比其淨資產價值: (A)低 (B)高 (C)相等 (D)以上均有可能。

( ) **6** A公司估計5年內的現金流量如下所示,假設利率為6%,一年複利一次,求其終值與現值各為多少?

(A)終值＝1,040.5萬元；現值＝1,392.4萬元　(B)終值＝1,392.4萬元；現值＝1,040.5萬元　(C)終值＝1,400.5萬元；現值＝1,932.4萬元(D)終值＝1,932.4萬元；現值＝1,400.5萬元。

（　　）**7** 十年到期的公債，票面利率為7.2%，目前之到期殖利率為6.5%，若利率維持不變，則一年後此債券之價格將：　(A)不變　(B)下跌(C)上漲　(D)無從得知。

（　　）**8** 依股利折現評價模式，若現金股利已知，投資人要求報酬率越高，則投資人所評估股票的價格：　(A)越低　(B)越高　(C)無法確定(D)視折現期數而定。

（　　）**9** 如果您是屬於風險偏好者，您的投資選擇或標的，可能包括：(A)未上市股票　(B)科技股票基金　(C)投資科技股票　(D)以上皆可。

（　　）**10** 下列何者為選擇權的功能？
A.促進市場流動性　B.投資金額小　C.規避風險。
(A)僅A與B　(B)僅A與C　(C)僅B與C　(D)A、B與C。

（　　）**11** 下列有關銀行承兌匯票的敘述何者為真？
A.只可以由公司所簽發以某一特定銀行為付款人
B.以90天期最為普遍
C.到期日前均可以在資本市場進行買賣
(A)A　(B)B　(C)A與C　(D)B與C。

（　　）**12** 若某投資組合的預期報酬為15%，貝他值為1.2，若無風險利率為6%，則其崔諾指標為多少？　(A)5%　(B)6%　(C)7.5%　(D)9%。

（　　）**13** 當投資組合內的資產種類越來越多時，投資組合的風險會越來越接近：　(A)個別證券報酬率變異數的總和　(B)個別證券報酬率共變異數的總和　(C)證券報酬率的平均變異數　(D)證券報酬率的平均共變異數。

（　　）**14** 投資於下列兩種基金之報酬應如何比較？　A.國內股票基金一年報酬為25%　B.亞洲債券基金一年報酬為12%。　(A)A較B更值得投資　(B)A報酬較B佳　(C)A與B應避免跨類比較　(D)以上皆是。

( ) **15** 普通股是一種？ (A)非固定收益證券 (B)半固定收益證券 (C)固定收益證券 (D)以上皆有可能。

( ) **16** 一般情況下，投資小型股、大型股、長期公債、商業本票，何者之投資風險最高？ (A)長期公債 (B)商業本票 (C)小型股 (D)大型股。

( ) **17** 下列何者是影響公司債評等的因素？ (A)流動比率 (B)負債比率 (C)公司本身的盈餘水準及穩定性 (D)以上皆是。

( ) **18** 假設未來景氣好與景氣差的機率各為1/2，在這兩種情況下，某股票報酬率分別為60%、−25%。請問，該股票預期報酬率為多少？ (A)12.5% (B)15.5% (C)17.5% (D)20.5%。

( ) **19** 有關我國乙種國庫券之發行，下列何者敘述有誤？ (A)為穩定金融 (B)為貨幣市場工具 (C)由中央銀行發行 (D)按票載利率計算本利和，並屆期一次清償。

( ) **20** 下列何種基金之風險最低？ (A)新興市場債券基金 (B)已開發國家單一股票基金 (C)已開發國家政府公債債券型基金 (D)已開發國家之區域型股票基金。

( ) **21** 年利率為6%，試問在下列四種計算利率方式中，何者的有效年利率最高？ (A)每年複利 (B)每半年複利 (C)每季複利 (D)每月複利。

( ) **22** 國人購買中央政府發行之新臺幣債券具有何種風險？ (A)匯率風險 (B)信用風險 (C)利率風險 (D)稅負風險。

( ) **23** 將多種投資標的集合起來，避免風險過度集中於單一投資標的，以達風險分散之目的，是為： (A)避險基金 (B)投資學 (C)投資信託 (D)投資組合。

( ) **24** 共同基金以成立的法律基礎，可分為公司型與下列何者？ (A)指數型 (B)契約型 (C)開放型 (D)封閉型。

(　) 25 投資人進行投資組合調整，常利用固定時間調整法。關於固定時間調整法之敘述，何者錯誤？ (A)簡單易懂，且可以養成投資紀律 (B)調整越頻繁，交易成本越高 (C)調整越頻繁，越能降低投資組合價值之實際值與目標值間的誤差 (D)當投資組合價值大幅變動的時候，投資組合價值之實際值會與目標值差距縮小。

(　) 26 假設投資某股票2年的年報酬率分別為25%及-18%，則平均每年幾何平均報酬率為： (A)0.8% (B)1.2% (C)2.4% (D)3.6%。

(　) 27 若兩支股票的報酬之間呈現完全正相關，則這兩支股票報酬率的相關係數應為多少？ (A)-1 (B)0 (C)0.5 (D)1。

(　) 28 有一零息公債的到期殖利率為5%，面額為5,000元，如果此債券3年到期，目前的價格應為？ (A)3,129元 (B)4,219元 (C)3,419元 (D)4,319元。

(　) 29 中央銀行提高存款準備率，股價通常會： (A)下跌 (B)上漲 (C)無關 (D)不一定。

(　) 30 假設投資A股票3年的年報酬率分別為13%，16%及-5%，則平均每年算術平均報酬率為： (A)6% (B)8% (C)10% (D)12%。

(　) 31 隨著投資的證券種類的增加，投資組合的平均風險會： (A)起伏不定 (B)越來越低 (C)越來越高 (D)維持不變。

(　) 32 兩支股票所形成的效率集合或效率前緣等於其： (A)可行集合 (B)可行集合以外的區域 (C)標準差最低之投資組合以下的可行集合 (D)標準差最低之投資組合以上的可行集合。

(　) 33 依我國證券交易法，以下何者非屬有價證券？ (A)受益憑證 (B)投資憑證 (C)公債 (D)股票。

(　) 34 若其他條件相同，普通年金的現值？ (A)小於期初年金的現值 (B)大於期初年金的現值 (C)等於期初年金的現值 (D)以上皆有可能。

（　）**35** 如果有資產是在證券市場線之上方：　(A)眾人會競相拋售此資產　(B)眾人會競相購買此資產　(C)此資產的貝他係數小於1　(D)此資產的貝他係數大於1。

（　）**36** 下列何者是屬於美式選擇權？　(A)我國臺指選擇權　(B)在臺灣證券交易所交易的認售權證　(C)我國股票選擇權　(D)以上皆非。

（　）**37** 關於時間不變性投資組合保險策略（TIPP）的敘述，下列何者正確：　(A)TIPP是比CIPP（固定比例投資組合保險策略）更為積極的投資組合策略　(B)當股價下跌（或空頭市場時），TIPP的抗跌能力優於CPPI　(C)TIPP認為投資人關心的應該是過去的資產水準，而非目前的資產水準　(D)它是一種「買低賣高」的投資組合調整策略。

（　）**38** B君想存一年期定存，發現第一間銀行以單利計算之年利率為3%，第二間銀行以每季利息之年利率2.7%，第三間銀行以每月計息之年利率2.5%，試問哪一家的利率最高？　(A)第一間銀行　(B)第二間銀行　(C)第三間銀行　(D)三者皆同。

（　）**39** 貨幣之時間價值為：　(A)通貨膨脹　(B)風險　(C)利息　(D)本金。

（　）**40** 面額1萬元的十年期公債，每年票面利率為4%，每年付息一次，當市場利率為下列何者時，其債券價格會高於面額？　(A)3%　(B)4%　(C)4.5%　(D)5%。

（　）**41** 下列那一評價模式不是根據評價比率來評估合理股價：　(A)股利折現評價模式　(B)本益比評價模式　(C)本利比評價模式　(D)市價淨值比評價模式。

（　）**42** 在什麼樣的情形下，所有的投資人都只會持有由無風險投資與市場投資組合所組成的組合？　(A)當風險性資產彼此完全正相關時　(B)當投資人對風險性資產的預期都相同時　(C)當風險性資產彼此完全負相關時　(D)當風險性資產各不相關的時候。

(　) **43** 投資於國際股票市場之所以可能比只投資於單一國家的股市要來的好，主要是因為：　(A)其他國家的股市可能投資報酬率比較高　(B)其他國家的股市可能比較有效率　(C)各國股市報酬率不是完全正相關　(D)其他國家的股市可能比較沒有效率。

(　) **44** 下列何者為半固定型收益？　(A)普通股的股息　(B)累積參加之特別股的股息　(C)公司債利息　(D)以上皆非。

(　) **45** 可以藉著風險分散的方法（或說，增加證券的種類）而被分散掉的風險，稱之為：　(A)系統性風險　(B)市場風險　(C)不可分散的風險　(D)公司獨特的風險。

(　) **46** 國庫券為金融工具之一，其最初賣出單位為？　(A)大企業　(B)市政府　(C)商業銀行　(D)中央銀行。

(　) **47** 下列有關投資報酬的不確定性的敘述何者為真：
A.預期報酬率的平均水準
B.實際報酬率的分散程度
C.實際報酬率的平均水準
D.實際報酬率與預期報酬率間之差異的程度
(A)A與C　(B)B與D　(C)C與D　(D)四者皆對。

(　) **48** 下列影響股價之項目中，那一項屬於總體經濟因素？　(A)財政貨幣的政策方向　(B)公司減資　(C)公司資本支出增加　(D)總經理換人。

(　) **49** 投資將1,000元存入銀行，若年利率為3%，則過5年會變為多少（按複利，一年計息一次）？　(A)1,159元　(B)1,104元　(C)1,217元　(D)1,126元。

(　) **50** 股票報酬率標準差越大，則其風險：　(A)越小　(B)越大　(C)不一定　(D)不變。

(　) **51** 短期票券的附條件交易是指：　(A)只有所附條件滿足時，買賣才算數　(B)買賣之外，另定一些付息條件　(C)賣出短期票券並約定買回之價格及時間　(D)附上轉換條款的債券。

（　）**52** 在計算投資者投資報酬率時，若採用複利計算，則其報酬會比單利計算的報酬？　(A)為小　(B)為大　(C)沒有差別　(D)以上皆非。

（　）**53** 期貨交易成立時，誰必須支付保證金給經紀商？　(A)買賣雙方　(B)期貨買方　(C)期貨賣方　(D)以上皆非。

（　）**54** 在均衡狀態下，相同市場風險的A公司與B公司兩證券，是否會因兩公司的獲利力的不同，而有不同的預期報酬？　(A)不管市場風險的異同，只要A公司有較高的獲利力，A公司就會有較高的預期報酬　(B)不論獲力能力如何，A公司與B公司兩證券皆有相同的預期報酬　(C)無法判定　(D)以上皆非。

（　）**55** 投資債券的利率風險又稱為：　(A)信用風險　(B)流動性風險　(C)再投資風險　(D)價格風險。

（　）**56** 關於證券市場線（SML）的敘述，下列何者正確：　(A)當貝他值改變時，期望報酬率也隨之變動，這是在證券市場線上平行移動　(B)SML的斜率越陡，表示投資人的風險趨避程度越小　(C)若其他條件不變下，投資人風險趨避程度的改變，這是在證券市場線上之點的移動　(D)若其他條件不變下，無風險利率會升高，因此將使證券市場線平行移動。

（　）**57** 某電子公司今年度配發2元現金股利，且該公司估計未來每年獲利可穩定成長6%，如果市場認為要求報酬率為8%，試問該電子公司之合理股價為多少？　(A)96元　(B)100元　(C)106元　(D)116元。

（　）**58** 理論上市場投資組合中所包含之證券為：　(A)績優股　(B)具代表性之證券　(C)市場所有證券　(D)上市滿半年之證券。

（　）**59** B君希望10年後有存款500,000元，年利率固定為7%，請問若年利率改為4%，則相較之下，目前應存入的本金：　(A)減少　(B)增加　(C)不變　(D)無法得知。

（　）**60** 下列何者非公司所會遭遇之市場風險？　(A)戰爭　(B)通貨膨脹　(C)經濟成長的衰退　(D)取消與政府之間的合約。

(　) **61** 一般廠商透過何種管道籌措短期性資金：　(A)現金增資　(B)發行公司債　(C)發行商業本票　(D)發行可轉讓定存單。

(　) **62** 投資組合的預期報酬為投資組合中之個別資產的：　(A)預期報酬算術平均　(B)預期報酬加權平均　(C)預期報酬相乘　(D)實現報酬加權平均。

(　) **63** 標準普爾債券評等獲得A的債券風險比獲得B的債券風險要如何？(A)低　(B)高　(C)相同　(D)不一定。

(　) **64** 根據資本資產定價理論（CAPM），若短期政府公債利率為2%，市場投資組合之風險溢價為5%，貝他係數（β）為1.6，則證券的期望報酬為多少？　(A)5%　(B)7%　(C)9%　(D)10%。

(　) **65** 下列何種因素與債券價格有關：
A.面額（face value）；B.息票利息（coupon rate）；
C.到期日（maturity date）
(A)僅A因素　(B)僅A與B因素　(C)僅B與C因素　(D)A，B，C三因素。

(　) **66** 公司債的類別依風險由小至大排列下列債券：
A.附屬信用債券　B.信用債券　C.抵押債券
(A)A＜B＜C　(B)B＜C＜A　(C)C＜B＜A　(D)C＜A＜B。

(　) **67** 投資人B君計劃購買某股票，預期股利是3元，一年後能以60元賣掉，如果該投資人的要求報酬率是15%，其所願意購買此股票的最高價格是多少？　(A)28.92元　(B)36.45元　(C)45.83元　(D)54.78元。

(　) **68** 一般而言，政府公債的風險不包括下列何者？　(A)流動性風險(B)通貨膨脹風險　(C)信用風險　(D)利率風險。

(　) **69** 夏普指標的定義乃是衡量基金或是投資組合中每單位風險所獲取的？　(A)市場報酬率　(B)無風險報酬率　(C)超額報酬率　(D)以上皆非。

( ) **70** 若強式效率市場成立,則投資人無法利用何種資訊進行投資,以獲
得超額報酬。 A.未公開資訊 B.公開資訊 C.歷史資訊:
(A)僅C (B)A與C (C)A與B (D)A、B與C。

( ) **71** 其它條件不變之下,一家公司之本益比(P/E ratio): (A)越小越
好 (B)越大越好 (C)應在20以上 (D)以上皆非。

( ) **72** 當市場上有多種證券時: (A)可行集合仍像兩資產的世界一樣容易
勾勒出來 (B)可行集合跟市場上只有兩種證券時一樣,是條曲線
(C)效率前緣是指可行集合中最低變異數的投資組合(MV點)以下
的左下邊緣 (D)正如兩資產的世界,效率前緣上投資組合,其預
期投資報酬率會比任何其他相等風險的投資組合的報酬率來的高。

( ) **73** 特別股被賦予: (A)優先參與公司經營之權 (B)優先股票之權
(C)優先分配股利及公司剩餘財產之權 (D)優先查閱公司帳冊之
權。

( ) **74** 下列那一類基金常限定適合的投資人才可以投資? (A)避險基金
(B)組合型基金 (C)指數股票型基金 (D)保本型基金。

( ) **75** 股利折現模式中的股利: (A)同時包括現金股利與股票股利
(B)即等於每股盈餘 (C)僅包括現金股利 (D)僅包括股票股利。

( ) **76** 無風險證券的報酬率標準差與貝他係數分別為:
(A)0%,0 (B)0%,1 (C)7%,0 (D)7%,1。

( ) **77** 公司債的持有人是公司的: (A)抵押權人 (B)債權人 (C)所有人
(D)股東。

( ) **78** 中華民國銀行公會針對基金之價格波動風險程度,依基金投資標的
風險屬性和投資地區市場風險狀況,編制為幾個風險收益等級?
(A)3 (B)4 (C)5 (D)6。

( ) **79** 下列何者投資商品安全性最差? (A)債券 (B)股票 (C)股票選擇
權 (D)古董。

（　）**80** 契約型共同基金由何者構成？　A.委託人　B.受益人　C.受託人
(A)A與B　(B)A與C　(C)B與C　(D)A、B、C。

（　）**81** 某投資者計劃投資期間為一年，則對該投資者來說，下列哪一種
為無風險證券？　(A)銀行6個月定存單　(B)30天到期之國庫券
(C)一年到期之公司債　(D)一年到期之國庫券。

（　）**82** 下列有關公債的敘述，何者為真？　(A)收益穩定且利率較高
(B)風險性低且變現性高　(C)政府為籌措短期資金所發行的債券
(D)收益穩定且變現性低。

（　）**83** 某一公司今年度的EPS將可達5元，目前每股市價為100元。若該公
司所屬同業間合理的本益比為20倍，該公司其他情況也正常，請
問該公司目前的股價：　(A)偏低　(B)偏高　(C)合理　(D)無法判
斷。

（　）**84** 投資組合之風險可以降低，主要是因為：　(A)各證券之β值小於0
(B)各證券之相關係數小於1　(C)各證券之報酬率變異數有正有負
(D)時間報酬機率分配不同。

（　）**85** 下列有關證券市場線（SML）敘述何者錯誤：　(A)在均衡的市場
中，所有證券的風險與報酬都落在這條線上　(B)可以表達出股票
的預期報酬與β之間的關係　(C)可以協助計算投資組合報酬率的標
準差　(D)可做為評估股票預期報酬的參考。

（　）**86** 每股帳面價值是由公司之淨值扣除特別股權益後再除以？　(A)發行
的普通股股數　(B)授權的普通股股數　(C)流通在外的普通股股數
(D)以上皆非。

（　）**87** 我國景氣對策信號之燈號總共有幾種？　(A)二種　(B)三種　(C)四
種　(D)五種。

（　）**88** 何者是基金投資人支付給保管機構的費用？　(A)保管費　(B)銷售
費　(C)管理費　(D)贖回費。

( ) **89** A君於02月1日存5,000元,年利率固定為6%,原一年計息乙次,請問若改為半年計息乙次,則相較之下,二年後存款本利和: (A)減少 (B)增加 (C)不變 (D)無法得知。

( ) **90** 上市公司買回自己公司之股份,應列為? (A)特別股 (B)庫藏股 (C)短期投資 (D)長期投資。

( ) **91** 關於固定比例投資策略(CM)的敘述,下列何者正確: (A)它是一種「買低賣高」的投資組合調整策略 (B)當股價下跌時,投資人就賣出股票,當股價上升時,投資人就買進股票 (C)他需要設定風險乘數 (D)有「追高殺低」的特性。

( ) **92** 假設去年A股票的報酬率為20%,報酬標準差為30%,試計算A股票的變異係數: (A)20% (B)30% (C)130% (D)150%。

( ) **93** 下列有關公司債的敘述中,何者有誤? (A)可賣回公司債屬公司債的一種 (B)公司債無到期日 (C)公司債的風險較政府債券高 (D)公司債的利率較政府債券高。

( ) **94** 下列中央銀行的政策中,那一項會使貨幣供給減少: (A)提高存款準備率 (B)外匯市場上買入美元避免新臺幣過度升值 (C)公開市場上買回國庫券 (D)調降重貼現率。

( ) **95** 何種情形會使得證券市場線(SML)整條線的移動: (A)無風險利率上升 (B)貝他值下降 (C)貝他值上升 (D)以上皆非。

( ) **96** 關於我國臺灣證券交易所編製的「發行量加權股價指數」,下列何者錯誤? (A)其較難做為基金經理人投資績效評量的標準 (B)其編製法是採用「加權指數」法 (C)當個股除息時,指數不會變動 (D)當個股除權時,指數不會變動。

( ) **97** 一般所謂投資,包括三個要素,即風險、報酬,與: (A)利潤 (B)成本 (C)景氣 (D)時間。

( ) **98** 投資組合在什麼時後不會產生風險分散的效益?當兩支股票的相關係數: (A)等於-1 (B)等於0 (C)等於1 (D)以上皆是。

(　) **99** 某服務業公司經理建議應採取多角化的經營策略，積極跨入電子產業，請問其建議係建立在何者基礎之上？　(A)增加投資報酬　(B)高風險高報酬　(C)分散風險　(D)以上皆非。

(　)**100** 在公平的賭局中，A君將10,000元賭金一次下注，B君則將10,000元賭金分10次下注，誰所面臨的總風險較高？　(A)A君　(B)B君　(C)一樣　(D)不一定。

解答與解析

1 **(A)**。當利率越高，則年金現值越少。假設其他條件相同，只變動某一變數，可得出各變數與年金現值之關係：

變數	與年金現值的關係
利率（r）	反向
每期現金流量（PMT）	正向
年金期數（n）	正向

故此題答案為(A)。

2 **(D)**。 步驟1 票面利息（C）＝面額（F）×票面利率（r）
＝20,000元×0.08＝1,600元

步驟2 P_B為債券價格，F為面額，C為票面利息，故C＝F（即面額）×r（即票面利息）；y為折現率，即在債券評價上通稱折現率為殖利率；n為距到期日的期數；PVIFA為年金現值利率因子（可查附錄表三）；PVIF為現值利率因子（可查附錄表一）。

$$P_B = \frac{C}{(1+y)^1} + \frac{C}{(1+y)^2} + \cdots + \frac{C}{(1+y)^n} + \frac{F}{(1+y)^n} = C \times PVIFA_{(y,n)} + F \times PVIF_{(y,n)}$$

$$= \frac{1,600元}{(1+0.06)^1} + \frac{1,600元}{(1+0.06)^2} + \cdots + \frac{1,600元}{(1+0.06)^5} + \frac{20,000元}{(1+0.06)^5}$$

$$= 1,600元 \times PVIFA_{(0.06,5)} + 20,000元 \times PVIF_{(0.06,5)}$$

$$= 1,600元 \times 4.2124 + 20,000元 \times 0.7473 = 21,685.84元$$

故此題答案為(D)。

3 **(B)**。高報酬即是高風險，故一般投資人對於高報酬的投資，其要求的報酬（Requirement Return）也比較高，在於其承受的可能損失也比較高。故此題答案為(B)。

4 (D)。 **半強式效率市場**：證券價格不但反映歷史資訊，也充分反映目前所有市場上的公開資訊，例如：公司的財務報表、月營業收入、管理素質及公司治理等。

此市場的投資人無法利用**公開資訊**進行投資以獲得超額報酬。

故此題答案為(D)。

5 (D)。 若基金屬於**封閉式基金**，由於持分透過交易市場買賣，故買賣成交價可能與淨值不同，造成市價與淨值之間會有差距。

故此題答案為(D)。

6 (B)。 (1) 終值$FV_n = CF_0(1+r)^n + CF_1(1+r)^{n-1} + \cdots + CF_n$

（其中$(1+r)^n$可查附錄表二的終值利率因子）

$= 0 + 200萬元 \times (1+0.06)^{5-1} + 100萬元 \times (1+0.06)^{5-2} +$

$500萬元 \times (1+0.06)^{5-3} + 150萬元 \times (1+0.06)^{5-4} +$

$300萬元 \times (1+0.06)^{5-5}$

$= 200萬元 \times 1.2625 + 100萬元 \times 1.1910 + 500萬元 \times 1.1236 +$

$150萬元 \times 1.06 + 300萬元 = 1,392.4萬元$

(2) 現值

$$PV_n = CF_0 + \frac{CF_1}{(1+r)^1} + \frac{CF_2}{(1+r)^2} + \cdots + \frac{CF_n}{(1+r)^n}$$

（其中$\dfrac{1}{(1+r)^n}$可查附錄表一的現值利率因子）

$= 0 + \dfrac{200萬元}{(1+0.06)^1} + \dfrac{100萬元}{(1+0.06)^2} + \dfrac{500萬元}{(1+0.06)^3} + \dfrac{150萬元}{(1+0.06)^4} + \dfrac{300萬元}{(1+0.06)^5}$

$= 200萬元 \times 0.9434 + 100萬元 \times 0.8900 + 500萬元 \times 0.8396 +$

$150萬元 \times 0.7921 + 300萬元 \times 0.7473 = 1,040.485萬元$

故此題答案為(B)。

7 (B)。 此題需分二階段思考：

階段1 票面利率（7.2%）＞到期殖利率（6.5%），則債券價格＞面額，屬溢價發行。

階段2 從買進債券至到期間之間，假設殖利率不變之下，債券價格會有下列之影響：**溢價債券**會隨著債券到期日逐漸逼近，債券價格漸漸下降，直到債券到期時，債券價格會等於面額。

因此，一年後的債券價格會下跌。

故此題答案為(B)。

8 **(A)**。 D_1、D_2、…、D_n為投資人預期在第1期至第n期之現金股利收入；P_n為第n期股價；r為投資人依自己風險評估所決定的折現率，又稱為**要求報酬率**（或稱**必要報酬率**）。

$$P_0 = \frac{D_1}{(1+r)^1} + \frac{D_2}{(1+r)^2} + \cdots + \frac{D_n}{(1+r)^n} + \frac{P_n}{(1+r)^n}$$

預期的現金股利越高，則此股票越有價值，投資人願意支付的價格也越高；若投資人評估此股票的風險越高，要求的報酬率也越高，此時的股價就越低。

⇒ 投資人要求較高的報酬，此時只願意以較低的價格購買股票。

故此題答案為(A)。

9 **(D)**。 **風險偏好者**：傾向選擇風險較高的投資項目。

以上選項皆屬風險較高的投資項目，故此題答案為(D)。

10 **(D)**。 選擇權的功能有**投資金額小**、**規避風險**、**促進市場流動性**以及**價格發現**。

故此題答案為(D)。

11 **(B)**。 **銀行承兌匯票**（**Banker's Acceptance, BA**）由**公司**或**個人**所簽發，其以某一特定銀行為付款人，並同意在未來特定日期，支付特定金額。銀行承兌匯票到期日有30天至180天不等，其中以**90天期**最為普遍。到期日前可以在**貨幣市場**進行買。

故此題答案為(B)。

12 **(C)**。 $\overline{R}_j$為投資組合j在過去某特期間內的平均報酬率；R_f代表市場無風險利率；β_j值的大小則衡量投資組合（j）的系統風險，則

崔諾指標$T_j = \dfrac{\overline{R}_j - R_f}{\beta_j} = \dfrac{15\% - 6\%}{1.2} = 7.5\%$

故此題答案為(C)。

13 **(D)**。 當投資資產的數目夠大時，**個別資產的變異數**會變得微不足道，但**資產之間的共變異數**會變得越來越重要。換言之，**個別資產的變異數**對投資組合風險的影響，會隨著投資組合裡資產數目的增加而逐漸下降。到最後，**投資組合的風險**只取決於「**共變異數**」。

故此題答案為(D)。

14 **(C)**。 A基金和B基金屬不同類型之基金，不應跨類比較。

故此題答案為(C)。

15 (A)。 依證券的投資收益金額固定與否，將證券分為三大類：

(1) **固定收益型證券**：政府公債、公司債等債券均屬此類。其收益（利息收入）是在購買時便已事先決定的。

(2) **半固定型收益**：累積參加之特別股的股息即屬此類。其收益一部份是固定的，在購買時便已決定（固定股利）；另一部份是隨著公司盈虧而變動（變動股利）。

(3) **非固定型收益**：普通股的股息即屬此類。其收益（普通股股利）會隨著公司每年營運狀況而有所改變。

故此題答案為(A)。

16 (C)。 投資風險（高至低）：小型股＞中小型股＞商業本票＞長期公債。
故此題答案為(C)。

17 (D)。 影響債券評等的因素如下：

影響債券評等的因素	說明
公司的財務比率	財務比率對債券評等的影響如下： **流動比率**（＝流動資產÷流動負債）：比率越「高」，評等越佳 **負債比率**（＝總負債÷總資產）：比率越「低」，評等越佳 **利息保障倍數**（＝息前稅前利潤÷利息費用總額）：比率越「高」，評等越佳 「利息保障倍數」代表對債權人的保障，在債券評等的比重很高。因此，公司本身的盈餘水準及穩定性、營運狀況、會計政策是否保守等因素，皆會影響債券的評等。
正面條件	若債券發行公司提供抵押品、保證條款、償債基金等有利於債權人的條件，將使公司的違約風險變小，則債券的評等就會提高。
負面條件	若(1)債券發行公司所發行的債券到期時間越長、(2)所提供擔保品的順位越後面、(3)應付員工的退休金越高、或(4)發行公司可能遭反托拉斯法的控訴等因素，將使評等降低。

故此題答案為(D)。

18 (C)。 P_i是報酬率為R_i的機率，預期報酬的計算公式如下：

預期報酬率$= (E(R_i)) = P_1R_1 + P_2R_2 + \cdots + P_NR_N = \sum_{i=1}^{N} P_iR_i$

$= 0.6 \times 0.5 + (-0.25) \times 0.5 = 17.5\%$

故此題答案為(C)。

19 (D)。 **國庫券**（**Treasury Bill, TB**）是指政府為調節國庫收支或穩定金融市場而發行的短期政府票券。國庫券可分甲、乙兩種：**甲種國庫券**按面額發行，依票載利率計算本利和，並屆期一次清償，為**財政部**調節國庫收入之工具；**乙種國庫券**採貼現方式發行，並公開標售，其票面不記載利率，到期時依票面清償，為**中央銀行**穩定金融之工具。乙種國庫券的發行天期通常以**91天**為基數進行倍數發行，也就是以91天期、182天期、273天期及364天期發行。

故此題答案為(D)。

20 (C)。

風險收益等級（低至高）	投資風險	主要基金類型
RR1	低	▲ 貨幣型基金
RR2	中	▲ 已開發國家政府公債債券型基金 ▲ 投資級（標準普爾評等BBB級，穆迪評等Baa級以上）之已開發國家公司債券基金
RR3	中高	▲ 平衡型基金 ▲ 非投資級（標準普爾評等BBB級，穆迪評等Baa級以下）之已開發國家公司債券基金 ▲ 新興市場債券基金
RR4	高	▲ 全球型股票基金 ▲ 已開發國家單一股票基金 ▲ 已開發國家之區域型股票基金
RR5	很高	▲ 一般單一國家基金 ▲ 新興市場基金 ▲ 產業類股型基金 ▲ 店頭市場基金

故此題答案為(C)。

21 (D)。 **名目利率**是借貸契約中所設定的年利率，而**有效年利率**（**Effectvie Annual Rate, EAR**）是指考慮複利效果後，一年之中實際賺得的利率。

$$EAR = (1 + \frac{r}{m})^m - 1$$

註 r為名目年利率，m為每年複利的次數。若連續複利，則公式為：$EAR = e^r - 1$

[1] 每年複利：以單利計算，則名目利率＝有效利率（EAR）＝6%

[2] 每半年複利：$EAR = (1 + \frac{0.06}{2})^2 - 1 = 6.09\%$

[3] 每季複利：$EAR = (1 + \frac{0.06}{4})^4 - 1 \fallingdotseq 6.14\%$

[4] 每月複利：$EAR = (1 + \frac{0.06}{12})^{12} - 1 \fallingdotseq 6.17\%$

由以上計算結果得知，每月複利的有效利率最高。
故此題答案為(D)。

22 (C)。 若債券以外幣計價，例如：購買美國政府公債，由於其支付的利息以美元為單位，故將利息或本金換算成新臺幣，則債券持有人會因匯率的高低而產生**匯率風險**。

違約風險（**Default Risk**）又稱**信用風險**（**Credit Risk**）是指債券發行者沒有能力償付利息與本金的風險。除了政府破產，否則政府發行的公債沒有違約風險，故政府發行的債券稱為**信用債券**。

利率風險是指市場利率的變動引起債券價格變動的風險，亦稱為**價格風險**。亦利率風險只有在投資人於**債券到期日之前**出售才會產生。
故此題答案為(C)。

23 (D)。 **投資組合**（**Portfolio**）是指由一種以上的證券或是由不同資產所構成的投資總集合。也就是將多種投資標的集合起來，避免風險過度集中於單一投資標的，以達風險分散之目的。
故此題答案為(D)。

24 (B)。 共同基金依成立的法律基礎不同，可分為**公司型**和**契約型**。
故此題答案為(B)。

25 (D)。 固定時間調整法：選擇一個固定的時間，定期調整投資組合之風險性資產與固定收益證券比例。固定的時點可以為一週、一個月或一季等。當調整越頻繁，越能降低投資組合價值之實際值與目標值間的誤差，但相對地提高交易成本。

優點 簡單易懂，而可以養成投資紀律。

缺點 當投資組合價值大幅變動時，投資組合價值的實際值會與目標值差距「過大」。

建議調整頻率 一般而言，投資人至少應每季調整投資組合一次。

故此題答案為(D)。

26 (B)。 幾何平均法是將N期的報酬率加上1後相乘，再開N次根號並減1。

其公式如下：

$$幾何平均報酬率 = \sqrt[N]{(1+R_1)(1+R_2)\cdots(1+R_N)} - 1$$
$$= \sqrt[2]{(1+0.25)(1-0.18)} - 1 \fallingdotseq 1.2\%$$

故此題答案為(B)。

27 (D)。 由於相關係數介於−1和1之間，且不受衡量單位大小的影響，故通常會用相關係數來衡量資產之間彼此變動的關係。

相關係數（ρ）	說明
ρ＝1	代表兩資產為**完全正相關**，即A公司的股票上漲，B公司的股票一定也會上漲。在實務上，相關係數為正的情形較常見。
ρ＝−1	代表兩資產為**完全負相關**，即A公司的股票上漲，B公司的股票一定會下跌。
ρ＝0	代表兩資產為**完全無相關**，即A公司股票的漲跌與B公司的股票漲跌沒有任何關聯。

故此題答案為(D)。

28 (D)。 零息債券價格的計算公式如下：

方法一 折現法

$$P_B = \frac{F}{(1+y)^n} = \frac{5,000元}{(1+0.05)^3} \fallingdotseq 4,319.19元$$

方法二 查表法

$$P_B = F \times PVIF_{(y,n)} = F \times PVIF_{(0.05,3)}$$
$$= 5,000元 \times 查附錄表一得出0.8638 = 4,319元$$

故此題答案為(D)。

29 (A)。 當中央銀行降低對銀行的法定存款準備時，銀行可靈活運用的資金增加，貨幣供給額將會增加，短期利率可能下降，對股市具有正面之影

響。相對地,中央銀行提高存款準備率,股價通常會下跌。

故此題答案為(A)。

30 (B)。 算術平均法是將每一期的報酬加總再除以期數。R_i代表第i期的報酬率,N代表期數:

$$算術平均報酬率 = \frac{R_1 + R_2 + \cdots + R_N}{N} = \frac{13\% + 16\% + (-5\%)}{3} = 8\%$$

故此題答案為(B)。

31 (B)。 隨著投資資產數目的增加,投資組合的平均風險會越來越取決於資產之間的共變異數(Covariance),個別資產的變異數則顯得較不重要。

故此題答案為(B)。

32 (D)。 在**最低標準差的投資組合**以上的曲線稱為**效率集合**(**Efficient Set**)或稱**效率前緣**(**Efficient Frontier**)。

故此題答案為(D)。

33 (B)。 依據《證券交易法》第6條第一項和第二項規定:「本法所稱有價證券,指政府債券、公司股票、公司債券及經主管機關核定之其他有價證券。新股認購權利證書、新股權利證書及前項各種有價證券之價款繳納憑證或表明其權利之證書,視為有價證券。」

亦**股票、公司債、國庫券、政府債券、新股認購權利證書**及**新股權利證書**等,皆屬於有價證券。

受益憑證:由「基金經理公司」發放給投資人的憑證,以表彰受益權,該憑證在法律上視為有價證券。

故此題答案為(B)。

34 (A)。

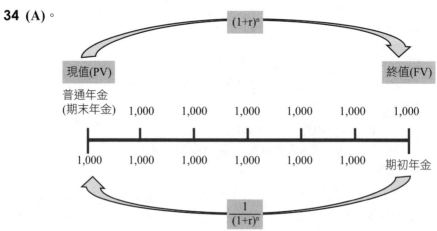

公式速記説明：

終值即是未來價值，現值是現今的價值。

建議記憶步驟：

步驟**1** 記普通年金終值＝普通年金現值×$(1+r)^n$。

步驟**2** 「普通年金現值」即可用Step1的公式推算，得出

普通年金現值＝普通年金終值×$\dfrac{1}{(1+r)^n}$。

步驟**3** 「普通（期末）」會比「期初」少算一期，則「普通（期末）」
需用「期初」再×$(1+r)$。

因此，期初年金終值（$FVAD_n$）＝普通年金終值（$FVOA_n$）×$(1+r)$；

期初年金現值（$PVAD_n$）＝普通年金現值（$PVOA_n$）×$(1+r)$。

即普通年金的現值會小於期初年金的現值

[速記] 普通（期末）年金的終值或現值，都比期初年金的終值或現值少
一期。

故此題答案為(A)。

35 (B)。 假設B證券在SML之下，投資人會選擇點M而不是點B（B證券的某一
點），此時B證券的價格會下跌，直到B證券回到SML上為止。

⇒資產是在證券市場線之上方，則眾人會競相購買此資產。

投資組合的期望報酬率(%)

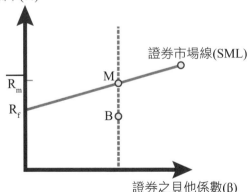

故此題答案為(B)。

36 (B)。 **美式選擇權**：買方可以在權利期日內任何一天，即合約上所載明的到期
日及到期日前的任何一天，以事先約定的價格要求賣方履約。臺灣選擇
權市場中，在臺灣證券交易所交易的**認購權證**為美式買權，**認售權證**則
為美式賣權。故此題答案為(B)。

37 (B)。 TIPP基本觀念大致與CPPI策略相同，但有一差異的是「風險下限的設定與調整」。在CPPI策略中，風險下是**固定值**，但在TIPP策略是根據**固定風險下限比率**（**Floor percentage**），在某一時點設定為風險下限。亦如果投資組合價值上升時，風險下限將隨之提高；反之，投資組合價值下降時，風險下限仍保持不變（不調整），故TIPP的抗跌能力優於CPPI。

(A) TIPP認為投資人關心前的資產水準。

(B) TIPP是比CIPP（固定比例投資組合保險策略）更為保守的投資組合策略。

(C) 固定比例投資策略（CM）是一種「買低賣高」的投資組合調整策略。

故此題答案為(B)。

38 (A)。 **名目利率**是借貸契約中所設定的年利率，而**有效年利率**（**Effectvie Annual Rate, EAR**）是指考慮複利效果後，一年之中實際賺得的利率。

$$EAR=(1+\frac{r}{m})^m-1$$

註 r為名目年利率，m為每年複利的次數。若連續複利，則公式為：$EAR=e^r-1$

[1] 甲銀行以單利計算之年利率為3%

以單利計算，則名目利率=有效利率（EAR）=3%

[2] 乙銀行以每季利息之年利率2.7%

$$EAR=(1+\frac{0.027}{4})^4-1\fallingdotseq2.73\%$$

[3] 丙銀行以每月計息之年利率2.5%

$$EAR=(1+\frac{0.025}{12})^{12}-1\fallingdotseq2.53\%$$

由以上計算結果得知，第一間銀行的有效利率最高。

故此題答案為(A)。

39 (C)。 貨幣的時間價值為**利息**。

故此題答案為(C)。

40 (A)。 **票面利率**、**殖利率**與**債券價格**之間的關係，如下：

情況一 **折價債券**

市場利率（殖利率）>票面利率，則債券價格<面額

情況二 **平價債券**

市場利率（殖利率）=票面利率，則債券價格=面額

情況三 **溢價債券**

市場利率（殖利率）＜票面利率，則債券價格＞面額

因此，債券價格會高於面額屬於溢價發行，則市場利率（殖利率）＜票面利率。

故此題答案為(A)。

41 (A)。股利折現評價模式是將未來各期現金流量，也就是各期現金股利收入與第n期股價，依投資人要求之報酬折現成目前的價值，此價值即是**投資人現在願意支付的價格**（投資人心目中估計股票之實際價值）。

故此題答案為(A)。

42 (B)。由於兩支股票之間只會有一個相關係數，故也會只一有條效率前緣。**效率前緣**是透過兩支股票的**報酬率**、**標準差**及**兩支股票之間的相關係數**所求得的，故結果是客觀的。只是投資人選在效率前緣中的哪一個投資組合，則完全就由投資人主觀地決定。

⇒假使投資人對**風險性資產**的預期都相同時，所有的投資人都只會持有由**無風險投資**與**市場投資組合**所組成的組合。

故此題答案為(B)。

43 (C)。兩支股票之間的相關係數小於0，當一支股票上漲，則另一支股票就下跌，兩支股票有互補（**Nature Hedge**）的功能。因此，投資於國際股票市場之所以可能比只投資於單一國家的股市要來的好，主要是因為各國股市報酬率不是完全正相關。

故此題答案為(C)。

44 (B)。**半固定型收益**：累積參加之特別股的股息即屬此類。其收益一部份是固定的，在購買時便已決定（固定股利）；另一部份是隨著公司盈虧而變動（變動股利）。

故此題答案為(B)。

45 (D)。可藉由增加投資資產數目而分散掉的風險，又稱**公司獨特風險**（**Unique Risk**）、**非系統風險**（**Unsystematic Risk**）。此風險的來源只影響到個別公司及其直接的競爭對手之隨機事件。因此，可透過增加投資資產數目，讓這些風險相互抵消。

故此題答案為(D)。

46 (D)。**國庫券**（**Treasury Bill, TB**）是指政府為調節國庫收支或穩定金融市場而發行的短期政府票券。國庫券可分甲、乙兩種：**甲種國庫券**按面額發行，依票載利率計算本利和，並屆期一次清償，為**財政部**調節國庫收入

之工具；**乙種國庫券**採貼現方式發行，並公開標售，其票面不記載利率，到期時依票面清償，為**中央銀行**穩定金融之工具。乙種國庫券的發行天期通常以**91天**為基數進行倍數發行，也就是以91天期、182天期、273天期及364天期發行。
故此題答案為(D)。

47 (B)。**投資報酬的不確定性**是指**實際報酬率**分散的程度，或是**實際報酬率**和**預期報酬率**之間的差異程度。
故此題答案為(B)。

48 (A)。影響股價變動的政治與總體經濟因素有：政局變化、財政貨幣的政策方向、產業政策方向、利率水準之變動、匯率水準之變動、油價、物價及景氣循環。
故此題答案為(A)。

49 (A)。當期本利和＝本金×(1＋利率)$^{期數×年數}$＝1,000元×(1＋3%)$^{5×1}$≒1,159元
故此題答案為(A)。

50 (B)。**標準差**可用於衡量資產報酬之平均風險，報酬率標準差越大，則其風險越大。
故此題答案為(B)。

51 (C)。**附買回交易**（**Repurchase Agreement, RP**）是指投資人先向票券商買進短期票券，並約定以某特定價格，於未來某一特定日再由票券商向投資人買回；**附賣回交易**（**Reverse Repo, RS**）是指票券商先向有短期票券的投資人買進短期票券，同時約定於未來某一特定日，以特定價格再賣回給投資人。
故此題答案為(C)。

52 (B)。

單利（Simple Interest）
公式 第一期的利息＝原始本金×約定的利率 第二期的利息＝原始本金×約定的利率 第三期的利息＝原始本金×約定的利率
說明 由於利息不併入本金，故每一期的期初本金皆等於原始本金。若利率不變之情況，每期的利息皆相同。

複利（Compound Interest）
公式 第一期的利息＝原始本金×約定的利率
第二期的利息＝(原始本金＋第一期的利息)×約定的利率
第三期的利息＝(原始本金＋第二期的利息)×約定的利率

說明 當期的利息會轉入為下期的本金，即每期的本金會因為加入上期的利息而增加，此為「複利滾存」之概念。

大部分的金融產品之計息方式均以複利計算。

故此題答案為(B)。

53 (A)。 當期貨交易成交時，買賣雙方必須支付一筆保證金給經紀商，以作為履約保證，此項保證金稱為「**原始保證金**」（Initial Margins）。

故此題答案為(A)。

54 (B)。 **資本資產定價模型**（**Capital Asset Pricing Model, CAPM**），此模型的概念為：投資人對於投資需等待（現在投資將來才能回收）且還要擔憂（害怕有風險），故會期望有相對的報酬。公式如下：

$$R_i = R_f + \beta \times [(R_m) - R_f]$$

相同市場風險也就是β相同，則預期報酬也會相同。

故此題答案為(B)。

55 (D)。 **利率風險**是指市場利率的變動引起債券價格變動的風險，亦稱為**價格風險**。亦利率風險只有在投資人於**債券到期日之前**出售才會產生。

故此題答案為(D)。

56 (D)。 (A) 當貝他值改變時，期望報酬率也隨之變動，則SML的斜率改變。

(B) 證券市場的斜率也反映投資人對風險的規避程度。SML的**斜率**越陡，代表投資人的風險趨避程度越大。

(C) 若其他條件不變下，投資人風險趨避程度的改變，則SML的斜率改變。

故此題答案為(D)。

57 (C)。 **股利固定成長模式**是美國學者高登（Myron J. Gordon）發展出來的評價模式，故又稱**高登模式**（**Gordon Model**）。在現實生活中，若公司的業績成長，股東分到的股利也可能跟著增加。因此，假設股利以一定速度成長也是另一種簡化預期股利的方式。若公司本年度股利為D_0（假設已發放出去），預期股利的平均年成長率為g，則下一期股利為$D_1 = D_0(1 + g)$。

$$P_0 = \frac{D_0(1+g)}{r-g} = \frac{D_1}{r-g} = \frac{2(1+0.06)}{0.08-0.06} = 106元$$

故此題答案為(C)。

58 (C)。理論上，市場投資組合中所包含之證券為**市場所有證券**。
故此題答案為(C)。

59 (B)。 要訣 題目問「本利和」，就查**終值表**；題目問「本金」，就查**現值表**。

公式 FV為**本利和**（即**終值**）、PV為**本金**（即**現值**）、r為**年利率**（假

設每年計息一次）、n為**期數**、$PVIF_{(r,n)} = \frac{1}{(1+r)^n}$為**複利現值利率**

因子（**Present Value Interest Factor**）。

⇒複利現值利率因子可查詢附錄的表一現值利率因子

$$PV = FV \times \frac{1}{(1+r)^n} = FV \times PVIF_{(r,n)}$$

[1] 年利率為7%：

$$PV = FV \times \frac{1}{(1+r)^n} = 500,000元 \times \frac{1}{(1+0.07)^{10}} = 500,000元 \times PVIF_{(0.07,10)}$$

$$= 500,000元 \times 查詢附錄的表一現值利率因子得知0.5083$$

$$= 254,150元$$

[2] 年利率為4%

$$PV = FV \times \frac{1}{(1+r)^n} = 1,000,000元 \times \frac{1}{(1+0.04)^{10}} = 1,000,000元 \times PVIF_{(0.04,10)}$$

$$= 1,000,000元 \times 查詢附錄的表一現值利率因子得知0.6756$$

$$= 675,600元$$

由以上計算結果得知利率4%需準備的本金比利率7%還多。
故此題答案為(B)。

60 (D)。即使增加投資資產數也分散不掉的風險。又稱**市場風險（Market Risk）、系統性風險（Systematic Risk）**。此風險是影響整個投資市場，甚至是經濟體系之影響，例如：利率、通貨膨脹率、外匯、石油價格、經濟景氣、戰爭等。
故此題答案為(D)。

61 (C)。**商業本票**（**Commercial Paper, CP**）是指由**規模大、商譽佳的大公司**所發行的一種短期且沒有擔保的**負債證券**。
故此題答案為(C)。

62 (B)。投資組合的預期報酬率可由個別資產的**預期報酬率**乘上**投資於個別資產的比重（權數）**。
故此題答案為(B)。

63 (A)。

S&P	Moody's	Fitch	投資級／投機級
AAA	Aaa	AAA	投資級 （支付債息能力強、 信用風險低）
AA （AA+/AA/AA－）	Aa （Aa1/Aa2/Aa3）	AA	
A （A+/A/A－）	A （A1/A2/A3）	A	
BBB （BBB+/BBB/BBB－）	Baa （Baa1/Baa2/Baa3）	BBB	
BB （BB+/BB/BB－）	Ba （Ba1/Ba2/Ba3）	BB	投機級 （償債能力不確定、 信用風險高） 例如：垃圾債券
B （B+/B/B－）	B （B1/B2/B3）	B	
CCC （CCC+/CCC/CCC－）	Caa （Caa1/Caa2/Caa3）	CCC	
CC （CC+/CC/CC－）	Ca	CC	
C	C	C	
D	C	D	

故此題答案為(A)。

64 (D)。$R_i = R_f + \beta \times [(R_m) - R_f] \Rightarrow R_i = 2\% + 1.6 \times 5\% = 10\%$
故此題答案為(D)。

65 (D)。**息票利息（coupon rate）**又稱**票面利率**：債券在發行時，印刷在債券票面上應付的利率。
票面利率、**殖利率**與**債券價格**之間的關係，如下表所示：

情況	範例說明
情況一 折價債券 殖利率>票面利率，則 債券價格<面額	殖利率（9%）>票面利率（8%） $\Rightarrow P_B = 467,908$元<面額500,000元 $\Rightarrow$此為折價發行，稱為折價債券。

情況	範例說明
情況二 平價債券 殖利率=票面利率，則 債券價格=面額	殖利率（8%）>票面利率（8%） ⇒P_B=500,000元=面額500,000元 ⇒此為平價發行，稱為平價債券。
情況三 溢價債券 殖利率<票面利率，則 債券價格>面額	殖利率（7%）>票面利率（8%） ⇒P_B=535,094元>面額500,000元 ⇒此為溢價發行，稱為溢價債券。

從買進債券至到期間之間，假設殖利率不變之下，債券價格會有下列之影響：

情況	範例說明
情況一 折價債券 殖利率>票面利率，則 債券價格<面額	隨著債券到期日逐漸逼近，債券價格漸漸上升，直到債券到期時,債券價格會等於面額。
情況二 平價債券 殖利率=票面利率，則 債券價格=面額	只要殖利率不變，債券價格也不會變動，一直維持在面額水準。
情況三 溢價債券 殖利率<票面利率，則 債券價格>面額	隨著債券到期日逐漸逼近，債券價格漸漸下降，直到債券到期時,債券價格會等於面額。

因此，面額（face value）、息票利息（coupon rate）及到期日（maturity date）皆與債券價格有關。

故此題答案為(D)。

66 (C)。資產風險性由小到大排列為**公司債**<**特別股**<**普通股**。其中公司債的類別依風險由小至大排列為**抵押債券**<**信用債券**<**附屬信用債券**。

故此題答案為(C)。

67 (D)。總報酬率 $= \dfrac{資本利得+投資收益}{投資金額} \times 100\%$

$\Rightarrow 15\% = \dfrac{60元-投資金額+3元}{投資金額} \times 100\%$

$\Rightarrow 0.15 \times 投資金額 = 60元 - 投資金額 + 3元$

$\Rightarrow 1.15 \times 投資金額 = 63元 \Rightarrow 投資金額 = 54.78$

故此題答案為(D)。

68 (C)。**違約風險（Default Risk）**又稱**信用風險（Credit Risk）**是指債券發行者沒有能力償付利息與本金的風險。除非政府破產，否則政府發行的公債沒有違約風險。

故此題答案為(C)。

69 (C)。夏普指標是反應**投資組合超出風險利率的超額報酬**除以投資組合**總風險（報酬率標準差）**的比例。此項指標表示：投資人每承擔一單位的**標準差（總風險）**之下，可獲得的超額報酬率。

故此題答案為(C)。

70 (D)。強式效率市場：此市場的投資人無論使用任何資訊進行投資，皆無法獲得超額報酬。

故此題答案為(D)。

71 (A)。**本益比（Price-Earning Ratio, P/E）**是用普通股的**每股市價**除以**每股盈餘（Earnings Per Share, EPS）**的比率，而**每股盈餘**等於**稅後淨利**除以**普通股流通在外股數**，此模式是實務上最常使用的評價方法。

本益比本身有投資成本的概念，即當本益比越大，表示投資於該股票上的成本也越高。

故此題答案為(A)。

72 (D)。(A) 當投資組合包含不只兩種資產時，所有可能的投資組合會形成一個區域，此區域稱為**可行集合**。

(B) 把**無風險的投資**與**某種有風險性的資產**組合在一起，其可行集合會是**一個線段**。

(C) 在**最低標準差的投資組合**以上的曲線稱為**效率集合（Efficient Set）**或稱**效率前緣（Efficient Frontier）**。

故此題答案為(D)。

73 (C)。特別股可享有較普通股**優先分配股利**的權利。此外，當公司破產清算時，公司對剩餘資產之分配權利也優於普通股，但分配順位仍在公司債券持有人之後。
故此題答案為(C)。

74 (A)。由於避險基金的風險較高，許多允許銷售避險基金的國家，會限定**符合資格的投資人**才可以投資。
故此題答案為(A)。

75 (C)。股利折現模式適用於配發**現金股利**的股票，不適用於配發**股票股利**的股票。
故此題答案為(C)。

76 (A)。**無風險資產**是指投資收益的變異或標準差為零的資產，**無風險投資**的**貝他係數**則為**0**（無風險資產的價格不會隨市場起伏而波動）。
故此題答案為(A)。

77 (B)。公司債發行時，通常有三個當事人：
(1) 發行公司。
(2) 債券持有人或債權人。
(3) 受託人：是指發行公司為保障及服務**公司債持有人**，其所指定之**銀行或信託公司**。
故此題答案為(B)。

78 (C)。**中華民國銀行公會**針對基金之價格波動風險程度，依基金**投資標的風險屬性**和**投資地區市場風險狀況**，由低至高編制五個風險收益等級，分別為「RR1、RR2、RR3、RR4、RR5」。
故此題答案為(C)。

79 (C)。股票選擇權屬於衍生性金融商品，此類商品不論在內容創新或市場發展上，都有顯著的表現，風險也相對較高。
因此，股票選擇權的安全性最差。
故此題答案為(C)。

80 (D)。**契約型共同基金**是以信託契約為依據組成及管理，由委託人（基金經理公司）、受託人（金融保管機構）及受益人（出資的投資人），三方所構成。
故此題答案為(D)。

81 **(D)**。一般採用「**政府短期債券利率**（例如國庫券）」代表**無風險利率**（R_f），投資期間為一年，則無風險證券是一年到期之國庫券。
故此題答案為(D)。

82 **(B)**。公債是政府為了籌措長期資金，以彌補政府財政收支不平衡而發行的信用證券，同時也可以做為中央銀行調節貨幣市場政策之工具、協助公開操作。因為發行者為政府，故此政府債券的風險較低，利率也較低。
公債的特性如下：
(1) 政府債券是以整個國家做為擔保，故幾乎沒有違約風險且收益穩定性高，利率自然較其他債券為低。
(2) 變現性高。
故此題答案為(B)。

83 **(C)**。每股合理股價=每股盈餘×合理本益比=5元×20=100元
目前每股市價100元=每股合理股價
故此題答案為(C)。

84 **(B)**。**若ρ＝－1，則可以組成一個預期風險為0的投資組合。**
⇒因此,投資組合之風險可以降低,主要是因為各證券之相關係數小於1。
故此題答案為(B)。

85 **(C)**。證券的期望報酬率=無風險投資報酬率+貝他係數×(市場投資報酬率－無風險投資報酬率)

$$R_i = R_f + \beta \times [(R_m) - R_f]$$

因此,證券市場線（SML）可以協助計算貝他係數,而非投資組合報酬率的標準差。
故此題答案為(C)。

86 **(C)**。**每股帳面價值**=(公司淨值－特別股權益)÷流通在外的普通股股數
故此題答案為(C)。

87 **(D)**。「景氣對策信號」分為五種燈號，各代表的意義如下：

燈號（由盛至衰）	意義
紅燈	經濟景氣過熱
黃紅燈	經濟景氣尚穩，但有過熱或趨穩的可能
綠燈	經濟景氣十分穩定

燈號（由盛至衰）	意義
黃綠燈	經濟景氣尚穩，但有衰退或趨穩的可能
藍燈	經濟景氣已衰退

故此題答案為(D)。

88 (A)。 **保管費**是指投資人支付給負責保管、處分基金資產的保管機構之費用。
多數基金在銷售基金持分時，都會收取**銷售手續費**。
國內基金皆須支付**管理費**（或稱**經理費**）給基金經理公司，以作為投資、營運及管理之用。
贖回費是指投資人將基金持分賣出變現時所需支付的手續費。
故此題答案為(A)。

89 (B)。 **要訣** 題目問「本利和」，就查**終值表**；題目問「本金」，就查**現值表**。
公式 FV為**本利和**（即**終值**）、PV為**本金**（即**現值**）、r為**年利率**（假設
每年計息一次）、n為**年數**、m為**年每複利次數**、$FVIF_{(r,n)} = (1+r)^n$
為**複利終值利率因子**（**Future Value Interest Factor**）。
　⇒複利終值利率因子可查詢附錄的表二終值利率因子
$$FV = PV \times (1+r)^{n \times m} = PV \times FVIF_{(r, n \times m)}$$
[1] 一年計息乙次
　$FV = 5,000元 \times (1+0.06)^{2 \times 1} = 5,000元 \times FVIF_{(0.06, 2)}$
　　$= 5,000元 \times 查詢附錄的表二終值利率因子得知1.1236 = 5,618元$
[2] 半年計息乙次
　$FV = 5,000元 \times (1+0.03)^{2 \times 2} = 5,000元 \times FVIF_{(0.03, 4)}$
　　$= 5,000元 \times 查詢附錄的表二終值利率因子得知1.1255 = 5,627.5元$
由以上計算結果得知半年計息乙次的本利和＞一年計息乙次。即**本金**和
利率相同時，計息次數越多，則**本利和**越多，故此題答案為(B)。

90 (B)。 庫藏股是指上市公司買回自己公司之股份。
故此題答案為(B)。

91 (A)。 是當股價上升時，就賣出股票；當股價下跌時，就買進股票。此為「**買
低賣高**」的投資組合調整策略。
故此題答案為(A)。

92 (D)。　**變異係數**就是「單位預期報酬率所承擔的風險」，公式如下：

變異係數 $= \dfrac{標準差}{預期報酬率} \times 100\% = \dfrac{30\%}{20\%} \times 100\% = 150\%$

故此題答案為(D)。

93 (B)。　公司債是到期償付本金，或是到期日前分期償付本金。
　　故此題答案為(B)。

94 (A)。　(A) 賣出新臺幣並買入美元，以使新臺幣貶值，此舉會使市場上的新臺幣之供給額跟著「增加」。
　　(B) 當央行大量買入債券，釋出現金，使短期內貨幣供給額「增加」，利率將有下降的趨勢。
　　(C) 當中央銀行降低銀行的重貼現率時，具有「提高」貨幣供給額的效果。
　　(D) 中央銀行提高存款準備率，貨幣供給額將會「減少」，股價通常會下跌。
　　故此題答案為(A)。

95 (A)。　當市場期望通貨膨脹率上升時，若其他條件不變下，**無風險利率**會升高，即下圖的 $R_f \rightarrow R'_f$，故SML會平行往上移動。

投資組合的期望報酬率(%)

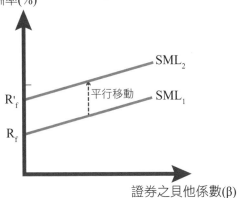

證券之貝他係數(β)

　　故此題答案為(A)。

96 (C)。　**價值加權指數**：為使指數更能代表市場之實況，故以此法計算股價指數。以簡單算術平均數方法來計算的指數，無形中給予高價股票較大的權數，但市場價值加權指數是以公司的市場價值做為權數。例如，我國的臺灣證券交易所編製的「發行量加權股價指數（TAIEX）」之計算公式如下：

　　　　當期總發行市值=各股票價格×發行股數所得市值之總和

　　　　基值=當時總發行市值

　　　　市場價值加權指數=當期總發行市值÷基值×100

　　　　除息（也就是發放現金股利）將使股價下跌、股數不變。而由於公司股
　　　　票的總市值下跌，故加權股價指數會下降。

　　　　故此題答案為(C)。

97 (D)。影響投資決策的因素，大致分為**時間**、**報酬**、**風險**及**投資環境**，前三項
　　　　為投資要素。

　　　　故此題答案為(D)。

98 (C)。**若ρ＝1，則投資組合的標準差會上升，此時不會產生風險分散的效益；**
　　　　若ρ＜1，則投資組合的風險小於個別股票風險的加權平均，此為風險分
　　　　散的效果。亦ρ＜1，就會有風險分散的效果，ρ越低則具有同樣報酬的投
　　　　資組合之風險也越低，風險分散的效益也越大。**若ρ＝－1，則可以組成**
　　　　一個預期風險為0的投資組合。

　　　　故此題答案為(C)。

99 (C)。承擔風險的投資人會要求相對應的風險溢酬，但由於可分散風險可以藉
　　　　由分散投資的方式消除。投資組合分散風險，指的是分散公司獨特的風
　　　　險。

　　　　因此，採取多角化的經營策略可分散投資風險。

　　　　故此題答案為(C)。

100 (A)。由於一次下注10,000元（變異數為$\overline{\text{Var}}$）與分10次下注1,000元（變異數為
　　　　$\dfrac{1}{10,000}\overline{\text{Var}}$），所得到的期望報酬率完全相同，都是為了贏得賭金，而且這次
　　　　的輸贏與下次的輸贏不相關，故下注間的共變異數$\overline{\text{Cov}}$＝0。因此，將下
　　　　注金額分散可以在不降低期望報酬率的情況下降低風險。

　　　　故此題答案為(A)。

| 第**2**回 | **模擬考** |

(　) **1** 商業銀行及其他金融機構為了在市場吸收短期閒置資金而發行的一種憑證稱為：　(A)國庫券　(B)可轉讓定期存單　(C)商業本票　(D)銀行承兌匯票。

(　) **2** 投資組合之風險可以降低，主要是因為：　(A)各證券之β值小於0　(B)各證券之相關係數小於1　(C)各證券之報酬率變異數有正有負　(D)時間報酬機率分配不同。

(　) **3** 下列有關國庫券的敘述，何者為真？　(A)為資本市場證券　(B)甲種國庫券採貼現方式發行　(C)甲種國庫券為財政部調節國庫收入之工具　(D)以上皆非。

(　) **4** 下列何種物價指標的變化，是一般人民購買物品時最能感覺到的？　(A)進口物價指數　(B)出口物價指數　(C)躉售物價指數　(D)消費者物價指數。

(　) **5** 政府發行的公債價值，會隨市場利率上升而：　(A)減少　(B)增加　(C)不變　(D)以上皆非。

(　) **6** 保險公司售出500,000元之年金，承諾在10年內還清並附加8%年利率，問消費10年後共獲得多少錢？（按複利，一年計息一次）　(A)1,296,850元　(B)1,183,700元　(C)1,085,950元　(D)1,079,450元。

(　) **7** 下列何者證券有擔保品？　(A)特別股　(B)普通股　(C)公司債　(D)以上皆非。

(　) **8** 夏普指標和崔諾指標二者的差異為：　(A)評估期間的長短不同　(B)衡量風險的方法不同　(C)超額報酬率的計算方式不同　(D)以上皆非。

(　) **9** 某共同基金過去兩年的年平均報酬率為−3%，前年的報酬率為8%，則此共同基金去年的報酬率為（幾何平均法）？　(A)-8.4%　(B)-10.6%　(C)-12.9%　(D)以上皆非。

(　　) **10** 一般債券為什麼會存在再投資風險，其原因為：　(A)票面利率等於零　(B)債息的支付　(C)到期日的變動　(D)以上皆非。

(　　) **11** 名目年利率為8%。若半年複利一次，則有效年利率為？　(A)8.30%　(B)8.16%　(C)8.24%　(D)8%。

(　　) **12** 如果某公司每年固定發放2.4元的現金股利，在要求報酬率等於8%的情況下，該公司的股票每股值30元，若投資人要求報酬率上升，則該公司每股股價：　(A)下降　(B)上升　(C)不變　(D)不一定。

(　　) **13** A.經濟學上的投資係指直接的投資
B.經濟學上的投資係指為了獲得證券投資上之利益所做的支出
C.投資學上的投資係指為了資本形成所做的支出
D.經濟學上的投資是屬於廣義的投資
以上有關投資定義之敘述，何者正確？
(A)A與C　(B)B與D　(C)B與C　(D)A與D。

(　　) **14** 期貨交易中，當保證金低於何種水準時即需補繳？　(A)一般保證金　(B)原始保證金　(C)維持保證金　(D)以上皆非。

(　　) **15** 所謂無償配股其實就是？　(A)庫藏股　(B)現金股利　(C)股票股利　(D)以上皆有可能。

(　　) **16** 當股價大幅下跌時，下列何種選擇權交易策略損失最大：　(A)賣出買權　(B)賣出賣權　(C)買進買權　(D)買進賣權。

(　　) **17** A君向銀行借錢100萬元，年利率6%，每年計息一次，分6年償還，試問A君每年應還多少錢？　(A)209,798元　(B)230,974元　(C)237,394元　(D)203,364元。

(　　) **18** 投資者A君買入某股票，每股成本為30元，他預期一年後可賣到35元，且可收到現金股利2元，則他的預期股利殖利率是多少？
(A)15%　(B)20%　(C)23.3%　(D)25%。

(　　) **19** 假設某證券的期望報酬率等於15%，無風險利率等於3%，證券的貝他係數等於1.6，請問根據資本資產定價模型（CAPM），市場投資組合的期望報酬率等於：　(A)3%　(B)5%　(C)10.5%　(D)16%。

（　）**20** 國庫券與公債的重大差異是：　(A)稅負　(B)收益率　(C)期限　(D)倒帳風險。

（　）**21** 面額10萬元的十年期公債，每年票面利息為3,000元，每年付息一次，當市場利率為下列何者時，其債券價格會低於面額？(A)3.5%　(B)2%　(C)4%　(D)5%。

（　）**22** 當景氣對策信號由綠燈轉為黃紅燈時，代表景氣將由：　(A)穩定轉為衰退　(B)微熱轉為過熱　(C)穩定轉為微熱　(D)衰退轉為穩定。

（　）**23** 根據資本資產定價模型（CAPM），如果A公司的貝他係數為1.5，市場風險溢酬為7%，無風險利率為4%。若無風險利率下降為3%，其他條件不變下，請問該公司的期望投資報酬率：　(A)減少　(B)增加　(C)不變　(D)無法判斷。

（　）**24** 參加特別股指的是可參加：　(A)現金增資認股的特別股　(B)超額盈餘分配的特別股　(C)股東大會議案表決的特別股　(D)董監事選舉投票的特別股。

（　）**25** 以下何者風險可藉由多角化投資分散？　(A)訴訟　(B)罷工　(C)非市場風險　(D)以上皆是。

（　）**26** 依股利折現模式評價時，其他情況不變，下列何種情形將使股票真實價值增加：　(A)股利成長率提高且要求報酬率下降　(B)股利成長率下降且要求報酬率提高　(C)股利成長率與要求報酬率皆提高　(D)股利成長率與要求報酬率皆下降。

（　）**27** D君希望3年後有存款500,000元的教育費，年利率固定為6%，原一年計息乙次。請問若改為半年計息乙次，則相較之下，目前應存入的本金：　(A)減少　(B)增加　(C)不變　(D)無法得。

（　）**28** 在選擇權交易中，凡在一定期間內，可以一定價格購買一定股票之選擇權，稱為：　(A)買權（買回選擇權）　(B)賣權（賣出選擇權）　(C)購入選擇權　(D)贖回選擇權。

(　　) **29** 下列何者為結算所設置的功能？
A.降低違約風險　B.建立結算保證金
C.負責監督會員收取一定水準之保證金
(A)A與B　(B)B與C　(C)A與C　(D)A、B及C。

(　　) **30** 關於ETF「指數股票型基金」的敘述，下列何者正確？　(A)沒有基金折價問題　(B)ETF是主動式管理　(C)ETF的基金受益人無法享有股東的權利　(D)ETF不可做融資融券。

(　　) **31** 當市場期望通貨膨脹率下降時，若其他條件不變下，無風險利率會下降，因此將使證券市場線（SML）：　(A)平行往上移動　(B)平行往下移動　(C)斜率變大（即變陡）　(D)斜率變小。

(　　) **32** 採用本益比模式評價時，在求得本益比後應與下列何者比較以決定股價低估或高估？　(A)合理本利比　(B)合理市價淨值比　(C)合理本益比　(D)以上皆可。

(　　) **33** 一般而言，風險性越高之股票，不考慮其他因素，其買權價格會：
(A)越小　(B)越大　(C)不影響　(D)看市場利率而定。

(　　) **34** 申購國內開放型共同基金時，按下列何者計算金額？　(A)與銷售公司議價　(B)前一日之單位淨資產價值　(C)市場之掛牌價格　(D)當日之單位淨資產價值。

(　　) **35** 股價分析的方法中，認為股票的實際價值反應在公司的營運與獲利能力的前景上，故可利用公司未來獲利情況之各種資訊來估計合理的股價，此種分析是屬於：　(A)基本分析　(B)系統分析　(C)技術分析　(D)價量分析。

(　　) **36** 關於組合型基金，下列敘述何者正確？　(A)組合型基金是被動式管理　(B)組合型基金不需要專業的基金經理人負責管理　(C)相較於單一共同基金，組合型基金更能達到分散風險的目的　(D)組合型基金是以股票或債券為投資標的。

(　　) **37** 某公司發行之認股權證價格與下列何者呈反向關係？　(A)利率
(B)股價　(C)距離到期日的長短　(D)履約價格。

(　　) **38** 通常我們在股票上市所看到：台積電股本為1,168億，此股本換算成的股份稱為：　(A)發行股份　(B)授權股份　(C)流通在外股份　(D)以上皆非。

(　　) **39** 假設A公司之每股淨值為13元，而合理市價淨值比為4.6倍，請問該公司股票股價低於何者，即可建議投資？　(A)40元　(B)55元　(C)59.8元　(D)65元。

(　　) **40** 目前市場上的商業本票大多屬於？　(A)第一類商業本票　(B)第二類商業本票　(C)第三類商業本票　(D)以上皆是。

(　　) **41** 以下對貝他係數之說法，何者為非？　(A)β係數可由迴歸分析求得　(B)市場投資組合之β係數為零　(C)β係數為正，代表投資報酬率的變動與市場同向　(D)β係數代表資產投資報酬率對市場的敏感度。

(　　) **42** 下列那一類基金具投資決策彈性、投資工具多樣化的特點？　(A)組合型基金　(B)避險基金　(C)平衡型基金　(D)指數股票型基金。

(　　) **43** 關於基金風險收益等級的敘述，下列何者正確：　(A)RR1、RR2是以追求穩定收益為目標　(B)RR3是以追求兼顧資本利得和固定收益為目標　(C)RR4是以追求資本利得為目標　(D)以上皆是。

(　　) **44** 投資者對於承擔風險所要求的額外報酬稱為：　(A)效率　(B)風險溢酬　(D)風險預期　(D)效率前緣。

(　　) **45** 股利固定成長折現模式在何種情況下，無法算出確定數值？　(A)股利成長率大於要求報酬率　(B)股利成長率小於要求報酬率　(C)股利成長率大於平均報酬率　(D)股利成長率小於平均報酬率。

(　　) **46** 有關保本型債券特性，下列敘述何者正確：　(A)選擇權部位方面，投資人是賣方　(B)可拆解為零息債券與賣出選擇權之組合　(C)「看多型」保本型債券可鎖定下方風險　(D)若按面額發行，在相同到期日之下，保本率越高，參與率越高。

(　　) **47** 假設A股票及B股票的報酬率分別為40%以及30%，報酬標準差為32%及25%，假設投資於A股票及B股票的權數分別為65%以

及35%，求此投資組合的期望報酬率：　(A)24.3%　(B)36.5%
(C)43.7%　(D)52.1%。

(　　) **48** 基本上「看多型」保本型債券皆可以拆解成：　(A)「零息債券」加
上「賣出買權」之組合　(B)「零息債券」加上「買進賣權」之組
合　(C)「零息債券」加上「買進買權」之組合　(D)「零息債券」
加上「賣出賣權」之組合。

(　　) **49** 下列對零息債券（zero coupon bond）的敘述何者正確？
(A)零息債券不可訂有贖回條款（call provisions），故發行機構不
可提前贖回　(B)零息債券提供給投資人的報酬屬於資本利得（面
額減掉售價）　(C)零息債券持有到期滿的報酬率是隨市場利率而
變動　(D)投資人需要擔心再投資風險。

(　　) **50** 所謂正常市場是指何種情況？　(A)基差為零　(B)基差為負　(C)基
差為正　(D)以上皆有可能。

(　　) **51** 下列證券中，何者須訂明其償還期限？　(A)受益憑證　(B)金融債
券　(C)普通股　(D)特別股。

(　　) **52** 有一公債（十年期）之面額為5,000元，票面利率為8%（每年付息
一次），若以5,600元買進該債券，則當期收益率為：
(A)7.21%　(B)7.86%　(C)6.89%　(D)7.14%。

(　　) **53** 發行公司有權利在債券到期日前，依其條件及約定價格提前贖回稱
為：　(A)可買回債券　(B)可贖回債券　(C)國庫券　(D)垃圾債券。

(　　) **54** 債券的信用評等等級，主要是衡量債券的何種風險？　(A)違約風險
(B)利率風險　(D)流動性風險　(D)購買力風險。

(　　) **55** 下列有多少項公司債受託人的工作？　A.監督發行公司履行契約義
務　B.代理發行公司按期還本利息　C.管理償還基金　D.持有擔保
品。　(A)1項　(B)2項　(C)3項　(D)4項。

(　　) **56** 下列交易何者須繳保證金？　A.買選擇權　B.買期貨　C.融券賣出
股票。　(A)A　(B)A與C　(C)B與 C　(D)A、B、C均對。

(　　) **57** 下列哪一項屬於金融資產？　(A)儲蓄存款　(B)小麥　(C)土地 (D)石油。

(　　) **58** 購買共同基金時，以下何者描述有誤？　(A)得免負投資風險 (B)應負擔基金管理費用　(C)應負擔銷售費用　(D)應負擔保管費。

(　　) **59** 下列有關期貨契約與遠期契約的比較，何者為真？　(A)期貨契約不 需繳保證金，遠期契約需要繳保證金　(B)期貨契約的信用風險較 遠期契約低　(C)期貨契約的內容並不是標準化，遠期契約則是標 準化格式　(D)期貨契約與遠期契約都是每天結算。

(　　) **60** 效率市場可依照資訊內容的不同，可分為幾種型態：　(A)2　(B)3 (C)4　(D)5。

(　　) **61** 投資人購買連動型債券契約，投資本金為5,000元，7年到期，契約 結束時保本率為100%。假設目前7年期零息公債殖利率為3%，請 問該連動型債券投資多少金額於選擇權？　(A)824元　(B)935元 (C)1,031元　(D)1,229元。

(　　) **62** 以下特性，何者是「共同基金」與地下投資公司產品最明顯不同 點：　(A)法令保障　(B)資訊充分揭露　(C)資產經理與保管分離 (D)以上皆是。

(　　) **63** 為自己利潤而進行期貨交易的期貨自營商稱之為？　(A)投機者 (B)避險者　(C)套利者　(D)搶帽客。

(　　) **64** 既然投資人（應）只關心市場風險，下列何者比較能適當地衡量股 票的風險？　(A)股票報酬率的標準差　(B)股票的貝他係數　(C)股 票投資報酬率與市場指數投資報酬率的差異　(D)市場指數報酬率 的標準差。

(　　) **65** 以固定股利成長模型計算出一股票的合理股價應為30元，如果該股 票市價為20元，則應如何操作該股票？　(A)放空　(B)做空　(C)買 進　(D)不管。

(　　) **66** 標的物不同,但是交易所、交易數量相同的期貨價差交易係指:
(A)市場間價差交易　(B)商品間價差交易　(C)市場內價差交易
(D)加工產品間的價差交易。

(　　) **67** 下列何者會增加投資人對該公司股票的必要報酬率?　(A)中央銀行
決定調高利率　(B)公司經理人的經營效率很高　(C)公司決定購買更
多的財產保險　(D)公司決定投入高昂的研發成本開發新電腦晶片。

(　　) **68** 請問RR2基金風險收益等級之投資風險:　(A)很高　(B)高　(C)中
高　(D)中。

(　　) **69** 個別股票之標準差通常高於市場投資組合的標準差,這是因為個別
股票:　(A)無獨一風險　(B)無法分散風險　(C)提供更高的報酬
(D)個別股票受限於市場風險。

(　　) **70** 當某一公司流通在外債券的評等由BBB升為A,此一公司債券價格
因而上漲,則此舉最可能的現象為何?　(A)通貨膨脹風險減少、
票面利率下降　(B)違約風險減少、殖利率下降　(C)流動性減少、
殖利率下降　(D)違約風險減少、票面利率下降。

(　　) **71** 下列何者可為評估基金的績效表現?　A.淨值成長率　B.平均報酬率
C.單位風險報酬率　(A)A與B　(B)A與C　(C)B與C　(D)A、B及C。

(　　) **72** 關於債券評等,下列何者錯誤?　(A)其他條件相同下,債券發行公
司的負債比較越高,債信評等越佳　(B)其他條件相同下,債券發
行公司的流動比率越高,債信評等越佳　(C)如果債券發行公司提
供抵押品,將使公司的違約風險變小,債券的評等提高　(D)其他
條件相同下,債券發行公司的利息保障倍數越高,債信評等越佳。

(　　) **73** 當選擇權到期時,關於時間價值,下列敘述何者正確:　(A)對賣
權而言,到期時,時間價值大於零　(B)對買權而言,到期時,時
間價值大於零　(C)無論是買權或賣權,到期時,時間價值等於零
(D)無論是買權或賣權,到期時,時間價值不確定。

(　　) **74** 一般而言,當投資標的之報酬率越小時,投資人所必須承擔的風險
會如何改變:　(A)越小　(B)越大　(C)不一定　(D)相同。

(　　) **75** 買賣期貨何者須付權利金？　(A)僅買方　(B)僅賣方　(C)買賣雙方均不要　(D)買賣雙方均要。

(　　) **76** 關於時間不變性投資組合保險策略（TIPP）的敘述，下列何者正確：　(A)當股價上漲（或多頭市場）時，TIPP參與上方增值獲利的能力也較CPPI為低　(B)TIPP是比CIPP（固定比例投資組合保險策略）更為保守的投資組合策略　(C)股價下跌（或空頭市場時），TIPP的抗跌能力優於CPPI（固定比例投資組合保險策略）(D)以上皆是。

(　　) **77** 下列影響股價之項目中，那一項屬於總體經濟因素？　(A)公司增加現金股利　(B)公司減資　(C)公司資本支出增加　(D)利率。

(　　) **78** 共同基金淨值的標準差越大，則下列敘述何者為真？　(A)風險越高　(B)基金淨值波動程度越大　(C)以上皆是　(D)以上皆非。

(　　) **79** 根據債券評價公式，在其他條件不變下，何種情況下，債券的價格會較高？　(A)票面利率越低　(B)殖利率越低　(C)每年付息的次數越少　(D)以上皆是。

(　　) **80** 若某投資組合的預期報酬為7%，標準差為30%，若無風險利率為4%，則其夏普指標為多少？　(A)0.1　(B)0.5　(C)1.0　(D)2.0。

(　　) **81** 期貨具有那些功能？　A.價格指標　B.投機　C.避險。(A)僅A、B對　(B)僅B、C對　(C)僅A、C對　(D)A、B、C均對。

(　　) **82** 共同基金的報酬包括：　(A)利息收入　(B)股利收入　(C)資本利得　(D)以上皆是。

(　　) **83** C君領了一筆20萬元的年終獎金，打算存入銀行，每月計息乙次。請問若年利率改為3%，則相較之下，2年後存款本利和：(A)減少　(B)增加　(C)不變　(D)無法得知。

(　　) **84** 股票的報酬歸為那幾類：　(A)投資收益　(B)資本利得　(C)以上皆是　(D)以上皆非。

(　) **85** 投資於股票的報酬率等於：

(A)$\dfrac{\text{股利所得}}{\text{投資金額}}$　　　　　　(B)$\dfrac{\text{資本利得}+\text{股利所得}}{\text{投資金額}}$

(C)$1+\dfrac{\text{投資利得}}{\text{投資金額}}$　　　(D)$1-\dfrac{\text{資本利得}+\text{股利所得}}{\text{投資金額}}$　。

(　) **86** 那一種金融商品不適宜為長期投資的工具？　(A)公債　(B)股票　(C)期貨　(D)公司債。

(　) **87** 變異係數的定義是：

(A)$\dfrac{\text{標準差}}{\text{預期報酬率}}$　　　　　(B)$\dfrac{\text{預期報酬率}}{\text{標準差}}$

(C)$\dfrac{\text{相關係數}}{\text{預期報酬率}}$　　　　(D)$\dfrac{\text{變異數}}{\text{預期報酬率}}$　。

(　) **88** 買權出售之時機應是？　(A)多頭市場　(B)空頭市場　(C)多空頭兩個市場均可　(D)以上皆非。

(　) **89** 若半強式效率市場成立，則投資人無法利用何種資訊或分析進行投資以獲得超額報酬，A.未公開資訊　B.公開資訊　C.歷史資訊：(A)僅A　(B)A與C　(C)A與B　(D)B與C。

(　) **90** 下列資產風險性何者最大？　(A)抵押債券　(B)附屬信用債券　(C)信用債券　(D)政府期貨。

(　) **91** 在權利期間內任一天，亦即合約上所載明的到期日前任一天，均可進行履約係指：　(A)美式選擇權　(B)歐式選擇權　(C)以上皆是　(D)以上皆非。

(　) **92** 一般而言，當一國的貨幣貶值時：　(A)不利進口，有利出口　(B)有利進口，有利出口　(C)不利進口，不利出口　(D)有利進口，不利出口。

(　) **93** 假設以C公司為資產標的物之賣權，其履約價格為500元，該賣權權利金目前報價為15元，同時該股票價格為516元，請問該賣權之時間價值為多少元？　(A)0元　(B)10元　(C)15元　(D)20元。

（　　）**94** 描述期望報酬率與系統風險之間的關係直線，稱為？　(A)資本市場線　(B)證券市場線　(C)臨界線　(D)以上皆非。

（　　）**95** 以下何者並非購買短期票券的好處？　(A)風險小　(B)變現容易　(C)安全可靠　(D)報酬率最高。

（　　）**96** 下列那一類基金在從事交易時，具有財務槓桿特性？　(A)指數型基金　(B)指數股票型基金　(C)組合型基金　(D)期貨信託基金。

（　　）**97** 下列何者為固定型收益？　A.普通股股息　B.公司債利息　C.特別股股息　(A)A　(B)A與B　(C)B　(D)C。

（　　）**98** 目前臺灣證券市場上所見到的共同基金，其組成的方式大多屬於：(A)契約型基金　(B)股票基金　(C)債券基金　(D)公司型基金。

（　　）**99** 下列哪一項不會影響選擇權價格：　A.投資人對風險的態度　B.標的物的價格　C.標的物價格的波動性　D.履約價格　E.無風險利率　(A)A與B　(B)A與C　(C)A　(D)E。

（　　）**100** 關於股價指數，下列何者正確？　(A)臺灣50指數是挑選40支市值較大、較具代表性之股票　(B)我國臺灣證券交易所編製的「發行量加權股價指數」無形中給予高價股票較大的權數　(C)我國臺灣證券交易所編製的「發行量加權股價指數」，其採樣股票原則上不包含交易量小、活絡性較低的股票　(D)臺灣50指數很容易做為基金經理人投資績效評量的標準。

解答與解析

1 (B)。可轉讓定期存單（**Certificate of Deposits, CD**）是指銀行**籌集短期資金**且由**銀行**所發行的證券，在到期日前，持有人可將其出售或轉讓，而在到期日時，銀行會償還本金及利息。
故此題答案為(B)。

2 (B)。若ρ＝−1，則可以組成一個預期風險為0的投資組合。
⇒因此，投資組合之風險可以降低，主要是因為各證券之相關係數小於1。
故此題答案為(B)。

3 (C)。 國庫券（**Treasury Bill, TB**）是指政府為調節國庫收支或穩定金融市場而發行的短期政府票券。國庫券可分甲、乙兩種：**甲種國庫券**按面額發行，依票載利率計算本利和，並屆期一次清償，為**財政部**調節國庫收入之工具；**乙種國庫券**採貼現方式發行，並公開標售，其票面不記載利率，到期時依票面清償，為中央銀行穩定金融之工具。乙種國庫券的發行天期通常以**91天**為基數進行倍數發行，也就是以91天期、182天期、273天期及364天期發行。
故此題答案為(C)。

4 (D)。 物價水準之變化會影響產品價格及買方購買的意願。物價水準變化，一般可從「(1)**消費者物價指數**（**Consumer Price Index, CPI**）─衡量一般人民生活所購買的產品和勞務之價格變化；與(2)**躉售物價指數**（**Wholesale Price Index, WPI**）或稱**生產者物價指數**（**Producer Price Index, PPI**）─衡量生產者購買物品和勞務的成本變化」來衡量。
故此題答案為(D)。

5 (A)。 公式 P_B為債券價格，F為面額，C為票面利息，故**C＝F**（即**面額**）**×r**（即**票面利率**）；y為折現率，即在債券評價上通稱折現率為殖利率；n為距到期日的期數；**PVIFA**為年金現值利率因子（可查附錄表三）；**PVIF**為現值利率因子（可查附錄表一）。

$$P_B = \frac{CF_1}{(1+y)^1} + \frac{CF_2}{(1+y)^2} + \cdots + \frac{CF_n}{(1+y)^n} = \frac{C}{(1+y)^1} + \frac{C}{(1+y)^2} + \cdots + \frac{C}{(1+y)^{n-1}} + \frac{C+F}{(1+y)^n}$$

由上述公式觀察到：市場利率上升則債券價格會減少。
故此題答案為(A)。

6 (D)。 公式 FV為**本利和**（即**終值**）、PV為**本金**（即**現值**）、r為**年利率**（假設每年計息一次）、n為**期數**、$FVIF_{(r,n)} = (1+r)^n$為**複利終值利率因子**（**Future Value Interest Factor**）。
⇒複利終值利率因子可查詢附錄的表二終值利率因子
$FV = PV \times (1+r)^n = PV \times FVIF_{(r,n)} = PV \times (1+0.08)^{10} = 500,000元 \times FVIF_{(0.8,10)}$
$= 500,000元 \times 查附錄表二複利終值（FVIF）表得2.1589 = 1,079,450元$
故此題答案為(D)。

7 (C)。

項目＼有價證券	公司債	特別股	普通股
擔保品	可能會有**動產**或**不動產**作為擔保品	無擔保品，求償權僅高於普通股。	無擔保品

故此題答案為(C)。

8 (B)。 不同的績效評估指標，主要差異是他們**對風險認定的不同**，以致得到不同的**調整風險後的報酬率**而產生不一致的評比。
故此題答案為(B)。

9 (C)。 幾何平均法是將N期的報酬率加上1後相乘，再開N次根號並減1。
其公式如下：
幾何平均報酬率＝$\sqrt[N]{(1+R_1)(1+R_2)\cdots(1+R_N)}-1$
$\Rightarrow -0.03=\sqrt[2]{(1+0.08)(1+r)}-1 \Rightarrow 0.97=\sqrt[2]{(1+0.08)(1+r)}$
$\Rightarrow 0.9409=(1+0.08)(1+r) \Rightarrow r \fallingdotseq -12.9\%$
故此題答案為(C)。

10 (B)。 債券持有人收到每期利息後，將收到的利息再投資其他資產上孳生利息，但再投資的報酬率仍有不確性，故會產生**再投資風險**。
故此題答案為(B)。

11 (B)。 **名目利率**是借貸契約中所設定的年利率，而**有效年利率**（**Effectvie Annual Rate, EAR**）是指考慮複利效果後，一年之中實際賺得的利率。

$$EAR=(1+\frac{r}{m})^m-1$$

註 r為名目年利率，m為每年複利的次數。若連續複利，則公式為：$EAR=e^r-1$

$EAR=(1+\frac{0.08}{2})^2-1=8.16\%$
故此題答案為(B)。

12 (A)。 零成長即是企業每年都發放固定股利給股東，亦目前的股利（D_0）代表未來各期股利金額（$D_1=D_2=\cdots=D_0$）。這是假定證券發行公司的股利大致穩定，則此種普通股可稱為零成長股。計算公式如下：

$$P_0=\frac{D_0}{r}=\frac{2.4元}{8\%}=30元$$

若投資人要求報酬率上升（假設為10%），則公司每股股價

$P_0=\frac{D_0}{r}=\frac{2.4元}{10\%}=24元 \Rightarrow$ 公司的每股股價會下降
故此題答案為(A)。

13 (D)。 經濟學上的投資是指為了資本的形成所做的支出，例如：住宅興建、存貨的淨變動、資本設備支出等。此種支出不僅在需求面得以增加財貨或勞務的需求，在供給面也加增了生產力，故使經濟得以發展。此種投資屬於**廣義**或**直接**投資。

B.是投資學、C.是經濟學之解釋。
故此題答案為(D)。

14 (C)。期貨契約由於每日結算的進行，保證金的金額會有所變動，當保證金低
於某一比例時，結算所會要求補足到原始保證金的額度，以避免違約的
發生，此比例稱為「**維持保證金**」（Maintenance Margins）。
故此題答案為(C)。

15 (C)。股利收入一般可分為**現金股利**和**股票股利**。實務上，現金股利稱為**股**
息，股票股利稱為**無償配股**。
故此題答案為(C)。

16 (B)。賣出賣權是預期未來行情不跌。獲利有限，但損失很大。當標的資產價
格等於零（S=0）時，損失最高。
故此題答案為(B)。

17 (D)。普通年金現值（Present Value for Ordinary Annuity, PVOA）
$$PVOA_n = PMT \times PVIFA_{(r,n)} \Rightarrow 1,000,000元 = PMT \times PVIFA_{(0.06,6)}$$
$$\Rightarrow 1,000,000元 = PMT \times 查附錄表三得4.9173$$
$$\Rightarrow PMT = \frac{1,000,000元}{4.9173} \doteqdot 203,364元$$

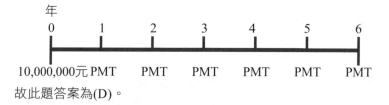

故此題答案為(D)。

18 (C)。預期股利殖利率＝總報酬率
$$= \frac{資本利得＋投資收益}{投資金額} \times 100\% = \frac{(35元－30元)＋2元}{30元} \times 100\% \doteqdot 23.3\%$$
故此題答案為(C)。

19 (C)。$R_i = R_f + \beta \times [(R_m) - R_f] \Rightarrow 3\% + 1.6 \times (R_m - 3\%) = 15\% \Rightarrow R_m = 10.5\%$
故此題答案為(C)。

20 (C)。**貨幣市場**是指利用一年以內之短期有價證券，以進行交易的金融市場，
國庫券屬之；**資本市場**是指利用一年以上之長期有價證券，以進行交易
的金融市場，政府債券（公債）屬之。因此，兩者之重大差異為證券的
限期不同。
故此題答案為(C)。

21 (B)。 票面利息（C）＝面額（F）×票面利率（r）

⇒3,000元＝100,000元×r⇒r＝3%

票面利率、殖利率與債券價格之間的關係，如下：

情況一 **折價債券**

市場利率（殖利率）＞票面利率，則債券價格＜面額

情況二 **平價債券**

市場利率（殖利率）＝票面利率，則債券價格＝面額

情況三 **溢價債券**

市場利率（殖利率）＜票面利率，則債券價格＞面額

因此，債券價格會低於面額屬於折價發行，則市場利率（殖利率）＞票面利率。

故此題答案為(B)。

22 (C)。 「景氣對策信號」分為五種燈號，各代表的意義如下：

燈號（由盛至衰）	意義
紅燈	經濟景氣過熱
黃紅燈	經濟景氣尚穩，但有過熱或趨穩的可能
綠燈	經濟景氣十分穩定
黃綠燈	經濟景氣尚穩，但有衰退或趨穩的可能
藍燈	經濟景氣已衰退

故此題答案為(C)。

23 (A)。 $R_i = R_f + \beta \times [(R_m) - R_f]$

(1)R_f＝4%時，則R_i＝4%＋1.5×7%＝14.5%

(2)R_f＝3%時，則R_i＝3%＋1.5×7%＝13.5%

以上算計得知，R_f下降則期望投資報酬率會減少。

故此題答案為(A)。

24 (B)。 **參加特別股**是指特別股股東在分配固定比率之股利後，仍然可以再享有與普通股一同分配公司**剩餘盈餘**（或稱**超額盈餘**）之權利。

故此題答案為(B)。

25 (D)。 可藉由增加投資資產數目而分散掉的風險，又稱**公司獨特風險**（**Unique Risk**）、**非系統風險**（**Unsystematic Risk**）。此風險的來源只影響到

個別公司及其直接的競爭對手之隨機事件。例如：新產品開發的成功與
否、人為（訴訟、罷工）或天然災害所造成的公司財務損失、公司經營
的效率等，以上因素可透過**多角化投資**分散投資風險。
故此題答案為(D)。

26 (A)。P$_0$為證券目前價值；D$_1$、D$_2$、…、D$_n$為投資人預期在第1期至第n期之現
金股利收入；r為折現率（要求報酬率）；預期股利的平均年成長率為g。

股利固定成長的評價P$_0 = \dfrac{D_1}{r-g}$

若P$_0\uparrow = \dfrac{D_1}{r-g} \Rightarrow$ D$_1$要大，（r−g）要小。

因此，**股利成長率（g）**要提高且**要求報酬率（r）**要下降。
故此題答案為(A)。

27 (A)。　要訣　題目問「本利和」，就查**終值表**；題目問「本金」，就查**現值表**。
　　　公式　**FV**為**本利和**（即**終值**）、**PV**為**本金**（即**現值**）、**r**為**年利率**（假
　　　設每年計息一次）、**n**為**期數**、$PVIF_{(r,n)} = \dfrac{1}{(1+r)^n}$為**複利現值利率**

　　　因子（**Present Value Interest Factor**）。
　　　⇒複利現值利率因子可查詢附錄的表一現值利率因子

$$PV = FV \times \dfrac{1}{(1+r)^n} = FV \times PVIF_{(r,n)}$$

[1] 年利率為6%，一年計息一次

$$PV = FV \times \dfrac{1}{(1+r)^n} = 500,000元 \times \dfrac{1}{(1+0.06)^3} = 500,000元 \times PVIF_{(0.06,3)}$$

$$= 500,000元 \times 查詢附錄的表一現值利率因子得知0.8396 = 419,800元$$

[2] 年利率為6%，半年計息一次，半年的利率為3%

$$PV = FV \times \dfrac{1}{(1+r)^n} = 500,000元 \times \dfrac{1}{(1+0.06)^{3\times2}} = 500,000元 \times PVIF_{(0.03,6)}$$

$$= 500,000元 \times 查詢附錄的表一現值利率因子得知0.8375$$

$$= 418,750元$$

由以上計算結果得知利率6%，半年計息需準備的本金比一年計息還少。
故此題答案為(A)。

28 (A)。選擇權可分為買權與賣權：

　(1)買權：買方有權利在一定期間內（或某一特定日期）買進標的資產的
　　　權利。

　　(2) 賣權：賣方有權利在一定期間內（或某一特定日期）賣出標的資產的
　　　　權利。

　　故此題答案為(A)。

29 (D)。結算所與交易所相同，皆為非營利機構，其設置的功能為：
　　(1) 負責期貨契約的結算，承擔履約的義務，以降低違約風險。
　　(2) 負責監督會員，並向其收取一定水準的保證金。
　　(3) 建立結算保證金，避免大規模的信用風險。
　　故此題答案為(D)。

30 (C)。ETF的優點：(1)買賣方便，變現性高；(2)被動式管理，有效降低成本；
　　　　　　　(3)分散風險；(4)可以避險（ETF可做融資、融券）；(5)機
　　　　　　　動性強，操作靈活；(6)投資組合透明度較高。
　　　　缺點：(1)基金可能折價;(2)無法享有股東的權利;(3)只能緊貼市場。
　　故此題答案為(C)。

31 (B)。當市場期望通貨膨脹率下降時，若其他條件不變下，**無風險利率**會下
　　降，即下圖的$R_f \rightarrow R'_f$，故SML會平行往下移動。

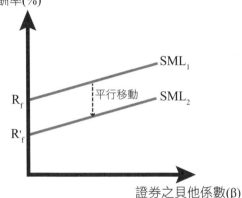

　　故此題答案為(B)。

32 (C)。本益比 $= \dfrac{每股股價}{每股盈餘}$
　　每股合理股價＝每股盈餘×合理本益比
　　故此題答案為(C)。

33 (B)。風險性也就是股價波動性。無論是對買權或是賣權而言，標的物價格的
　　波動性越大，表示選擇獲利的可能性越大，故也越有利。

標的資產價格或股價的波動性（σ）與**買權**呈正相關、與**賣權**呈正相關。
故此題答案為(B)。

34 (D)。 開放式基金：投資人直接向基金公司或其代理機構購買及賣出基金，以
基金當日之單位淨值作為買入賣出價格。
故此題答案為(D)。

35 (A)。 基本分析：股票的實際價值反映公司的營運與獲利能力的前景等基本面
上。亦以公司的營運與獲利能力的前景來估計股價。
故此題答案為(A)。

36 (C)。 (A) 組合型基金是透過**主動式**的資產配置，以管理投資組合。
(B) 組合型基金「需要」專業的基金經理人負責管理。
(D) 組合型基金是以**共同基金**為投資標的。
故此題答案為(C)。

37 (D)。 利率與買權呈正相關；股價與買權呈正相關；距離到期日的長短與買權
呈正相關；履約價格與買權呈負相關。
故此題答案為(D)。

38 (A)。 **發行股份**（**Issued Shares**）：指授權股份中，已經發售的股數。
授權股份（**Authorized Shares**）：指公司章程規定或是主管機構授權公
司最多可發行的股數。在授權範圍之內，公司可自由發行想要發行的股份。
流通在外的股份（**Outstanding Shares**）：指發行在外而未被公司購回
作為庫藏股（**Treasury Stock**）的股份，也是社會大眾真正持有的股份。
故此題答案為(A)。

39 (C)。 每股合理股價＝每股淨值×合理之市價淨值比＝13元×4.6＝59.8元
故此題答案為(C)。

40 (B)。 商業本票可分為兩類：
　(1) **第一類商業本票**（簡稱**CP1**）：又稱**交易性商業本票**，其是根據交易
行為而產生。因為交易完成後會自動產生資金清償，故又稱為**自償性
商業本票**。
　(2) **第二類商業本票**（簡稱**CP2**）：又稱**融資性商業本票**，其是因應季節
性資金需求而產生，多由銀行或投資信託公司保證，目前我國貨幣市
場上所交易的商業本票主要為此類。
故此題答案為(B)。

41 (B)。 **市場投資組合**的**貝他係數**是**1**，而**無風險投資**的**貝他係數**則為**0**（無風險
資產的價格不會隨市場起伏而波動）。
故此題答案為(B)。

42 (B)。 **避險基金**像共同基金一樣，也是集合投資人的資金，並將該資金交由專
業經理人投資金融工具，以獲取正報酬。但在作法上卻與共同基金不
同，其特色如下：
(1) 利用不同的投資工具以追求絕對報酬率，而且具有投資決策彈性、多
樣化的特點，可使用套利、放空、槓桿、衍生性金融工具等，以尋求
在任何的金融情勢之下獲利。
(2) 避險基金的報酬與市場可能不具連動性。
(3) 避險基金著重的是「**絕對**」報酬，故無論是多頭或是空頭行情時，避
險基金都有機會透過多、空操作，以賺取報酬，但也可能會增加損失
的風險。
(4) 除了收取管理費用外，並收取績效獎金。
(5) 不受證券管理單位管轄，透明度較低。
故此題答案為(B)。

43 (D)。 RR1、RR2是以追求穩定收益為目標，RR3是以兼顧資本利得和固定收
益為目標，RR4是以追求資本利得為目標，RR5是以追求最大資本利得
為目標。故此題答案為(D)。

44 (B)。 **風險溢酬**或**風險貼水**（**Risk Premium**），是指投資人承擔風險所要求的
額外報酬。
故此題答案為(B)。

45 (A)。 股利固定成長的評價可用$P_0 = \dfrac{D_1}{r-g}$求得，但必須是r＞g，否則無窮等比級
數無法收斂，亦無法求出單一解，即此模式無法使用。
故此題答案為(A)。

46 (C)。 以投資人的角度而言，**保本型債券**可視為投資人**同時買進債券**與**買進選
擇權**，其產品組合概念如下：

保本型債券＝固定收益債券（保本）＋選擇權

其中，**固定收益證券**是用以**保本**，大多以**零息債券**居多。
若發行機構所約定的保本率越高，即投資本金分配在零息債券的比例越
高，則可用來從事衍生性金融商品操作的金額也就越少（也就是可購買
選擇權的金額越少），故此參與率越低。

若是購買「看多型」保本商品時,參與率越高,表示連結標的資產報酬
上漲,則投資人享有的報酬率越高;但若連結標的資產報酬率下跌,則
投資人承受的風險有限,故可規避下方風險。
由上得知:
(A) 選擇權部位方面,投資人是「買」方。
(B) 可拆解為「固定收益債券(保本)」與賣出選擇權之組合。
(C) 「看多型」保本型債券可鎖定下方風險。
(D) 若按面額發行,在相同到期日之下,保本率越高,參與率越「低」。
故此題答案為(C)。

47 (B)。 投資組合的預期報酬率:$E(R_p) = \sum_{i=1}^{N} W_i E(R_i) = 0.65 \times 0.4 + 0.35 \times 0.3 = 36.5\%$
故此題答案為(B)。

48 (C)。 賣權或看空型的保本型債券之商品,其產品組合概念是「零息債券」加
上「買進賣權」(或稱「買進歐式賣權」),也就是投資人是「買方」
不是賣方。
故此題答案為(C)。

49 (B)。 不付息債券,稱為**零息債券(Zero Coupon Bond)**。亦發行人不支付利
息,但以低於面額的價格折價出售給投資人的債券。
零息債券提供給投資人的報酬屬於**資本利得**(亦**面額**減掉**售價**的價差)。
⇒ 選項(C)零息債券的報酬率是固定的;(D)投資人不需要擔心再投資風險。
此外,零息債券沒有規定—「不可訂贖回條款」⇒ 選項(A)不是正確的。
故此題答案為(B)。

50 (B)。 正常市場是指**基差**為負值,也就是期貨價格高於現貨價格。
故此題答案為(B)。

51 (B)。 **金融債券**是**專業金融機構**為籌措長期資金所發行的債券憑證,發行人須
訂明其償還期限。
受益憑證是由「基金經理公司發」放給投資人的憑證,以表彰受益權,
該憑證在法律上視為有價證券。
故此題答案為(B)。

52 (D)。 **當期獲利率(Current Yield, CY)**定義為**每年的票面利息**除以**債券價格**,
公式如下:
$$CY = \frac{C}{P_B} = \frac{5,000元 \times 8\%}{5,600元} = \frac{400元}{5,600元} \fallingdotseq 7.14\%$$
故此題答案為(D)。

53 (B)。　**可贖回債券**（**Callable Bonds**）：公司債發行一段時間之後，發行公司可在到期日前依照事先約定之收回價格購回該債券。
故此題答案為(B)。

54 (A)。　**違約風險**（**Default Risk**）又稱**信用風險**（**Credit Risk**）是指債券發行者沒有能力償付利息與本金的風險。投資人可由信用評等機構，例如美國的穆迪（Moody's）公司、標準普爾（Standard & Poor's）公司或臺灣的中華信用評等公司給予的評等，了解欲投資的債券違約風險。
故此題答案為(A)。

55 (D)。　受託人的工作是**監督發行公司履行契約義務、代理發行公司按期還本付息、管理償還基金**以及**持有擔保品**。
故此題答案為(D)。

56 (C)。　選擇權交易時，**買方**必須支付**權利金**給賣方，為防止有違約之虞，故賣方需繳交保證金。
當期貨交易成交時，買賣雙方必須支付一筆保證金給經紀商，以作為履約保證。
融券是向券商借股票來賣，投資人要付保證金。
故此題答案為(C)。

57 (A)。　常見的**金融資產**有**定期存單**、**儲蓄存款**、**股票**、**債券**等有價證券。其主要投資目的在於預期未來能有更多的報酬。
故此題答案為(A)。

58 (A)。　**共同基金**又稱為**信託基金**，是指投資人將資金交給專門的投資機構，由專業機構的基金經理人，將所匯集的資金集合起來投資，其所賺得的利潤再分給投資人。投資共同基金不論投資人所購買的基金表現為何，投資人皆必須負擔銷售費用、經理費用、保管費等相關費用。
因此，投資共同基金仍有投資風險之存在。
故此題答案為(A)。

59 (B)。　(A) 期貨契約需繳保證金，遠期契約不需要。
(C) 期貨契約的內容是標準化格式，遠期契約則無。
(D) 期貨契約有
故此題答案為(B)。

60 (B)。 效率市場的型態可依照資訊內容的不同，區分為下列三種：

效率市場的型態	說明
弱式效率市場 （Weak form Efficiency）	可透過**基本分析和未公開消息（或稱私有資訊、內線消息**）賺取超額報酬。
半強式效率市場 （Semi-Strong form Efficiency）	可透**未公開消息（或稱私有資訊、內線消息**）賺取超額報酬。
強式效率市場 （Strong form Efficiency）	無法透過**技術分析、基本分析**及未公開**消息（或稱私有資訊、內線消息**）來賺取超額報酬。

故此題答案為(B)。

61 (B)。 連動型債券＝固定收益證券（例如公債）＋衍生性金融商品（例如選擇權）
投資金額×$(1+3\%)^7$＝5,000×100%⇒投資公債金額×1.2299＝5,000
⇒投資公債金額＝4,065
投資選擇權金額＝5,000－4,065＝935元
故此題答案為(B)。

62 (D)。 過去的**地下投資公司**除了不合法之外，與**共同基金**最大的不同是—投資與資金並未分開，而且資金的運用並不透明也沒有法令保障。
故此題答案為(D)。

63 (D)。 **搶帽客**是為自己利潤而進行期貨交易的期貨自營商，由於期貨自營商常在一瞬間就買賣大量的期貨，故其持有時間經常短於30秒。
故此題答案為(D)。

64 (B)。 市場風險可以用貝他（β）係數來衡量。貝他係數（Beta Coefficient）是一種風險指數，用以衡量各別或投資組合的資產投資報酬率相較於全體市場之敏感度（Sensitivity），亦具有報酬率波動的統計概念。
故此題答案為(B)。

65 (C)。 **本益比**（**Price-Earning Ratio, P/E**）是用普通股的**每股市價**除以**每股盈餘**（**Earnings Per Share, EPS**）的比率，而**每股盈餘**等於**稅後淨利**除以**普通股流通在外股數**，此模式是實務上最常使用的評價方法。本益比可視為每股市價相對盈餘的倍數，故又稱**盈餘乘數**（**Earning Multiplier**）。本益比本身有投資成本的概念，即當本益比越大，表示投資於該股票上的成本也越高。本益比的公式如下：

$$P/E = \frac{每股股價}{每股盈餘}$$

若**本益比**超過**合理本益比**，則每股股價有高估之情形；若**本益比**低於**合理本益比**，則每股股價有低估之情形，故值得買進。普通股的本益比評價可使用下列公式來衡量：

$$每股合理股價 = 每股盈餘 \times 合理本益比$$

因此，目前股票市價低於合理股價，投資人可考慮買進該股票。
故此題答案為(C)。

66 (B)。 商品間價差交易是指**標的物**不同，但是交易所、交易數量皆相同。
故此題答案為(B)。

67 (A)。 即使增加投資資產數目也分散不掉的風險，又稱**市場風險**（**Market Risk**）、**系統風險**（**Systematic Risk**）；可藉由增加投資資產數目而分散掉的風險，又稱**公司獨特風險**（**Unique Risk**）、**非系統風險**（**Unsystematic Risk**）。
因此，承擔系統風險應該得到**風險溢酬**。而中央銀行決定調高利率屬於系統風險，故會增加投資人對該公司股票的必要報酬率。
故此題答案為(A)。

68 (D)。 貨幣型基金屬於RR1等級，債券型基金屬於RR2和RR3等級，平衡型基金屬於RR3等級，股票型基金屬於RR4和RR5等級。

風險收益等級（低至高）	投資風險
RR1	低
RR2	中
RR3	中高
RR4	高
RR5	很高

故此題答案為(D)。

69 (B)。 當投資資產的數目夠大時，**個別資產的變異數**會變得微不足道，但**資產之間的共變異數**會變得越來越重要。因此，個別資產之標準差通常高於市場投資組合的標準差，這是因為個別資產無法分散風險。
故此題答案為(B)。

70 (B)。債券的評等由BBB升為A，代表評等變高⇒違約風險減少，債券價格變高。
此外，債券價格的計算公式為：

$$P_B = \frac{CF_1}{(1+y)^1} + \frac{CF_2}{(1+y)^2} + \cdots + \frac{CF_n}{(1+y)^n} = \frac{C}{(1+y)^1} + \frac{C}{(1+y)^2} + \cdots + \frac{C}{(1+y)^{n-1}} + \frac{C+F}{(1+y)^n}$$

因此，債券價格變高，則殖利率就下降。

故此題答案為(B)。

71 (D)。評估基金績效有以下三個基本的角度：**淨值成長率、平均報酬率**以及**單位風險報酬率**。

故此題答案為(D)。

72 (A)。財務比率對債券評等的影響如下：

財務比率	對債券評等的影響
流動比率 （＝流動資產÷流動負債）	比率越「高」，評等越佳
負債比率 （＝總負債÷總資產）	比率越「低」，評等越佳
利息保障倍數 （＝息前稅前利潤÷利息費用總額）	比率越「高」，評等越佳

故此題答案為(A)。

73 (C)。理論上，依到期日的長短，選擇權價值的時間價值會有所變化，其說明如下：

(1) 當距離到期日越長，投資人等待獲利的時間也越長，故時間價值也越高。

(2) 隨著到期日越來越近，投資人等待獲利的時間也越少，故時間價值會逐漸消逝並趨近於零。

(3) 在到期日時，時間價值為零，而選擇權價值將等於內含價值。

故此題答案為(C)。

74 (A)。一般而言，高報酬即是高風險，故一般投資人對於高報酬的投資，其要求的報酬（Requirement Return）也比較高，在於其承受的可能損失也比較高。相對地，當投資標的之報酬率越小時，投資人所必須承擔的風險也越小。

故此題答案為(A)。

75 (C)。當期貨交易成交時，買賣雙方必須支付一筆保證金給經紀商，以作為履約保證，此項保證金稱為「**原始保證金**」（Initial Margins）。

選擇權交易時，**買方**必須支付**權利金**給賣方，為防止有違約之虞，故賣方需繳交保證金。

故此題答案為(C)。

76 (D)。TIPP基本觀念大致與CPPI策略相同，但有一差異的是「風險下限的設定與調整」。在CPPI策略中，風險下是**固定值**，但在TIPP策略是根據**固定風險下限比率**（**Floor percentage**），在某一時點設定為風險下限。亦如果投資組合價值上升時，風險下限將隨之提高；反之，投資組合價值下降時，風險下限仍保持不變（不調整），故TIPP的抗跌能力優於CPPI。

故此題答案為(D)。

77 (D)。影響股價變動的政治與總體經濟因素有：政局變化、財政貨幣的政策方向、產業政策方向、利率水準之變動、匯率水準之變動、油價、物價及景氣循環。

故此題答案為(D)。

78 (C)。基金的「標準差」是根據每日實際淨值與平均淨值的差價累計而計算的，其「標準差」越大，表示基金淨值波動程度越大，風險也相對越高。

故此題答案為(C)。

79 (B)。　公式　P_B為債券價格，F為面額，C為票面利息，故$C = F$（即**面額**）$\times r$（即**票面利率**）；y為折現率，即在債券評價上通稱折現率為殖利率；n為距到期日的期數；PVIFA為年金現值利率因子（可查附錄表三）；PVIF為現值利率因子（可查附錄表一）。

$$P_B = \frac{CF_1}{(1+y)^1} + \frac{CF_2}{(1+y)^2} + \cdots + \frac{CF_n}{(1+y)^n} = \frac{C}{(1+y)^1} + \frac{C}{(1+y)^2} + \cdots + \frac{C}{(1+y)^{n-1}} + \frac{C+F}{(1+y)^n}$$

由上述公式觀察到：

債券的價格較高，表示分母要大，分子要小。

(A)的票面利率與票面利息有關，票面利息題分母。所以，票面利率越高。

(B)的殖利率是分子，其越低，則債券的價格就越高。

(C)的付息次數要「越多」，債券價格才會越高。

故此題答案為(B)。

80 (A)。$\overline{R}_p$代表投資組合（p）的平均報酬率；R_f代表市場無風險利率；σ_p代表投資組合（p）的報酬率標準差，則

$$\text{夏普指標（}S_p\text{）} = \frac{\overline{R}_p - R_f}{\sigma_P} = \frac{7\% - 4\%}{30\%} = 0.1$$

故此題答案為(A)。

81 (D)。期貨的功能：避險、投機、價格發現（價格指標）、提高資源效率。
故此題答案為(D)。

82 (D)。共同基金的獲利來源有利息收入、股利收入、資本利得。
故此題答案為(D)。

83 (D)。 要訣 **本金**和**利率**相同時，計息次數越多，則**本利和**越多。
但題目沒告知「每月計息乙次的利率」，即使改為年利率3%仍無法判斷
原利率為何。
故此題答案為(D)。

84 (C)。投資者投資證券的主要目的就是希望能在未來獲取報酬。證券的報酬可
分為(1)**投資收益**：投資股票獲得的股息或持有債券所獲得的利息收入；
(2)**資本利得**：買價與賣價的差額。
故此題答案為(C)。

85 (B)。$$\text{總報酬率} = \frac{\text{期末資產價值} - \text{期初資產價值} + \text{投資收益}}{\text{期初資產價值}} \times 100\%$$
$$= \frac{\text{資本利得} + \text{投資收益}}{\text{投資金額}} \times 100\%$$

故此題答案為(B)。

86 (C)。當期貨契約交易已經完成，也就是買方與賣方皆出現時，或是投資者對
某一契約分別進行買進與賣出時，此項契約即稱為**平倉**。這是由於期貨
契約的投資者大多不會在到期日時履行契約，故多在到期日前便將此契
約賣出。主要是投資期貨風險很大，不宜長期投資。
故此題答案為(C)。

87 (A)。變異係數就是「單位預期報酬率所承擔的風險」，公式如下：
$$\text{變異係數} = \frac{\text{標準差}}{\text{預期報酬率}} \times 100\%$$
故此題答案為(A)。

88 (B)。**多頭市場**是指投資人預期未來標的物之價格會上漲，此時是**賣權**出售的
時機；**空頭市場**是指投資人預期未來標的物之價格會下跌，此時是**買權**
出售的時機。
故此題答案為(B)。

89 (D)。半強式效率市場：可透過**未公開消息（或稱私有資訊、內線消息）**賺取
　　　　　超額報酬。
　　　　　故此題答案為(D)。

90 (B)。**附屬信用債券**：又稱**次順位信用債券（Subordinated Debenture）**，此
　　　　　債券之求償權次於所有優先債券或其他債務。當公司停止營運時，必須
　　　　　等到其他債務清償完畢，才能清償**附屬信用債券**的債務。其清償順位雖
　　　　　然優於特別股股東和普通股股東，但與其他債券相較之下，**附屬信用債
　　　　　券**的求償順位較低，風險較高，故報酬也較高。
　　　　　故此題答案為(B)。

91 (A)。**美式選擇權**：買方可以在權利期日內任何一天，即合約上所載明的到期
　　　　　日及到期日前的任何一天，以事先約定的價格要求賣方履約。
　　　　　故此題答案為(A)。

92 (A)。一般而言，新臺幣貶值，本國外銷產品相對價格降低（外銷為主的產業
　　　　　股價會下跌），對出口有利；但是國外進口產品相對價格提高，對進口
　　　　　不利。因此，新臺幣貶值則外銷為主之企業的股價上升，而對進口廠商
　　　　　之股價不利。
　　　　　故此題答案為(A)。

93 (C)。$P_t = \max(K - S_t, 0) + 時間價值 \Rightarrow 15 = \max(500 - 516, 0) + 時間價值$
　　　　　　　　　　　　　　　　　$\Rightarrow 15 = \max(-16, 0) + 時間價值$
　　　　　　　　　　　　　　　　　$\Rightarrow 時間價值 = 15元$
　　　　　故此題答案為(C)。

94 (B)。把代表無風險投資的R_f與代表市場投資組合的點，用直線相連，此直線
　　　　　稱為**證券市場線（Security Market Line, SML）**。**在均衡市場中，所有
　　　　　的證券都應落在SML上**。
　　　　　故此題答案為(B)。

95 (D)。報酬率與「短期」或「長期」沒有關係。
　　　　　故此題答案為(D)。

96 (D)。期貨信託基金從事之期貨交易具**低保證金**之財務槓桿特性，在可能產生
　　　　　極大利潤的同時，也可能極大利潤的損失，導致基金受益的單位淨資產
　　　　　價值大幅增減。
　　　　　故此題答案為(D)。

97 (C)。**固定收益型證券**：政府公債、公司債等債券均屬此類。其收益（利息收入）是在購買時便已事先決定的。
故此題答案為(C)。

98 (A)。以國內的基金為例，基金屬於**契約型**，基金經理公司創設基金是契約中的**委託人**，在基金募集完成後，將基金的資產交由契約中的**受託人**（通常是銀行、信託公司等金融機構）保管，基金經理公司本身只負責基金操作。
故此題答案為(A)。

99 (C)。影響選擇權價值的因素有**標的物（或稱標的資產）現行市價與履約價格、標的物價格之風險性、離到期日的時間**以及**無風險利率**。
故此題答案為(C)。

100 (D)。原則上，「發行量加權股價指數」採樣的股票包含所有上市普通股，故也包含一些交易量較小、活絡性較低的股票。也因如此，較難做為基金經理人的投資績效評量之標準。因此，臺灣證券交易所與英國富時指數有限公司另挑選50支市值較大、較具代表性之股票，以編製**臺灣50指數**（**TSEC Taiwan 50 index**）。
故此題答案為(D)。

| 第 **3** 回 | **模擬考** |

（　）**1** 可轉換公司債之債權人於執行轉換權利時，對公司之影響為：(A)現金減少　(B)有盈餘稀釋效果　(C)負債增加　(D)股本減少。

（　）**2** 下列那一評價方法不是根據收益面來評估合理股價：　(A)本利比評價模式　(B)本益比評價模式　(C)股利折現評價模式　(D)市價淨值比評價模式。

（　）**3** C君投資人計劃購買某股票，預期股利是2元，一年後能以42元賣掉，目前該投資人願意出的最高價格為37元，請問他所要求的報酬率為何？　(A)15.63%　(B)18.92%　(C)20.18%　(D)25.36%。

（　）**4** 假設在某一波段期間內，A基金的報酬率為20%，標準差為10%，B基金的報酬率為10%，標準差為4%，下列何者為真？　(A)A基金的單位風險報酬率等於B基金　(B)A基金的單位風險報酬率低於B基金　(C)A基金的單位風險報酬率高於B基金　(D)無法確定。

（　）**5** 投資者購買無息票公司債的收益是：　(A)轉換其他股票利益　(B)可獲得折現利息　(C)純粹賺取差價　(D)無利息收入。

（　）**6** 某共同基金現過去一年、五年和十年的年平均報酬率分別為3%、5%和10%，則此基金未來一年的報酬率可能為？　(A)介於0%與3%之間　(B)介於3%與5%之間　(C)介於5%與10%之間　(D)無法判斷。

（　）**7** 所謂固定收益型證券是指證券之：　(A)債權人固定　(B)其利息收入在購買時便已事先決定　(C)到期日固定　(D)到期償還金額固定。

（　）**8** 一般而言，央行大幅緊縮M1b（貨幣供給）的成長對股價的影響很可能是：　(A)上漲　(B)下跌　(C)不確定漲跌　(D)無影響。

( ) **9** 關於資本資產定價模式，只有一種因素會使預期報酬率不同，此為： (A)市場投資組合 (B)無風險利率 (C)系統風險 (D)總風險。

( ) **10** 公司債之發行，有提供擔保品，稱為： (A)零息債券 (B)抵押公司債 (C)無擔保公司債 (D)信用公司債。

( ) **11** 下列哪一項對資本資產定價模型描述是正確的？ (A)投資人只對於等待以及擔憂並沒有特定的期望 (B)投資人只對於等待（現在投資將來才回收）要求有相對報酬 (C)投資人只對於等待以及擔憂要求有相對報酬 (D)投資人只對於擔憂（因為有風險）要求有相對報酬。

( ) **12** 關於影響債券價格的因素，下列敘述何者錯誤？ (A)在其他條件不變下，當票面利息提高時，債券價格會上升 (B)在其他條件不變下，當殖利率下降時，債券價格會上升 (C)在其他條件不變下，當面額增加時，債券價格會上升 (D)在其他條件不變下，當票面利率下降時，債券價格會上升。

( ) **13** 中央銀行調降法定存款準備率對哪類金融機構的影響最有利？ (A)證券公司 (B)保險業 (C)商業銀行 (D)證券投資信託公司。

( ) **14** 下列那些風險是屬於無法藉著風險分散的方法（或說，增加證券的種類）而被分散掉的風險： A.非系統風險 B.市場風險 C.系統性風險 D.公司獨特的風險 (A)AB (B)BC (C)CD (D)AD。

( ) **15** 專業金融機構為籌措長期資金，所發行之債券憑證為： (A)金融債券 (B)商業本票 (C)可轉讓定存單 (D)銀行承兌匯票。

( ) **16** 下列何者不具有選擇權之性質？ (A)存託憑證 (B)可轉換公司債 (C)認購股票 (D)認售權證。

( ) **17** 依CAPM模式，下列敘述何者正確？ (A)若股票有正的α，表示其價值被低估 (B)若股票有正的α，表示其價值被高估 (C)若股票的α為零，則該股票值得購買 (D)若股票有負的α，則該股票值得購買。

(　) **18** 在每期利率為7%下，某一普通年金的現值為10,000元。則相同條件的期初年金現值為？　(A)10,000元　(B)10,200元　(C)10,700元　(D)11,900元。

(　) **19** 下列那一句話可以說明風險分散的道理？　(A)投資是99%的努力　(B)不要將雞蛋放在同一個籃子裡　(C)當企業內部人員開始買進自家股票，就是買股的好訊號　(D)兩鳥在林不如一鳥在手。

(　) **20** 報酬率之標準差主要衡量一證券之：　(A)營運風險　(B)市場風險　(C)總風險　(D)非系統風險。

(　) **21** 我國目前之資本市場，1年以上之長期信用工具有：　(A)公司債　(B)金融債券　(C)政府債券　(D)以上皆是。

(　) **22** 無風險資產的報酬率標準差為：　(A)−1　(B)0　(C)1　(D)2。

(　) **23** 關於投資債券的違約風險，下列何者錯誤？　(A)違約風險定義為債券發行者沒有能力償付利息與本金的風險　(B)由於違約風險有無的存在，故在其它條件相同上，政府公債的價格高於其它公司債的價格　(C)由於違約風險有無的存在，故在其它條件相同上，公司債的殖利率（或預期報酬率）會低於政府公債的殖利率（或預期報酬率）　(D)違約風險越高，投資人所要求的預期報酬率也會越高。

(　) **24** 某銀行推出一檔10年到期之連動型債券契約，除了保本率為100%外，契約結束時，還提供最低保證報酬率30%。假設目前10年期零息公債殖利率為7%，投資本金為5,000元，請問該連動型債券需要投資多少金額於零息公債，才能於契約結束時保證領回130%的投資本金？　(A)3,000元　(B)3,102元　(C)3,304元　(D)3,567元。

(　) **25** 下列有多少項為普通股股東的權利？　A.剩餘財產分配權　B.投票權　C.管理公司的權利　D.盈餘分配權　E.優先認購權。　(A)2　(B)3　(C)4　(D)5。

(　) **26** 在資本資產定價模式（CAPM）中，隱含貝他值（Beta）較高的資產會有較高的：　(A)價格　(B)非系統風險　(C)實際報酬率　(D)以上皆非。

（　　）**27** 有關選擇權特性，下列何者「錯誤」？　(A)買權的買方預期未來情看漲　(B)買權的買方是買進選擇權並支付權利金　(C)賣權的買方有賣出標的資產之義務　(D)賣權的買方風險有限，但獲利很大。

（　　）**28** A股票報酬率期望值20%，標準差15%；B股票報酬率期望值30%，標準差25%。A、B兩股票報酬率相關係數為0.6。王先生分別買了60萬A股票與40萬B股票，則此投資組合期望報酬率為多少？(A)15%　(B)20%　(C)24%　(D)30%。

（　　）**29** 關於ETF「指數股票型基金」，下列敘述何者錯誤？　(A)ETF是將指數證券化、提供投資人參與指數表現的基金，其淨值表現緊貼指數的走勢　(B)買賣ETF，除了可以在證券市場交易外，也可以直接向發行ETF的基金管理公司進行申購或要求買回　(C)ETF只具備開放式指數基金的特色，但不具備封閉式指數基金的特色　(D)ETF主要是持有代表指數標的股票權益的受益憑證來做投資，而不直接持有多種個別股票的投資。

（　　）**30** 下列影響股價之項目中，那一項屬於總體經濟因素？　(A)公司增加現金股利　(B)公司減資　(C)公司資本支出增加　(D)利率。

（　　）**31** 關於組合型基金，下列敘述何者錯誤？　(A)組合型基金的投資標的需要依市場狀況或產業前景隨時做必要的調整　(B)組合型基金是被動式管理　(C)非常適合穩健保守的投資人　(D)組合型基金可以解決投資人常會不知何時買賣、如何做適當的資產配置等問題。

（　　）**32** 市場投資組合（efficient portfolio）與最低風險之投資組合（minimum variance portfolio），何者期望報酬率較高？　(A)一樣(B)不一定　(C)市場投資組合　(D)最低風險之投資組合。

（　　）**33** 假設投資者將每一期所得再投資於下一期，其計算每期損益的觀念為何？　(A)單利　(B)複利　(C)本利和　(D)以上皆非。

（　　）**34** 下列有關期貨與股票的敘述，何者為真？　(A)股票市場的槓桿程度較低　(B)股票市場對賣空的限制較寬鬆　(C)以上皆是　(D)以上皆非。

（　） **35** 若弱式效率市場成立，則投資人無法利用何種資訊或分析進行投資，以獲得超額報酬：　(A)技術分析　(B)任何資訊　(C)公開資訊　(D)以上皆非。

（　） **36** 六年期，面額為100,000元，票面利率為6%的公債，每半年付息乙次，目前殖利率為5%，試問債券價格為102,650元，試問每期的票面利息是多少？　(A)2,000元　(B)3,000元　(C)4,000元　(D)5,000元。

（　） **37** 關於基金風險收益等級與主要基金類型的關聯，下列敘述何者正確：　(A)股票型基金屬於RR2等級　(B)貨幣型基金屬於RR2等級　(C)債券型基金屬於RR2和RR3等級　(D)平衡型基金屬於RR4等級。

（　） **38** 假設A公司目前股價為80元，假設當景氣好時其報酬率為20%，若景氣轉差時其報酬率為-8%，而以上景氣好、景氣轉差所可能發生的機率各為70%、30%，請問A公司未來一年可能的報酬率為何？　(A)9.7%　(B)10.8%　(C)11.6%　(D)12.2%。

（　） **39** 下列何種屬於安全資產？　(A)股票　(B)古董　(C)不動產　(D)儲蓄存款。

（　） **40** 何種參與者具有充分資訊，因此可以隨時得知各地的期貨市場行情，可在無風險的狀況之下，買進賣出期貨，進而賺取利潤？　(A)避險者　(B)套利者　(C)投機者　(D)搶帽客。

（　） **41** 賣出買權（Short a call option）具有：　(A)依履約價格賣出標的物之義務　(B)依履約價格買進標的物之權利　(C)依履約價格賣出標的物之權利　(D)依履約價格買進標的物之義務。

（　） **42** 有關利率變化所造成的影響，下列敘述何者有誤：　(A)利率上升通常會造成股價的下跌　(B)利率上升時，投資者的必要報酬率會下降　(C)利率上升時，公司的資金成本上升　(D)利率上升時，投資者會將資金抽離股市。

( ) **43** 在什麼時候兩支股票所形成的可行集合會是一直線？當兩支股票的相關係數： (A)等於−1 (B)小於0 (C)小於1 (D)等於1。

( ) **44** 下列有關共同基金的敘述，何者為真？ A.基金的資產在保管機構內的帳戶是獨立的 B.基金經理公司是共同基金中的受託人 C.保管機構只負責保管並依經理公司的指示處分基金的資產。
(A)A與B (B)B與C (C)A與C (D)以上皆非。

( ) **45** 如果投資人預期標的資產未來價格會上漲或認為走勢樂觀，但又想鎖定「下方風險」，則應該購買何種結構型債券最佳： (A)「看多型」保本型債券 (B)「看空型」保本型債券 (C)浮動利率債券 (D)反浮動利率債券。

( ) **46** 在公平的賭局中，A君將10,000元賭金一次下注，B君則將10,000元賭金分10次下注，誰的總期望投資報酬率較高？ (A)A君 (B)B君 (C)一樣 (D)不一定。

( ) **47** 下列那一種評估合理股價的方法不是屬於基本分析方式： (A)個別公司營運現況及預期 (B)股市每日成交價量變動 (C)各類產業環境之變動 (D)政治及總體經濟因素。

( ) **48** 下列敘述何者為錯誤？ (A)非系統性風險為可分散的風險 (B)承擔系統性風險應該得到風險溢酬 (C)承擔非系統性風險應該得到風險溢酬 (D)系統性風險為不可分散風險。

( ) **49** 第二類商業本票又稱為？ (A)自償性商業本票 (B)融資性商業本票 (C)交易性商業本票 (D)以上皆非。

( ) **50** 認股權證是那一種？ (A)賣權 (B)期貨 (C)買權 (D)特別股。

( ) **51** 假設A公司與B公司的預期報酬率分別為15%與20%，而標準差分別為45%及30%，試問A公司與B公司的變異係數何者較低？
(A)A公司 (B)B公司 (C)二者一樣 (D)以上皆非。

( ) **52** 期貨交易成立時，投資人支付何種保證金？ (A)變動保證金 (B)結算保證金 (C)原始保證金 (D)維持保證金。

（　）**53** 以下有關投資風險之敘述，何者為非？　(A)投資損失的期望值
(B)投資報酬的不確定性　(C)通常可用報酬率的變異數來衡量
(D)通常可用報酬率的標準差來衡量。

（　）**54** 根據資本資產定價模型（CAPM），如果B公司的貝他值為1.5，
無風險利率為4%，其期望報酬率為14.5%。若無風險利率上升為
6%，其他條件不變下，請問該公司的期望投資報酬率：
(A)上升1.5%　(B)上升2%　(C)下降2%　(D)無法判斷。

（　）**55** 平衡型基金的特色為何？　(A)投資在股票和固定收益產品　(B)報
酬應較股票基金平穩　(C)風險應較股票基金為低　(D)以上皆是。

（　）**56** 一般俗稱的債券殖利率是指下列何者？　(A)到期收益率（yield
to maturity）　(B)贖回收益率　(C)當期收益率（current yield）
(D)資本利得收益率。

（　）**57** 所謂開放型共同基金指的是受益憑證之發行量：　(A)得由發行者自
行增減　(B)可能因投資者的申購及贖回而變動　(C)固定　(D)以上
皆非。

（　）**58** 有關景氣對策信號之敘述何者不正確？　(A)黃藍燈表示景氣將衰退
或趨穩　(B)綠燈表示景氣穩定　(C)紅燈表示景氣衰退　(D)黃紅燈
表示景氣有過熱或趨穩。

（　）**59** 下列有關共同基金配息的敘述，何者為真？　A.配息越多，資產就
減損得越多　B.配息當日，投資人真正增加獲利　C.成長型基金
一年頂多配息一次。　(A)A與B　(B)A與C　(C)B與C　(D)A、B
與C。

（　）**60** 購買連動型債券，若投資人的報酬率會隨連結標的指數的正績效
連動，當股價指數上漲，其收益率亦隨之增加，則債券中之選擇
權部分應如何處理？　(A)賣出買權　(B)賣出賣權　(C)買進買權
(D)買進賣權。

（　）**61** 假設某公司於本年度每股分配現金股利1.2元，且之後每年固定發
放此金額。依該公司的營運及風險特性，市場人士認為該公司報

酬率至少應有5%才願意投資，依此公司股價應值多少？　(A)12元
(B)24元　(C)36元　(D)40元。

(　) **62** 關於資本資產定價模型（CAPM）中，所有投資組合皆會：
(A)和效率投資組合落在同一條線上　(B)均落在證券市場線上
(C)提供相同的報酬率　(D)提供相同的市場風險。

(　) **63** 就風險而言，下列何種基金最高？　(A)指數型基金　(B)平衡型基
金　(C)產業型基金　(D)全球型股票基金。

(　) **64** 當某一公司的經營發生困難或是倒閉，導致該公司所發行的公司債
的價格大跌的風險，是為何種風險？　(A)信用風險　(B)利率風險
(C)流動性風險　(D)資產風險。

(　) **65** 下列何者股價指數是窄基指數？　A.臺股指數　B.能源業指數
C.電腦業指數。　(A)A與B　(B)A與C　(C)B與C　(D)以上皆非。

(　) **66** 有關垃圾債券（Junk Bond），下列敘述何者為真？　(A)投資風險
較高　(B)信用評等等級較高　(C)收益率較低　(D)以上皆是。

(　) **67** 購買封閉式受益憑證，應在：　(A)店頭市場　(B)證券公會　(C)集
中交易市場　(D)證券投資信託公司營業處所。

(　) **68** 發行公司債產生折價現象的原因是：　(A)債券的利息低於股票報酬
(B)票面利率等於市場利率　(C)票面利率低於市場利率　(D)債券的
持續時間過長。

(　) **69** 下列那一基金除收取管理費外，另提撥績效獎金予經理人？
(A)避險基金　(B)組合型基金　(C)指數股票型基金　(D)指數型基
金。

(　) **70** 貝他係數大於1的證券或投資組合，其投資報酬率的變動會與市場
投資組合報酬率的變動，平均來說會：　(A)反向，且幅度更大
(B)反向，但幅度較小　(C)同向，但幅度較小　(D)同向，且幅度
更大。

(　) **71** 無擔保的公司債稱為：　(A)垃圾債券　(B)可贖回債券　(C)信用債券（Debenture）　(D)可轉換公司。

(　) **72** 零息債券（Zero Coupon Bond）沒有下列何種風險？　(A)利率風險　(B)通貨膨脹風險　(C)再投資風險　(D)財務風險。

(　) **73** 假設某一履約價格為35元之股票選擇權買權，該買權權利金目前報價為13元，同時該股票價格為42元，請問該買權之時間價值為多少元？　(A)0元　(B)6元　(C)7元　(D)13元。

(　) **74** A公司考慮下列三種股利政策，何者無法利用股利折現評價模式計算該公司的股價：
A.3元現金股利　B.2元現金股利及1元股票股利　C.3元股票股利
(A)A與B　(B)A與C　(C)B與C　(D)A、B及C。

(　) **75** 當其他條件不變下，選擇權之標的物價格波動程度變大時，下列敘述何者正確：　(A)買權和賣權的價格都會下跌　(B)買權和賣權的價格都會上漲　(C)買權價格上漲，賣權價格下跌　(D)買權價格下跌，賣權價格上漲。

(　) **76** 下列何者為資本市場的證券？　A.普通股　B.建設公債　C.可轉讓定期存單。　(A)A與B　(B)A與C　(C)B與C　(D)A、B與C。

(　) **77** 下列何種股票在物價上漲時受惠最大：　(A)汽車類股　(B)金融股　(C)電子類股　(D)資產股。

(　) **78** 發行特別股之公司如當年度發生虧損，致無法發放股利，俟有盈餘而你發放股利時，有請求優先補發特別股股利者，稱為：
(A)部份累積特別股　(B)累積特別股　(C)補發特別股　(D)非累積特別股。

(　) **79** 如果你是風險中立者，面臨下面三個投資機會，你會選擇那一個（你只能選一個）？　(A)期望報酬＝10%，風險＝7%　(B)期望報酬＝25%，風險＝20%　(C)期望報酬＝15%，風險＝13%　(D)以上皆非。

（　）**80** 在短時間內出售大量的證券而不會受到重大的價格損失，這在說明證券之何種因素？　(A)風險性　(B)報酬性　(C)到期日　(D)市場性。

（　）**81** 有關選擇權之敘述，下列何者正確：　(A)賣權之買方預期未來行情看漲　(B)就買權而言，當履約價格大於標的物價格時，稱為價內買權　(C)當標的物價格波動性程度越來越低時，賣權價格越低　(D)歐式選擇權之買方可以在契約有效期間內隨時覆約。

（　）**82** 如果投資人的風險趨避程度變大，因此將使證券市場線（SML）：　(A)線上點的移動　(B)平行移動　(C)斜率改變　(D)無法判斷。

（　）**83** 買進買權（Long a call option）具有：　(A)依履約價格賣出標的物之義務　(B)依履約價格買進標的物之義務　(C)依履約價格賣出標的物之權利　(D)依履約價格買進標的物之權利。

（　）**84** 下列有關公司債的敘述，何者為正確？　(A)付息方式僅可採一年一次　(B)債權人不能要求公司設立償債基金或是流動比率的限制　(C)可到期償付本金，或是到期日前分期償付本金　(D)以上皆非。

（　）**85** 價差是指？　(A)遠期期貨價格–近期期貨價格　(B)現貨價格–期貨價格　(C)近期期貨價格–遠期期貨價格　(D)期貨價格–現貨價格。

（　）**86** 何種的操作策略是將風險性資產（即股票）與固定收益證券（即債券）的比率維持固定不變：　(A)固定比例投資組合保險策略　(B)固定比例投資策略　(C)時間不變性投資組合保險策略　(D)以上皆非。

（　）**87** 下列有關期貨契約的敘述，何者為真？
A.大多平倉，很少交割　B.每週結算　C.標準化契約
(A)A與B　(B)A與C　(C)B與C　(D)A、B與D。

（　）**88** A公司目前股價是50元，已知該公司淨值為25元，試求該公司目前市價淨值比倍數是多少倍？　(A)1　(B)2　(C)25　(D)50。

(　　) **89** 下列有關普通股的敘述，何者為真？　(A)剩餘資產分配順位優於債權人　(B)股票股利來自於盈餘轉增資與現金增資兩種　(C)目前上市公司的股票面額一率為10元　(D)以上皆是。

(　　) **90** 下列何種資產的投資風險最大？　(A)股票　(B)公債　(C)期貨　(D)國庫券。

(　　) **91** 在效率市場中，下列何者不是公開資訊：　(A)公司的管理素質　(B)即將購併某企業　(C)公司治理　(D)公司的月營業收入。

(　　) **92** 下列何者求償權順位最低？　(A)特別股　(B)普通股　(C)抵押債券　(D)附屬信用債券。

(　　) **93** 下列何者不是投資期貨信託基金的缺點？　(A)具有風險　(B)投資透明度低　(C)高度的槓桿使用　(D)較高的費用率。

(　　) **94** 廠商取得長期性資金的管道：　(A)辦理現金增資　(B)發行金融債券　(C)發行商業本票　(D)以上皆是。

(　　) **95** 下列何種基金在追求絕對報酬的前提下，同時提供保本的功能？　(A)組合型基金　(B)避險基金　(C)平衡型基金　(D)指數股票型基金。

(　　) **96** A股票報酬率期望值20%，標準差15%；B股票報酬率期望值30%，標準差25%。A、B兩股票報酬率相關係數為0.6。王先生分別買了60萬A股票與40萬B股票，則此投資組合期望報酬率為多少？　(A)15%　(B)20%　(C)24%　(D)30%。

(　　) **97** 財政部發行公債，其票面所載的利率即是：　(A)票面利率　(B)目前收益率　(C)實際收益率　(D)到期收益率。

(　　) **98** 一般債券的風險有：　(A)利率風險　(B)流動性風險　(C)信用風險　(D)以上皆是。

(　　) **99** 下列何種共同基金，在契約中通常訂有存續期間？　(A)避險型基金　(B)保本型基金　(C)組合型基金　(D)指數股票型基金。

(　　)**100** 當市場上有多種證券時：　(A)可行集合仍像兩資產的世界一樣容易勾勒出來　(B)可行集合跟市場上只有兩種證券時一樣，是條曲線　(C)效率前緣是指可行集合中最低變異數的投資組合（MV點）以下的左下邊緣　(D)正如兩資產的世界，效率前緣上投資組合，其預期投資報酬率會比任何其他相等風險的投資組合的報酬率來的高。

解答與解析

1 (B)。可轉換公司債之債權人於執行轉換權利後的公司股東人數增加，會稀釋了原先股東可享受的權益，這是公司發行**可轉換公司**債必須承擔的後果。故此題答案為(B)。

2 (D)。股票的評價若不根據**收益面**，而考慮公司**資產面**的價值有多少時，則市價淨值比模式也值得參考。
市價淨值比（P/B）是指**普通股每股市價**與**每股帳面價值**的比例。
故此題答案為(D)。

3 (B)。總報酬率$=\dfrac{資本利得+投資收益}{投資金額}\times100\%$

$\Rightarrow$總報酬率$=\dfrac{(42元-37元)+2元}{37元}\times100\%\Rightarrow$總報酬率$\fallingdotseq18.92\%$
故此題答案為(B)。

4 (B)。「**單位風險報酬率**」即用**報酬率**除以**標準差**，衡量投資人每承擔一單位的風險可得到多少的報酬之概念。
甲基金的單位風險報酬$=20\%\div10\%=2$
乙基金的單位風險報酬$=10\%\div4\%=2.5$
因此，甲基金的單位風險報酬率低於乙基金，也就是甲基金的表現優於乙基金。
故此題答案為(B)。

5 (B)。**零息債券**又稱**無息票債券**是指不支付票面利息，而以低於面值價格出售的債券。投資人購買此類債券主要在於獲得**資本利得**（或**資本增值**），也就是**到期時的面額**高於**購入金額**之部分（賣價超過買價之利潤），也就是賺取折現利息。
故此題答案為(B)。

6 (D)。投資共同基金時，過去的績效固然可做為參考，但過去的績效並不能保證未來的績效也是如此。
故此題答案為(D)。

7 (B)。**固定收益型證券**：政府公債、公司債等債券均屬此類。其收益（利息收入）是在購買時便已事先決定的。
故此題答案為(B)。

8 (B)。貨幣供給額減少⇒大眾所擁有的資金較少，則具有抑制物價上漲的效果。但將可能使利率上升，對股市不利。此外，資金減少將使股市「失血」，造成股價下跌。
故此題答案為(B)。

9 (C)。投資人要求的期望報酬有二個因素組成：
(1) **對金錢的時間價值之補償**：即為**無風險投資報酬率**。
(2) **風險溢酬**：由投資組合的**貝他係數**和**市場風險溢酬**來決定。
公式　證券的期望報酬率＝無風險投資報酬率＋貝他係數×(市場投資報酬率－無風險投資報酬率)
$$R_i = R_f + \beta \times [(R_m) - R_f]$$
市場風險就是系統風險，可以用貝他（β）係數來衡量。
故此題答案為(C)。

10 (B)。**抵押債券**（**Mortgage Bonds**）：發行抵押公司債時，公司必須提供穩定的固定資產作為發行擔保品。若公司違約而無法清償公司債的債款時，即可處分抵押的擔保品以清償債務。
故此題答案為(B)。

11 (C)。**資本資產定價模型**（**Capital Asset Pricing Model, CAPM**）的概念為：投資人對於投資需**等待**（現在投資將來才能回收）且還要**擔憂**（害怕有風險），故會期望有相對的報酬。
故此題答案為(C)。

12 (D)。(D) 票面利息（C）＝面額（F）×票面利率（r）
在其他條件不變下，票面利息（C）↓，則面額（F）也會↓。
故此題答案為(D)。

13 (C)。當中央銀行降低對銀行的法定存款準備時，**銀行**可靈活運用的資金增加，貨幣供給額將會增加，短期利率可能下降，對股市具有正面之影響。
故此題答案為(C)。

14 (B)。即使增加投資資產數目也分散不掉的風險，又稱**市場風險**（**Market Risk**）、**系統風險**（**Systematic Risk**）。此風險是影響整個投資市場，甚至是經濟體系之影響。

故此題答案為(B)。

15 (A)。**金融債券**是**專業金融機構**為籌措長期資金所發行的債券憑證，發行人須訂明其償還期限。

商業本票是指由**規模大、商譽佳的大公司**所發行的一種短期且沒有擔保的**負債證券**。

可轉讓定期存單是指**銀行籌集短期資金**且由**銀行**所發行的證券，在到期日前，持有人可將其出售或轉讓，而在到期日時，銀行會償還本金及利息。

銀行承兌匯票是由**公司**或**個人**所簽發，其以某一特定銀行為付款人，並同意在未來特定日期，支付特定金額。

故此題答案為(A)。

16 (A)。(A) **存託憑證**（**Depositary Receipts**）是指由外國發行公司或其有價證券持有人，委託存託銀行（Depositary Bank）發行表彰外國有價證券的可轉讓憑證，存託憑證持有人的權利義務與持有該發行公司普通股之投資者相同，所表彰的有價證券則由存託銀行委託國外當地保管銀行代為保管。

(B) **可轉債**具有債權及股權之性質，故交易商會將其帳上所持有之可轉債，拆解為**普通公司債**與**可轉債選擇權**，分別銷售給固定收益投資人與選擇權投資人。

(C)(D) 臺灣選擇權市場中，在臺灣證券交易所交易的**認購權證**為美式買權，**認售權證**則為美式賣權。

故此題答案為(A)。

17 (A)。**β值**是衡量**系統性風險**，而**α值**則是衡量**實際報酬率**與**預期報酬**之間的差額，也就是**超額報酬**。

α的意義如下：

情況	代表涵義
α顯著為正（>0）	該**投資組合的績效**表現比**經由風險調整後的大盤績效**表現為佳。⇒價值被低估
α顯著為負（<0）	該**投資組合的績效**表現比**經由風險調整後的大盤績效**表現為差。⇒價值被高估

情況	代表涵義
α不顯著為零 （＝0）	該**投資組合的績效**表現與**經由風險調整後的大盤績效**表現不相上下，亦符合CAPM市場均衡的狀況。

假設投資組合A和B的詹森指標α_A和α_B已被計出來而且都是統計上顯著的，則可以將此結果評比A和B的投資績效。若$\alpha_A > \alpha_B$，則代表A的績效勝過B；若$\alpha_A < \alpha_B$，則代表B的績效勝過A。
故此題答案為(A)。

18 (C)。期初年金現值（$PVAD_n$）＝普通年金現值（$PVOA_n$）×(1+r)
　　　　　　　　　　＝10,000元×(1+0.07)＝10,700元
故此題答案為(C)。

19 (B)。風險分散的道理可用「不要將雞蛋放在同一個籃子裡」，這句話形容。亦不要把所有的資金都投入在同一個投資標的上，應將資金分散投資，以免遇到投資損失，投資該標的的資金則瞬間化為烏有。
故此題答案為(B)。

20 (C)。夏普指標：投資人每承擔一單位的**標準差（總風險）**之下，可獲得的超額報酬率。
故此題答案為(C)。

21 (D)。**資本市場**是指利用一年以上之長期有價證券，以進行交易的金融市場。**資本市場證券**是指政府、金融機關、企業等為籌集長期資金而發行到期日在一年以上的有價證券，例如：**政府債券（Government Bond）**、**公司債（Corporate Bond）**、**金融債券（Bank debenture）**、**特別股（Preferred Stock）**以及**普通股（Common Stock）**等。
故此題答案為(D)。

22 (B)。**無風險資產**是指投資收益的變異或標準差為零的資產。目前只有由中央政府發行的、期限與投資者的投資期長度相匹配的或完全指數化的債券才可視作無風險資產。即無風險資產的標準差$\sigma_2 = 0$。
故此題答案為(B)。

23 (C)。**違約風險（Default Risk）**又稱**信用風險（Credit Risk）**是指債券發行者沒有能力償付利息與本金的風險。投資人可由信用評等機構，例如美國的穆迪（Moody's）公司、標準普爾（Standard & Poor's）公司或臺灣的中華信用評等公司給予的評等，了解欲投資的債券違約風險。
違約風險越高，投資人要求的預期報酬率也會跟著提高。

單以違約風險存在的差異而言，假設其他條件相同，政府公債的價格會
高於公司債的價格。亦公司債的殖利率（或預期報酬率）應高於政府公
債的殖利率。
故此題答案為(C)。

24 **(C)**。連動型債券＝固定收益證券（例如公債）＋衍生性金融商品（例如選擇權）
投資金額×$(1+7\%)^{10}$＝5,000×130%
⇒投資公債金額×1.9672＝6,500⇒投資公債金額＝3,304元
故此題答案為(C)。

25 **(D)**。普通股股東的權利有：(1)管理公司的權利，(2)投票權，(3)盈餘分配權，
(4)剩餘財產分配權，(5)優先認購權。
故此題答案為(D)。

26 **(D)**。**貝他係數**越高，則**證券的預期報酬率**也就越高。
故此題答案為(D)。

27 **(C)**。(C) 賣權的「賣方」有「買進」標的資產之義務
故此題答案為(C)。

28 **(C)**。投資組合的預期報酬率：
$$E(R_p)=\sum\nolimits_{i=1}^{N} W_i E(R_i)=\frac{60}{60+40}\times 0.2+\frac{40}{60+40}\times 0.3=24\%$$
故此題答案為(C)。

29 **(C)**。ETF是將指數證券化，提供投資人參與指數表現的基金，其淨值表現緊
貼指數的走勢，而且買賣ETF除了可以在證券市場交易之外，也可直接
向發行ETF的基金管理公司進行申購或要求買回，故兼具封閉式與開放
式指數基金的特色。
故此題答案為(C)。

30 **(D)**。影響股價變動的政治與總體經濟因素有：政局變化、財政貨幣的政策方
向、產業政策方向、利率水準之變動、匯率水準之變動、油價、物價及
景氣循環。
故此題答案為(D)。

31 **(B)**。組合型基金的產品特色：
(1) 以**共同基金**為投資標的
(2) 透過**主動式**的資產配置，以管理投資組合
故此題答案為(B)。

32 (C)。**最低標準差（風險）的投資組合**，亦投資組合是由這兩支股票所組成的所有投資組合中，標準差最低的投資組合。

市場投資組合的期望報酬比最低風險之投資組合的期望報酬還高。

故此題答案為(C)。

33 (B)。

單利（Simple Interest）
公式　第一期的利息＝原始本金×約定的利率 第二期的利息＝原始本金×約定的利率 第三期的利息＝原始本金×約定的利率
說明　由於利息不併入本金，故每一期的期初本金皆等於原始本金。若利率不變之情況，每期的利息皆相同。

複利（Compound Interest）
公式　第一期的利息＝原始本金×約定的利率 第二期的利息＝(原始本金＋第一期的利息)×約定的利率 第三期的利息＝(原始本金＋第二期的利息)×約定的利率
說明　當期的利息會轉入為下期的本金，即每期的本金會因為加入上期的利息而增加，此為「複利滾存」之概念。 大部分的金融產品之計息方式均以複利計算。

故此題答案為(B)。

34 (A)。期貨市場買進契約時，只需支付某固定比例的原始保證金，該項比例大多低於10%。因此，可利用較小的金額來進行投資，有「以小搏大」的功能，故槓桿程度也比股票大。

期貨市場對賣空的限制較為寬鬆，甚至沒有限制。

故此題答案為(A)。

35 (A)。弱式效率市場：可透過**基本分析**和**未公開消息（或稱私有資訊、內線消息）**賺取超額報酬。

故此題答案為(A)。

36 (B)。每期（每半年）的票面利息＝100,000元×(6%÷2)＝3,000元

故此題答案為(B)。

37 (C)。貨幣型基金屬於RR1等級，債券型基金屬於RR2和RR3等級，平衡型基金屬於RR3等級，股票型基金屬於RR4和RR5等級。

故此題答案為(C)。

38 (C)。P$_i$是報酬率為R$_i$的機率，預期報酬的計算公式如下：

預期報酬率＝E(R$_i$)＝P$_1$R$_1$＋P$_2$R$_2$＋⋯＋P$_N$R$_N$

$$= \sum_{i=1}^{N} P_i R_i = 0.2 \times 0.7 + (-0.08) \times 0.3 = 11.6\%$$

故此題答案為(C)。

39 (D)。**安全資產**是指在所有類型的市場週期之中，其本身不具有高損失風險的資產。常見的安全資產包括現金、儲蓄存款、國庫券、貨幣市場基金和美國國債共同基金。

故此題答案為(D)。

40 (B)。**套利者**具有充分資訊，可以隨時得知各地的期貨市場行情，並在**無風險**的狀況下，買進賣出期貨，進而賺取利潤。

故此題答案為(B)。

41 (A)。有**義務**於未來特定期間內，以約定的履約價格、數量，**賣出**標的資產（例如股票、指數）。

故此題答案為(A)。

42 (B)。利率水準上升時，股價會下跌，其原因有下列三點：

(1) 投資人要求的報酬率也會上升（使股票評價下降）；

(2) 投資人使用資金成本上升；

(3) 公司的資金成本上升。

若利率水準下跌時，股價會上升，其原因會與上述情形相反。

故此題答案為(B)。

43 (D)。若兩支股票所形成的可行集合是一直線，則兩支股票的相關係數為1，也就是當一支股票上漲，而另一支股票也會上漲。

故此題答案為(D)。

44 (C)。(1) 共同基金的組成及運作是建立在**經理與保管分開**的基礎上，基金經理公司只負責基金的管理與操作，下達投資的買賣指令，本身並沒有實際經手基金的財產；保管機構只負責保管並依基金經理司的指示處分基金的資產。

(2) 以國內的基金為例，基金屬於契約型，基金經理公司創設基金是契約中的**委託人**，在基金募集完成後，將基金的資產交由契約中的**受託人**（通常是銀行、信託公司等金融機構）保管，基金經理公司本身只負責基金操作。

故此題答案為(C)。

45 (A)。 假設投資人預期標的資產（例如單一指數、一籃子指數或一籃子股票）未來價格會**上漲**或認為**走勢樂觀**，若預測正確，則自然可增加投資收益；但又擔心情勢判斷錯誤而導致損失過大，若想鎖定「下方風險」，此時投資人可選擇購買「看多型」債券以滿足需求。
故此題答案為(A)。

46 (C)。 由於一次下注10,000元（變異數為$\overline{Var}$）與分10次下注1,000元（變異數為$\frac{1}{10,000}\overline{Var}$），所得到的期望報酬率完全相同，都是為了贏得賭金。
故此題答案為(C)。

47 (B)。 股價分析的方法大致分為下列二大類：
(1) 基本分析：股票的實際價值反映公司的營運與獲利能力的前景等基本面上。亦以公司的營運與獲利能力的前景來估計股價；
(2) 技術分析：未來股價可從過去的成交量、成交值、股價走勢中找到線索，從而預測短期股票價格的變化。此分析的重心在於預測股票價格的變化趨勢，而非未來的價格水準。
因此，選項(B)屬於技術分析。
故此題答案為(B)。

48 (C)。 即使增加投資資產數也分散不掉的風險，又稱**市場風險**（**Market Risk**）、**系統風險**（**Systematic Risk**）；可藉由增加投資資產數目而分散掉的風險，又稱**公司獨特風險**（**Unique Risk**）、**非系統風險**（**Unsystematic Risk**）。
因此，承擔系統風險應該得到**風險溢酬**。
故此題答案為(C)。

49 (B)。 **第二類商業本票**（簡稱**CP2**）：又稱**融資性商業本票**，其是因應季節性資金需求而產生，多由銀行或投資信託公司保證，目前我國貨幣市場上所交易的商業本票主要為此類。
故此題答案為(B)。

50 (C)。 **認股權證**是由公司發放的一種票券，表示在一定的期限內，可以用一定的價格（履約價格）**購買發行公司**所發行一定數量的新股之選擇權。
故此題答案為(C)。

51 (B)。 A公司的變異係數 $= \frac{標準差}{預期報酬率} \times 100\% = \frac{45\%}{15\%} \times 100\% = 300\%$

$$B公司的變異係數 = \frac{標準差}{預期報酬率} \times 100\% = \frac{30\%}{20\%} \times 100\% = 150\%$$

因此，B公司的變異係數較低。

故此題答案為(B)。

52 (C)。當期貨交易成交時，買賣雙方必須支付一筆保證金給經紀商，以作為履約保證，此項保證金稱為「**原始保證金**」（Initial Margins）。

故此題答案為(C)。

53 (A)。**投資報酬的不確定性**（Uncertainty）即稱為**風險**。

一般投資報酬率會以**變異數**（Variance）或**標準差**（**Standard Deviation**），以及**變異係數**（**Coefficient of Variation**）來衡量風險的大小。

故此題答案為(A)。

54 (B)。$R_i = R_f + \beta \times [(R_m) - R_f]$

$R_f = 4\%$時 $\Rightarrow 4\% + 1.5 \times$市場風險溢酬$= 14.5\%$

　　　　　$\Rightarrow$市場風險溢酬$= 7\%$

$R_f = 6\%$時，其他條件不變下

　　　　　$\Rightarrow 6\% + 1.5 \times 7\% = 16.5\%$

因此，期望投資報酬率會上升2%。

故此題答案為(B)。

55 (D)。**平衡型基金**同時投資於股票、債券及其他固定收益證券達基金淨資產價值的70%以上，其中投資於股票金額占基金淨資產價值的70%以下而且不得低於30%。風險應較股票基金為低，報酬應較股票基金平穩。

故此題答案為(D)。

56 (A)。在債券評價公式中的**折現率**（y）又稱**到期殖利率**（**Yield to Maturity, YTM**），簡稱**殖利率**，其定義為投資人購買債券後，一直到持有至到期日為止（即中途不賣出），預期所能獲得的年報酬率。

故此題答案為(A)。

57 (B)。**開放型基金**是指投資人直接向基金公司或其代理機構購買及賣出基金，以基金淨值作為買入賣出價格。開放型基金的規模會隨著投資人的買入賣出而增減。

受益憑證之發行量可能因投資者的申購及贖回而變動。

故此題答案為(B)。

58 (C)。「景氣對策信號」分為五種燈號,各代表的意義如下:

燈號(由盛至衰)	意義
紅燈	經濟景氣過熱
黃紅燈	經濟景氣尚穩,但有過熱或趨穩的可能
綠燈	經濟景氣十分穩定
黃綠燈	經濟景氣尚穩,但有衰退或趨穩的可能
藍燈	經濟景氣已衰退

故此題答案為(C)。

59 (B)。基金分配的收益來自於「利息收入」、「股利收入」及「資本利得」,這三種獲利。在未分配之前屬於基金資產的一部份,收益分配越多、資產就減損越多,而收益分配就會隨之降低,則買賣之間可賺取的差價也越少。而且,在配息當日,投資人事實上並未真正「增加」獲利。成長型基金提供投資人的資金於長期可以不斷成長之機會,所以一年最多分配一次收益。
故此題答案為(B)。

60 (C)。連動型債券=固定收益證券(例如公債)+衍生性金融商品(例如選擇權)當股價指數上漲,其收益率亦「隨之增加」,則債券中之選擇權部分應**「買進買權」**。
故此題答案為(C)。

61 (B)。零成長即是企業每年都發放固定股利給股東,亦目前的股利(D_0)代表未來各期股利金額($D_1=D_2=\cdots=D_0$)。這是假定證券發行公司的股利大致穩定,則此種普通股可稱為零成長股。計算公式如下:

$$P_0 = \frac{D_0}{r} = \frac{1.2元}{5\%} = 24元$$

故此題答案為(B)。

62 (B)。把代表無風險投資的R_f與代表市場投資組合的點,用直線相連,此直線稱為**證券市場線(Security Market Line, SML)**。**在均衡市場中,所有的證券都應落在SML上。**
故此題答案為(B)。

63 (C)。

風險收益等級（低至高）	投資風險	主要基金類型
RR1	低	▲ 貨幣型基金
RR2	中	▲ 已開發國家政府公債債券型 　基金 ▲ 投資級（標準普爾評等BBB 　級，穆迪評等Baa級以上）之已 　開發國家公司債券基金
RR3	中高	▲ 平衡型基金 ▲ 非投資級（標準普爾評等BBB 　級，穆迪評等Baa級以下）之已 　開發國家公司債券基金 ▲ 新興市場債券基金
RR4	高	▲ 全球型股票基金 ▲ 已開發國家單一股票基金 ▲ 已開發國家之區域型股票基金
RR5	很高	▲ 一般單一國家基金 ▲ 新興市場基金 ▲ 產業類股型基金 ▲ 店頭市場基金

故此題答案為(C)。

64 (A)。**違約風險**（**Default Risk**）又稱**信用風險**（**Credit Risk**）是指債券發行者沒有能力償付利息與本金的風險。
故此題答案為(A)。

65 (C)。窄基指數：代表**某特定產業的股價**變動，例如石油業指數、電腦業指數。
故此題答案為(C)。

66 (A)。垃圾債券（Junk Bond）的信用評等的等級較低，則投資風險較高。相對地，垃圾債券（Junk Bond）的收益率較高。
故此題答案為(A)。

67 (C)。封閉型基金只募集時一次出售固定的持分，之後投資人不能將持分賣回給基金公司，而是在**證券交易所**進行持分的買賣，故基金總持分不會有任何的增減。
故此題答案為(C)。

68 (C)。票面利率、殖利率與債券價格之間的關係，如下：

　情況一 折價債券　市場利率（殖利率）＞票面利率，則債券價格＜面額

　情況二 平價債券　市場利率（殖利率）＝票面利率，則債券價格＝面額

　情況三 溢價債券　市場利率（殖利率）＜票面利率，則債券價格＞面額

因此，折價發行是票面利率＜市場利率。

故此題答案為(C)。

69 (A)。避險基金除了收取一般共同基金的**經理費**外，也會收取**績效費用**。實際上，**績效費用**是定義避險基金的特徵之一。

故此題答案為(A)。

70 (D)。將市場上所有證券的投資組合或稱**市場投資組合**（**Market Portfolio**）的貝他係數定義為1，則可能有下列三種情形：

貝他係數（β）	說明
$\beta > 1$	投資報酬率的變動會與市場投資組合報酬率的變動**同向**，但幅度更大。
$0 < \beta < 1$	投資報酬率的變動還是會與市場投資組合報酬率的變動**同向**，但幅度較小。
$\beta < 0$	此資產的投資報酬率之變動與市場**反向**。

故此題答案為(D)。

71 (C)。**信用債券**（**Debenture**）：當公司發行債券時，其並沒有提供任何擔保品做為抵押。此種債券完全依賴公司的信用作保證，故只有信譽良好的大公司才可以發行。

故此題答案為(C)。

72 (C)。零息債券提供給投資人的報酬屬於**資本利得**（亦**面額**減掉**售價**的價差）。

⇒投資人沒有再投資風險。

故此題答案為(C)。

73 (B)。$C_t = \max(S_t - K, 0) +$ 時間價值

　　⇒$13 = \max(42 - 35, 0) +$ 時間價值

　　⇒$13 = \max(7, 0) +$ 時間價值

　　⇒時間價值＝6元

故此題答案為(B)。

74 (C)。股利折現模式適用於配發**現金股利**的股票,不適用於配發**股票股利**的股票。
　　因此,只要涉及股票股利就不能使用「股利折現評價模式」。
　　故此題答案為(C)。

75 (B)。無論是對買權或是賣權而言,標的物價格的波動性越大,表示選擇獲利
　　的可能性越大,故也越有利。
　　標的資產價格或股價的波動性(σ)與買權呈正相關、**與賣權**呈正相關。
　　故此題答案為(B)。

76 (A)。**貨幣市場證券**是指政府、金融機關、企業等為籌集短期資金而發行到期
　　日在一年以內的有價證券,例如:**國庫券(Treasury Bill, TB)**、**銀行
　　承兌匯票(Banker's Acceptance, BA)**、**可轉讓定期存單(Certificate
　　of Deposits, CD)**、**商業本票(Commercial Paper, CP)**、**附條件交易
　　(Repo Trade)** 等。
　　資本市場證券是指政府、金融機關、企業等為籌集長期資金而發行到期
　　日在一年以上的有價證券,例如:**政府債券(Government Bond)**、
　　公司債(Corporate Bond)、**金融債券(Bank debenture)**、**特別股
　　(Preferred Stock)** 以及**普通股(Common Stock)** 等。由於此證券的
　　發行時間比較長,故風險會比貨幣市場證券高。
　　故此題答案為(A)。

77 (D)。若物價水準持續上升,即稱為通貨膨脹。通貨膨脹期間,房地產會有很
　　大的增值空間,故**資產股**的股價通常會上漲。而一般企業的股價是否受
　　到影響,則須看物價水準上升的程度而定。
　　故此題答案為(D)。

78 (B)。**累積特別股**是指公司分配股利以累積方法計算,不論公司是否獲利均需
　　發放給特別股股東。若今年公司營運不佳,無法發放股利給特別股股
　　東,則可累積於下一次發放日或營運較好時,進行補發。
　　故此題答案為(B)。

79 (B)。**風險中立者**:在做決策時,無論風險如何,全憑投資報酬率的高低判斷。
　　選項(B)的報酬率最高,故風險中立者會選擇此投資。
　　故此題答案為(B)。

80 (D)。**市場性**是指能於短時間內,在於次級交易市場賣出相當數量的證券,而
　　不需做出重大的價格讓步。「相當數量」是指適量交易,因為沒有任何
　　一個市場可以無限吸收證券而不會影響證券價格。
　　故此題答案為(D)。

81 (C)。(A) 買權之買方預期未來行情看漲。

(B) 對**買權**而言，當股價大於履約價格（S＞K）時，稱此買權為**價內買權**。

(C) 無論是對買權或是賣權而言，標的物價格的波動性越大，表示選擇獲利的可能性越大，故也越有利。

⇒ **標的資產價格或股價的波動性（σ）與買權呈正相關、與賣權呈正相關。**

(D) **歐式選擇權**：買方只能在權利期間的最後一日，即合約上所載明的到期日當天，才能向選擇權的賣方要求履約。

故此題答案為(C)。

82 (C)。**證券市場**的斜率也反映投資人對風險的規避程度。**SML的斜率越陡，代表投資人的風險趨避程度越大。**

故此題答案為(C)。

83 (D)。有**權利**於未來特定期間內，以約定的履約價格、數量，**買進**標的資產（例如股票、指數）。

故此題答案為(D)。

84 (C)。(A) 付息方式可採一年一次、半年一次或一季一次等。

(B) 公司債的債權人會要求公司設立償債基金或是流動比率的限制，以保障債權人的權益，為保障債權人權益的條款。

故此題答案為(C)。

85 (C)。**價差**是指近期的期貨價格與遠期期貨價格的差額，即「**價差＝近期期貨價格－遠期期貨價格**」。

故此題答案為(C)。

86 (B)。(A) **固定比例投資組合保險策略（CPPI）**是讓投資人依據自己對報酬的偏好程度與風險承擔能力來設定參數，並且藉由簡單的公式以動態調整風險性資產與固定收益證券的部份，使投資組合資產價值始終維持在一定水準之上（稱為風險下限），進而達到投資組合保險的目的。

(B) **固定比例投資策略（CM）**是將**風險性資產（即股票）**與**固定收益證券（即債券）**的比率維持固定不變。

(C) **時間不變性投資組合保險策略（TIPP）**基本觀念大致與CPPI策略相同，但有一差異的是「風險下限的設定與調整」。在CPPI策略中，風險下是固定值，但在TIPP策略是根據**固定風險下限比率（Floor percentage）**，在某一時點設定為風險下限。亦如果投資組合價值上

升時，風險下限將隨之提高；反之，投資組合價值下降時，風險下
限仍保持不變（不調整）。
故此題答案為(B)。

87 **(B)**。期貨契約會每日結算。
故此題答案為(B)。

88 **(B)**。**市價淨值比**（**P/B**）是指**普通股每股市價**與**每股帳面價值**的比例。其公
式如下：
$$P/B = \frac{每股股價}{每股淨值} = \frac{50元}{25元} = 2$$
故此題答案為(B)。

89 **(C)**。(A) 特別股可享有較普通股**優先分配股利**的權利。此外，當公司破產清
算時，公司對剩餘資產之分配權利也優於普通股，但分配順位仍在
公司債券持有人之後。
(B) 股票股利的來源有**盈餘轉增資**（盈餘分配）及**資本公積轉增資**（公
積分配）。
(C) 我國在民國70年已全面要求國內上市公司的股票一律以**面額10元**計
算。
故此題答案為(C)。

90 **(C)**。(1) **基礎商品**（**Underlying Assets**）：例如定期存單、儲蓄存款、股票、
債券等有價證券。
(2) **衍生性商品**（**Derivatives**）：例如期貨、選擇權、遠期合約、交換
等。衍生性金融商品不論在內容創新或市場發展上，都有顯著的表
現，風險也相對較高。
故此題答案為(C)。

91 **(B)**。未公開消息（或稱私有資訊、內線消息），例如：公司內部人員或董事
才可能知道的訊息（像是公司併購之資訊）。
公開資訊，例如：公司的財務報表、月營業收入、管理素質及公司治理
等。
故此題答案為(B)。

92 **(B)**。**特別股**可享有較普通股優先分配股利的權利。當公司破產清算時，公司
對剩餘資產之分配權利也優於普通股，但分配順位仍在公司債券持有人
之後。

抵押債券（Mortgage Bonds）：發行抵押公司債時，公司必須提供穩定的固定資產作為發行擔保品。若公司違約而無法清償公司債的債款時，即可處分抵押的擔保品以清償債務。

附屬信用債券：又稱**次順位信用債券**（Subordinated Debenture），此債券之求償權次於所有優先債券或其他債務。當公司停止營運時，必須等到其他債務清償完畢，才能清償**附屬信用債券**的債務。其清償順位雖然優於特別股股東和普通股股東，但與其他債券相較之下，**附屬信用債券**的求償順位較低，風險較高，故報酬也較高。

因此，求償權順位高至低的順序為抵押債券→附屬信用債券→特別股→普通股。

故此題答案為(B)。

93 (B)。投資期貨信託基金的缺點：

(1) 較高的**費用率**可能抵銷它的報酬。

(2) 高度的**槓桿使用**也提升損失的可能性。

期貨信託基金從事之期貨交易具**低保證金**之財務槓桿特性，在可能產生極大利潤的同時，也可能極大利潤的損失，導致基金受益的單位淨資產價值大幅增減。

故此題答案為(B)。

94 (A)。現金增資：發行新股票以增加公司股本與營運所需要的現金，股票屬於資本市場證券（長期性資金）。

金融債券：**專業金融機構**為籌措長期資金所發行的債券憑證。

商業本票：是指由**規模大、商譽佳的大公司**所發行的一種短期且沒有擔保的負債證券。

故此題答案為(A)。

95 (B)。一般的共同基金（重視「**相對**」的指數報酬）是以審慎選股做為操作策略，但遇到大盤不佳時，因不能做空，故少賠就算是贏。避險基金著重的是「**絕對**」報酬，故無論是多頭或是空頭行情時，避險基金都有機會透過多、空操作，以賺取報酬，但也可能會增加損失的風險。雖然不同的避險基金運用不同的投資策略，一般投資者認為避障基金最大的特點在於可從事多、空操作。

故此題答案為(B)。

96 (C)。投資組合的預期報酬率：

$$E(R_p) = \sum_{i=1}^{N} W_i E(R_i) = \frac{60}{60+40} \times 0.2 + \frac{40}{60+40} \times 0.3 = 24\%$$

故此題答案為(C)。

97 (A)。票面利率是計算每期支付利息之標準。
故此題答案為(A)。

98 (D)。對於債券的投資人而言，(1)**利率風險（利率變動）**、(2)**再投資報酬率**的不確定及(3)**違約風險（債務人違約）**，上以皆為債券投資的主要風險。
故此題答案為(D)。

99 (B)。**保本型基金**的產品特色：
(1) 保證契約到期時，投資人能取回本金的一定比率。
(2) 通常契約訂有存續期間。
故此題答案為(B)。

100 (D)。(A) 當投資組合包含不只兩種資產時，所有可能的投資組合會形成一個區域，此區域稱為**可行集合**。
(B) 把**無風險的投資**與**某種有風險性的資產**組合在一起，其可行集合會是**一個線段**。
(C) 在**最低標準差的投資組合**以上的曲線稱為**效率集合（Efficient Set）**或稱**效率前緣（Efficient Frontier）**。
故此題答案為(D)。

第4回　**模擬考**

(　) **1** 下列何者會使認股權證的價格下跌？
A.履約價格下跌　B.無風險利率下跌　C.標的物現行市價下跌
(A)A與B　(B)A與C　(C)B與C　(D)以上皆非。

(　) **2** 有一股利零成長的股票，剛發行3元股利，要求報酬率為0.10，下一
年的股利為多少元？　(A)2.5元　(B)3元　(C)3.5元　(D)5元。

(　) **3** 公司的普通股股息政策常受到什麼因素而有所不同？　(A)稅法規定
的變動　(B)企業目前的收益　(C)預期未來的收益　(D)以上皆是。

(　) **4** 在其他條件不變下，當債券殖利率上升時，債券價格會：
(A)下跌　(B)上漲　(C)不變　(D)不一定。

(　) **5** 某銀行推出一檔7年到期之連動型債券契約，契約結束時保本率
為90%。假設目前7年期零息公債殖利率為5%，投資本金為5,000
元，請問該連動型債券需要投資多少金額於選擇權？　(A)1,000元
(B)1,437元　(C)1,407元　(D)1,802元。

(　) **6** 當景氣對策信號由黃紅燈轉成紅燈時，政府會採取何種政策：
(A)戒急用忍政策　(B)緊縮性政策　(C)擴張性政策　(D)不採取任
何措施。

(　) **7** A君以5%的殖利率買進一張三年期，面額10,000元的零息債券，
請問該投資的金額為何？　(A)8,638元　(B)8,538元　(C)8,843元
(D)8,751元。

(　) **8** 下列何者是屬於歐式選擇權？　(A)我國股票選擇權　(B)在臺灣證
券交易所交易的認售權證　(C)在臺灣證券交易所交易的認購權證
(D)以上皆是。

(　) **9** A.定期存單　B.債券　C.證券　D.黃金，以上何者屬於金融資產？
(A)A　(B)僅A與B　(C)A、B與C　(D)B、C與D。

（　　）**10** 公債若有折價，其折價必會在到期日時：　(A)變成溢價　(B)擴大　(C)消失　(D)視市場情況而可能擴大或縮小。

（　　）**11** 影響選擇權價格之因素中，當標的物價格越高時，對買權價格的影響為何：　(A)越低　(B)越高　(C)沒有影響　(D)不確定是否有影響。

（　　）**12** 由於物價水準發生變動，所導致報酬發生變動的風險，稱之為：(A)購買力風險　(B)到期風險　(C)利率風險　(D)違約風險。

（　　）**13** 有關價外選擇權（out-the-money option）的敘述，下列何者正確：(A)對買權而言，當標的物價格等於履約價格時，稱為價外買權(B)對買權而言，當標的物價格大於履約價格時，稱為價外買權(C)對買權而言，當標的物價格小於履約價格時，稱為價外買權(D)以上皆非。

（　　）**14** 股利折現評價模式的實用性受到限制是因為哪些原因？　(A)股利水準很難預測　(B)股利成長率很難預測　(C)配發股票股利時無法適用　(D)以上皆是。

（　　）**15** 假設以A公司為資產標的物之買權，其履約價格為60元，該買權權利金目前報價為10元，同時A公司目前股價為63元，請問該買權之內含價值為多少元？　(A)0元　(B)3元　(C)5元　(D)7元。

（　　）**16** 何種證券沒有再投資風險 (A)零息債券　(B)抵押債券　(C)信用債券(D)分期還本債券。

（　　）**17** 有關「看空型」保本型債券特性，下列敘述何者正確：　(A)選擇權部位方面，投資人是買方　(B)可鎖定下方風險　(C)可拆解為零息債券與賣出選擇權之組合　(D)投資時機為預期標的資產未來價格會上漲或認為走勢樂觀。

（　　）**18** 中央銀行可以透過下列哪些方法導引利率走勢？　A.公開市場操作B.調整重貼現率　C.調整法定存款準備率　(A)僅A、B正確　(B)僅B、C正確　(C)僅A、C正確　(D)A、B、C均正確。

( ) **19** 十年期債券，面額5,000元，票面利率7%，每年付息一次，則每次付息多少元？ (A)175元 (B)300元 (C)350元 (D)400元。

( ) **20** 投資標的如何進行比較？ (A)投資標的報酬相同時，即風險越大越好 (B)投資標的報酬相同時，即風險越小越好 (C)投資標的報酬不相同時，即使用變異係數之平方根 (D)投資標的報酬不相同時，即無法比較。

( ) **21** 歐洲美元期貨是一種？ (A)金屬期貨 (B)外匯期貨 (C)利率期貨 (D)指數期貨。

( ) **22** 一般而言，當新臺幣升值時，外銷為主的產業股價會：
(A)上漲 (B)下跌 (C)先跌後漲 (D)不一定上漲或下跌。

( ) **23** 當其他條件不變下，選擇權的到期日縮短時，下列敘述何者正確：
(A)買權價格上漲，賣權價格下跌 (B)買權和賣權的價格都會下跌
(C)買權價格下跌，賣權價格上漲 (D)買權和賣權的價格都會上漲。

( ) **24** 通常年齡越大，尤其是已屆退休年齡，作投資規劃時，應考慮下列何種投資規劃？ (A)高風險、低報酬，固定收益為主 (B)高風險、高報酬，資本利得為優先考量 (C)低風險、低報酬，固定收益為考量 (D)低風險、高報酬，資本利得為優先考量。

( ) **25** 資本利得是指： (A)現金股利 (B)實際股利 (C)賣價超過買價之利潤 (D)股票股利。

( ) **26** 國人投資歐洲債券（Eurobonds）會有何種風險？
A.利率風險 B.違約風險 C.匯兌風險 D.通貨膨脹風險
(A)僅有A、B、C (B)僅有A、C、D (C)僅有B、C、D (D)四者皆有。

( ) **27** 根據資本資產定價模型（CAPM）的公式，證券的貝他係數等於：
(A)證券的期望報酬率除以市場投資組合的期望報酬 (B)證券的期望報酬率除以無風險利率 (C)證券的風險溢酬除以市場投資組合的風險溢酬 (D)證券的期望報酬除以市場投資組合的風險溢酬。

(　　) **28** 在逆價市場中：　(A)近期期貨價格低於遠期期貨價格　(B)現貨價格高於期貨價格　(C)以上皆是　(D)以上皆非。

(　　) **29** 下列何者不適用來決定債券的評等？　(A)流動比率　(B)負債比率　(C)股東人數　(D)利息保障倍數。

(　　) **30** 下列有關公司債的敘述，何者為真？　(A)付息方式僅可採一年一次　(B)只有在到期日才會償付本金　(C)債權人會要求公司設立償債基金或是流動比率的限制　(D)以上皆非。

(　　) **31** 投資公司債應考慮那些因素？　(A)利率走勢　(B)發行期限　(C)信用評等　(D)以上皆是。

(　　) **32** 選擇權之買方僅能於契約到期日當日履約，稱為下列何者：　(A)美式選擇權　(B)英式選擇權　(C)歐式選擇權　(D)亞洲選擇權。

(　　) **33** 在其他條件不變下，擔保公司債的殖利率應較無擔保公司債為：　(A)高　(B)低　(C)相同　(D)不一定。

(　　) **34** 下列有關期貨契約與遠期契約的比較，何者為真？　A.遠期契約每日結算　B.期貨契約的流通性較高　C.遠期契約的信用風險較大　(A)A與B　(B)A與C　(C)B與C　(D)A、B與C。

(　　) **35** 連動型債券具有保本特性，請問它是利用何種投資工具以達保本目的？　(A)平衡型基金　(B)固定收益證券　(C)期貨　(D)選擇權。

(　　) **36** 已知A、B兩公司的企業體質類似，若B公司股票預估本益比是25，而A、B兩股每股盈餘分別是2元與5元，則A公司股票的預估股價是？　(A)10元　(B)50元　(C)15元　(D)20元。

(　　) **37** 期貨契約出現的最原始目的為何？　(A)投機　(B)避險　(C)提高資源效率　(D)預估未來價格。

(　　) **38** 以下何者為非？　(A)資訊比例關心投資組合的系統風險　(B)夏普指標關心投資人面臨的總風險　(C)崔諾指標關心投資人的貝他（β）風險　(D)詹森指標反映基金經理人的選股能力。

(　) **39** 根據S&P公司的評等，下列那一等級的債券風險最高？
(A)B　(B)BB　(C)AA　(D)AAA。

(　) **40** 下列有關選擇權的敘述，何者為真？
A.賣方需支付保證金　B.不管購買買權或賣權，均需支付賣方一定
額度的權利金　C.不論交易成立與否，此權利金均不退還
(A)僅A與B　(B)僅B與C　(C)僅A與C　(D)A、B與C。

(　) **41** A公司今年的EPS為2.5元，預測明年的EPS可到3.8元，若該產業的
合理本益比為12倍，請問其明年的預期股價應為何？　(A)32.5元
(B)45.6元　(C)75.5元　(D)82.5元。

(　) **42** 何種證券對公司而言破產風險最高？　(A)收益債券　(B)定期付息
債券　(C)普通股　(D)特別股。

(　) **43** 假設目前五年期利率為4%，而五年期零息債券的YTM為7%，若A
君投資該零息債券並持有到期，請問他實際可獲得多少年報酬率？
(A)3%　(B)4%　(C)7%　(D)11%。

(　) **44** 那一種投資方式槓桿程度最高？　(A)買進股票　(B)買進指數期貨
(C)融資買進股票　(D)以上皆是。

(　) **45** 下列有關可贖回債券的敘述，何者為真？　(A)債權人握有買回權
(B)買回時機通常在市場利率高於票面利率時　(C)買回後會稀釋原
股東可享的權益　(D)買回價格通常高於債券面額。

(　) **46** 兩年期，面額為5,000元的零息公債，市價為4,621元，求其報酬
率（殖利率）為多少？（假設每年計息一次）　(A)3%　(B)4%
(C)5%　(D)6%。

(　) **47** 下列何者為金融期貨的標的？　(A)匯率　(B)利率　(C)股價指數
(D)以上皆是。

(　) **48** 下列哪一因素最可能使股價上升：　(A)油價下降　(B)投資人要求
之報酬率上升　(C)公司的資金成本上升　(D)央行調高存款準備
率。

(　　) **49** 下列何者為資本市場的證券？　(A)公司債　(B)商業本票　(C)銀行承兌匯票　(D)附條件交易。

(　　) **50** 所謂本益比是指：　(A)每股股價除以每股現金股利　(B)每股股價除以每股營業收入　(C)每股股價除以每股盈餘　(D)每股股價除以每股股利。

(　　) **51** 現貨與期貨價格之差稱為：　(A)率差　(B)利差　(C)基差　(D)匯差。

(　　) **52** 「景氣對策信號」多久編製乙次？　(A)每年　(B)每半年　(C)每季　(D)每月。

(　　) **53** 資本資產定價模式型（CAPM）中，證券的風險溢酬取決於：(A)市場投資組合的風險溢酬　(B)無風險利率與證券的貝他係數(C)市場投資組合的報酬率　(D)市場投資組合的風險溢酬與證券的貝他係數。

(　　) **54** 某壽險公司以6.73%買了面額一億元的十年期公債，該期公債之票面利率為5.62%，請問該公司買了何種債券？　(A)平價債券(B)溢價債券　(C)折價債券　(D)零息債券。

(　　) **55** 投資組合分散風險，指的是分散：　(A)外匯風險　(B)公司獨特的風險　(C)利率風險　(D)以上皆非。

(　　) **56** 普通股股數是由普通股股本除以？　(A)每股市價　(B)每股清算價(C)面額　(D)每股帳面價值。

(　　) **57** 下列何者非中央銀行增加貨幣供給的工具？　(A)買進債券(B)調降重貼現率　(C)買入新臺幣、賣出美元　(D)降低法定存款準備率。

(　　) **58** 下列那一項對投資人來說屬於不可分散的風險？　(A)公司火災(B)公司經營團隊的效率　(C)公司外銷所得美元的匯率　(D)公司新產品研發的成功與否。

（　）**59** 下列關於共同基金的敘述，何者錯誤？　(A)股票型基金係指以股票為投資標的　(B)保本型基金係指保證契約到期時，投資人能取回本金的一定比率　(C)平衡型基金是以共同基金為投資標的　(D)債券型基金係指以債券及短期貨幣等投資工具為投資標的。

（　）**60** 投資人計劃購買A公司股票，預期每年現金股利是2元，假設該投資人認為該股票應值40元，請問他所要求的報酬率為何？(A)5%　(B)6%　(C)8%　(D)10%。

（　）**61** 下列何者證券通常無到期日？　A.特別股　B.普通股　C.公司債(A)A與B　(B)A與C　(C)B與C　(D)以上皆非。

（　）**62** 由A和B兩股票構成的投資組合，其中A占35%，B占65%。A股票報酬率的變異數為0.4，B股票報酬率的變異數為0.7，假設A和B股票的共變數為0.2，則此投資組合報酬率之變異數為？　(A)0.283(B)0.357　(C)0.436　(D)0.541。

（　）**63** Moody's公司債信評評等的等級在Baa以下者，稱為何種債券？(A)國庫券　(B)收益債券　(C)垃圾債券　(D)信用債券。

（　）**64** 「認股權證」契約中讓權證持有人購買股票的特定價格稱為：(A)轉換價格　(B)市場價格　(C)履約價格　(D)權利金。

（　）**65** 有一股利固定成長的股票，剛發行2.5元股利，股利年成長率為0.06。下一年的股利為多少？　(A)2.5元　(B)2.65元　(C)2.85元(D)3元。

（　）**66** 關於共同基金與避險基金的比較，下列敘述何者錯誤？　(A)避險基金通常只可做多　(B)共同基金的變現性較佳　(C)避險基金利用衍生性金融商品、財務槓桿等方式，進行投資　(D)共同基金的的經理人只收取管理費，不依獲利情形收取績效獎金。

（　）**67** 若A公司每股淨值為20元，目前每股市價為35元。若B公司歷年來的市價淨值比約為1.8倍，目前A公司及B公司的市價淨值比也接近此倍數。請問A公司合理的股價應有多少？　(A)25元　(B)30元(C)36元　(D)42元。

(　　) **68** 下列資產風險性由小到大排列為：　A.公司債　B.普通股　C.特別股。　(A)A<B<C　(B)A<C<B　(C)C<A<B　(D)以上皆非。

(　　) **69** 中華民國政府所發行的中央公債屬：　(A)抵押債券　(B)信用債券　(C)公司債券　(D)擔保債券。

(　　) **70** 下列有關附屬信用債券的敘述，何者為真？　A.清償順位次於特別股股東　B.求償權次於所有優先債券　C.清償順位優於普通股股東　(A)A與B　(B)A與C　(C)B與C　(D)以上皆非。

(　　) **71** 所謂本利比是指：　(A)每股股價除以每股淨值　(B)每股股價除以每股營業收入　(C)每股股價除以每股股利　(D)每股股價除以每股盈餘。

(　　) **72** 下列何種基金其受益憑證的價格是由市場的供需狀況決定？　(A)債券基金　(B)開放式基金　(C)封閉式基金　(D)開放型股票基金。

(　　) **73** 關於公司債的違約風險，無法由何種機構得知？　(A)中華票券金融公司　(B)標準普爾公司　(C)穆迪公司　(D)中華信用評等公司。

(　　) **74** 投資人應注意基金風險收益等級僅供參考，投資共同基金應考慮下列何種因素：　(A)個人風險承擔能力　(B)個人資金可運用期間之長短　(C)國際金融情勢　(D)以上皆是。

(　　) **75** 影響債券評等等級的風險最主要是哪一種風險？　(A)再投資風險　(B)利率風險　(C)違約風險　(D)購買力風險。

(　　) **76** 資本產定價模型（CAPM）中，對金錢的時間價值的補償等於：　(A)市場投資組合的報酬率　(B)證券本身的報酬率　(C)證券的風險溢酬　(D)無風險利率。

(　　) **77** 目前債券型基金所投資的標的包括哪些？　(A)外匯　(B)期貨　(C)定存　(D)以上皆非。

(　　) **78** 投資者進行公債買斷交易，將具有：　(A)營運風險　(B)匯率風險　(C)財務風險　(D)利率風險。

（　）**79** 下列有關一般公債的敘述，何者為真？　(A)愛國公債為一般公債　(B)已很久未發行　(C)以上皆是　(D)以上皆非。

（　）**80** 投資債券時，決定每期發行人應支付多少利息的重要數字為：　(A)債券價格與殖利率　(B)債券價格與票面利率　(C)面額與票面利率　(D)面額與殖利率。

（　）**81** 期貨選擇權的標的物是　(A)股票　(B)外匯　(D)選擇權　(D)期貨。

（　）**82** 根據資本資產定價模型（CAPM），如果甲公司的貝他值大於1，則該公司的期望報酬率：　(A)小於市場報酬率　(B)大於市場報酬率　(C)等於市場報酬率　(D)無法判斷。

（　）**83** 贖回共同基金持分時，投資人須支付？
A.基金管理費　B.贖回費用　C.保管費
(A)A　(B)B　(C)C　(D)以上皆非。

（　）**84** 以美國的股市來看，多證券投資組合的風險比起單證券投資組合的風險，平均來說：　(A)要高的多　(B)要低的多　(C)差不多　(D)很難講。

（　）**85** 下列有關金融債券的敘述，何者為真？　A.不必提存法定準備金　B.資金成本較低　C.利率受央行最高利率的限制。
(A)A與B　(B)A與C　(C)B與C　(D)以上皆非。

（　）**86** 假設A股票的報酬率為35%，報酬標準差45%，無風險債券的報酬率為7%。假設投資於A股票及無風險債券的權數各為40%、60%，求此投資組合的期望報酬率的標準差：　(A)10%　(B)18%　(C)20%　(D)28%。

（　）**87** 「景氣對策信號」是由那一單位編製的？　(A)主計處　(B)國發會　(C)財政部　(D)經濟部。

（　）**88** 發行公司債籌措資金，對公司的好處是：　(A)控制權不外流　(B)資金取得成本低　(C)不需要信用評等　(D)以上皆是。

（　）**89** 下列何指標是分析景氣循環之主要依據？　(A)消費者物價指數 (B)經濟成長率　(C)工業生產值　(D)海關出口值。

（　）**90** 資本資產定價模式認為下列哪一項不是證券預期投資報酬率的決定 因素？　(A)證券投資報酬率的標準差　(B)市場期望投資報酬率 （R_m）　(C)無風險投資報酬率（R_f）　(D)證券的貝他係數（β）。

（　）**91** 下列何者為銀行籌措資金的方式？　(A)發行商業本票　(B)發行國 庫券　(C)發行金融債券　(D)以上皆非。

（　）**92** 有關資本資產定價理論，下列敘述何者錯誤？　(A)系統性風險可以 β值來衡量　(B)效率前緣為雙曲線之一支　(C)只有承擔系統性風 險可獲得風險溢酬　(D)所有人均只會持有無風險性資產與市場投 資組合兩種。

（　）**93** 下列哪一類基金具有實物買回與實物申購機制？　(A)指數型基金 (B)指數股票型基金　(C)貨幣市場基金　(D)避險基金。

（　）**94** 若債券之次級市場不發達，則下列何種風險會特別明顯： (A)再投資風險　(B)流動性風險　(C)利率風險　(D)財務風險。

（　）**95** 可贖回公司債（callable bond）的贖回權利是在於：　(A)承銷證券 商　(B)投資人　(C)發行公司　(D)以上均有可能。

（　）**96** 哪一種風險態度的人投資時只單純考量報酬高低而不在乎風險大 小？　(A)風險趨避者　(B)風險偏好者　(C)風險中立者　(D)風險 厭惡者。

（　）**97** 在某段期間內，A基金的單位風險報酬率為4，報酬率為20%，則A 基金的標準差為？　(A)5　(B)5%　(C)80　(D)80%。

（　）**98** 變異係數越大表示單位暴露風險：　(A)越小　(B)越大　(C)一樣 (D)無法判斷。

（　）**99** 公債的發行機構為？　(A)銀行　(B)政府　(C)票券金融公司 (D)大型企業。

(　)**100** 對一個已做到相當程度風險分散的投資人來說,他或她將不會對下列哪種風險要求風險溢酬? 　 (A)利率風險 　 (B)公司獨特的風險 (C)匯率風險 　 (D)市場風險。

解答與解析

1 (C)。 **認股權證**是由公司發放的一種票券,表示在一定的期限內,可以用一定的價格購買**發行公司**所發行一定數量的新股之選擇權。
A.履約價格與買權呈負相關。
B.無風險利率與買權呈正相關。
C.標的物現行市價與買權呈正相關。
故此題答案為(C)。

2 (B)。 零成長即是企業每年都發放固定股利給股東,亦目前的股利(D_0)代表未來各期股利金額($D_1=D_2=\cdots=D_0$)。這是假定證券發行公司的股利大致穩定,則此種普通股可稱為零成長股。$D_0=3$元$=D_1$。
故此題答案為(B)。

3 (D)。 公司的股息政策常受到:(1)**企業目前的收益**、(2)**預期未來的收益**、(3)**稅法規定的變動**及(4)**經營者的理念**,這四種因素而有所不同。
故此題答案為(D)。

4 (A)。 **票面利率**、**殖利率**與**債券價格**之間的關係,如下表所示:

情況	範例說明
情況一 折價債券 殖利率>票面利率,則債券價格<面額	殖利率(9%)>票面利率(8%) ⇒P_B=467,908元<面額500,000元 ⇒此為**折價發行**,稱為**折價債券**。
情況二 平價債券 殖利率=票面利率,則債券價格=面額	殖利率(8%)=票面利率(8%) ⇒P_B=500,000元=面額500,000元 ⇒此為**平價發行**,稱為**平價債券**。
情況三 溢價債券 殖利率<票面利率,則債券價格>面額	殖利率(7%)<票面利率(8%) ⇒P_B=535,094元>面額500,000元 ⇒此為**溢價發行**,稱為**溢價債券**。

當殖利率上升時,債券價格會小於面額⇒折價發行(債券價格下跌)
故此題答案為(A)。

5 (D)。連動型債券＝固定收益證券（例如公債）＋衍生性金融商品（例如選擇權）

投資金額$\times(1+5\%)^7=5,000\times90\%$

$\Rightarrow$投資公債金額$\times1.4071=4,500\Rightarrow$投資公債金額$=3,198$

投資選擇權金額$=5,000-3,198=1,802$元

故此題答案為(D)。

6 (B)。當黃紅燈轉成紅燈時，代表景氣過熱，政府會採取緊縮政策以冷卻股市，則股價將會下跌。

故此題答案為(B)。

7 (A)。零息債券價格的計算公式如下：

方法一 折現法

$$P_B=\frac{F}{(1+y)^n}=\frac{10,000元}{(1+0.05)^3}\fallingdotseq8,638.38元$$

方法二 查表法

$P_B=F\times PVIF_{(y,n)}=F\times PVIF_{(0.05,3)}$

$=10,000元\times查附錄表一得出0.8638=8,638元$

故此題答案為(A)。

8 (A)。**歐式選擇權**：買方只能在權利期間的最後一日，即合約上所載明的到期日當天，才能向選擇權的賣方要求履約。臺灣選擇權市場中，在臺灣期貨交易所交易的臺指選擇權與股票選擇權皆屬於歐式選擇權，也就是只有在到期日當天才可以履約。故此題答案為(A)。

9 (C)。常見的**金融資產**有**定期存單**、**儲蓄存款**、**股票**、**債券**等有價證券。其主要投資目的在於預期未來能有更多的報酬。故此題答案為(C)。

10 (C)。從買進債券至到期間之間，假設殖利率不變之下，債券價格會有下列之影響：

情況	範例說明
情況一 **折價債券** 殖利率>票面利率，則債券價格<面額	隨著債券到期日逐漸逼近，債券價格漸漸上升，直到債券到期時，債券價格會等於面額。
情況二 **平價債券** 殖利率=票面利率，則債券價格=面額	只要殖利率不變，債券價格也不會變動，一直維持在面額水準。

情況	範例說明
情況三 溢價債券 殖利率<票面利率，則 債券價格>面額	隨著債券到期日逐漸逼近，債券價格漸漸下降，直到債券到期時，債券價格會等於面額。

故此題答案為(C)。

11 (B)。無論是對買權或是賣權而言，標的物價格的波動性越大，表示選擇獲利的可能性越大，故也越有利。

標的資產價格或股價的波動性（σ）與買權呈正相關、與賣權呈正相關。

故此題答案為(B)。

12 (A)。**購買力風險**是由於債券持有人在契約時間內可領取固定的利息，若處於通貨膨脹的經濟環境時，債券持有人所領取的各期現金流量（利息收入和本金）之購買力將會下降，故投資人會面臨購買力風險。

故此題答案為(A)。

13 (C)。價外選擇權：對**買權**而言，當股價小於履約價格（S<K）時，稱此買權為**價外買權**；對**賣權**而言，當股價大於履約價格（S>K）時，稱此賣權為**價外賣權**。

故此題答案為(C)。

14 (D)。股利折現評價模式的實用性受到限制是因為：
(1) **股利水準很難預測**：未來的股價更捉摸不透。
(2) **股利成長率很難預測**：預期股利的發放模式，分為「零成長」、「固定成長」及「非固定成長」三種模式，此為預測不代表以後的成長率也是如此。
(3) **配發股票股利時無法適用**：股利折現模式只適用於配發**現金股利**的股票。

故此題答案為(D)。

15 (B)。內含價值＝$\max(S_t - K, 0) = \max(63 - 60, 0) = 3$元

故此題答案為(B)。

16 (A)。零息債券提供給投資人的報酬屬於**資本利得**（亦**面額**減掉**售價**的價差）。

⇒投資人沒有再投資風險

故此題答案為(A)。

17 (A)。賣權或看空型的保本型債券之商品，其產品組合概念是「零息債券」加上「買進賣權」（或稱「買進歐式賣權」），也就是投資人是「買方」不是賣方。

假設投資人預期標的資產（例如單一指數、一籃子指數或一籃子股票）未來價格會**下跌**或認為**走勢悲觀**，若預測正確，則自然可增加投資收益；但又擔心情勢判斷錯誤而導致損失過大，若想鎖定「上漲風險」，此時投資人可選擇購買「看空型」債券以滿足需求。

故此題答案為(A)。

18 (D)。造成貨幣供給額及短期利率變動的中央銀行政策工具有下列四項：
(1)公開市場操作（Open Market Operation）、(2)重貼現率（Rediscount Rate）、(3)法定存款準備率（Required Reserve Ratio）及(4)匯率與國際收支平衡（Exchange Rate and Balance of Payments）。

故此題答案為(D)。

19 (C)。每期（每年）的票面利息=5,000元×7%=350元

故此題答案為(C)。

20 (B)。**標準差**可用於衡量資產報酬之平均風險，報酬率標準差越大，則其風險越大。但標準差所衡量的是單一資產或單一投資組合的風險。若兩種投資標的的報酬率相同時，投資人應選擇標準差（風險）較低的投資標的；若兩種投資標的的標準差（風險）相同時，投資人應選擇報酬率較高的投資標的。

故此題答案為(B)。

21 (B)。期貨細分為：
(1) **外匯期貨**：英磅、加幣、馬克、日幣、法郎。
(2) **利率期貨**：國庫券、長期公債、歐洲美元（Eurodollar）。
(3) **股價指數期貨**：S&P500、日經225、香港恆生股價指數、臺灣摩根指數等。

故此題答案為(B)。

22 (B)。匯率水準之變動會影響國際貿易。一般而言，新臺幣貶值，本國外銷產品相對價格降低（外銷為主的產業股價會下跌），對出口有利；但是國外進口產品相對價格提高，對進口不利。因此，新臺幣貶值則外銷為主之企業的股價上升，而對進口廠商之股價不利。

故此題答案為(B)。

23 (B)。選擇權契約離到期日越遠，則標的物價格上升或下跌的可能性也越高，故**無論對買權或賣權而言，離到期日越長，選擇權的價值越高**；反之亦然。
故此題答案為(B)。

24 (C)。通常投資人年齡越大，尤其是已屆退休年齡，作投資規劃時，會以低風險、低報酬且固定收益為考量。
故此題答案為(C)。

25 (C)。**零息債券**是指不支付票面利息，而以低於面值價格出售的債券。投資人購買此類債券主要在於獲得**資本利得**（或**資本增值**），也就是**到期時的面額**高於**購入金額**之部分（賣價超過買價之利潤）。
故此題答案為(C)。

26 (D)。**利率風險**：市場利率的變動引起債券價格變動的風險，亦稱為**價格風險**。亦利率風險只有在投資人於**債券到期日之前**出售才會產生。
違約風險：債券發行者沒有能力償付利息與本金的風險。
匯兌風險：若債券以外幣計價，例如：購買歐洲債券，由於其支付的利息以歐元為單位，故將利息或本金換算成新臺幣，則債券持有人會因匯率的高低而產生匯率風險。
通貨膨脹風險：由於債券持有人在契約時間內可領取固定的利息，若處於通貨膨脹的經濟環境時，債券持有人所領取的各期現金流量（利息收入和本金）之購買力將會下降，故投資人會面臨購買力風險。
故此題答案為(D)。

27 (C)。**風險溢酬**：由投資組合的**貝他係數**和**市場風險溢酬**來決定。
$$\Rightarrow 證券的貝他係數 = \frac{證券的風險溢酬}{市場投資組合的風險溢酬}$$
故此題答案為(C)。

28 (B)。**逆價市場**是指當供給嚴重不足之下，可能會出現**現貨價格**較**期貨價格**高或**近期期貨價格**較**遠期期貨價格**高，也就是基差或**價差**為正值的不正常情況。
故此題答案為(B)。

29 (C)。影響債券評等的因素如下：

影響債券評等的因素	說明
公司的財務比率	財務比率對債券評等的影響如下：

影響債券評等的因素	說明

公司的財務比率	財務比率	對債券評等的影響
	流動比率（＝流動資產÷流動負債）	比率越「高」，評等越佳
	負債比率（＝總負債÷總資產）	比率越「低」，評等越佳
	利息保障倍數（＝息前稅前利潤÷利息費用總額）	比率越「高」，評等越佳

	「利息保障倍數」代表對債權人的保障，在債券評等的比重很高。因外，公司本身的盈餘水準及穩定性、營運狀況、會計政策是否保守等因素，皆會影響債券的評等。
正面條件	若債券發行公司提供抵押品、保證條款、償債基金等有利於債權人的條件，將使公司的違約風險變小，則債券的評等就會提高。
負面條件	若(1)債券發行公司所發行的債券到期時間越長、(2)所提供擔保品的順位越後面、(3)應付員工的退休金越高、或(4)發行公司可能遭反托拉斯法的控訴等因素，將使評等降低。

故此題答案為(C)。

30 (C)。(A) 付息方式可採一年一次、半年一次或一季一次等。
　　(B) 到期償付本金，或是到期日前分期償付本金。
　　故此題答案為(C)。

31 (D)。對於債券投資人而言，(1)**利率風險**（**利率變動**）、(2)**再投資報酬率**的不確定及(3)**違約風險**（**債務人違約**），上以皆為債券投資的主要風險。
　　(A) **利率風險**（**Interest Rate Risk**）是指市場利率的變動引起債券價格變動的風險，亦稱為價格風險。亦利率風險只有在投資人於**債券到期日之前**出售才會產生。
　　(B) 若債券持有人無法持有至債券到期日，則於到期日前出售債券會有利率風險之產生。因此，購買債券時，需考慮發行期限。
　　(C) **違約風險**（**Default Risk**）又稱**信用風險**（**Credit Risk**）：債券發行者沒有能力償付利息與本金的風險。除了政府破產，否則政府發行

的公債沒有違約風險。投資人可由信用評等機構，例如美國的穆迪
（Moody's）公司、標準普爾（Standard & Poor's）公司或臺灣的中
華信用評等公司給予的評等，了解欲投資的債券違約風險。
故此題答案為(D)。

32 (C)。**歐式選擇權**：買方只能在權利期間的最後一日，即合約上所載明的到期
日當天，才能向選擇權的賣方要求履約。
故此題答案為(C)。

33 (B)。違約風險越高，投資人要求的預期報酬率也會跟著提高。
因此，擔保公司債的違約風險低於無擔保公司債，則擔保公司債的殖利
率也比無擔保公司債低。
故此題答案為(B)。

34 (C)。期貨契約有每日結算之程序，遠期契約則無。
故此題答案為(C)。

35 (B)。以投資人的角度而言，**保本型債券**可視為投資人**同時買進債券**與**買進選**
擇權，其產品組合概念如下：

$$保本型債券=固定收益債券（保本）+選擇權$$

其中，**固定收益證券**是用以**保本**，大多以**零息債券**居多。
故此題答案為(B)。

36 (B)。A、B兩公司的企業體質類似，若B公司股票預估本益比是25，則A公司
股票預估本益比也是25。

$$本益比=\frac{每股股價}{每股盈餘} \Rightarrow 25=\frac{A公司的每股股價}{2} \Rightarrow A公司的每股股價=50元$$

故此題答案為(B)。

37 (B)。期貨契約出現的最原始目的是**避險**，其在於提供現貨商品持有者或使用
者，可以將價格風險轉移給願意或有能力承擔的第三者，故可以使成本
與收益較為穩定。
故此題答案為(B)。

38 (A)。**資訊比例**經常用來**衡量共同基金經理人的管理技能**。在此情況之下，資
訊比例就是以**基金報酬率**減去**同類型基金平均報酬**，再除以**相減後差額**
的標準差。
故此題答案為(A)。

39 (A)。

S&P	Moody's	Fitch	投資級／投機級
AAA	Aaa	AAA	
AA（AA＋/AA/AA－）	Aa（Aa1/Aa2/Aa3）	AA	投資級（支付債息能力強、信用風險低）
A（A＋/A/A－）	A（A1/A2/A3）	A	
BBB（BBB＋/BBB/BBB－）	Baa（Baa1/Baa2/Baa3）	BBB	
BB（BB＋/BB/BB－）	Ba（Ba1/Ba2/Ba3）	BB	
B（B＋/B/B－）	B（B1/B2/B3）	B	投機級（償債能力不確定、信用風險高）例如：垃圾債券
CCC（CCC＋/CCC/CCC－）	Caa（Caa1/Caa2/Caa3）	CCC	
CC（CC＋/CC/CC－）	Ca	CC	
C	C	C	
D	C	D	

　　債信評等越低，則風險越高。
　　故此題答案為(A)。

40 (D)。選擇權交易時，不管購買買權或賣權，均需支付賣方一定額度的權利金，而且不論交易成立與否，此權利金均不退還。至於賣方需支付保證金。
　　故此題答案為(D)。

41 (B)。每股合理股價＝每股盈餘×合理本益比＝3.8×12＝45.6元
　　故此題答案為(B)。

42 (B)。一般公司債（屬定期付息債券）無論公司之營運成果如何，均須支付固定利息。但**收益債券**只有在公司有盈餘時才需支付利息，若公司無法支付利息，公司會將債息累積至下一次發放日進行發放。
　　故此題答案為(B)。

43 (C)。 在債券評價公式中的**折現率**（**y**）又稱**到期殖利率**（**Yield to Maturity,**
YTM），簡稱**殖利率**，其定義為投資人購買債券後，一直到持有至到期
日為止（即中途不賣出），預期所能獲得的**年報酬率**。
因此，YTM＝預期所能獲得的**年報酬率**＝7%
故此題答案為(C)。

44 (B)。 期貨有指數期貨、公債期貨、外幣期貨等，期貨可利用較小的金額來進
行投資，有「以小搏大」的功能，故槓桿程度也比較大。
故此題答案為(B)。

45 (D)。 **可贖回債券**（**Callable Bonds**）：公司債發行一段時間之後，發行公司
可在到期日前依照事先約定之收回價格購回該債券。其買回價格通常高
於債券面額，而且收回權利在公司手中。通常在市場利率低於票面利率
利時，是公司收回債券的時點。公司可經由收回該債券再發行利率較低
的債券，以減輕公司資金方面的負擔。
故此題答案為(D)。

46 (B)。 零息債券提供給投資人的報酬屬於**資本利得**（亦**面額**減掉**售價**的價差），
債券價格的計算公式如下：
$$P_B = \frac{F}{(1+y)^n} \Rightarrow 4,621元 = \frac{5,000元}{(1+y)^2} \Rightarrow 4,621元 \times (1+y)^2 = 5,000元 \Rightarrow y \fallingdotseq 4\%$$
故此題答案為(B)。

47 (D)。 金融期貨自70年代的外匯契約引進市場之後發展迅速，至今已成為期貨
市場交易量最多的契約。此類期貨又細分為：
(1) **外匯期貨**：英磅、加幣、馬克、日幣、法郎。
(2) **利率期貨**：國庫券、長期公債、歐洲美元（Eurodollar）。
(3) **股價指數期貨**：S&P500、日經225、香港恆生股價指數、臺灣摩根指
　　數等。
故此題答案為(D)。

48 (A)。 油價上漲時，會使產品價格普遍上漲，民間消費能力下降，造成經濟景
氣衰退，故股價下跌；反之，若油價下跌，經濟景氣受益，公司營利改
善，則股價隨之上漲。…選項(A)
若利率水準下跌時，股價會上升，其原因有下列三點：
(1) 投資人要求的報酬率也會下降…選項(B)的「上升」應改為「下降」
(2) 投資人使用資金成本下降
(3) 公司的資金成本下降…選項(C)的「上升」應改為「下降」

中央銀行提高存款準備率，股價通常會下跌。⋯選項(D)

故此題答案為(A)。

49 (A)。 **貨幣市場**是指利用一年以內之短期有價證券，以進行交易的金融市場。

貨幣市場證券是指政府、金融機關、企業等為籌集短期資金而發行到期日在一年以內的有價證券，例如：**國庫券**（**Treasury Bill, TB**）、**銀行承兌匯票**（**Banker's Acceptance, BA**）、**可轉讓定期存單**（**Certificate of Deposits, CD**）、**商業本票**（**Commercial Paper, CP**）、**附條件交易**（**Repo Trade**）等。

資本市場是指利用一年以上之長期有價證券，以進行交易的金融市場。

資本市場證券是指政府、金融機關、企業等為籌集長期資金而發行到期日在一年以上的有價證券，例如：**政府債券**（**Government Bond**）、**公司債**（**Corporate Bond**）、**金融債券**（**Bank debenture**）、**特別股**（**Preferred Stock**）以及**普通股**（**Common Stock**）等。由於此證券的發行時間比較長，故風險會比貨幣市場證券高。

故此題答案為(A)。

50 (C)。 **本益比**（**Price-Earning Ratio, P/E**）是用普通股的**每股市價**除以**每股盈餘**（**Earnings Per Share, EPS**）的比率，而**每股盈餘**等於**稅後淨利**除以**普通股流通在外股數**，此模式是實務上最常使用的評價方法。本益比可視為每股市價相對盈餘的倍數，故又稱**盈餘乘數**（**Earning Multiplier**）。本益比本身有投資成本的概念，即當本益比越大，表示投資於該股票上的成本也越高。本益比的公式如下：

$$P/E = \frac{每股股價}{每股盈餘}$$

故此題答案為(C)。

51 (C)。 **基差**是現貨價格與期貨價格之間的差額，即「**基差=現貨價格－期貨價格**」。

故此題答案為(C)。

52 (D)。 目前常用的景氣衡量指標是行政院**國發會**每月所編的「景氣對策信號」。

故此題答案為(D)。

53 (D)。 **風險溢酬**：由投資組合的**貝他係數**和**市場風險溢酬**來決定。

故此題答案為(D)。

54 (C)。 **票面利率**、**殖利率**與**債券價格**之間的關係，如下：

| 情況一 **折價債券** | 市場利率（殖利率）＞票面利率，則債券價格＜面額 |
| 情況二 **平價債券** | 市場利率（殖利率）＝票面利率，則債券價格＝面額 |

情況三 溢價債券 市場利率（殖利率）<票面利率，則債券價格>面額
因此，市場利率（6.73%）>票面利率（5.62%），屬於折價債券。
故此題答案為(C)。

55 (B)。 承擔風險的投資人會要求相對應的風險溢酬，但由於可分散風險可以藉
由分散投資的方式消除。投資組合分散風險，指的是分散公司獨特的
風險。即已做到相當程度風險分散的投資人，不需擔心可分散風險的存
在，故也不會要求可分散風險的風險溢酬。
故此題答案為(B)。

56 (C)。 **面額**僅是區分**股本**與**股本溢價**的數字，與其真正價值沒有關係。**普通股
股本**除以**面額**，便可以得到**普通股股數**。
故此題答案為(C)。

57 (C)。 造成貨幣供給額及短期利率變動的中央銀行政策工具有下列四項：
(1) **公開市場操作**（**Open Market Operation**）
是指央行在債券市場的定期及不定期買賣，以調節貨幣供給額。例
如：當央行大量買入債券，釋出現金，使短期內貨幣供給額增加，利
率將有下降的趨勢。
(2) **重貼現率**（**Rediscount Rate**）
重貼現是指商業銀行以其對顧客貼現所得的票據（商業票據），請求
中央銀行給予融通借款，以增加其資金。而**重貼現率**是指中央銀行
對商業銀行進行重貼現時，所適用的貼現率。當中央銀行降低（或提
高）銀行的重貼現率時，具有提高（或降低）貨幣供給額的效果。
(3) **法定存款準備率**（**Required Reserve Ratio**）
中央銀行對一般銀行的活期、活期儲蓄、定期、定期儲蓄等存款均有不
同的法定存款準備率，以確保存款人之債權及降低銀行營運風險。當中
央銀行降低對銀行的法定存款準備時，銀行可靈活運用的資金增加，
貨幣供給額將會增加，短期利率可能下降，對股市具有正面之影響。
(4) **匯率與國際收支平衡**（**Exchange Rate and Balance of Payments**）
當中央銀行為了改善貿易問題，可能會以外匯買賣來干預外匯市場，
此舉將使新臺幣之供需產生變化，間接改變利率水準。例如：當中央
銀行認為新臺幣的價值過高（不利於出口），將可能賣出新臺幣並買
入美元，以使新臺幣貶值，此舉會使市場上的新臺幣之供給額跟著增
加。若新臺幣增加金額很多時，則利率便可能下降，對股市有正面之
影響。由於調整外匯是間接影響利率，故新臺幣的金額不大時，則影
響的效果就不明顯。
因此，選項(C)應為賣出新臺幣並買入美元。故此題答案為(C)。

58 (C)。即使增加投資資產數目也分散不掉的風險，又稱**市場風險**（**Market Risk**）、**系統風險**（**Systematic Risk**）。此風險是影響整個投資市場，甚至是經濟體系之影響，例如：利率、通貨膨脹率、外匯、石油價格、經濟景氣、戰爭等。

由於大部分的公司都同樣受到市場風險的影響，故增加投資資產數目，市場風險還是無法完全被消除。

故此題答案為(C)。

59 (C)。**平衡型基金**同時投資於股票、債券及其他固定收益證券達基金淨資產價值的70%以上，其中投資於股票金額占基金淨資產價值的70%以下而且不得低於30%。

故此題答案為(C)。

60 (A)。零成長即是企業每年都發放固定股利給股東，亦目前的股利（D_0）代表未來各期股利金額（$D_1 = D_2 = \cdots = D_0$）。這是假定證券發行公司的股利大致穩定，則此種普通股可稱為零成長股。計算公式如下：

$$P_0 = \frac{D_0}{r} \Rightarrow \frac{2元}{r} = 40元 \Rightarrow r = 5\%$$

故此題答案為(A)。

61 (A)。

項目　　　　有價證券	公司債	特別股	普通股
到期日	(1) 有到期日。 (2) 到期日會因贖回的影響而縮短，到期日也會受可轉換性公司債的影響。	(1) 通常無到期日。 (2) 到期日會因贖回的影響而縮短，到期日也會受可轉換性公司債的影響。	無到期日之限制

故此題答案為(A)。

62 (C)。$Var(R_p)$為投資組合報酬率的**變異數**，σ_1、σ_2分別為第一種股票及第二種股票報酬率的**標準差**，σ_{12}為第一種股票與第二種股票報酬率的**共變異數**，則投資組合報酬率的變異數計算之公式如下：

$$Var(R_p) = W_1^2\sigma_1^2 + W_2^2\sigma_2^2 + 2W_1W_2\sigma_{12}$$
$$= 0.35^2 \times 0.4 + 0.65^2 \times 0.7 + 2 \times 0.35 \times 0.65 \times 0.2 \fallingdotseq 0.436$$

故此題答案為(C)。

63 **(C)**。

S&P	Moody's	Fitch	投資級／投機級
AAA	Aaa	AAA	投資級 （支付債息能力強、 信用風險低）
AA （AA+/AA/AA－）	Aa （Aa1/Aa2/Aa3）	AA	
A （A+/A/A－）	A （A1/A2/A3）	A	
BBB （BBB+/BBB/BBB－）	Baa （Baa1/Baa2/Baa3）	BBB	
BB （BB+/BB/BB－）	Ba （Ba1/Ba2/Ba3）	BB	投機級 （償債能力不確定、 信用風險高） 例如：垃圾債券
B （B+/B/B－）	B （B1/B2/B3）	B	
CCC （CCC+/CCC/CCC－）	Caa （Caa1/Caa2/Caa3）	CCC	
CC （CC+/CC/CC－）	Ca	CC	
C	C	C	
D	C	D	

故此題答案為(C)。

64 **(C)**。**認股權證**是由公司發放的一種票券，表示在一定的期限內，可以用一定的價格（履約價格）**購買發行公司**所發行一定數量的新股之選擇權。
故此題答案為(C)。

65 **(B)**。**股利固定成長模式**是美國學者高登（Myron J. Gordon）發展出來的評價模式，故又稱**高登模式**（**Gordon Model**）。在現實生活中，若公司的業績成長，股東分到的股利也可能跟著增加。因此，假設股利以一定速度成長也是另一種簡化預期股利的方式。若公司本年度股利為D_0（假設已發放出去），預期股利的平均年成長率為g，則下一期股利為$D_1 = D_0(1+g)$。
$D_1 = 2.5元(1+0.06) = 2.65元$
故此題答案為(B)。

66 (A)。避險基金著重的是「**絕對**」報酬，故無論是多頭或是空頭行情時，避險基金都有機會透過多、空操作，以賺取報酬，但也可能會增加損失的風險。故此題答案為(A)。

67 (C)。B公司歷年來的市價淨值比約為1.8倍，目前A公司及B公司的市價淨值比也接近此倍數，則A公司的合理之市價淨值比為1.5倍。
普通股的P/B評價可由下列公式來衡量：
A公司每股合理股價＝每股淨值×合理之市價淨值比＝20元×1.8＝36元
故此題答案為(C)。

68 (B)。

項目 ＼ 有價證券	公司債	特別股	普通股
擔保品	可能會有**動產**或**不動產**作為擔保品	無擔保品，求償權僅高於普通股。	無擔保品

因此，資產風險性由小到大排列為公司債＜特別股＜普通股。
故此題答案為(B)。

69 (B)。**違約風險**（**Default Risk**）又稱**信用風險**（**Credit Risk**）：債券發行者沒有能力償付利息與本金的風險。除了政府破產，否則政府發行的公債沒有違約風險，故政府發行的債券稱為**信用債券**。
故此題答案為(B)。

70 (C)。**附屬信用債券**：又稱**次順位信用債券**（**Subordinated Debenture**），此債券之求償權次於所有優先債券或其他債務。當公司停止營運時，必須等到其他債務清償完畢，才能清償**附屬信用債券**的債務。其清償順位雖然優於特別股股東和普通股股東，但與其他債券相較之下，**附屬信用債券**的求償順位較低，風險較高，故報酬也較高。
故此題答案為(C)。

71 (C)。若將$P/E = \dfrac{每股股價}{每股盈餘}$中的**每股盈餘**換成**每股股利**，則計算出來的數值為本利比（Price-Dividend Ratio, P/D）。
$P/D = \dfrac{每股股價}{每股股利}$可視為每股市價是預期每股股利的倍數。
故此題答案為(C)。

72 **(C)**。 **封閉式基金**是在市場進行買賣，故實際買賣的價格有可能會與基金淨值不同。其**受益憑證**之價格是由市場的供需狀況決定。

故此題答案為(C)。

73 **(A)**。 國內的評等公司有下列三間：

評等公司	說明
中華信用評等公司	成立於民國86年5月，其評等的標示、程序及方法與S&P大致相同。但中華信用評等公司於信用等級前方會加"tw"字樣，例如：twAA，表示所採行之評等標準是專用於臺灣金融市場。
惠譽國際信用評等公司臺灣分公司	民國92年2正式在國內成立分公司，並推出僅限於臺灣地區使用的「國內債信評等等級（簡稱國內信評）」。國內信評與惠譽現行的國際信評併用，但國內信評的信用等級後方會加"（twn）"字樣，例如：AA（twn），以區分國內與國際之不同。
穆迪信用評等公司	曾於民國92年5月在國內成立子公司，但於民國98年4月決定關閉國內子公司。後來於民國99年5月獲金管會核准解散國內子公司，但仍持續授予臺灣公司的國際信用評等。

故此題答案為(A)。

74 **(D)**。 風險收益等級僅供參考，因為投共同基金之盈虧是受到**國際金融情勢震盪**和**匯兌風險的影響**。投資人應斟酌個人的**風險承擔能力**和**資金可運用期間之長短**，以決定是否進行投資。

故此題答案為(D)。

75 **(C)**。 **債券評等的等級**是以**違約機率**的高低來分級，等級越高，代表違約的風險越低。債券評等等級越高，則投資人要求的報酬率或風險溢酬（Risk Premium）越低；相對地，債券評等等級越低，代表違約的風險越高，則債券發行人必須以較高的利率發行債券。

故此題答案為(C)。

76 **(D)**。 **資本資產定價模型（Capital Asset Pricing Model, CAPM）**此模型的概念為：投資人對於投資需**等待**（現在投資將來才能回收）且還要擔憂（害怕有風險），故會期望有相對的報酬。

投資人要求的期望報酬有二個因素組成：

(1) **對金錢的時間價值之補償**：即為**無風險投資報酬率**。

(2) **風險溢酬**：由投資組合的**貝他係數**和**市場風險溢酬**來決定。

故此題答案為(D)。

77 (C)。債券型基金以**債券**和**短期貨幣**等投資工具為投資標的。

故此題答案為(C)。

78 (D)。**利率風險**是指市場利率的變動引起債券價格變動的風險，亦稱為**價格風險**。亦利率風險只有在投資人於**債券到期日之前**出售才會產生。

故此題答案為(D)。

79 (C)。一般公債：例如愛國公債、年度公債等，目前一般公債已很久未發行。

故此題答案為(C)。

80 (C)。票面利息（C）＝面額（F）×票面利率（r）

故此題答案為(C)。

81 (D)。選擇之標的資產為期貨：指數期貨、公債期貨、外幣期貨等，期貨選擇權屬於選擇權，故履行權利之後便得到期貨契約，屬於複合性的衍生性金融商品。故此題答案為(D)。

82 (B)。**貝他值越高**時，**期望報酬率也越大**。亦投資人購買貝他值較高的股票，相對承擔較高的風險，故希望獲得較高的報酬。即公司的貝他值大於1，則該公司的期望報酬率（R_i）大於市場報酬率（R_m）。

故此題答案為(B)。

83 (B)。國內基金皆須支付**管理費**（或稱**經理費**）給基金經理公司，以作為投資、營運及管理之用。

贖回費是指投資人將基金持分賣出變現時所需支付的手續費。

保管費是指投資人支付給負責保管、處分基金資產的保管機構之費用。

故此題答案為(B)。

84 (B)。**個別資產的變異數**對投資組合風險的影響，會隨著**投資組合裡資產數目**的增加而逐漸下降。故此題答案為(B)。

85 (A)。金融債券的3個特性：

(1) 資金籌措方式是由**銀行**主動爭取，而非像客戶主動到銀行存款這種被動的接受。

(2) 金融機構自行籌措資金，可以不必像存款一樣，需要提存法定準備金。因此，所獲得的資金可以完全使用，故**資金成本較低**。

(3) 金融債券的利率**不受**中央銀行的最高利率之限制，故對金融機構而言
　較有彈性。

故此題答案為(A)。

86 (B)。Var(R_p)為投資組合報酬率的**變異數**，σ_1、σ_2分別為第一種股票及第二種
股票報酬率的**標準差**，σ_{12}為第一種股票與第二種股票報酬率的**共變異
數**，由於無風險債券的標準差$\sigma_2 = 0$，則投資組合的標準差：

$$\sigma_P = \sqrt{W_1^2 \sigma_1^2 + W_2^2 \sigma_2^2 + 2W_1 W_2 \rho \sigma_1 \sigma_2}$$
$$= \sqrt{0.40^2 \times 0.45^2 + 0.60^2 \times 0^2 + 2 \times 0.40 \times 0.60 \times \rho \times 0.45 \times 0}$$
$$= \sqrt{0.40^2 \times 0.45^2} = 18\%$$

故此題答案為(B)。

87 (B)。景氣循環（Business Cycle）是指經濟活動發生繁榮、衰退、蕭條、復甦
等現象。目前常用的景氣衡量指標是行政院**國發會**每月所編的「**景氣對
策信號**」。

故此題答案為(B)。

88 (A)。發行對公司債對公司的優點：

(1) **利息可節稅**：公司債利息可作為稅前淨利的減除項目，故可減輕所得
　稅負擔。

(2) **控制權不外流**：由於發行股票將使股東人數增加，控制權有外流的憂
　慮，但債券的發行僅增加公司的債權人，不需擔心控制權會外流。

故此題答案為(A)。

89 (B)。**經濟成長率指標**是分析景氣循環之主要依據。

故此題答案為(B)。

90 (A)。證券的期望報酬率＝無風險投資報酬率＋貝他係數×(市場投資報酬率－
　　　　　　　無風險投資報酬率)

$R_i = R_f + \beta \times [(R_m) - R_f]$

故此題答案為(A)。

91 (C)。**商業本票**是指由**規模大、商譽佳的大公司**所發行的一種短期且沒有擔保
的**負債證券**。

國庫券是指**政府**為調節國庫收支或穩定金融市場而發行的短期政府票券。

金融債券是**專業金融機**構為籌措長期資金所發行的債券憑證，發行人須
訂明其償還期限。

故此題答案為(C)。

92 (B)。由於兩支股票之間只會有一個相關係數，故也會只一有條效率前緣。
故此題答案為(B)。

93 (B)。有別於一般的封閉型基金，ETF有**實物買回**與**實物申購**機制，以解決基金折溢價之問題。故此題答案為(B)。

94 (B)。投資人以市價或接近市場出售持有債券的難易程度。此風險與**次級市場**的活絡與否有關。若次級市場不發達、交易量很小，則投資人可能有想賣出卻沒人要買之窘境，此為流動性風險。
故此題答案為(B)。

95 (C)。**可贖回債券**（Callable Bonds）：公司債發行一段時間之後，發行公司可在到期日前依照事先約定之收回價格購回該債券。故此題答案為(C)。

96 (C)。投資者對風險的態度分為下列三種：
(1) **風險趨避者**：較不喜歡風險，故在報酬率固定時，會選擇風險較低的投資項目。此外，此類投資者願意付出額外代價，以消除風險，例如買保險。
(2) **風險偏好者**：傾向選擇風險較高的投資項目。
(3) **風險中立者**：在做決策時，無論風險如何，全憑投資報酬率的高低判斷。
故此題答案為(C)。

97 (B)。「**單位風險報酬率**」即用**報酬率**除以**標準差**，衡量投資人每承擔一單位的風險可得到多少的報酬之概念。
⇒20%÷標準差＝4⇒標準差＝5%
故此題答案為(B)。

98 (B)。**變異係數**就是「單位預期報酬率所承擔的風險」，變異係數越大表示單位暴露風險也越大。
故此題答案為(B)。

99 (B)。公債是政府為了籌措長期資金，以彌補政府財政收支不平衡而發行的信用證券，同時也可以做為中央銀行調節貨幣市場政策之工具、協助公開操作。故此題答案為(B)。

100 (B)。承擔風險的投資人會要求相對應的風險溢酬，但由於可分散風險可以藉由分散投資的方式消除。投資組合分散風險，指的是分散公司獨特的風險。即已做到相當程度風險分散的投資人，不需擔心可分散風險的存在，故也不會要求可分散風險的風險溢酬。
故此題答案為(B)。

附表一　現值利率因子

r 期數	$PVIF_{(r,n)} = \dfrac{1}{(1+r)^n}$									
	1%	2%	3%	4%	5%	6%	7%	8%	9%	10%
1	0.9901	0.9804	0.9709	0.9615	0.9524	0.9434	0.9346	0.9259	0.9174	0.9091
2	0.9803	0.9612	0.9426	0.9246	0.9070	0.8900	0.8734	0.8573	0.8417	0.8264
3	0.9706	0.9423	0.9151	0.8890	0.8638	0.8396	0.8163	0.7938	0.7722	0.7513
4	0.9610	0.9238	0.8885	0.8548	0.8227	0.7921	0.7629	0.7350	0.7084	0.6830
5	0.9515	0.9057	0.8626	0.8219	0.7835	0.7473	0.7130	0.6806	0.6499	0.6209
6	0.9420	0.8880	0.8375	0.7903	0.7462	0.7050	0.6663	0.6302	0.5963	0.5645
7	0.9327	0.8706	0.8131	0.7599	0.7107	0.6651	0.6227	0.5835	0.5470	0.5132
8	0.9235	0.8535	0.7894	0.7307	0.6768	0.6274	0.5820	0.5403	0.5019	0.4665
9	0.9143	0.8368	0.7664	0.7026	0.6446	0.5919	0.5439	0.5002	0.4604	0.4241
10	0.9053	0.8203	0.7441	0.6756	0.6139	0.5584	0.5083	0.4632	0.4224	0.3855
11	0.8963	0.8043	0.7224	0.6496	0.5847	0.5268	0.4751	0.4289	0.3875	0.3505
12	0.8874	0.7885	0.7014	0.6246	0.5568	0.4970	0.4440	0.3971	0.3555	0.3186
13	0.8787	0.7730	0.6810	0.6006	0.5303	0.4688	0.4150	0.3677	0.3262	0.2897
14	0.8700	0.7579	0.6611	0.5775	0.5051	0.4423	0.3878	0.3405	0.2992	0.2633
15	0.8613	0.7430	0.6419	0.5553	0.4810	0.4173	0.3624	0.3152	0.2745	0.2394
16	0.8528	0.7284	0.6232	0.5339	0.4581	0.3936	0.3387	0.2919	0.2519	0.2176
17	0.8444	0.7142	0.6050	0.5134	0.4363	0.3714	0.3166	0.2703	0.2311	0.1978
18	0.8360	0.7002	0.5874	0.4936	0.4155	0.3503	0.2959	0.2502	0.2120	0.1799
19	0.8277	0.6864	0.5703	0.4746	0.3957	0.3305	0.2765	0.2317	0.1945	0.1635
20	0.8195	0.6730	0.5537	0.4564	0.3769	0.3118	0.2584	0.2145	0.1784	0.1486
21	0.8114	0.6598	0.5375	0.4388	0.3589	0.2942	0.2415	0.1987	0.1637	0.1351
22	0.8034	0.6468	0.5219	0.4220	0.3418	0.2775	0.2257	0.1839	0.1502	0.1228
23	0.7954	0.6342	0.5067	0.4057	0.3256	0.2618	0.2109	0.1703	0.1378	0.1117
24	0.7876	0.6217	0.4919	0.3901	0.3101	0.2470	0.1971	0.1577	0.1264	0.1015
25	0.7798	0.6095	0.4776	0.3751	0.2953	0.2330	0.1842	0.1460	0.1160	0.0923
26	0.7720	0.5976	0.4637	0.3607	0.2812	0.2198	0.1722	0.1352	0.1064	0.0839
27	0.7644	0.5859	0.4502	0.3468	0.2678	0.2074	0.1609	0.1252	0.0976	0.0763
28	0.7568	0.5744	0.4371	0.3335	0.2551	0.1956	0.1504	0.1159	0.0895	0.0693
29	0.7493	0.5631	0.4243	0.3207	0.2429	0.1846	0.1406	0.1073	0.0822	0.0630
30	0.7419	0.5521	0.4120	0.3083	0.2314	0.1741	0.1314	0.0994	0.0754	0.0573
35	0.7059	0.5000	0.3554	0.2534	0.1813	0.1301	0.0937	0.0676	0.0490	0.0356
40	0.6717	0.4529	0.3066	0.2083	0.1420	0.0972	0.0668	0.0460	0.0318	0.0221
45	0.6391	0.4102	0.2644	0.1712	0.1113	0.0727	0.0476	0.0313	0.0207	0.0137
50	0.6080	0.3715	0.2281	0.1407	0.0872	0.0543	0.0339	0.0213	0.0134	0.0085
55	05785	0.3365	0.1968	0.1157	0.0683	0.0406	0.0242	0.0145	0.0087	0.0053

r 期數	$PVIF_{(r,n)} = \dfrac{1}{(1+r)^n}$									
	12%	14%	15%	16%	18%	20%	24%	28%	32%	36%
1	0.8929	0.8772	0.8696	0.8621	0.8475	0.8333	0.8065	0.7813	0.7576	0.7353
2	0.7972	0.7695	0.7561	0.7432	0.7182	0.6944	0.6504	0.6104	0.5739	0.5407
3	0.7118	0.6750	0.6575	0.6407	0.6086	0.5787	0.5245	0.4768	0.4348	0.3975
4	0.6355	0.5921	0.5718	0.5523	0.5158	0.4823	0.4230	0.3725	0.3294	0.2923
5	0.5674	0.5194	0.4972	0.4761	0.4371	0.4019	0.3411	0.2910	0.2495	0.2149
6	0.5066	0.4556	0.4323	0.4104	0.3704	0.3349	0.2751	0.2274	0.1890	0.1580
7	0.4523	0.3996	0.3759	0.3538	0.3139	0.2791	0.2218	0.1776	0.1432	0.1162
8	0.4039	0.3506	0.3269	0.3050	0.2660	0.2326	0.1789	0.1388	0.1085	0.0854
9	0.3606	0.3075	0.2843	0.2630	0.2255	0.1938	0.1443	0.1084	0.0822	0.0628
10	0.3220	0.2697	0.2472	0.2267	0.1911	0.1615	0.1164	0.0847	0.0623	0.0462
11	0.2875	0.2366	0.2149	0.1954	0.1619	0.1346	0.0938	0.0662	0.0472	0.0340
12	0.2567	0.2076	0.1869	0.1685	0.1372	0.1122	0.0757	0.0517	0.0357	0.0250
13	0.2292	0.1821	0.1625	0.1452	0.1163	0.0935	0.0610	0.0404	0.0271	0.0184
14	0.2046	0.1597	0.1413	0.1252	0.0985	0.0779	0.0492	0.0316	0.0205	0.0135
15	0.1827	0.1401	0.1229	0.1079	0.0835	0.0649	0.0397	0.0247	0.0155	0.0099
16	0.1631	0.1229	0.1069	0.0930	0.0708	0.0541	0.0320	0.0193	0.0118	0.0073
17	0.1456	0.1078	0.0929	0.0802	0.0600	0.0451	0.0258	0.0150	0.0089	0.0054
18	0.1300	0.0946	0.0808	0.0691	0.0508	0.0376	0.0208	0.0118	0.0068	0.0039
19	0.1161	0.0829	0.0703	0.0596	0.0431	0.0313	0.0168	0.0092	0.0051	0.0029
20	0.1037	0.0728	0.0611	0.0514	0.0365	0.0261	0.0135	0.0072	0.0039	0.0021
21	0.0926	0.0638	0.0531	0.0443	0.0309	0.0217	0.0109	0.0056	0.0029	0.0016
22	0.0826	0.0560	0.0462	0.0382	0.0262	0.0181	0.0088	0.0044	0.0022	0.0012
23	0.0738	0.0491	0.0402	0.0329	0.0222	0.0151	0.0071	0.0034	0.0017	0.0008
24	0.0659	0.0431	0.0349	0.0284	0.0188	0.0126	0.0057	0.0027	0.0013	0.0006
25	0.0588	0.0378	0.0304	0.0245	0.0160	0.0105	0.0046	0.0021	0.0010	0.0005
26	0.0525	0.0331	0.0264	0.0211	0.0135	0.0087	0.0037	0.0016	0.0007	0.0003
27	0.0469	0.0291	0.0230	0.0182	0.0115	0.0073	0.0030	0.0013	0.0006	0.0002
28	0.0419	0.0255	0.0200	0.0157	0.0097	0.0061	0.0024	0.0010	0.0004	0.0002
29	0.0374	0.0224	0.0174	0.0135	0.0082	0.0051	0.0020	0.0008	0.0003	0.0001
30	0.0334	0.0196	0.0151	0.0116	0.0070	0.0042	0.0016	0.0006	0.0002	0.0001
35	0.0189	0.0102	0.0075	0.0055	0.0030	0.0017	0.0005	0.0002	0.0001	—
40	0.0107	0.0053	0.0037	0.0026	0.0013	0.0007	0.0002	0.0001	—	—
45	0.0061	0.0027	0.0019	0.0013	0.0006	0.0003	0.0001	—	—	—
50	0.0035	0.0014	0.0009	0.0006	0.0003	0.0001	—	—	—	—
55	0.0020	0.0007	0.0005	0.0003	0.0001	—	—	—	—	—

附表二　終值利率因子

r / 期數	$\text{PVIF}_{(r,n)} = (1+r)^n$									
	1%	2%	3%	4%	5%	6%	7%	8%	9%	10%
1	1.0100	1.0200	1.0300	1.0400	1.0500	1.0600	1.0700	1.0800	1.0900	1.1000
2	1.0201	1.0404	1.0609	1.0816	1.1025	1.1236	1.1449	1.1664	1.1881	1.2100
3	1.0303	1.0612	1.0927	1.1249	1.1576	1.1910	1.2250	1.2597	1.2950	1.3310
4	1.0406	1.0824	1.1255	1.1699	1.2155	1.2625	1.3108	1.3605	1.4116	1.4641
5	1.0510	1.1041	1.1593	1.2167	1.2763	1.3382	1.4026	1.4693	1.5386	1.6105
6	1.0615	1.1262	1.1941	1.2653	1.3401	1.4185	1.5007	1.5869	1.6771	1.7716
7	1.0721	1.1487	1.2299	1.3159	1.4071	1.5036	1.6058	1.7138	1.8280	1.9487
8	1.0829	1.1717	1.2668	1.3686	1.4775	1.5938	1.7182	1.8509	1.9926	2.1436
9	1.0937	1.1951	1.3048	1.4233	1.5513	1.6895	1.8385	1.9990	2.1719	2.3579
10	1.1046	1.2190	1.3439	1.4802	1.6289	1.7908	1.9672	2.1589	2.3674	2.5937
11	1.1157	1.2434	1.3842	1.5395	1.7103	1.8983	2.1049	2.3316	2.5804	2.8531
12	1.1268	1.2682	1.4258	1.6010	1.7959	2.0122	2.2522	2.5182	2.8127	3.1384
13	1.1381	1.2936	1.4685	1.6651	1.8856	2.1329	2.4098	2.7196	3.0658	3.4523
14	1.1495	1.3195	1.5126	1.7317	1.9799	2.2609	2.5785	2.9372	3.3417	3.7975
15	1.1610	1.3459	1.5580	1.8009	2.0789	2.3966	2.7590	3.1722	3.6425	4.1772
16	1.1726	1.3728	1.6047	1.8730	2.1829	2.5404	2.9522	3.4259	3.9703	4.5950
17	1.1843	1.4002	1.6528	1.9479	2.2920	2.6928	3.1588	3.7000	4.3276	5.0545
18	1.1961	1.4282	1.7024	2.0258	2.4066	2.8543	3.3799	3.9960	4.7171	5.5599
19	1.2081	1.4568	1.7535	2.1068	2.5270	3.0256	3.6165	4.3157	5.1417	6.1159
20	1.2202	1.4859	1.8061	2.1911	2.6533	3.2071	3.8697	4.6610	5.6044	6.7275
21	1.2324	1.5157	1.8603	2.2788	2.7860	3.3996	4.1406	5.0338	6.1088	7.4002
22	1.2447	1.5460	1.9161	2.3699	2.9253	3.6035	4.4304	5.4365	6.6586	8.1403
23	1.2572	1.5769	1.9736	2.4647	3.0715	3.8197	4.7405	5.8715	7.2579	8.9543
24	1.2697	1.6084	2.0328	2.5633	3.2251	4.0489	5.0724	6.3412	7.9111	9.8497
25	1.2824	1.6406	2.0938	2.6658	3.3864	4.2919	5.4274	6.8485	8.6231	10.835
26	1.2953	1.6734	2.1566	2.7725	3.5557	4.5494	5.8074	7.3964	9.3992	11.918
27	1.3082	1.7069	2.2213	2.8834	3.7335	4.8223	6.2139	7.9881	10.245	13.110
28	1.3213	1.7410	2.2879	2.9987	3.9201	5.1117	6.6488	8.6271	11.167	14.421
29	1.3345	1.7758	2.3566	3.1187	4.1161	5.4184	7.1143	9.3173	12.172	15.863
30	1.3478	1.8114	2.4273	3.2434	4.3219	5.7435	7.6123	10.063	13.268	17.449
40	1.4889	2.2080	3.2620	4.8010	7.0400	10.286	14.974	21.725	31.409	45.259
50	1.6446	2.6916	4.3839	7.1067	11.467	18.420	29.457	46.902	74.358	117.39
60	1.8167	3.2810	5.8916	10.520	18.679	32.988	57.946	101.26	176.03	304.48

r 期數	\multicolumn{10}{c	}{$PVIF_{(r,n)} = (1+r)^n$}
	12%	14%	15%	16%	18%	20%	24%	28%	32%	36%
1	1.1200	1.1400	1.1500	1.1600	1.1800	1.2000	1.2400	1.2800	1.3200	1.3600
2	1.2544	1.2996	1.3225	1.3456	1.3924	1.4400	1.5376	1.6384	1.7424	1.8496
3	1.4049	1.4815	1.5209	1.5609	1.6430	1.7280	1.9066	2.0972	2.3000	2.5155
4	1.5735	1.6890	1.7490	1.8106	1.9388	2.0736	2.3642	2.6844	3.0360	3.4210
5	1.7623	1.9254	2.0114	2.1003	2.2878	2.4883	2.9316	3.4360	4.0075	4.6526
6	1.9738	2.1950	2.3131	2.4364	2.6996	2.9860	3.6352	4.3980	5.2899	6.3275
7	2.2107	2.5023	2.6600	2.8262	3.1855	3.5832	4.5077	5.6295	6.9826	8.6054
8	2.4760	2.8526	3.0590	3.2784	3.7589	4.2998	5.5895	7.2058	9.2170	11.703
9	2.7731	3.2519	3.5179	3.8030	4.4355	5.1598	6.9310	9.2234	12.166	15.917
10	3.1058	3.7072	4.0456	4.4114	5.2338	6.1917	8.5944	11.806	16.060	21.647
11	3.4785	4.2262	4.6524	5.1173	6.1759	7.4301	10.657	15.112	21.199	29.439
12	3.8960	4.8179	5.3503	5.9360	7.2876	8.9161	13.215	19.343	27.983	40.037
13	4.3635	5.4924	6.1528	6.8858	8.5994	10.699	16.386	24.759	36.937	54.451
14	4.8871	6.2613	7.0757	7.9875	10.147	12.839	20.319	31.691	48.757	74.053
15	5.4736	7.1379	8.1371	9.2655	11.974	15.407	25.196	40.565	64.359	100.71
16	6.1304	8.1372	9.3576	10.748	14.129	18.488	31.243	51.923	84.954	136.97
17	6.8660	9.2765	10.761	12.468	16.672	22.186	38.741	66.461	112.14	186.28
18	7.6900	10.575	12.375	14.463	19.673	26.623	48.039	85.071	148.02	253.34
19	8.6128	12.056	14.232	16.777	23.214	31.948	59.568	108.89	195.39	344.54
20	9.6463	13.743	16.367	19.461	27.393	38.338	73.864	139.38	257.92	468.57
21	10.804	15.668	18.822	22.574	32.324	46.005	91.592	178.41	340.45	637.26
22	12.100	17.861	21.645	26.186	38.142	55.206	113.57	228.36	449.39	866.67
23	13.552	20.362	24.891	30.376	45.008	66.247	140.83	292.30	593.20	1178.7
24	15.179	23.212	28.625	35.236	53.109	79.497	174.63	374.14	783.02	1603.0
25	17.000	26.462	32.919	40.874	62.669	95.396	216.54	478.90	1033.6	2180.1
26	19.040	30.167	37.857	47.414	73.949	114.48	268.51	613.00	1364.3	2964.9
27	21.325	34.390	43.535	55.000	87.260	137.37	332.95	784.64	1800.9	4032.3
28	23.884	39.204	50.066	63.800	102.97	164.84	412.86	1004.3	2377.2	5483.9
29	26.750	44.693	57.575	74.009	121.50	197.81	511.95	1285.6	3137.9	7458.1
30	29.960	50.950	66.212	85.850	143.37	237.38	634.82	1645.5	4142.1	10143
40	93.051	188.88	267.86	378.72	750.38	1469.8	5455.9	19427	66521	—
50	289.00	700.23	1083.7	1670.7	3927.4	9100.4	46890	—	—	—
60	897.60	2595.9	4384.0	7370.2	20555	56348	—	—	—	—

附表三　年金現值利率因子

r 期數	$PVIFA_{(r,n)} = \frac{1}{1+r} + \frac{1}{(1+r)^2} + \cdots + \frac{1}{(1+r)^n} = \sum_{t=1}^{n} \frac{1}{(1+r)^t} = [\frac{1}{(1+r)^n}] / r = \frac{1}{r} - \frac{1}{(1+r)^n}$									
	1%	2%	3%	4%	5%	6%	7%	8%	9%	10%
1	0.9901	0.9804	0.9709	0.9615	0.9524	0.9434	0.9346	0.9259	0.9174	0.9091
2	1.9704	1.9416	1.9135	1.8861	1.8594	1.8334	1.8080	1.7833	1.7591	1.7355
3	2.9410	2.8839	2.8286	2.7751	2.7232	2.6730	2.6243	2.5771	2.5313	2.4869
4	3.9020	3.8077	3.7171	3.6299	3.5460	3.4651	3.3872	3.3121	3.2397	3.1699
5	4.8534	4.7135	4.5797	4.4518	4.3295	4.2124	4.1002	3.9927	3.8897	3.7908
6	5.7955	5.6014	5.4172	5.2421	5.0757	4.9173	4.7665	4.6229	4.4859	4.3553
7	6.7282	6.4720	6.2303	6.0021	5.7864	5.5824	5.3893	5.2064	5.0330	4.8684
8	7.6517	7.3255	7.0197	6.7327	6.4632	6.2098	5.9713	5.7466	5.5348	5.3349
9	8.5660	8.1622	7.7861	7.4353	7.1078	6.8017	6.5152	6.2469	5.9952	5.7590
10	9.4713	8.9826	8.5302	8.1109	7.7217	7.3601	7.0236	6.7101	6.4177	6.1446
11	10.368	9.7868	9.2526	8.7605	8.3064	7.8869	7.4987	7.1390	6.8052	6.4951
12	11.255	10.575	9.9540	9.3851	8.8633	8.3838	7.9427	7.5361	7.1607	6.8137
13	12.134	11.348	10.635	9.9856	9.3936	8.8527	8.3577	7.9038	7.4869	7.1034
14	13.004	12.106	11.296	10.563	9.8986	9.2950	8.7455	8.2442	7.7862	7.3667
15	13.865	12.849	11.938	11.118	10.380	9.7122	9.1079	8.5595	8.0607	7.6061
16	14.718	13.578	12.561	11.652	10.838	10.106	9.4466	8.8514	8.3126	7.8237
17	15.562	14.292	13.166	12.166	11.274	10.477	9.7632	9.1216	8.5436	8.0216
18	16.398	14.992	13.754	12.659	11.690	10.828	10.059	9.3719	8.7556	8.2014
19	17.226	15.678	14.324	13.134	12.085	11.158	10.336	9.6036	8.9501	8.3649
20	18.046	16.351	14.877	13.590	12.462	11.470	10.594	9.8181	9.1285	8.5136
21	18.857	17.011	15.415	14.029	12.821	11.764	10.836	10.017	9.2922	8.6487
22	19.660	17.658	15.937	14.451	13.163	12.042	11.061	10.201	9.4424	8.7715
23	20.456	18.292	16.444	14.857	13.489	12.303	11.272	10.371	9.5802	8.8832
24	21.243	18.914	16.936	15.247	13.799	12.550	11.469	10.529	9.7066	8.9847
25	22.023	19.523	17.413	15.622	14.094	12.783	11.654	10.675	9.8226	9.0770
26	22.795	20.121	17.877	15.983	14.375	13.003	11.826	10.810	9.9290	9.1609
27	23.560	20.707	18.327	16.330	14.643	13.211	11.987	10.935	10.027	9.2372
28	24.316	21.281	18.764	16.663	14.898	13.406	12.137	11.051	10.116	9.3066
29	25.066	21.844	19.188	16.984	15.141	13.591	12.278	11.158	10.198	9.3696
30	25.808	22.396	19.600	17.292	15.372	13.765	12.409	11.258	10.274	9.4269
35	29.409	24.999	21.487	18.665	16.374	14.498	12.948	11.655	10.567	9.6442
40	32.835	27.355	23.115	19.793	17.159	15.046	13.332	11.925	10.757	9.7791
45	36.095	29.490	24.519	20.720	17.774	15.456	13.606	12.108	10.881	9.8628
50	39.196	31.424	25.730	21.482	18.256	15.762	13.801	12.233	10.962	9.9148
55	42.147	33.175	26.774	22.109	18.633	15.991	13.940	12.319	11.014	9.9471

r 期數	$PVIFA_{(r,n)} = \frac{1}{1+r} + \frac{1}{(1+r)^2} + \cdots + \frac{1}{(1+r)^n} = \sum_{t=1}^{n} \frac{1}{(1+r)^t} = [\frac{1}{(1+r)^n}] / r = \frac{1}{r} - \frac{1}{(1+r)^n}$								
	12%	14%	15%	16%	18%	20%	24%	28%	32%
1	0.8929	0.8772	0.8696	0.8621	0.8475	0.8333	0.8065	0.7813	0.7576
2	1.6901	1.6467	1.6257	1.6052	1.5656	1.5278	1.4568	1.3916	1.3315
3	2.4018	2.3216	2.2832	2.2459	2.1743	2.1065	1.9813	1.8684	1.7663
4	3.0373	2.9137	2.8550	2.7982	2.6901	2.5887	2.4043	2.2410	2.0957
5	3.6048	3.4331	3.3522	3.2743	3.1272	2.9906	2.7454	2.5320	2.3452
6	4.1114	3.8887	3.7845	3.6847	3.4976	3.3255	3.0205	2.7594	2.5342
7	4.5638	4.2883	4.1604	4.0386	3.8115	3.6046	3.2423	2.9370	2.6775
8	4.9676	4.6389	4.4873	4.3436	4.0776	3.8372	3.4212	3.0758	2.7860
9	5.3282	4.9464	4.7716	4.6065	4.3030	4.0310	3.5655	3.1842	2.8681
10	5.6502	5.2161	5.0188	4.8332	4.4941	4.1925	3.6819	3.2689	2.9304
11	5.9377	5.4527	5.2337	5.0286	4.6560	4.3271	3.7757	3.3351	2.9776
12	6.1944	5.6603	5.4206	5.1971	4.7932	4.4392	3.8514	3.3868	3.0133
13	6.4235	5.8424	5.5831	5.3423	4.9095	4.5327	3.9124	3.4272	3.0404
14	6.6282	6.0021	5.7245	5.4675	5.0081	4.6106	3.9616	3.4587	3.0609
15	6.8109	6.1422	5.8474	5.5755	5.0916	4.6755	4.0013	3.4834	3.0764
16	6.9740	6.2651	5.9542	5.6685	5.1624	4.7296	4.0333	3.5026	3.0882
17	7.1196	6.3729	6.0472	5.7487	5.2223	4.7746	4.0591	3.5177	3.0971
18	7.2497	6.4674	6.1280	5.8178	5.2732	4.8122	4.0799	3.5294	3.1039
19	7.3658	6.5504	6.1982	5.8775	5.3162	4.8435	4.0967	3.5386	3.1090
20	7.4694	6.6231	6.2593	5.9288	5.3527	4.8696	4.1103	3.5458	3.1129
21	7.5620	6.6870	6.3125	5.9731	5.3837	4.8913	4.1212	3.5514	3.1158
22	7.6446	6.7429	6.3587	6.0113	5.4099	4.9094	4.1300	3.5558	3.1180
23	7.7184	6.7921	6.3988	6.0442	5.4321	4.9245	4.1371	3.5592	3.1197
24	7.7843	6.8351	6.4338	6.0726	5.4509	4.9371	4.1428	3.5619	3.1210
25	7.8431	6.8729	6.4641	6.0971	5.4669	4.9476	4.1474	3.5640	3.1220
26	7.8957	6.9061	6.4906	6.1182	5.4804	4.9563	4.1511	3.5656	3.1227
27	7.9426	6.9352	6.5135	6.1364	5.4919	4.9636	4.1542	3.5669	3.1233
28	7.9844	6.9607	6.5335	6.1520	5.5016	4.9697	4.1566	3.5679	3.1237
29	8.0218	6.9830	6.5509	6.1656	5.5098	4.9747	4.1585	3.5687	3.1240
30	8.0552	7.0027	6.5660	6.1772	5.5168	4.9789	4.1601	3.5693	3.1242
35	8.1755	7.0700	6.6166	6.2153	5.5386	4.9915	4.1644	3.5708	3.1248
40	8.2438	7.1050	6.6418	6.2335	5.5482	4.9966	4.1659	3.5712	3.1250
45	8.2825	7.1232	6.6543	6.2421	5.5523	4.9986	4.1664	3.5714	3.1250
50	8.3045	7.1327	6.6605	6.2463	5.5541	4.9995	4.1666	3.5714	3.1250
55	8.3170	7.1376	6.6636	6.2482	5.5549	4.9998	4.1666	3.5714	3.1250

附表四　年金終值利率因子

r 期數	$\text{FVIFA}_{(r,n)} = 1 + (1+r) + \cdots + (1+r)^{n-1} = \sum_{t=1}^{n}(1+r)^{n-t} = \dfrac{(1+r)^n - 1}{r}$									
	1%	2%	3%	4%	5%	6%	7%	8%	9%	10%
1	1.0000	1.0000	1.0000	1.0000	1.0000	1.0000	1.0000	1.0000	1.0000	1.0000
2	2.0100	2.0200	2.0300	2.0400	2.0500	2.0600	2.0700	2.0800	2.0900	2.1000
3	3.0301	3.0604	3.0909	3.1216	3.1525	3.1836	3.2149	3.2464	3.2781	3.3100
4	4.0604	4.1216	4.1836	4.2465	4.3101	4.3746	4.4399	4.5061	4.5731	4.6410
5	5.1010	5.2040	5.3091	5.4163	5.5256	5.6371	5.7507	5.8666	5.9847	6.1051
6	6.1520	6.3081	6.4684	6.6330	6.8019	6.9753	7.1533	7.3359	7.5233	7.7156
7	7.2135	7.4343	7.6625	7.8983	8.1420	8.3938	8.6540	8.9228	9.2004	9.4872
8	8.2857	8.5830	8.8923	9.2142	9.5491	9.8975	10.260	10.637	11.028	11.436
9	9.3685	9.7546	10.159	10.583	11.027	11.491	11.978	12.488	13.021	13.579
10	10.462	10.950	11.464	12.006	12.578	13.181	13.816	14.487	15.193	15.937
11	11.567	12.169	12.808	13.486	14.207	14.972	15.784	16.645	17.560	18.531
12	12.683	13.412	14.192	15.026	15.917	16.870	17.888	18.977	20.141	21.384
13	13.809	14.680	15.618	16.627	17.713	18.882	20.141	21.495	22.953	24.523
14	14.947	15.974	17.086	18.292	19.599	21.015	22.550	24.215	26.019	27.975
15	16.097	17.293	18.599	20.024	21.579	23.276	25.129	27.152	29.361	31.772
16	17.258	18.639	20.157	21.825	23.657	25.673	27.888	30.324	33.003	35.950
17	18.430	20.012	21.762	23.698	25.840	28.213	30.840	33.750	36.974	40.545
18	19.615	21.412	23.414	25.645	28.132	30.906	33.999	37.450	41.301	45.599
19	20.811	22.841	25.117	27.671	30.539	33.760	37.379	41.446	46.018	51.159
20	22.019	24.297	26.870	29.778	33.066	36.786	40.995	45.762	51.160	57.275
21	23.239	25.783	28.676	31.969	35.719	39.993	44.865	50.423	56.765	64.002
22	24.472	27.299	30.537	34.248	38.505	43.392	49.006	55.457	62.873	71.403
23	25.716	28.845	32.453	36.618	41.430	46.996	53.436	60.893	69.532	79.543
24	26.973	30.422	34.426	39.083	44.502	50.816	58.177	66.765	76.790	88.497
25	28.243	32.030	36.459	41.646	47.727	54.865	63.249	73.106	84.701	98.347
26	29.526	33.671	38.553	44.312	51.113	59.156	68.676	79.954	93.324	109.18
27	30.821	35.344	40.710	47.084	54.669	63.706	74.484	87.351	102.72	121.10
28	32.129	37.051	42.931	49.968	58.403	68.528	80.698	95.339	112.97	134.21
29	33.450	38.792	45.219	52.966	62.323	73.640	87.347	103.97	124.14	148.63
30	34.785	40.568	47.575	56.085	66.439	79.058	94.461	113.28	136.31	164.49
40	48.886	60.402	75.401	95.026	120.80	154.76	199.64	259.06	337.88	442.59
50	64.463	84.579	112.80	152.67	209.35	290.34	406.53	573.77	815.08	1163.9
60	81.670	114.05	163.05	237.99	353.58	533.13	813.52	1253.2	1944.8	3034.8

r 期數	12%	14%	15%	16%	18%	20%	24%	28%	32%	36%
1	1.0000	1.0000	1.0000	1.0000	1.0000	1.0000	1.0000	1.0000	1.0000	1.0000
2	2.1200	2.1400	2.1500	2.1600	2.1800	2.2000	2.2400	2.2800	2.3200	2.3600
3	3.3744	3.4396	3.4725	3.5056	3.5724	3.6400	3.7776	3.9184	4.0624	4.2096
4	4.7793	4.9211	4.9934	5.0665	5.2154	5.3680	5.6842	6.0156	6.3624	6.7251
5	6.3528	6.6101	6.7424	6.8771	7.1542	7.4416	8.0484	8.6999	9.3983	10.146
6	8.1152	8.5355	8.7537	8.9775	9.4420	9.9299	10.980	12.136	13.406	14.799
7	10.089	10.730	11.067	11.414	12.142	12.916	14.615	16.534	18.696	21.126
8	12.300	13.233	13.727	14.240	15.327	16.499	19.123	22.163	25.678	29.732
9	14.776	16.085	16.786	17.519	19.086	20.799	24.712	29.369	34.895	41.435
10	17.549	19.337	20.304	21.321	23.521	25.959	31.643	38.593	47.062	57.352
11	20.655	23.045	24.349	25.733	28.755	32.150	40.238	50.398	63.122	78.998
12	24.133	27.271	29.002	30.850	34.931	39.581	50.895	65.510	84.320	108.44
13	28.029	32.089	34.352	36.786	42.219	48.497	64.110	84.853	112.30	148.47
14	32.393	37.581	40.505	43.672	50.818	59.196	80.496	109.61	149.24	202.93
15	37.280	43.842	47.580	51.660	60.965	72.035	100.82	141.30	198.00	276.98
16	42.753	50.980	55.717	60.925	72.939	87.442	126.01	181.87	262.36	377.69
17	48.884	59.118	65.075	71.673	87.068	105.93	157.25	233.79	347.31	514.66
18	55.750	68.394	75.836	84.141	103.74	128.12	195.99	300.25	459.45	700.94
19	63.440	78.969	88.212	98.603	123.41	154.74	244.03	385.32	607.47	954.28
20	72.052	91.025	102.44	115.38	146.63	186.69	303.60	494.21	802.86	1298.8
21	81.699	104.77	118.81	134.84	174.02	225.03	377.46	633.59	1060.8	1767.4
22	92.503	120.44	137.63	157.41	206.34	271.03	469.06	812.00	1401.2	2404.7
23	104.60	138.30	159.28	183.60	244.49	326.24	582.63	1040.4	1850.6	3271.3
24	118.16	158.66	184.17	213.98	289.49	392.48	723.46	1332.7	2443.8	4450.0
25	133.33	181.87	212.79	249.21	342.60	471.98	898.09	1706.8	3226.8	6053.0
26	150.33	208.33	245.71	290.09	405.27	567.38	1114.6	2185.7	4260.4	8233.1
27	169.37	238.50	283.57	337.50	479.22	681.85	1383.1	2798.7	5624.8	11198
28	190.70	272.89	327.10	392.50	566.48	819.22	1716.1	3583.3	7425.7	15230
29	214.58	312.09	377.17	456.30	669.45	984.07	2129.0	4587.7	9802.9	20714
30	241.33	356.79	434.75	530.31	790.95	1181.9	2640.9	5873.2	12941	28172
40	767.09	1342.0	1779.1	2360.8	4163.2	7343.9	22729	69377	—	—
50	2400.0	4994.5	7217.7	10436	21813	45497	—	—	—	—
60	7471.6	18535	29220	46058	—	—	—	—	—	—

The header formula:

$$\text{FVIFA}_{(r,n)} = 1 + (1+r) + \cdots + (1+r)^{n-1} = \sum_{t=1}^{n}(1+r)^{n-t} = \frac{(1+r)^n - 1}{r}$$

信託業務｜銀行內控｜
初階授信｜初階外匯｜
理財規劃｜保險人員推薦用書

暢銷上榜好書

2F021121	初階外匯人員專業測驗重點整理+模擬試題	蘇育群	510元
2F031111	債權委外催收人員專業能力測驗重點整理+模擬試題	王文宏 邱雯瑄	470元
2F041101	外幣保單證照 7日速成	陳宣仲	430元
2F051111	無形資產評價師(初級、中級)能力鑑定速成	陳善	460元
2F061121	證券商高級業務員(重點整理+試題演練)	蘇育群	近期出版
2F071121	證券商業務員(重點整理+試題演練)	金永瑩	590元
2F081101	金融科技力知識檢定(重點整理+模擬試題)	李宗翰	390元
2F091121	風險管理基本能力測驗一次過關	金善英	470元
2F101121	理財規劃人員專業證照10日速成	楊昊軒	390元
2F111101	外匯交易專業能力測驗一次過關	蘇育群	390元

2F141121	防制洗錢與打擊資恐(重點整理+試題演練)	成琳	630元
2F151121	金融科技力知識檢定主題式題庫(含歷年試題解析)	黃秋樺	470元
2F161121	防制洗錢與打擊資恐7日速成	艾辰	550元
2F171121	14堂人身保險業務員資格測驗課 👑 榮登博客來暢銷榜	陳宣仲 李元富	490元
2F181111	證券交易相關法規與實務	尹安	590元
2F191121	投資學與財務分析	王志成	570元
2F201121	證券投資與財務分析	王志成	460元
2F211121	高齡金融規劃顧問師資格測驗一次過關	黃素慧	450元
2F621111	信託業務專業測驗考前猜題及歷屆試題 👑 榮登金石堂暢銷榜	龍田	590元
2F791121	圖解式金融市場常識與職業道德	金融編輯小組	430元
2F811121	銀行內部控制與內部稽核測驗焦點速成+歷屆試題 👑 榮登金石堂暢銷榜	薛常湧	590元
2F851121	信託業務人員專業測驗一次過關	蔡季霖	670元
2F861121	衍生性金融商品銷售人員資格測驗一次過關	可樂	470元
2F881121	理財規劃人員專業能力測驗一次過關	可樂	600元
2F901121	初階授信人員專業能力測驗重點整理+歷年試題解析 二合一過關寶典	艾帕斯	560元
2F911101	投信投顧相關法規(含自律規範)重點統整+歷年試題 解析二合一過關寶典	陳怡如	470元
2F951101	財產保險業務員資格測驗(重點整理+試題演練)	楊昊軒	490元
2F121121	投資型保險商品第一科7日速成	葉佳洺	590元
2F131121	投資型保險商品第二科7日速成	葉佳洺	570元
2F991081	企業內部控制基本能力測驗(重點統整+歷年試題)	高瀅	450元

千華數位文化股份有限公司

■新北市中和區中山路三段136巷10弄17號　■千華公職資訊網 http://www.chienhua.com.tw
■TEL: 02-22289070　FAX: 02-22289076

多元教育培訓
數位創新

現在考生們可以在「Line」、「Facebook」粉絲團、「YouTube」三大平台上,搜尋【千華數位文化】。即可獲得最新考訊、書籍、電子書及線上線下課程。千華數位文化精心打造數位學習生活圈,與考生一同為備考加油!

頂尖名師精編紙本教材
超強編審團隊特邀頂尖名師編撰,最適合學生自修、教師教學選用!

千華影音課程
超高畫質,清晰音效環繞猶如教師親臨!

TTQS 銅牌獎

面授 實戰面授課程
不定期規劃辦理各類超完美考前衝刺班、密集班與猜題班,完整的培訓系統,提供多種好康講座陪您應戰!

遍布全國的經銷網絡
實體書店:全國各大書店通路

電子書城:
Google play、Hami 書城…
Pube 電子書城

網路書店:
千華網路書店、博客來
MOMO 網路書店…

書籍及數位內容委製服務方案
課程製作顧問服務、局部委外製作、全課程委外製作,為單位與教師打造最適切的課程樣貌,共創1+1=無限大的合作曝光機會!

多元服務專屬社群 @ f YouTube
千華官方網站、FB 公職證照粉絲團、Line@ 專屬服務、YouTube、考情資訊、新書簡介、課程預覽,隨觸可及!

國家圖書館出版品預行編目(CIP)資料

(金融證照)投資型保險商品第二科 7 日速成 / 葉佳洺
編著. -- 第一版. -- 新北市：千華數位文化, 2023.5
　　面； 　公分
ISBN 978-626-337-722-6 (平裝)

1.CST: 投資組合保險

563.7　　　　　　　　　112005235

[金融證照]　投資型保險商品第二科7日速成

編　著　者：葉　佳　洺

發　行　人：廖　雪　鳳

登　記　證：行政院新聞局局版台業字第 3388 號

出　版　者：千華數位文化股份有限公司

地址／新北市中和區中山路三段 136 巷 10 弄 17 號

電話／ (02)2228-9070　傳真／ (02)2228-9076

郵撥／第 19924628 號　千華數位文化公司帳戶

千華公職資訊網 : http://www.chienhua.com.tw

千華網路書店 : http://www.chienhua.com.tw/bookstore

網路客服信箱 : chienhua@chienhua.com.tw

法律顧問：永然聯合法律事務所

編輯經理：甯開遠

主　　編：甯開遠

執行編輯：尤家瑋

校　　對：千華資深編輯群

排版主任：陳春花

排　　版：丁美瑜

出版日期：2023 年 5 月 15 日　　　第一版／第一刷

本書如有勘誤或其他補充資料，
將刊於千華公職資訊網　http://www.chienhua.com.tw
歡迎上網下載。